부정경쟁행위 특수사례연구

부정경쟁행위 특수사례연구

정 태 호

한국지식재산연구원
Korea Institute of Intellectual Property

- 머 리 말 -

　이 책은 부정경쟁방지법에서의 부정경쟁행위에 관한 규정들의 적용 여부를 쟁점으로 판시하고 있는 주요 판결들을 분석하여 관련 이론들을 종합해서 다루고 있습니다. 부정경쟁방지법에서 특히 부정경쟁행위에 관한 규정들은 실제 소송실무 등에서 상표법상 상표권 침해 주장과 함께 별도로 자주 적용되고 있는 것으로서, 오히려 상표법에서 커버할 수 없는 영역까지 폭넓게 적용할 수 있는 것에 해당되므로, 소송실무상 당사자에 의해서 주요한 쟁점으로 자주 주장되고 있기도 합니다.

　그런데 현재 시중에는 부정경쟁방지법에 관한 서적들이 상당수 존재하나, 단순히 법규정상의 이론만을 소개하거나 주요 판례들의 내용만을 간략히 소개하는 것에 그치고 있어서, 부정경쟁방지법에서의 부정경쟁행위에 관한 규정들의 연구와 실무상 그 규정들의 적용에 대한 판단과 관련하여 실제적으로 그다지 큰 도움은 되지 못하고 있다는 생각이 들었습니다. 오히려 판결들에서 다루어지고 있는 실제 사례들을 상세하게 분석하면서 관련 이론들을 총망라해서 다루는 것이 이에 대한 연구의 발전뿐만이 아니라 실무상 부정경쟁행위의 적용에 관한 판단에 더욱 도움이 될 것으로 생각되어 이 책을 집필하게 되었습니다.

　이 책은 최근에 이슈가 되었던 판결들을 중심으로 하고 있고, 과거의 판결들이라도 특수한 사례로서 다시 한 번 구체적으로 분석하여 그 판결의 의의와 관련 이론들을 검토할 필요성이 있는 것들도 함께 다루고 있습니다. 그리고 이 책에서는 일반적인 사례들보다는 최근의 경제적 및 사회적 상황에 맞는 특수한 사례들을 다루려고 했으며, 가급적이면 쟁점이나 주제가 중복되는 것들은 배제하고, 설령 쟁점이나 주제가 중복되는 것들이 있더라도 그중 최근의 상황에 가장 잘 맞고 이러한 중복되는 것들을 대표할 수 있는 사례들을 주로 다루려고 하였습니다.

따라서 이 책을 통해 독자들이 부정경쟁방지법에서의 부정경쟁 행위에 관한 규정들이 실제로 특정 사례들에 대해서 어떻게 적용 되고 있는지를 알게 될 뿐만 아니라, 이와 같은 특수한 사례들에서 의 쟁점이 되는 관련 이론들에 대해서도 아울러 상세하게 알게 된 다면, 저자로서는 이 책의 집필 목적을 충분히 달성하였다고 볼 수 있을 것입니다.

이 책은 기획 시에 책의 집필 분량이 어느 정도 정해져 있어서 부정경쟁행위에 관한 모든 유형들과 사례들을 다루지 못하였다는 점이 개인적으로 이 책에 대한 아쉬움으로 남기도 합니다. 그러나 이 책에서 다루어지지 않은 부정경쟁행위에 관한 사례들은 특정 사례들이 나온 지 시간이 상당히 경과하여 현재로서는 더 이상 이 슈가 되지 않는 것들이어서 굳이 이 책에서 다루지 않더라도 독자 들이 잘 알고 있는 것들이라고 생각되어 다루지 않았으며, 이 책에 서는 이 책의 최초 집필 시점을 기준으로 하여 저자가 보기에 가능 한 한 최근에도 이슈가 될 수 있다고 생각되는 사례들을 선별하여 다루려고 하였음을 미리 밝힙니다.

이 책의 구조는 우선 특수사례에 대한 사건의 분석과 판결의 내 용을 언급한 후, 이에 대한 구체적인 관련 이론의 분석을 통해 해 당 사례에 대한 의의와 비판점 등을 다루고 있고, 특히 각 사례들 의 하급심인 1심 및 2심 등에서의 판단 근거도 구체적으로 확인할 수 있도록 해당 하급심에서의 판시 내용도 상세하게 기술하고 있 으며, 해당 사례들의 판결에 대한 긍정적인 해석과 부정적인 해석 을 간단하게나마 모두 언급하고 있으므로, 향후의 이와 비슷한 사 례들의 발생 시 이러한 내용들이 실무계에서 더 좋은 판단이 만들 어지는 데 이론적 토대가 될 수 있기를 바랍니다.

이 책이 시간과 지면의 제한뿐만 아니라, 저자의 능력부족으로 인하여 여러 가지 부족한 점이 많이 보이므로, 앞으로 이 책에 대한 독자들의 평가와 질책이 걱정되기는 하지만, 부디 이 책이 미흡하나마 부정경쟁행위의 특수사례들에 대한 이론들의 연구에 기여할 수 있고 실무적으로도 사건의 해결 등에 기여할 수 있는 자료가 되기를 바라며, 이 책에 관한 주제를 기획하셔서 이 책을 집필할 수 있도록 도움을 주신 한국지식재산연구원의 관계자분들과 이 책의 출판을 담당하시고 교정을 충실히 봐 주신 세창출판사 관계자분들께 감사드리며, 특히 이 책의 초안 완료 후 바쁘신 일정 속에서도 직접 원고의 교정을 봐 주신 최미화 선생님께 감사드립니다.

2015. 11.

저자 정태호

iv

- 차 례 -

Ⅳ. 지도 도형과 상품주체 혼동행위 [지도표 사건]

Ⅴ. 식별력이 없는 문자들로만 결합된 영업표지와 영업주체 혼동행위 [컴닥터119 사건]

부정경쟁행위 특수사례연구

I 　　　　　　　　　　　　　　서　론

　　「부정경쟁방지 및 영업비밀보호에 관한 법률」(이하, '부정경쟁방지법'이라고 함)에서는 "부정경쟁행위"와 "영업비밀 침해행위"를 각각 별도로 규율하고 있다. 여기서 부정경쟁행위에 해당되는 것으로서 총 10개의 규정을 두고 있으며, 각각의 규정마다 적용되는 행위 유형들을 분류해 놓고 있다.[1]

---

[1] 제2조【정의】 1. "부정경쟁행위"란 다음 각 목의 어느 하나에 해당하는 행위를 말한다.
　　가. 국내에 널리 인식된 타인의 성명, 상호, 상표, 상품의 용기·포장, 그 밖에 타인의 상품임을 표시한 표지(標識)와 동일하거나 유사한 것을 사용하거나 이러한 것을 사용한 상품을 판매·반포(頒布) 또는 수입·수출하여 타인의 상품과 혼동하게 하는 행위
　　나. 국내에 널리 인식된 타인의 성명, 상호, 표장(標章), 그 밖에 타인의 영업임을 표시하는 표지와 동일하거나 유사한 것을 사용하여 타인의 영업상의 시설 또는 활동과 혼동하게 하는 행위
　　다. 가목 또는 나목의 혼동하게 하는 행위 외에 비상업적 사용 등 대통령령으로 정하는 정당한 사유 없이 국내에 널리 인식된 타인의 성명, 상호, 상표, 상품의 용기·포장, 그 밖에 타인의 상품 또는 영업임을 표시한 표지와 동일하거나 유사한 것을 사용하거나 이러한 것을 사용한 상품을 판매·반포 또는 수입·수출하여 타인의 표지의 식별력이나 명성을 손상하는 행위
　　라. 상품이나 그 광고에 의하여 또는 공중이 알 수 있는 방법으로 거래상의 서류 또는 통신에 거짓의 원산지의 표지를 하거나 이러한 표지를 한 상

품을 판매·반포 또는 수입·수출하여 원산지를 오인(誤認)하게 하는 행위

마. 상품이나 그 광고에 의하여 또는 공중이 알 수 있는 방법으로 거래상의 서류 또는 통신에 그 상품이 생산·제조 또는 가공된 지역 외의 곳에서 생산 또는 가공된 듯이 오인하게 하는 표지를 하거나 이러한 표지를 한 상품을 판매·반포 또는 수입·수출하는 행위

바. 타인의 상품을 사칭(詐稱)하거나 상품 또는 그 광고에 상품의 품질, 내용, 제조방법, 용도 또는 수량을 오인하게 하는 선전 또는 표지를 하거나 이러한 방법이나 표지로써 상품을 판매·반포 또는 수입·수출하는 행위

사. 다음의 어느 하나의 나라에 등록된 상표 또는 이와 유사한 상표에 관한 권리를 가진 자의 대리인이나 대표자 또는 그 행위일 전 1년 이내에 대리인이나 대표자이었던 자가 정당한 사유 없이 해당 상표를 그 상표의 지정상품과 동일하거나 유사한 상품에 사용하거나 그 상표를 사용한 상품을 판매·반포 또는 수입·수출하는 행위

   (1) 「공업소유권의 보호를 위한 파리협약」(이하 "파리협약"이라 한다) 당사국

   (2) 세계무역기구 회원국

   (3) 「상표법 조약」의 체약국(締約國)

아. 정당한 권원이 없는 자가 다음의 어느 하나의 목적으로 국내에 널리 인식된 타인의 성명, 상호, 상표, 그 밖의 표지와 동일하거나 유사한 도메인이름을 등록·보유·이전 또는 사용하는 행위

   (1) 상표 등 표지에 대하여 정당한 권원이 있는 자 또는 제3자에게 판매하거나 대여할 목적

   (2) 정당한 권원이 있는 자의 도메인이름의 등록 및 사용을 방해할 목적

   (3) 그 밖에 상업적 이익을 얻을 목적

자. 타인이 제작한 상품의 형태(형상·모양·색채·광택 또는 이들을 결합한 것을 말하며, 시제품 또는 상품소개서상의 형태를 포함한다. 이하 같다)를 모방한 상품을 양도·대여 또는 이를 위한 전시를 하거나 수입·수출하는 행위. 다만, 다음의 어느 하나에 해당하는 행위는 제외한다.

   (1) 상품의 시제품 제작 등 상품의 형태가 갖추어진 날부터 3년이 지난 상품의 형태를 모방한 상품을 양도·대여 또는 이를 위한 전시를 하거나 수입·수출하는 행위

   (2) 타인이 제작한 상품과 동종의 상품(동종의 상품이 없는 경우에는 그

부정경쟁행위는 주로 상표권이나 디자인권 등과 같은 지식재산권이 확보되어 있지 않은 타인의 특정 상호나 상표, 상품의 형태 등을 모방하여 타인의 신용을 이용하려고 하는 태양으로써 대부분 구현되기는 하나, 최근에는 반대의 형태로서 이상의 상표권 등과 같은 지식재산권을 가지고 있는 자가 부정경쟁행위를 하는 태양도 나타나기도 하며, 이와 관련된 판단 법리도 다수의 판결들을 통해 지속적으로 형성되고 있기도 하다.

특히 부정경쟁행위는 상표, 상호 등과 관련된 분쟁이 전통적인 분쟁의 형태였으나, 최근에는 상품의 형태를 모방하는 행위, 인터넷상에서 출처의 혼동을 야기하는 행위 등이 실제 거래계에서 빈번하게 일어나고 있다.

따라서 이와 같은 새로운 부정경쟁행위의 태양들이 계속적으로 다양하게 나타나고 있는 거래계의 현실을 고려하고 이러한 다양한 부정경쟁행위의 태양들에 대한 실질적인 대처를 위해서, 부정경쟁방지법 제2조 제1호 차목의 "그 밖에 타인의 상당한 투자나 노력으로 만들어진 성과 등을 공정한 상거래 관행이나 경쟁질서에 반하는 방법으로 자신의 영업을 위하여 무단으로 사용함으로써 타인의 경제적 이익을 침해하는 행위"를 새로운 부정경쟁행위의 태양으로 추가하는 등 입법자가 예상할 수 없는 영역에서의 다양한 부정경쟁행위를 규제할 수 있도록 부정경쟁방지법이 최근에 정비되기도 하였다.[2]

상품과 기능 및 효용이 동일하거나 유사한 상품을 말한다)이 통상적으로 가지는 형태를 모방한 상품을 양도·대여 또는 이를 위한 전시를 하거나 수입·수출하는 행위

  차. 그 밖에 타인의 상당한 투자나 노력으로 만들어진 성과 등을 공정한 상거래 관행이나 경쟁질서에 반하는 방법으로 자신의 영업을 위하여 무단으로 사용함으로써 타인의 경제적 이익을 침해하는 행위

[2] 해당 규정은 2013.7.30 개정되어 2014.1.31.에 시행되었다.

그런데 부정경쟁방지법 제2조 제1호 차목은 부정경쟁행위에 대한 보충적이면서도 포괄적인 일반 규정이므로, 이와 같은 차목의 적용에 앞서 우선적으로 가목부터 자목까지의 구체적인 규정들의 적용이 검토되어야 할 것이며, 이를 위해서는 부정경쟁방지법상 각각의 구체적인 규정들의 부정경쟁행위와 관련된 특수한 사례들에서의 판단 법리와 관련 이론들을 분석하여 이해하고 있을 필요가 있다.3)

이와 관련하여 최근에 이슈가 되었던 부정경쟁행위에 관한 판결들은 많다고 할 수 있지만, 이 책에서는 기존의 일반적인 혼동 여부라든가 단순한 주지성 여부 등에 관한 전통적인 사례들만을 검토하는 것이 아니라, 이와 같은 부정경쟁행위에 관하여 시대적인 거래계의 흐름을 반영한 특수한 사례들을 선별 및 분석함으로써 대중적으로 잘 알려져 있지 않은 판결들을 비롯하여 이러한 특수한 사례들과 관련된 대표적인 판결들을 정리해서 부정경쟁행위의 특수한 사례들에 관한 문제들을 관련 이론과 함께 상세하게 검토하고자 한다.

결국 이 책에서는 일부의 특수한 문제들을 주된 사례로서 다루지만, 이 책에서 쟁점으로 다루는 판결들과 관련된 다른 판결들의 판단 법리도 아울러 비교 및 분석하여 정리하고 있기 때문에, 이 책은 부정경쟁행위에 관한 다양한 다수의 사례들을 종합적으로 다루고 있다고 볼 수 있다.

따라서 이 책을 통해 부정경쟁행위와 관련된 특수한 사례들의 쟁점과 관련 이론들의 정리가 작게나마 체계적으로 이루어질 수 있을 것이라고 보며, 이하에서는 해당 사례들에 대한 판결들을 중심으로

---

3) 부정경쟁방지법 제2조 제1항 차목이 최근에 시행된 규정이라는 점 때문에, 하급심에서는 해당 규정의 관련 판결들이 많이 나오고 있으나 아직까지는 대법원 판결까지 선고된 사례는 없는데, 시간이 지나면 대법원에서도 해당 규정에 관한 판결들이 다수 나올 것으로 예상된다.

각각의 쟁점들 및 관련 이론들을 단순히 분석하여 정리하는 것뿐만
아니라, 각각의 판결들에 대하여 비판할 점들이 있는 경우에는 이러
한 점들에 대해서도 구체적으로 분석하여 검토하도록 하겠다.

II 대학명칭과 영업주체 혼동행위
[이화여자대학교 사건][4]

---

1. 사건의 정리

(1) 사실관계

원고가 운영하고 있는 '이화여자대학교'는 2010.2.경까지 약 145,870명의 대학 졸업생과 35,561명의 대학원 졸업생을 배출하였고, 2003.5.31.자로 창립 117주년을 맞이하였으며, 현재 그 산하에 65개 (전공)학과와 일반대학원 및 6개의 전문대학원, 8개의 특수대학원 등을 개설하고 있을 뿐 아니라, 그 부속기관 및 연구기관으로서 이화미디어센터, 언어교육원, 평생교육원, 음악연구소, 공연문화연구센터 등을 설립하여 교육정보제공업무, 교육지도업무, 서적출판, 정기간행물 발행 및 공연·음악 관련 업무 등과 같은 여러 사업을 하고 있는 등 우리나라 최고 여성교육기관으로서의 위치를 확고히 차지하고 있다.

이화여자대학교는 1930년경 이후부터 현재까지 계속 동일한 교표를 사용하고 있는데, 위 교표에는 한자 '梨花' 및 영문 'EWHA'가 새겨져 있고, 이화여자대학교를 비롯한 원고 산하의 각 교육기관은

---

4) 대법원 2014.5.16.선고 2011다77269 판결.

그 약칭 및 그에 대한 영문표기로서 위 문자들과 함께 위 '梨花'의 한글표기인 '이화' 및 위 'EWHA'의 영문소문자인 'ewha'를 공통적으로 널리 사용하고 있다.

피고는 1999.2.9.자로 도메인이름 등록기관에 'ewha.com'이라는 인터넷 도메인이름을 등록하였으며, 또한 피고는 2003.10.28.자로 원고가 운영하고 있는 이화여자대학교와 같은 행정동인 서울 서대문구 대현동 OO-XX에 사업장 소재지를 두고 '이화미디어'라는 상호로 사업자등록을 한 다음 2004년 무렵부터 이화여자대학교 재학생을 포함하여 비영리 재단, 관공서, 교회, 일반기업체, 학교, 학원 등을 상대로 하여 공연기획, 사진, 레코딩, 영상서비스 등의 사업을 하고 있다.

그리고 피고는 2006년 무렵 자신이 운영하는 '이화미디어'의 인터넷 홈페이지 'http://www.ewha.com'을 개설하여 위 '이화미디어'에 관한 정보 제공 및 홍보 등에 사용하고 있으며, 인터넷 뉴스서비스 제공 업체의 블로그에는 'ewhamedia'를 도메인이름으로 등록하여 사용하고 있다.[5]

원고는 피고가 위와 같은 홈페이지를 개설한 직후로 보이는 2006.10.20.자로 피고에게 '이화' 및 'EWHA'의 표장사용을 중지하라는 경고장을 보낸 바가 있기도 하다.

(2) 원고의 소송상의 청구 내용

원고의 소송상의 청구내용을 정리하여 보면 다음과 같다. 첫째, 원고는 이화여자대학교 및 이화여자대학교 사범대학 부속 이화여자고등학교를 비롯하여 대학교에서 유치원에 이르는 여러 교육기

---

[5] 피고가 등록 및 사용하고 있는 도메인이름 'ewha.com' 및 'ewhamedia'를 합하여 '이 사건 도메인이름'이라고 한다.

관을 관리, 운영하여 오고 있는 학교법인으로서, '이화', '梨花', 'EWHA', 'ewha' 등의 표지(이하 '이 사건 영업표지'라 함)를 오랫동안 사용해 온 결과, 이 사건 영업표지는 원고의 영업활동을 나타내는 표지로서 국내에 널리 인식된 상태이다.

둘째, 피고는 이화여자대학교 인근에서 '이화미디어'라는 상호로 공연기획, 사진, 레코딩, 영상서비스 등의 사업을 하고 있는 사람으로서, 'ewha.com' 및 'ewhamedia'를 도메인이름으로 등록하여 사용함으로써 거래자 내지 수요자들로 하여금 피고의 영업활동을 원고의 영업활동으로 오인·혼동하게 하고 있다.

셋째, 이와 같은 피고의 행위는 부정경쟁방지법 제2조 제1호 나목6)이 정한 부정경쟁행위(영업주체 혼동행위)에 해당하므로, 피고는 원고의 금지청구에 응하여야 한다. 즉, 해당 금지청구의 청구취지는 "① 피고는 이 사건 표장 중 일부 또는 전부를 포함하는 문자를 인터넷 도메인이름으로 사용하거나 그 홈페이지·간판·층별안내도·안내판·표찰·전단지 등에 사용하여서는 아니된다. ② 피고는 'ewha.com', 'ewhamedia'라는 도메인이름의 등록말소절차를 이행하라. ③ 피고는 사무실 및 영업소에 보관 중인 이 사건 영업표지 중 일부 또는 전부를 포함하는 문자가 표시된 간판 및 선전광고물, 포장용기, 층별안내도, 안내판, 표찰을 폐기하라. ④ 피고는 서울에서 발간되는 일간지 제1면 하단 부분에 판결문 요지를 게재하라."는 것이다.

(3) 소송의 경과

이에 대해서 1심7)은 위의 ①, ②, ③에 대해서는 청구 인용, ④에

---

6) 국내에 널리 인식된 타인의 성명, 상호, 표장(標章), 그 밖에 타인의 영업임을 표시하는 표지와 동일하거나 유사한 것을 사용하여 타인의 영업상의 시설 또는 활동과 혼동하게 하는 행위.

대해서는 청구 기각을 하였고, 피고가 이에 대해 피고 패소부분과 관련하여 항소를 하였으나 원심[8]에서는 항소 기각 판결을 내렸으며, 피고가 역시 이에 대해 상고하여 대법원에서 판단한 것이 바로 대상판결에서의 이 사건이다.

2. 대상판결(대법원 2011다77269 판결)의 판시 내용

(1) 이 사건 영업표지가 국내에 널리 인식된 표지인지 여부 (=적극)

여기서 '국내에 널리 인식된 타인의 영업임을 표시하는 표지'는 국내의 전역 또는 일정한 범위 내에서 거래자 또는 수요자들이 그것을 통하여 특정의 영업을 다른 영업으로부터 구별하여 널리 인식하는 경우를 말하는 것으로서, '국내에 널리 인식된 타인의 영업임을 표시하는 표지'인지 여부는 그 사용의 기간, 방법, 태양, 사용량, 거래범위 등과 거래의 실정 및 사회통념상 객관적으로 널리 알려졌는지 여부가 일응의 기준이 된다.

원심판결 이유와 기록에 의하면, 원고는 1930년부터 현재까지 이화여자대학교를 운영해 오면서, 그 교육 관련 영업 활동에 '이화'(이 사건 영업표지) 등을 사용하여 온 사실, 이화여자대학교는 2010.2.경까지 약 145,870명의 대학졸업생과 35,561명의 대학원 졸업생을 배출하고, 2003.5.31. 창립 117주년을 맞이한 우리나라 최고 여성교육기관으로서의 위치를 확고히 차지하고 있는 사실, 2004.10.경 시행한 브랜드 인지도 전화 설문조사결과에 따르면 응답자의 약 73.9%가 '이화'하면 가장 먼저 연상되는 것으로 '이화여자대학교'라고 응

---

7) 서울서부지방법원 2010.12.23. 선고 2010가합6550 판결.
8) 서울고등법원 2011.8.25. 선고 2011나13496 판결.

12

답한 사실 등을 알 수 있으므로, 이 사건 영업표지는 일반 거래자나 수요자에게 원고의 교육 관련 영업 활동을 표시하는 것으로 현저하게 인식되어 그 자체로서 주지·저명성을 취득하였다고 할 것이다.

(2) 이 사건 영업표지와 피고의 영업표지의 동일·유사성 여부(=적극)

'영업표지의 유사'는 동종의 영업에 사용되는 두 개의 영업표지를 외관, 호칭, 관념 등의 점에서 전체적·객관적·이격적으로 관찰하여 구체적인 거래실정상 일반 거래자나 수요자가 영업표지에 대하여 느끼는 인식을 기준으로 하여 그 영업의 출처에 대한 오인·혼동의 우려가 있는지의 여부에 의하여 판별되어야 한다.

이 사건 영업표지는 피고가 '공연기획, 공연장 대관, 레코딩, 영상서비스' 등의 영업에 사용하는 영업표지인 '이화미디어' 중 수요자의 주의를 끌기 쉬운 중심적 식별력을 가진 요부인 '이화' 부분과 동일하여, 이들 표지는 동종 영업에 사용되는 경우, 구체적인 거래실정상 일반 거래자나 수요자가 영업 출처에 관하여 오인·혼동할 우려가 있으므로, 서로 유사하다고 할 것이다.

(3) 혼동가능성 여부(=적극)

한편, '타인의 영업상의 시설 또는 활동과 혼동하게 하는 행위'는 영업표지 자체가 동일하다고 오인하게 하는 경우뿐만 아니라 국내에 널리 인식된 타인의 영업표지와 동일 또는 유사한 표지를 사용함으로써 일반 거래자나 수요자로 하여금 당해 영업표지의 주체와 동일·유사한 표지의 사용자 간에 자본, 조직 등에 밀접한 관계가 있다고 잘못 믿게 하는 경우도 포함한다. 그리고 그와 같이 타인의 영업표지와 혼동을 하게 하는 행위에 해당하는지 여부는 영업표지의 주지성, 식별력의 정도, 표지의 유사 정도, 영업 실태, 고객층의 중복 등으로 인한 경업·경합관계의 존부 그리고 모방자의 악의(사용의도) 유무 등을 종합하여 판단하여야 한다.[9]

나아가 위와 같이 이 사건 영업표지는 주지의 정도를 넘어 저명 정도에 이르렀고 피고의 영업표지와 유사한 점, 피고가 2004년 무렵부터 이화여자대학교 인근에서 '공연기획, 공연장 대관, 레코딩, 영상서비스' 등의 영업을 하고 있는데, 이들 영업은 원고의 교육 관련 영업과 밀접한 관련을 맺고 있을 뿐만 아니라, 원고도 연주회 등 공연을 기획·주최하거나 이화여자대학교 부설 공연장을 대관하고 있는 점, 피고는 최대 56석의 좌석을 갖춘 공연장을 보유하는 등 그 영업 규모가 상당한 정도에 이르고, 1999.2.9. 이 사건 영업표지와 호칭이 동일한 표장을 포함한 'ewha.com'이라는 도메인이름을 등록하여 놓았다가, 상당한 기간이 지난 2006년 무렵에야 홈페이지를 개설하여 '이화미디어'에 관한 정보 제공 및 홍보 등에 사용하고 있는 점 등을 종합하여 보면, 피고의 위 영업 행위는 원고의 영업상의 시설 또는 활동과 혼동하게 할 우려가 있다고 할 것이다.

(4) 판결의 결론

따라서 '이화미디어'라는 영업표지를 사용한 피고의 위 영업 행위는 부정경쟁방지법 제2조 제1호 나목이 정한 부정경쟁행위에 해당한다(상고기각).

---

9) 대법원 2007.4.27.선고 2006도8459 판결, 대법원 2011.12.22.선고 2011다9822 판결 등 참조.

3. 대상판결에 대한 검토

(1) 이 사건 영업표지의 주지성 판단에 관한 검토

이 사건에서 해당 판결의 판시 내용 등에 나타나 있는 바와 같이, 원고가 1930년경부터 현재까지 '이화' 등을 원고 산하 각 교육기관 및 그 부대시설 등을 표시하는 표장으로 계속 사용하여 왔고, 2004.10.경 시행한 브랜드 인지도 및 이미지 조사에 의할 때에 조사 응답자 중 73.9%가 '이화'하면 가장 먼저 '이화여자대학교'를 연상한다고 응답하였다는 인정사실 등을 종합하여 보면, 원고의 영업표지인 '이화', '梨花', 'EWHA', 'ewha'(='이화' 등)는 사실심 변론종결 당시 일반 거래자나 수요자에게 원고가 운영하는 이화여자대학교의 교육 관련 영업 활동을 표시하는 것으로 현저하게 인식되어 주지성을 취득하였을 뿐만 아니라, 저명성[10]까지 취득한 것으로까지 판단될 수 있는 것이다.

특히 이것은 관련 특허법원 판결들(2004허7425 판결,[11] 2007허1954 판결[12])에서도 '이화' 또는 'EWHA' 표장은 주지 · 저명한 교육기관

---

10) 이와 관련하여 거래자 및 소비자에게 현저하게 인식되어 있는 정도를 '주지'라고 한다면, 거래자 및 소비자뿐만 아니라 널리 일반 대중에게 현저하게 알려진 정도를 '저명'이라고 한다(사법연수원, 부정경쟁방지법, 2008, 18면 참조).

11) 등록서비스표(Ewha Books)가 상표법 제7조 제1항 제3호(국가 · 공공단체 또는 이들의 기관과 공익법인의 영리를 목적으로 하지 아니하는 업무 또는 영리를 목적으로 하지 아니하는 공익사업을 표시하는 표장으로서 저명한 것과 동일 또는 유사한 상표)에 해당하는지 여부가 쟁점인 사건이었는데, 특허법원에서 "Ewha"의 저명성을 인정하였으며, 해당 사건은 상고 취하로 확정되었다.

12) 등록서비스표(EWHAIN)가 상표법 제7조 제1항 제3호에 해당하는지 여부가 쟁점인 사건이었는데, 역시 특허법원에서 "EWHA"의 저명성을 인정하였으며, 해당 사건은 상고 없이 그대로 확정되었다.

인 '이화여자대학교'를 가리키는 것으로 국내의 일반 수요자들 사이에 현저하게 인식되어 그 자체로서 저명성을 취득한 것으로 판단하였는바, 이러한 특허법원에서의 판단 선례들에 따라 원고의 이 사건 영업표지의 주지성을 인정한 것이라고 할 수 있다.

(2) 이 사건 영업표지와 피고의 영업표지의 유사 판단에 대한 검토

이 사건에서는 원고의 이 사건 영업표지인 '이화'와 피고의 영업표지인 '이화미디어' 사이의 유사 여부가 문제되는 것인데, 전체관찰 또는 요부관찰에 의하여 유사 여부를 판단할 수 있는 것이다. 그런데 피고의 영업표지인 '이화미디어' 중 '미디어'는 '우편, 전보, 전신, 신문, 잡지 등 정보를 전송하는 매체'를 의미하는 일반 명사로서, 피고가 영위하는 사업인 공연기획, 영상서비스 등의 사업에 관하여는 식별력이 없거나 미약한 것이라고 볼 수 있다.

따라서 상표의 구성부분 중 식별력이 없거나 미약한 부분은 그 부분만으로 중요부분이 될 수 없으므로, 상표의 유사 여부를 판단할 경우 이 부분을 제외한 나머지 부분을 대비하여 유사 여부를 판단해야 한다는 판례의 태도에 의할 때에,[13] '이화미디어' 중 특히 수요자의 주의를 끌고 식별력이 인정되는 요부는 '이화'라고 할 수 있는 것이므로, 피고의 영업표지 중 요부가 원고의 영업표지와 동일하다고 할 수 있는 것이다.

결국 원고의 이 사건 영업표지인 '이화'와 피고의 영업표지인 '이화미디어'가 전체적으로 유사한 것으로 판단한 대상판결은 대법원 판례상의 요부관찰에 의한 것이라고 볼 수 있다.

---

13) 최성준, "부정경쟁행위에 관한 몇 가지 쟁점," Law & Technology(제5권 제1호), 서울대학교 기술과법센터, 2009.1, 3-4면.

(3) 혼동성 판단에 대한 검토

1) 대학명칭의 영업표지에 관한 사용실태와 문제점

이화산업, 이화공영, 이화하이테크, 이화요업, 이화트랜스, 이화교역 등의 경우처럼, 현재 우리나라의 각종 산업계에서 대학명칭을 상호 또는 영업표지로 다수 포함하여 사용하고 있는 상황 때문에, 바로 이상과 같은 상호 또는 영업표지를 해당 대학과 관련이 없는 자가 사용하였을 경우, 법원에서 이 사건과 같은 특정 대학명칭과의 혼동성 판단을 어렵게 만드는 문제가 발생된다고 하겠다.

그런데 이와 같이 피고가 원고의 이 사건 영업표지인 '이화'를 포함한 상호 내지 영업표지를 사용하는 경우에도, 부정경쟁방지법상 영업주체 혼동행위에 해당하기 위해서는 그 사용행위가 영업주체와 관련하여 원고와의 혼동을 초래할 염려가 있어야 하는 것인데, '이화미용실', '이화주막' 등 이화여자대학교 인근의 소규모 점포들의 경우, 특별한 사정이 없는 한, 일반 거래자나 수요자가 그 영업주체를 원고인 이화여자대학교로 보거나 해당 대학과 밀접한 관련이 있는 것으로 혼동할 우려는 거의 없으므로, 부정경쟁방지법상 영업주체 혼동행위에 해당한다고 보기 어려울 것이다.

한편, 이와 관련하여 일본의 판결에서는 영업표지의 유사성을 인정하면서도 특이하게도 특정한 한편의 표지쪽이 다른 표지보다 전국적으로 더욱 주지되었다는 사실을 구체적인 상황하에서 '혼동의 우려'가 없는 요소로서 언급하고 있는 것도 있는데,[14] 이것을 구체적으로 살펴보면, 이것은 보다 덜 주지된 유사표지 사용자에게 더 주지된 표지의 모방이나 무임승차와 같은 부정경쟁목적이 없으며, 선의의 사업 확장자라는 점을 실질적으로 고려하여 부정경쟁행위

---

14) 大阪地判昭和48(1973)·9·21 大阪大一ホテル(오사카다이이치호텔)事件 無体集5卷2号321頁.

의 금지를 인정하지 않았던 것이라고 볼 수 있겠다.[15]

이 사건에서도 앞서 살펴본 바와 같이, 원고의 이 사건 영업표지의 주지성과 피고의 영업표지 간의 유사성이 인정되기 쉬운 상황 속에서 과연 피고의 영업표지의 사용이 원고의 대학명칭인 이 사건 영업표지와 혼동이 일어날 정도에 해당되는지 여부가 이 사건의 영업주체 혼동행위성의 판단에 관한 핵심적인 쟁점이라고 할 수 있다.

2) 혼동성 여부 판단 시 고려할 사항들

부정경쟁방지법상 '혼동' 개념은 상표의 유사 여부 판단기준인 '혼동' 개념과는 달리 '광의의 혼동'까지 포함하는 것이다.[16] 즉, '이화'와 동일 · 유사한 표지를 사용하는 상대방과 원고(이화여자대학교)의 사이에 거래 경제상 또는 조직상으로 밀접한 관계가 존재하는 것은 아닌가 하는 오인을 일으키는 경우에는 영업주체 혼동행위에 해당한다고 볼 수 있다.

위와 같은 광의의 혼동에 해당하는지 여부를 판단하기 위하여 고려되는 요소들로는 앞의 대상판결의 판시 내용에서도 나타나 있듯이, 영업표지의 주지성 및 식별력의 정도, 표지의 유사 정도, 영업 실태, 고객층의 중복 등으로 인한 경업 · 경합관계의 존부, 모방자의 악의(사용의도) 유무 등과 같은 사정이라고 할 수 있다.

3) 이 사건에서의 혼동성 판단에 대한 구체적인 검토

위와 같은 혼동성 여부에 관한 판단 요소들을 중심으로 이 사건의 구체적 사정을 살펴보면, 우선 첫 번째로, 영업표지의 주지성 및

---

15) 小野昌延 編著, 新 · 注解 不正競爭防止法, 靑林書院, 2000, 186면.
16) 윤선희, "부정경쟁행위에 관한 고찰(5)," 발명특허(제251호), 한국발명특허협회, 1997, 43면.

식별력의 정도와 관련해서는 일반적으로 특정한 한쪽의 영업표지의 주지성 및 식별력의 정도가 강할수록 비교되는 양 영업표지들 사이의 혼동가능성은 높아진다고 할 수 있다.17)

그러나 실제 대학명칭을 대학주변의 소규모 다수 사업자들이 자신의 사업장의 상호로서 사용하고 있는 실거래계의 환경을 고려하여 볼 때에, 대학명칭의 영업표지로서의 주지성에 의한 혼동성의 고려에 대해서는 대학의 영업실태라든가 고객층의 중복, 경업관계 등의 존부 등과 같은 주요사업과의 관련성도 중요하게 고려할 필요가 있을 것이다.

첫 번째로, 일단 원고의 영업표지인 '이화'는 대상판결에서도 언급하고 있듯이, 주지성을 넘어 저명성을 취득하였다고 볼 수 있고, 그 영업인 교육시설 및 활동과 별다른 관련이 없는 용어로서도 상당한 식별력을 가지고 있다고 볼 수 있다.

두 번째로, 표지의 유사 정도에 있어서는 양 영업표지의 유사 정도가 강할수록 혼동가능성이 높아진다는 것은 당연한데, 일단 피고의 영업표지인 '이화미디어'는 원고의 이 사건 영업표지인 '이화' 부분에, 피고의 사업인 '공연기획, 공연장 대관, 레코딩, 영상서비스' 등에 관하여 별다른 식별력이 없는 '미디어'를 부가한 것으로서, 양 영업표지는 일단 혼동성 판단의 전제로서 유사의 정도가 매우 높은 것이라고 보아야 할 것이다.

세 번째로, 영업18)실태와 관련해서는 앞서도 살펴보았듯이, 부정

---

17) 정태호, "대학명칭을 영업표지로 사용한 경우의 영업주체혼동행위 여부에 대한 고찰 −대법원 2014.5.16.선고 2011다77269 판결−," 법학논총(제34집 제2호), 전남대학교 법학연구소, 2014.8, 514면.

18) 부정경쟁방지법 제2조 제1호 나목에서 말하는 영업이란 단순히 영리를 목적으로 하는 경우만이 아니라 널리 경제상의 수지계산 아래 행하여지는 일체의 사업을 포함한다[사법연수원, 앞의 부정경쟁방지법(2008), 40면 참조].

경쟁방지법상 혼동에는 '협의의 혼동'뿐만 아니라, '광의의 혼동'까지 포함되기 때문에, 기존의 대법원 판례에서는 주지표지의 영업과 상대방의 영업이 동일·유사한 경우뿐만 아니라, 이종(異種)일 경우에도 영업실태 등을 고려하여 혼동성을 인정하고 있다.19)

그런데 대학을 운영하는 원고는 비영리 교육기관의 운영주체로서 주로 비영리 교육사업을 영위함에 반하여, 피고는 영리를 목적으로 하는 개인사업체를 운영하는 점에서 차이가 있는데, 이와 같이 서로 이종의 영업을 영위한다고 볼 수 있는 양 당사자 사이에 피고의 영업표지 사용으로 인해 수요자 등에게 혼동을 초래할 수 있을지 여부에 대해서는 양 당사자 간의 구체적인 영업 사이의 관련성을 살펴보아야 할 것이다.

이 경우에 대상판결에서도 설시하고 있는 피고의 영업인 '공연기획, 공연장 대관, 레코딩, 영상서비스' 등은 모두 문화예술사업으로서 일반적으로 대학의 문화교육사업과 밀접한 관련을 맺고 있다고 볼 수 있다.

나아가 피고의 '공연기획' 영업에 대응하여 일반적으로 대학도 '음악회, 연주회' 등과 같은 공연을 기획 및 주최하기도 하고, 피고의 '공연장 대관' 영업에 대응하여서는 역시 일반적으로 각 대학의 공연장을 각종 연주회 등에 대관하고 있는 것도 대학들의 일반적인 영업실태라고 볼 수 있다. 따라서 이와 같은 대학들의 일반적인 영업실태에 비추어 볼 때에, 피고의 영업은 원고의 영업과 밀접한 관련을 맺고 있을 뿐만 아니라, 특히 피고의 영업 중 '공연기획 및 공

---

19) 이종 영업 간 부정경쟁방지법상 혼동성을 인정한 사례로서는 '주간 부동산뱅크'(잡지)와 '부동산뱅크 공인중개사 체인지정점'(부동산소개업)(대법원 1997.12.12.선고 96도2650 판결), 'A6'(의류)와 'A6 CITY SPIRIT'(메인라벨, 보증서 등)(대법원 2006.5.25.선고 2006도577 판결) 및 'BANG BANG, 뱅뱅'(의류)과 'BAENG BAENG, 뱅뱅'(줄넘기, 훌라후프 등)(대법원 2007.4.27.선고 2006도8459 판결) 등이 있다.

연장 대관' 업무는 원고의 영업과 중복된다고 볼 여지가 충분하다.[20]

한편 영업표지로서의 혼동성 초래와 관련해서 가장 문제되는 것이 '영업의 규모'에 관한 문제라고 볼 수 있겠다. 즉, 앞서 언급한 일본의 판결이라든가 현재 대학주변의 소규모 사업장들이 출처의 혼동 없이 대학명칭을 해당 사업장들의 상호에 사용하고 있는 현실에 비추어 볼 때에, 피고의 영업규모가 원고의 영업과 혼동을 일으킬 정도가 되는지 여부가 이 사건에서의 혼동성 판단에 주요한 쟁점이 될 수 있다.

그런데 대상판결에서도 설시하고 있듯이, 피고는 최대 56석의 좌석을 갖춘 공연장을 보유하는 등 그 영업 규모가 상당한 정도에 이르고 있다고 강조되고 있는 바, 피고의 영업규모는 원고가 운영하는 이화여자대학교 인근의 미용실, 식당, 주점 등 소규모 점포들과는 달리 상당한 규모에 이른다고 볼 수 있고, 대상판결도 이러한 점을 고려한 것을 나타내기 위해서 이러한 피고의 영업규모를 판결문에 설시하였다고 생각된다.[21]

따라서 대상판결은 단순한 원고의 영업표지의 주지성과 피고의 영업표지와의 유사성만을 고려하여 판단한 것은 아니고, 앞서 언급한 대학명칭의 실거래계에서의 사용실태 등을 충분히 고려한 것이라고 할 수 있다.

게다가 대상판결에서도 설시하고 있듯이, 피고는 1999.2.9. 'ewha.com'이라는 인터넷 도메인이름을 등록하여 놓았다가, 상당한 기간이 지난 2006년 무렵에야 자신이 운영하고 있는 '이화미디어'의 홈페이지를 개설하여 '이화미디어'의 영업 홍보에 사용하고 있

---

20) 정태호, 앞의 "대학명칭을 영업표지로 사용한 경우의 영업주체혼동행위 여부에 대한 고찰 ―대법원 2014.5.16.선고 2011다77269 판결―," 515면.
21) *Ibid.*

음을 확인할 수 있는바, 위와 같은 인터넷 도메인이름의 등록·사용 행위는 ① 원고의 영업표지 중 하나인 'ewha'가 주지·저명한 점, ② 위 인터넷 도메인이름은 원고의 이 사건 영업표지와 동일·유사한 점, ③ 피고가 정당한 권원 없이 위 도메인이름을 상업적 목적으로 사용하고 있는 것으로 보이는 점 등에 비추어 보면, 부정경쟁방지법 제2조 제1호 아목22)이 정한 부정경쟁행위에도 해당할 여지가 매우 큰 것으로 보아야 할 것이다.23)

　한편 피고는 'ewha.com'이라는 도메인이름을 등록한 후, 자신이 운영하고 있는 '이화미디어'의 홈페이지를 개설하여 '이화미디어'에 관한 정보 제공 및 홍보 등에 사용하고 있다. 따라서 이는 피고의 공연기획, 공연장 대관, 레코딩, 영상서비스 등의 사업에 대한 영업표지로 'ewha.com'을 사용하는 것에 해당하고, 피고의 위 영업표지인 'ewha.com'은 원고의 주지·저명한 영업표지 중 하나인 'ewha'와 유사하며, 피고가 위 영업표지를 사용함으로써 원고와의 영업주체에 관한 오인·혼동을 초래할 염려가 충분히 있으므로, 원고의 위 도메인이름 사용행위만으로도 부정경쟁방지법상의 영업주체 혼동행위에 충분히 해당할 수 있을 것으로 보인다. 그런데 대상판결에서는 이러한 피고의 도메인이름 사용행위를 별도의 독립된 영업주체 혼동행위로 판단하기보다는 피고의 여러 가지 행위들 중 영업주체 혼동행위를 판단하는 데 고려되는 하나의 요소로서만 보았다는 데 그 특색이 있다고 하겠다.

　네 번째로, 고객층의 중복 등으로 인한 경업 및 경합관계의 존부

---

22) 정당한 권원이 없는 자가 다음의 어느 하나의 목적으로 국내에 널리 인식된 타인의 성명, 상호, 상표, 그 밖의 표지와 동일하거나 유사한 도메인이름을 등록·보유·이전 또는 사용하는 행위 (1) 상표 등 표지에 대하여 정당한 권원이 있는 자 또는 제3자에게 판매하거나 대여할 목적, (2) 정당한 권원이 있는 자의 도메인이름의 등록 및 사용을 방해할 목적.

23) 그러나 이것은 이 사건의 쟁점이 아니었다.

여부에 대해서 검토하여 보면, 대상판결에서도 인정되고 있는 사실 관계에서 알 수 있듯이, 피고는 이화여자대학교 인근에서 이화여자 대학교의 학생 등을 고객층으로 공연기획 및 공연장 대관 영업을 하고 있는 것으로 볼 수 있으므로, 원고와 피고는 고객층의 중복 등 으로 인한 경업 · 경합관계가 있다고 볼 수 있다.

이와 관련하여 주지성의 지역적 범위에 관한 최저한의 조건으로 생각되는 선은 주지를 주장하는 표지에 관계되는 상품 또는 영업에 대하여 그 주요한 판매, 활동지역이 그 문제가 되는 상대방의 표지 의 판매, 활동지역과 실제로 중복되거나, 거기에 미치지 못하더라도 그 상대방의 지역에 대해서 실제로 주지되어 있다고 인식되는 것이 필요하다고 할 수 있다.[24) 그런데 이 사건에서는 고객층의 중복 등 으로 인한 경업 · 경합관계가 발생할 수 있는 것에다가 실제로 중복 지역이라는 것이 원고가 운영하는 대학소재지에 해당되는 것이므 로, 양 당사자간의 영업표지의 혼동이 일어날 가능성이 더욱 많다 고 할 수 있을 것이다.

마지막으로 모방자의 악의(사용의도) 유무 등 기타 사정에 대해서 검토하여 보면, 앞서 본 바와 같은 인터넷 도메인이름의 등록 및 사 용행위의 경과 등 피고의 영업실태에 비추어 볼 때, 피고가 원고의 주지 · 저명한 영업표지인 '이화', 'ewha' 등에 체화된 신용에 무임승 차하려는 의도를 가지고 있었다고 볼 여지가 충분하다.

결국 대상판결에서 설시하고 있는 영업주체의 혼동성 판단에 관 한 고려 요소들을 종합하여 볼 때에, 원고의 이 사건 영업표지가 주 지 · 저명하고, 피고가 이 사건 영업표지와 유사한 영업표지를 사용 하여 원고의 영업과 중복되거나 밀접한 관련을 갖는 사업을 영위하 고 있을 뿐만 아니라, 피고의 영업규모가 상당한 정도에 이르고, 피 고의 도메인이름에 대한 등록 및 사용행위도 별도의 부정경쟁행위

---

24) 山本庸行, 要說 不正競爭防止法, 社団法人 発明協会, 2002, 75면.

에 해당할 수 있는 점 등에 비추어 보면, 피고의 영업표지 사용으로 인하여 거래자 또는 일반 수요자에게는 피고의 사업체가 원고와 자본, 조직 등에 밀접한 관계가 있다고 오인·혼동할 우려가 충분하다고 볼 수 있다.

따라서 피고가 '이화미디어'라는 영업표지를 사용한 행위는 부정경쟁방지법 제2조 제1호 나목에서 정한 영업주체 혼동행위에 해당한다고 판단한 대상판결은 영업주체 혼동행위의 해석에 관한 기존의 대법원 판례의 판단기준을 종합적으로 고려한 판단이라고 할 수 있다.

4. 대상판결의 의의

최근에 대학명칭을 특정 대학과 관련이 없는 다른 사업자들이 상호나 상표 또는 서비스표로서 무단으로 사용하는 경우가 많이 나타나고 있으며, 이와 같은 사용에 의해서 해당 사업자들이 해당 대학명칭에 관한 대학과 마치 관련이 있는 것처럼 수요자에게 혼란을 일으키게 될 우려가 증가하고 있다.

그러나 이와 관련하여 한편으로는 수요자에게 특정 대학과 관련이 있는 업체로서 전혀 혼동을 일으키지 않는 식당이나 미용실 등의 경우와 같이, 학생들을 대상으로 하는 순수한 소사업자들이 더 많은 것도 대학가의 현실이다.

따라서 이와 같은 양자를 구별하여 대학과 혼동을 초래하는 사업자들의 영업표지들에 대해서는 부정경쟁방지법상 규제가 필요할 것이고, 그렇지 않은 소규모의 소사업자들인 식당이나 미용실 등에 대해서는 이러한 규제가 필요치 않을 것이다.

그런데 대학명칭과 혼동을 초래하는 영업표지에 대해서 어떠한 기준을 근거로 부정경쟁방지법상 영업주체 혼동행위를 적용할지에 관하여, 바로 이상에서 살펴본 대상판결에서는 이에 관한 구체적인 판단기준들을 제시하여 주고 있다.

즉, 대상판결은 대학명칭을 영업표지로 사용한 경우, 부정경쟁방지법상 영업주체 혼동행위를 대법원에서 인정한 판결로서 그 의의가 있다고 하겠으며, 특히 대학명칭을 대학 인근의 사업자들이 사업장의 상호 등과 같은 영업표지로 사용하는 것과 관련하여 사회적으로 문제가 되고 있는 상황속에서 이러한 사용태양이 영업주체 혼동행위에 해당하는지의 여부에 관한 판단 기준을 구체적으로 설시하여 주고 있다는 데 아울러 그 의의가 있다고 하겠다.

우선 대학명칭을 대학의 고유업종과는 다른 이종의 업종에 영업표지로서 주로 사용하는 상황들이 많이 발생하는데, 이 경우에 영업주체 혼동행위가 발생하기 위한 중요한 근거가 될 수 있는 것은 대상판결의 판시 내용에서도 나타나 있듯이, 이종의 영업을 수행하더라도 해당 대학과 업무상 관련성을 초래할 수 있을 정도로 다른 사업자의 '영업상의 규모'가 상당해야 한다는 것을 보여주고 있으며, 대학과 다른 사업자 간의 영업상의 규모의 차이가 너무 클 경우에는 대학명칭 주변의 식당 등의 영업표지처럼 대학의 영업표지와 그 출처의 혼동이 초래되지 않는다고 보아야 할 것이다.[25]

특히 대상판결은 영업표지 사이의 유사성과 주지성이 인정되는 상황에서 혼동성을 쟁점으로 하여 그 혼동성에 관한 구체적인 판단기준들을 기존의 판례를 이용하여 상술하고 있는데, 대상판결과 같은 사례가 발생할 경우에 영업실태와 고객층의 중복 등으로 인한 경업·경합관계의 존부를 구체적으로 따져 보아 대학명칭과 이러한 대학명칭을 사용하는 제3자의 영업표지 간의 영업주체 혼동의 여부를 검토하여야 할 것이다.[26]

---

25) 정태호, 앞의 "대학명칭을 영업표지로 사용한 경우의 영업주체혼동행위 여부에 대한 고찰 ―대법원 2014.5.16.선고 2011다77269 판결―," 517면.
26) 정태호, 앞의 "대학명칭을 영업표지로 사용한 경우의 영업주체혼동행위 여부에 대한 고찰 ―대법원 2014.5.16.선고 2011다77269 판결―," 518면.

　따라서 대학명칭이라는 특수성을 고려하여 볼 때에 단순하게 대학
명칭의 주지성과 다른 영업표지 간의 유사성만을 가지고 영업주체
혼동행위가 발생된다고 단정하는 것은 부정경쟁방지법상 영업주체
혼동행위의 혼동성에 관한 법리를 잘못 해석하게 되는 것이다.

　결국 대상판결은 영업표지의 주지성 및 식별력의 정도, 표지의
유사의 정도, 영업실태, 고객층의 중복 등으로 인한 경업·경합관계
의 존부, 모방자의 악의(사용의도) 유무 등의 사정 등을 구체적으로
고려하여야 한다는 기존의 판단 법리의 적용을 통하여, 대상판결은
대학주변의 상권에 피해를 주지 않으면서도 대학명칭에 대한 부정
경쟁행위를 근절하는 방향에 관한 하나의 판단기준을 제시하여 주
었다는 데 그 의의를 찾을 수 있을 것이다.

III 팝업광고와 영업주체 혼동행위
[인터넷채널21 사건][27)]

1. 사건의 정리

(1) 사실관계

피해자 회사는 2006.8.경부터 2007.7.경까지 사이에 국내 최대의 인터넷 포털사이트인 '네이버'(그 도메인 이름이 'www.naver.com'이고, 이하 '네이버'라 한다)를 운영하면서 네이버에 배너광고를 게재하거나 우선순위 검색결과 도출서비스를 제공하는 방법 등으로 광고영업을 하고 있었다.

그리고 네이버 홈페이지의 상단 등에는 네이버의 명칭을 녹색의 영문 대문자로 구성한 "**NAVER**" 표장과 함께 네이버를 상징하는 모자 로고 ' '가 나타나 있는데, 위와 같은 표장과 로고(이하 '이 사건 영업표지'라 한다)는 수차례에 걸친 디자인 변경에도 불구하고 1999년경부터 네이버의 홈페이지 등에 그대로 유지되어 왔다. 이러한 사정들에 의하면, 이 사건 영업표지는 위 기간 사이에 네이버를 통한 피해자 회사의 광고영업을 표시하는 표지로서 국내에 널리 인식되었다고 할 것이다.

---

27) 대법원 2010.9.30. 선고 2009도12238 판결.

또한 피고인들은 "업링크솔루션"이라는 프로그램(이하 '이 사건 프로그램'이라 한다)을 불특정 다수의 인터넷 이용자들에게 배포하여 그 설치에 동의한 이용자들의 컴퓨터에 설치되도록 한 사실, 이 사건 프로그램이 설치된 컴퓨터로 네이버에 접속할 경우 네이버 화면에 피해자 회사의 광고가 나타나는 것이 아니라, 피해자 회사의 배너광고를 같은 크기의 피고인들의 배너광고로 대체하는 방식(이른바 '대체광고 방식[28]'), 화면의 여백에 피고인들의 배너광고를 노출시키는 방식(이른바 '여백광고 방식[29]'), 검색창에 키워드를 입력하면 검색결과 화면의 최상단에 위치한 검색창과 피해자 회사의 키워드광

---

[28] 포털사이트가 제공하는 광고란에 자신들이 선택한 배너광고를 덮어쓰는 방식이다.

〈기본적인 웹사이트 화면〉

〈대체광고 방식〉

[29] 포털사이트의 여백을 스스로 찾아내어 자신들이 선택한 배너광고를 노출하는 방식이다.

〈기본적인 웹사이트 화면〉

〈여백광고 방식〉

고 사이에 피고인들의 키워드광고를 삽입하는 방식(이른바 '키워드삽입광고 방식[30]')에 의하여 피고인들의 광고가 대체 또는 삽입된 형태로 나타나는 사실, 피고인들의 위 광고는 그 둘레에 별도의 테두리가 없는 이른바 레이어 팝업(Layer Pop-up)의 형태로 나타나고, 이 사건 프로그램이 위와 같이 동작하는 과정에서 피고인들의 광고 자체에는 그 출처가 전혀 표시되지 아니하는 사실 등을 알 수 있다.

(2) 피고인들에 대한 공소사실[31]

피고인은 2006.8.경 업링크솔루션이라는 프로그램(이하 '이 사건 프로그램'이라 한다)을 개발하였는데, 위 프로그램을 설치한 이용자들이 피해자 회사에서 운영하는 인터넷 포털사이트인 네이버 홈페이지(www.naver.com) 등에 접속할 경우, 피고인이 운영하는 피

---

30) 포털사이트의 검색창 하단과 포털사이트가 제공하는 키워드광고 사이에 자신들이 제공하는 키워드광고를 삽입하는 방식이다.

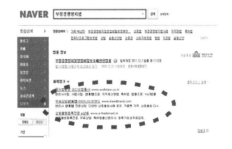

〈기본적인 웹사이트 화면〉　　　　〈키워드삽입광고 방식〉

31) 해당 사건은 형사사건으로서 여기서의 공소사실은 유영선, "팝업(Pop-up)광고 행위의 규제," 사법(제15호), 사법발전재단, 2011.3, 347면을 참조하였다. 그리고 대상판결의 원심에서 추가된 공소사실이 있으나, 해당 공소사실은 형법상 컴퓨터 등 장애 업무방해죄에 관한 것으로서 본 주제인 부정경쟁방지법에 관련된 사안이 아니므로, 여기서는 이에 대하여 다루지 않기로 한다.

고인 회사 서버에 저장되어 있는 광고가 이용자의 컴퓨터 화면에서 보이는 네이버 홈페이지의 광고를 대체하거나 빈 공간에 추가된다.

피고인은 2006.8.경부터 2007.7.경까지 사이에 피고인 회사에서 운영하는 인터넷 홈페이지(www.uplink.co.kr)를 통해서 불특정 다수의 인터넷 이용자들에게 이 사건 프로그램을 배포, 설치하게 한 다음, 이 사건 프로그램을 설치한 이용자들이 네이버 홈페이지에 접속할 경우 피고인 회사의 서버에 저장되어 있는 광고가 마치 피해자 회사에서 제공하는 광고서비스인 것처럼 이용자의 컴퓨터에 보이는 네이버 화면에 나타나도록 하는 방법으로 국내에 널리 인식된 피해자 회사의 영업표지인 네이버 홈페이지를 사용하여 피해자의 광고서비스 영업활동과 혼동을 하게 하는 행위를 하였다.

한편 피고인 회사는 대표이사인 피고인이 피고인 회사의 업무에 관하여 위와 같은 방법으로 피해자 회사의 광고서비스 영업활동과 혼동을 하게 하는 행위를 하였다.

(3) 소송의 경과

이에 대해서 1심[32]은 피고인들의 무죄로 판단하였고,[33] 검사가

---

32) 서울중앙지방법원 2009.1.16.선고 2008고합312 판결.
33) 해당 1심 판결의 요지는 이하와 같다.
  (1) 네이버 홈페이지가 영업표지에 해당하는지 여부
   네이버 홈페이지 중 네이버 홈페이지를 나타내는 마크(**NAVER**), 네이버를 상징하는 모자로고(🌰) 만이 영업표지에 해당한다(이하에서는 위와 같은 마크 및 로고를 '이 사건 영업표지'라 한다).
  (2) 이 사건 영업표지를 사용하여 영업주체의 혼동을 일으키게 하였는지 여부
   i) 이 사건 프로그램이나 이를 이용한 피고인들의 이 사건 광고영업은 대다수의 인터넷 이용자가 네이버 등 유명 포털사이트에 접속하는 것을 이용

이에 대해 항소를 하였으나 원심[34]에서는 항소 기각(피고인들의 무죄)으로 판단하였으며,[35] 검사가 역시 이에 대해 상고하여 대법원

하여 피고인 인터넷채널이십일이 수주한 광고의 빈번한 노출기회를 확보하는 데 그 토대를 두고 있는 것으로 보이고 네이버 등 유명 포털사이트 업체의 영업표지 자체의 식별력을 활용하는 것으로 보기는 어려운 점, ii) 피고인 주○○은 위와 같은 이 사건 광고 게재를 통하여 이를 피해자 회사의 영업표지와 연결시켜 다른 광고주들에게 피고인 인터넷채널이십일의 광고영업이 피해자 회사의 영업과 동일하거나 밀접한 관련이 있는 것으로 오인시켜 광고를 수주하는 행위를 한 것으로 볼 증거는 없는 점 등을 종합하여 보면, 피고인 주○○의 공소사실 기재 행위는 피해자 회사가 운영하는 포털사이트인 네이버의 화면 일부를 사용하는 데 불과한 것으로서 피해자 회사의 영업표지의 식별력을 활용하여 영업활동을 한 것으로 보기는 어렵고, 따라서 피고인 주○○의 위 행위는 부당하게 피해자 회사의 광고서비스영업을 방해하는 결과를 초래한 것이라고 볼 여지가 있다고 하더라도 부정경쟁방지법이 규제하고 있는 영업주체의 혼동행위에는 해당한다고 할 수 없다.

(3) 결 론

그렇다면 이 사건 공소사실은 범죄사실의 증명이 없는 때에 해당하므로 형사소송법 제325조 후단에 의하여 무죄를 선고한다.

34) 서울고등법원 2009.10.22. 선고 2009노300 판결.
35) 해당 원심판결의 요지는 이하와 같다.

부정경쟁방지법 제2조 제1호 나목 소정의 영업주체 혼동행위가 성립하기 위해서는 행위자가 타인의 영업임을 표시하는 표지와 동일 또는 유사한 것을 '사용'할 것을 그 요건으로 하고 있는바, 그 사용의 형태에 대해서는 특별한 제한이 없으나, 적어도 타인의 영업표지를 행위자 자신의 영업 출처를 표시하는 것으로 사용하여야 한다. 그런데 i) 비록 피고인들이 다수의 이용자를 확보하고 있는 네이버 등 포털사이트의 고객흡인력에 편승하여 네이버 등 포털사이트를 피고인들의 광고영업에 이용하려는 의도로 이 사건 프로그램을 배포한 사정이 엿보이나, 피고인들은 광고영업을 위하여 네이버 등 포털사이트를 광고공간으로 활용하였을 뿐이지 이 사건 영업표지 자체를 자신들의 광고영업 출처를 표시하는 것으로 사용함으로써 그 식별력을 활용한 것으로 보이지는 않는 점, ii) 네이버 홈페이지의 이용자의 입장에서는 네이버 홈페이지가 포털사이트로서 제공하는 정보의 내용에 가치를 두는 것이지 네이버 홈페이지에 게재된 광고에 관하여 그 게재의 주체가 누구인지에 대하여는 특별히 가치의 차이를 두고 있다고 단정할 수 없는 점, iii) 이 사건 프로그램의 설치과정에서 이 사건 프로그램을 통해

에서 판단한 것이 바로 대상판결에서의 이 사건이다.

2. 대상판결(대법원 2009도12238 판결)의 판시 내용

(1) 이 사건 영업표지가 광고영업을 나타내는 영업표지로서 주지된 것인지 여부(=적극)

이 사건 영업표지는 네이버를 통한 피해자 회사의 광고영업을 표시하는 표지로서 국내에 널리 인식되었다고 할 것이다.[36)]

실현되는 광고 형태의 안내나 설명에 있어서 다소 모호하거나 미흡한 점이 있긴 하나, 기본적으로 이 사건 프로그램의 설치에 동의한 이용자들만이 이 사건 프로그램을 통한 광고에 노출되게 되므로 그러한 이용자들은 피고인들이 어떠한 형태이든지 네이버 등의 홈페이지에서 광고행위를 한다는 포괄적인 인식은 있었던 것으로 보이는 점, iv) 피해자 회사로서도 네이버 홈페이지에서 여러 형태로 광고영업을 할 뿐이지 광고영업을 하는 데 있어서 이 사건 영업표지 자체의 식별력을 활용한다는 인식은 크지 않았던 것으로 보이는 점 등을 종합하여 보면, 피고인들이 이 사건 영업표지를 자신들의 광고영업의 출처를 표시하는 것으로 사용하였다고는 볼 수 없다. 따라서 위 공소사실에 관하여 무죄를 선고한 원심의 판단은 정당하고, 검사가 주장하는 사실오인 내지 법리오해의 위법이 없다.

36) 이와 관련하여 검사는 상고이유에서 이 사건 영업표지뿐만 아니라 그 고유의 초록색상, 레이아웃, 메뉴구성, 문자크기 등이 일체화된 피해자 회사의 홈페이지 화면 전체를 피해자 회사의 영업표지라고 해야 한다고 주장하였다. 그러나 피해자 회사 홈페이지의 위와 같은 구성요소들 자체는 유동적인 것으로 실제로 주기적으로 변동되어 왔고, 다른 포털사이트와 구별되어 영업의 출처를 표시할 정도로 특이하게 이루어져 있다고 볼 수도 없으므로, 홈페이지 화면 전체를 영업표지로 볼 수는 없을 것이다[유영선, 앞의 "팝업(Pop-up)광고 행위의 규제," 367면].

(2) 팝업광고의 영업활동에 대한 혼동 가능성의 여부(이 사건 영업표지에 대한 사용 여부도 포함[37])(=적극)

구 부정경쟁방지법(2007.12.21. 법률 제8767호로 개정되기 전의 것) 제2조 제1호 나목이 규정하고 있는 부정경쟁행위는 등록 여부와 관계없이 사실상 국내에 널리 인식된 타인의 성명·상호·표장 기타 타인의 영업임을 표시하는 표지와 동일하거나 이와 유사한 것을 사용하여 타인의 영업상의 시설 또는 활동과 혼동을 하게 하는 일체의 행위를 의미하는 것이다(대법원 1999.4.23.선고 97도322 판결 등 참조).

따라서 여기서 영업표지를 사용하는 방법 및 형태 등에는 특별한 제한이 없으므로, 인터넷 웹페이지상의 팝업광고 행위가 팝업창 자체의 출처표시 유무, 웹페이지 내에서의 팝업창의 형태 및 구성, 웹페이지의 운영목적과 내용, 팝업창의 출현 과정과 방식 등에 비추어 웹페이지상에 표시된 국내에 널리 인식된 타인의 영업표지를 그 팝업광고의 출처표시로 사용한 것으로 인식되고 이로써 팝업광고의 영업 활동이 타인의 광고영업 활동인 것처럼 혼동하게 하는 경우에는 위 법조 소정의 부정경쟁행위에 해당한다고 할 것이다.

피고인들은 이 사건 프로그램이 설치되어 있는 컴퓨터 화면상에 그들이 제공하는 광고를 이 사건 영업표지가 표시되어 있는 네이버 화면의 일부로 끼워 넣어 그 화면에 흡착되고 일체화된 형태로 나타나도록 함으로써 네이버 화면에 있는 이 사건 영업표지의 식별력에 기대어 이를 피고인들 광고의 출처를 표시하는 영업표지로 사용

---

37) 일반적으로는 영업표지의 사용과 혼동 여부를 분리해서 검토해야 하나, 대상판결에서는 혼동이 일어나면 이에 따른 사용도 수반된 것으로 본다는 관점에서 영업표지의 직접적인 사용에 대해서는 별도로 검토하고 있지 않고, 혼동 가능성을 검토하면서 영업표지의 사용태양을 포함시켜 언급하고 있을 뿐이다.

하였다 할 것이고, 이로써 피고인들의 광고가 마치 피해자 회사에 의해 제공된 것처럼 오인하게 하여 피해자 회사의 광고영업 활동과 혼동을 하게 하였다고 할 것이다.

한편 기록에 의하면, 네이버 화면에 원래의 광고가 나타난 다음 약간의 시간 간격을 두고 피고인들의 광고가 나타난 점, 대체광고와 여백광고의 한쪽 모서리에 작은 'x' 모양의 닫기 버튼을 두어 이용자가 이를 클릭하면 해당 광고가 화면에서 사라지면서 네이버의 원래 광고가 보이도록 한 점을 알 수 있으나, 이것만으로는 피해자 회사의 광고영업 활동과의 혼동이 방지되지 않는다.

또한 앞서 본 바와 같이 피고인들의 광고는 이 사건 프로그램이 설치된 컴퓨터 화면에만 나타남을 알 수 있으나, 그렇다고 하더라도 피고인들의 광고가 반드시 이 사건 프로그램의 설치자한테만 노출되지는 않을 것으로 보일 뿐만 아니라, 앞서 본 바와 같이 피고인들의 광고는 네이버 화면에 흡착되고 일체화된 형태로 나타난 이상, 이 사건 프로그램의 설치 당사자도 피고인들의 광고를 피해자 회사가 제공한 광고와 구분하여 인식하기가 쉽지 않아 보이므로, 피해자 회사의 광고영업 활동과의 혼동은 여전히 존재한다고 할 것이다.

(3) 판결의 결론

따라서 피고인들의 이 사건 프로그램에 의한 광고행위는 구 부정경쟁방지법 제2조 제1호 나목이 규정하고 있는 부정경쟁행위에 해당한다. 그런데도 원심은 피고인들이 이 사건 프로그램에 의한 광고를 하면서 이 사건 영업표지를 '사용'하지 않았다는 이유를 들어 피고인들의 광고행위가 위 법조항 소정의 부정경쟁행위에 해당하지 않는다고 판단하였으므로, 원심의 위와 같은 판단에는 구 부정경쟁방지법 제2조 제1호 나목의 부정경쟁행위에 관한 법리를 오해하여 판결의 결과에 영향을 미친 위법이 있다. 이를 지적하는 상고

이유의 주장은 이유 있다(파기환송).

3. 대상판결에 대한 검토[38)]

(1) 팝업광고와 영업주체 혼동행위의 관계

인터넷의 발달과 더불어 기업들은 이를 자사의 상품이나 서비스의 광고를 위하여 이용할 수 있는 다양한 방법들에 관하여 생각하게 되었다. 그러한 광고수단은 배너(banner) 광고, 스팸(spam), 키워드(key-word) 광고 및 메타태그(metatag)[39)] 등을 거쳐 최근의 팝업(Pop-Up) 광고에까지 이르게 되었다.

팝업이란, 일반적으로 GUI(Graphic User Interface) 화면 맨 앞으로 나타나는 작은 창을 의미하는데, 팝업광고는 이러한 팝업을 이용한 광고수단을 말한다. 팝업창은 PC의 스크린에 원래 열려 있던 창을 가림으로써 PC 사용자들로 하여금 팝업광고를 볼 수밖에 없게 하고, PC 사용자들이 팝업광고를 클릭하면 원래 보고 있던 사이트를 떠나 그 광고 사이트로 이동하게 됨으로써 원래 사이트의 소유자들은 잠재적인 고객을 잃게 되는 결과가 되기도 한다.[40)]

---

38) 대상판결의 첫 번째 판시사항인 이 사건 영업표지가 광고영업을 나타내는 영업표지로서 주지된 것인지 여부는 이 사건에서 특별히 문제되는 것이 아니므로, 이하에서는 이에 대한 구체적인 검토는 생략함.

39) html문서의 〈head〉와 〈/head〉의 사이에 입력하는 특수태그로서 문서의 설정요소들을 http 서버에서 만들어진 특정 프로토콜(컴퓨터 간의 정보 교환을 위한 규칙을 말함)에 연결한다. 검색 사이트는 디렉토리 서비스 형식과 검색 로봇 형식이 있는데, 디렉토리 서비스는 사용자가 사이트에 관한 정보를 일일이 입력해서 검색을 하면 검색엔진에 등록된 사이트 중에서 입력된 정보와 적합한 사이트를 연결시켜 주는 방식이고, 검색로봇은 대부분 메타태그를 이용하여 정보를 찾는다. html문서의 〈head〉 부분에 메타태그가 삽입되면 검색로봇이 검색엔진에 등록된 사이트를 주기적으로 돌아다니며 메타태그를 색인해서 데이터를 갱신하게 된다.

　이러한 팝업광고는 PC 또는 인터넷 사용자들을 상당히 귀찮게 하고 또 원래 사이트의 잠재적 고객을 빼앗는다는 점에서 부당한 상거래행위에 해당될 수 있으며, 메타태그(metatag)와 같은 기존의 다른 인터넷상의 광고 수단들과 마찬가지로, 원래 사이트의 신용(good will)과 명성에 부당하게 편승하는 부정경쟁행위로서 부정경쟁방지법의 '영업주체 혼동행위'에 의해 규제하는 것을 검토하여 볼 수 있다.[41]

　한편 상표 또는 영업표지의 사용이라는 개념은 앞서 살펴본 표지성이라는 전제적 판단과 불가분의 관계에 있고, 혼동성이라는 결과적 판단과도 밀접한 관련이 있는 주요한 연결고리이다. 과거의 전통적인 영업이나 광고행위에서도 '사용'이라는 개념이 복잡한 상황을 연출한다는 것이 흔한 일은 아니었다. 그러나 정보통신기술의 발달, 특히 인터넷의 기술 및 관련 시장의 확대와 발전은 이러한 사용성 여부를 판단하는 데 있어서 기술적인 검토가 그 법해석의 결과를 결정짓는 역할을 하게 되었다.[42]

(2) 피고인들의 팝업광고와 이 사건 영업표지의 '사용' 및 '혼동'에 관한 문제의 검토

1) '혼동'과 '사용'의 요건 적용에 관한 국내에서의 해석
대상판결인 '인터넷채널21' 사건에서는 팝업광고에 출처가 전혀

---

40) Erich D. Schiefelbine, "Stopping a Trojan Horse:Challenging Pop-Up Advertisements and Embedded Software Schemes on the Internet through Unfair Competition Laws," 19 Santa Clara Computer & High Tech. L. J., 2003.5, pp.499-500.

41) 김기영, "팝업(Pop-UP)광고와 상표권침해죄 및 부정경쟁방지법위반죄," 형사판례연구(제13호), 박영사, 2005, 4면.

42) 정태호, "팝업광고와 영업주체 혼동행위의 관계에 관한 비판적 고찰," 원광법학(제28권 제4호), 원광대학교 법학연구소, 2012.12, 290면.

표시되지 않고, 피고의 광고가 이용자의 동의에 의해 위 프로그램이 설치된 컴퓨터 화면에만 나타날지라도, 반드시 그 설치자한테만 노출되지는 않을 것으로 보일 뿐만 아니라 피고의 광고가 네이버라는 웹사이트 화면에 흡착되고 일체화된 형태로 나타난 이상 프로그램 설치 당사자들도 피고의 광고를 네이버 회사가 제공한 광고와 구분하여 인식하기가 쉽지 않아 보이는 점 등에서 영업주체 혼동행위에 해당한다고 판단되었다.

그런데 이러한 판단은 원고의 영업표지인 'NAVER(네이버)' 등을 피고가 자신의 광고영업의 출처를 표시하는 것으로 사용하였다고는 볼 수 없으므로 영업주체 혼동행위에 해당되지 않는다고 판단한 원심[43]과는 달리 혼동가능성 요건을 완화하여 넓게 인정하고 있다. 즉, 타인의 광고영업 활동인 것처럼 혼동하게 하는 경우에는 영업표지의 직접적인 사용여부와 관계없이 부정경쟁행위에 해당한다고 하여 영업주체 혼동행위의 핵심적인 요소로 혼동의 가능성만을 중점으로 두고 판단한 것이다.

이와 관련하여 대상판결에서는 "부정경쟁방지법은 '사용되어 널리 알려진' 상품표지 또는 영업표지와의 혼동 야기를 방지하는 데 목적이 있으므로, 상품표지 또는 영업표지를 매체로 해서 상품 또는 영업의 출처에 대해 혼동을 일으키는 사용행위는 그 방법, 형태 등을 묻지 않고 모두 이에 포함된다."는 일부 학설상의 견해와 대상판결에서 인용하고 있는 "부정경쟁방지법 제2조 제1호 소정의 행위는 상표권 침해행위와는 달라서 반드시 등록된 상표(서비스표)와 동일 또는 유사한 상호를 사용하는 것을 요하는 것이 아니고, 등록 여부와 관계없이 사실상 국내에 널리 인식된 타인의 성명, 상호, 상표, 상품의 용기, 포장 기타 타인의 상품임을 표시하는 표지와 동일 또는 유사한 것을 사용하거나 이러한 것을 사용한 상품의 판매 등을

---

43) 서울고등법원 2009.10.22. 선고 2009노300 판결.

하여 타인의 상품과 혼동을 일으키게 하거나 타인의 영업상의 시설
또는 활동과 혼동을 일으키게 하는 일체의 행위를 의미하는 것이
다."라는 대법원 판례[44]를 이 사건에 맞게 적용한 것이라고 할 수
있다.[45]

이와 같이 대상판결에서 인용 및 적용하고 있는 기존의 대법원
판례는 이 사건과는 구체적인 판단내용에 있어서는 다르지만, '혼동
을 일으키게 하는 일체의 행위'라고 설시하여 혼동가능성의 요건을
완화하여 인정하였고, 혼동요건에 중점을 두어서 영업주체 혼동행
위 여부를 판단하였다는 견해가 있다.[46]

그리고 부정경쟁방지법상 영업주체 혼동행위를 야기하는 표지의
사용의 형태에 대해서는, 부정경쟁방지법이 '사용되어 널리 알려진'
영업표지와의 혼동 야기를 방지하는 데 그 목적이 있는 것이므로,
영업표지를 매체로 하여 상품 또는 영업의 출처에 대하여 혼동을
일으키는 사용행위는 그 방법, 형태 등을 묻지 않고 모두 이에 포함
된다고 하여, 혼동을 일으키는 경우에는 그 사용의 방법, 형태의 구
체적인 유형은 묻지 않는다는 견해도 있다.[47] 그런데 이상과 같은
견해들에 따른다면, 사용 요건을 별도로 구별하여 적용하지 않고
단순히 혼동의 발생 여부만을 중심적으로 검토하면 되는 것으로 해
석해 볼 수도 있다.

한편으로 표지로서 혼동의 발생이라는 결과보다는 출처표시를

---

44) 대법원 1999.4.23.선고 97도322 판결, 대법원 1996.1.26.선고 95도1464
   판결 등 참조.
45) 대상판결에서 '사용' 개념에 대한 일반적인 이해는, '혼동'이 있는 경우에
   는 타인의 영업표지의 '사용'도 있다고 봐야 한다는 생각에서 출발한다고
   할 수 있다(유영선, 앞의 "팝업(Pop-up)광고 행위의 규제," 360-361면).
46) 김관식, "인터넷 상에서 영업표지 사용 요건의 해석 ─대법원 2010.9.30.
   선고 2009도12238판결을 중심으로─," 중앙법학(제12집 제4호), 중앙법학
   회, 2010.12, 400면.
47) 사법연수원, 부정경쟁방지법, 2010, 34면.

위한 영업표지의 사용에 초점을 둔 견해로 볼 수 있는 판례도 존재하는데,[48] 해당 판례에서는 "부정경쟁방지법 제2조 제1호 나목 소정의 영업주체 혼동행위가 성립하기 위해서는 행위자가 타인의 영업임을 표시하는 표지와 동일 또는 유사한 것을 '사용'할 것을 그 요건으로 하고 있는바, 그 사용의 형태에 대해서는 특별한 제한이 없다. 그러나 타인의 영업표지를 부정하게 자신의 영업에 사용하여 출처의 혼동을 가져오는 부정경쟁행위를 방지하기 위한 부정경쟁방지법의 목적에 비추어 볼 때 타인의 영업표지를 '사용'한다고 하기 위해서는 적어도 타인의 영업표지를 행위자 자신의 영업 출처를 표시하는 것으로 사용하여야 한다."고 판시하고 있다. 이러한 해당 판례에 따르면 영업표지의 사용으로 인정되기 위해서는 타인의 영업표지를 자신의 영업출처를 표시하는 것으로 사용된 경우로 제한한 것으로 볼 수도 있다.

이와 관련하여 영업주체 혼동행위에서 '사용'이란 타인의 영업임을 나타내는 표지를 자기의 영업임을 나타내는 표지로 '직접 사용'하거나 '제3자에게 사용하게 하는 것'을 모두 포함한다고 하며, 여기에서 '직접 사용'이란 자기의 영업이나 영업에 대한 광고, 정가표, 거래서류, 간판 또는 표찰에 타인의 표지를 하여 전시 혹은 반포하는 행위를 말한다고 본다.[49]

결국 이상의 내용과 같이 기존의 국내에서의 판례나 학설 등에서의 영업주체 혼동행위를 적용하는 구성요건으로서의 '사용'과 '혼동'에 대한 해석이 아직 명확하게 정립되지 않았음을 확인할 수 있다.

그런데 대상판결에서의 판단은 이상과 같은 다양한 견해가 존재하고 있었던 국내에서의 상황하에서 혼동의 개념을 매우 확대해석

---

48) 대법원 2004.5.14.선고 2002다13782 판결.
49) 황의창·황광연, 부정경쟁방지 및 영업비밀보호법(5정판), 세창출판사, 2009, 47면.

하여 영업표지의 사용이라는 개념을 혼동이라는 개념에 부수적인 것처럼 포함시켜서 판단한 것으로 볼 수밖에 없다.

2) '혼동'과 '사용'의 요건 적용에 관한 해외에서의 해석

한편 우선적으로 일본의 경우를 살펴보면, 일단 일본의 판례는 "부정경쟁방지법상 혼동을 야기할 행위라 함은 타인의 주지의 영업표시와 동일 또는 유사한 것을 사용하는 사람이 자기와 위의 타인과 동일한 영업 주체로 오신하게 하는 행위뿐만 아니라, 양자 사이에 소위 모회사, 자회사의 관계와 계열 관계 등의 긴밀한 영업상의 관계 또는 동일한 표시 상품화 사업을 영위하는 그룹의 관계가 존재하는 것으로 오신하게 하는 행위(광의의 혼동야기행위)도 포함하면 인정한다.[50]"고 판시하여 광의의 혼동에 중점을 두는 입장을 취하고 있다.

그리고 일본의 학설은 "혼동 상태를 방치하지 않게 하기 위해, 혼동을 발생하게 하는 행위라면 부정경쟁방지법 제2조 제1항 제1호[51]의 규율의 대상이 된다고 해석해야 할 것이다.[52]"라고 언급하여 영업주체 혼동행위에 있어서 혼동의 가능성 요건에 중점을 두고 있는 듯이 보인다. 이에 더 나아가 "부정경쟁방지법에서는 혼동행

---

50) 最高裁昭和57年(才)第658号同58年10月7日第二小法廷判決, 最高裁平成7年(才)第637号同10年9月10日第一小法廷判決・裁判集民事189号857頁.

51) 他人の商品等表示(人の業務に係る氏名, 商号, 商標, 標章, 商品の容器若しくは包装その他の商品又は営業を表示するものをいう. 以下同じ.)として需要者の間に広く認識されているものと同一若しくは類似の商品等表示を使用し, 又はその商品等表示を使用した商品を譲渡し, 引き渡し, 譲渡若しくは引渡しのために展示し, 輸出し, 輸入し, 若しくは電気通信回線を通じて提供して, 他人の商品又は営業と混同を生じさせる行為[우리나라 부정경쟁방지법의 제2조 제1호 가목(상품주체 혼동행위) 및 나목(영업주체 혼동행위)을 동시에 포함하고 있음]

52) 田村善之, 不正競争法概説(第2版), 有斐閣, 2003, 94-96면.

위 방지가 궁극의 목적이기 때문에 영업표지 등이 유사한지 판단은 실질적인 의미를 갖지 않으며, 오히려 혼동의 우려가 인정되는 경우에는 혼동행위의 다른 요건인 표지 역시 유사한 것으로 해석해도 지장없다"고까지 해석하고 있기도 하여,53) 이는 대상판결의 판단법리와 합치한다고 볼 수도 있다.

한편 지난 수십 년간 미국에서 상표사용 및 침해여부를 결정하는 핵심적인 요소는 '수요자의 오인, 혼동 우려'라는 '결과'만 고려되었으며, 실제로 사용행위 태양이 구체적으로 어떠한 것이든지에 관계없이 그로 인하여 상품의 출처에 관한 수요자의 혼동이 생길 우려가 발생하는 한 이는 상표의 침해적 사용에 해당하는 것으로서 판단하는 경향이 강하였다.54) 이로 인하여 미국에서의 상표의 사용행위 자체에 대한 논의와 검토는 상대적으로 중요하게 취급되지 않아 왔던 것도 사실이다.55)

즉, 미국 연방상표법 §1125(a)가 상품의 출처표시 이외에도 후원관계 등에 관한 혼동유발이나 희석화까지 침해로 규정하는 이유가 여기에 있고, 미국의 일부 판례가 '최초혼동이론(Initial confusion theory)'에 근거한 상표 침해,56) 역혼동(Reverse confusion)에 근거한 상표 침해,57) 판매후 혼동(Post sale confusion)에 근거한 상표 침

---

53) 渋谷達紀, 判例時報1108号190頁以下・191頁(判例評論303号44頁以下・45頁).

54) 구체적인 관련 내용은 Graeme B. Dinwoodie & Mark D. Janis, "Confusion over use: Contextualism in trademark law," Iowa Law Review, Vol. 92, No. 1597, 2007를 참조할 것.

55) 이와 같이 상표사용의 개념 자체를 중시하지 않는 것이 '국제적인 추세'라고 설명하는 견해가 있기도 한다[송영식 외 2인, 지적소유권법(하), 육법사, 2001, 228면].

56) Playboy Enters., Inc. v. Netscape Comm'ns Corp. 354 F.3d 1020 (9th Cir. 2004).

57) A & H Sportswear, Inc. v. Victoria's Secret Stores, Inc., 237 F.3d 198 (3d Cir. 2000).

해58)를 각각 인정하고 있는 근거 역시 그것이 상표에 관한 수요자 혼동을 초래할 우려가 있는 행위라고 보기 때문이었다.

그런데 근래 미국에서는 부정경쟁행위의 성립 여부에 대한 판단에는 상표의 '사용행위'에 관한 고유의 요건이 충족되었는지 여부가 먼저 판단되어야 하며, 단지 결과로서 혼동의 우려가 발생한다는 것만으로는 상표의 침해적 '사용'에 해당한다고 볼 수 없다는 주장이 유력하게 제기되고 있는데, 이를 '상표사용론(trademark use theory)'이라고 부른다.59)

20세기 이래 '수요자의 혼동' 개념이 상표 침해를 판단하는 핵심적인 역할을 해 온 것은 사실이다. 그러나 미국 상표법이 상표 침해 판단의 필수 전제로 상표적 '사용'을 요구하고 있음을 간과하여서는 아니 된다고 하면서 상표의 본질적 기능은 상품의 출처표시에 있는 이상, 상표를 그와 같은 기능, 즉, 상품의 출처표시 수단으로 사용한 경우에 비로소 상표의 사용이 있는 것이고 침해 여부를 판단함에 있어서도 그와 같은 상표의 사용 개념을 먼저 충족해야 비로소 수요자의 오인, 혼동 가능성에 대한 검토로 넘어갈 수 있다는 것이 위에서 언급한 '상표사용론'의 핵심이라고 할 수 있다.60)

이는 미국 내에서 유력한 판단기준으로서 현실적으로 작용하기

---

58) Ferrari S.P.A. Esercizio v. Roberts, 944 F.2d 1235 (6th Cir. 1991).

59) Stacey L. Dogan & Mark A. Lemley, "Grounding trademark law through trademark use," 92 IOwa L. Rev.(2007), p.1673. 한편, 그 밖에 위와 같은 논의를 전개하고 있는 미국의 다른 문헌들로서는 Margreth Barrett, "Internet Trademark Suits and the Demise of Trademark Use," 39 U.C. Davis L. Rev. (2006); Mark P. Mckenna, "The normative foundations of trademark law," 82 Notre Dame L. Rev.(2007) 등을 들 수 있는데, 그 가운데 가장 급진적인 논지를 펴고 있는 Stacey L. Dogan 과 Mark A. Lemley는 위와 같은 자신들의 논지가 온라인에서는 물론 종국적으로는 오프라인에서도 관철되어야 한다고 주장하고 있다.

60) Mark P. Mckenna, supra, p.1892; Stacey L. Dogan & Mark A. Lemley, supra, p.1674, p.1676; Margreth Barrett, supra, p.375, 378, 395.

시작하였으며, 이미 전 세계적으로 각국의 입법 태도에 따라, 또는
해석의 태도에 따라 널리 받아들여지고 있는 개념이기도 함과 아울
러, '상표사용론'이 문제가 되는 대상 또한 팝업광고 이외에, 메타태
그와 키워드셀링, 스폰서링크의 판매, 광고의 배경에 상표가 사용된
것과 같은 경우 등에서도 역시 상표의 사용 여부가 문제되는 등 그
문제가 되는 대상이 다양해지고 있는 실정이다.[61]

결론적으로, 근래 미국에서는 상표 침해 여부를 판단하는 경우,
결과로서 '수요자의 오인, 혼동 가능성'만을 고려하였던 종래의 무
분별한 입장을 비판하면서 주요한 요건으로서 '상표적 사용'이 존재
할 것을 먼저 요구하는 한편, 그 행위의 태양을 '상품의 출처를 표시
하는 행위'로 엄격히 제한하려는 논의가 활발히 진행되고 있으며,
그러한 주장이 다수의 학설과 판례에 의하여 지지를 얻어가는 중이
라고 할 수 있겠다.[62]

미국에서는 최근 몇 년간 인터넷 광고에서의 상표사용과 관련하
여 매우 많은 사건들이 등장하고 있고, 학계에서도 '상표사용론'에
대한 찬반을 중심으로 여러 학자가 각자 복수의 논문을 생산하고
있으나, 그에 비하여 일본의 동향은 상대적으로 조용한 편이다. 인
터넷을 둘러싸고 파생된 법적 문제 전반에 대해 그러하듯이 일본의
경우 오히려 한국보다 관련 논의나 판례가 드문 것으로 보인다. 일
본에서도 영업표지는 수요자나 거래자가 보았을 때 객관적으로 영
업출처를 표시하는 태양에 의하여 사용되어야 한다는 견해가 있기
는 하나,[63] 이것이 크게 주목받지는 못하고 있다.

---

61) 구체적인 관련 내용은 앞의 Graeme B. Dinwoodie & Mark D. Janis의 앞
의 논문 참조할 것.

62) 조영선, "상표의 사용개념에 대한 입법론적 고찰," 저스티스(제105호), 한
국법학원, 2008.8, 137면.

63) 小野昌延 編著, 新・注解 不正競爭防止法[(新版)上卷], 靑林書院, 2007,
347면.

그와 달리 프랑스나 독일 등과 같은 유럽에서는 주로 구글을 피고로 삼아 인터넷상 상표의 사용이 쟁점이 된 사건들이 여럿 등장하였다. 그런데 이것을 일일이 살필 필요성은 크지 않다. 그 이유는 현재 한국의 관련 입법과 판례 변화에 미치는 영향면에서 이들의 동향이 미국에서의 동향과 큰 차이가 없기 때문이다. 그리고 이들 국가들에서 피소된 상대방이 대부분 미국의 구글인 까닭에 미국 회사인 피고가 인터넷상 상표권 침해 등을 부정하며 제시한 반박 논리의 핵심이 다름 아니라 미국에서의 '상표사용론'에 터잡은 것이므로, 굳이 별도로 이를 다시 살필 필요가 적기 때문이라고 할 수 있겠다.[64]

(3) 기타 팝업광고에 관련된 판단 이론들의 검토

1) 팝업광고에서 판매 전 혼동이론의 적용에 관한 고찰

혼동은 다른 것을 같은 것이라고 착각하는 것이다. 혼동에는 상품표지 또는 영업표지 간의 혼동과 상품 출처 또는 영업 출처 간의 혼동이 있으며, 출처의 혼동에는 상품 출처 또는 영업 출처 자체가 동일한 것으로 오인하는 협의의 혼동과 2개 이상의 영업자 사이에 밀접하고 특수한 관계가 있다고 오인하는 광의의 혼동이 있는데, 부정경쟁방지법상의 혼동은 협의와 광의 모두를 포괄하는 것으로 볼 수 있다.[65] 한편 영업주체의 혼동이라 함은 혼동의 위험도 포함하는 개념으로 광의의 혼동과 후원관계의 혼동 역시 이에 포함된다.

여기서 광의의 혼동 위험은 영업표지의 유사성으로 인하여 업종의 동일성 또는 그 관련성의 관점에서 보아 거래계의 무시할 수 없

---

64) 정태호, 앞의 "팝업광고와 영업주체 혼동행위의 관계에 관한 비판적 고찰," 296면.

65) 사법연수원, 앞의 부정경쟁방지법(2010), 35면.

는 부분에서 그 영업자 상호 간에 영업적, 경제적 또는 조직적 관계가 있는 것으로 보인다면 충분하다고 할 수 있겠다.

나아가 혼동의 위험 여부의 판단근거에는 표지의 유사성의 정도, 거래계에서의 인식의 정도 및 업종 간의 차이 사이에 상호 보완적인 관계 등이 있으며, 광의의 혼동을 고려할 제 요소로서는 주지표지 주체의 기업형태, 주지표지의 표시력의 강도 및 이미지, 표지의 동일성 또는 유사성, 상품의 유사, 거리, 고객층 등 경합관계, 수요자의 세련도, 현실의 혼동 등을 들 수 있다고 본다.[66]

이와 관련하여 미국에서 비롯된 판매 전 혼동이론[67]을 살펴보면, 이 이론은 미국의 상표법상 비교적 최근의 이론으로서, 혼동의 결과로서 실제로 상품의 판매가 이루어지지 않았다고 하더라도, 소비자의 최초의 주의를 끌어들이기 위하여 혼동이 야기될 정도로 상표가 사용된 경우에 상표의 침해를 인정하자는 것이다.[68] 즉, 판매의 결과에 관계없이, 처음에 소비자들의 관심을 끄는 것에 의해 야기된 판매 전 혼동으로 인하여 상표권자에게 허락받지 않은 상표의 사용이 초래될 수 있음을 인정한 이론이다.[69]

이와 관련하여 Brookfield Communication v. West Coast Entertainment Corp.[70]와 같이 타인의 상표와 유사한 상표를 사용하여 구매자의 최초의 관심을 자신에게 전환하도록 유인하는 행위는 그 자체

66) 사법연수원, 앞의 부정경쟁방지법(2010), 39-40면.

67) 판매전 혼동이론(pre-sale confusion theory)은 최초관심혼동이론(initial interest confusion theory)이라고도 한다.

68) 이지윤·임건면, "미국판례에 나타난 사이버공간에서의 판매전 혼동이론에 관한 연구 ― 도메인네임, 메타태그, 인터넷광고 등을 중심으로," 성균관법학(제20권 제2호), 성균관대학교 법학연구소, 2008.8, 134면.

69) J. Thomas McCarthy, McCarthy on Trademarks and Unfair Competition, §23:6 (4th ed. 2005).

70) Brookfield Communication v. West Coast Entertainment Corp. 174 F. 3d 1036 (9th Cir. 1999).

만으로도 거래의 성립 여부와 관계없이 상표권의 침해가 된다는 취지로 메타태그에 타인의 상표를 무단으로 사용하는 경우에 판매 전 혼동이론에 의한 혼동을 인정한 케이스가 있기도 하였다.[71]

그러나 팝업광고에 대한 판매 전 혼동이론의 적용 여부에 대하여 우리나라에서는 해석상 상품 출처의 혼동은 상품이나 서비스의 판매시점에서의 혼동을 의미한다고 보는 것이 일반적이고, 부정경쟁방지법상의 부정경쟁행위에 해당할 수 없음을 들어 판매 전 혼동이론의 적용이 곤란하다는 견해가 다수적인 견해인 것으로 보인다.[72]

그럼에도 불구하고 Google의 '광고 단어들(Adwords)'과 관련된 일련의 판결에서 미국의 연방항소법원이나 프랑스 지방법원이 판매 전 혼동이론을 적용하여 상표권 침해나 부정경쟁행위로 판단한 사례가 있다는 점에서 시사하는 바가 크지 않을 수 없다.[73] 이 외에도 인터넷의 특수성과 기술성을 고려한 단일광고이론 등이 혼동성과 관련하여 논의되어 왔다.[74]

통상 상표권 침해나 부정경쟁행위에 관한 분쟁의 핵심은 예전부터 혼동가능성(likelihood of confusion)이었고, 이것을 굳이 그 사용형태를 근거로 하여 혼동 여부를 구별하지 않아도 그 해석상 그렇게 큰 문제가 없었으며, 이것은 미국, 유럽연합, 일본 등 외국뿐만 아니라 우리나라도 역시 마찬가지였다.

그런데 이상에서 살펴본 대로 인터넷 광고에서 유독 그보다 앞서

---

71) 최성준, "인터넷상에서의 상표법상 문제점," 저스티스(제87호), 한국법학원, 2005.10, 40면.

72) 이지윤·임건면, 앞의 논문, 164면; 최성준, 앞의 "인터넷상에서의 상표법상 문제점," 46면.

73) 이지윤·임건면, 앞의 논문, 165면.

74) 온라인상에서 소비자는 팝업광고와 그 밑에 있는 웹사이트를 2차원의 평면에서 하나의 광고처럼 인식할 수 있기 때문에 팝업광고가 밑에 있는 웹사이트의 상표를 사용한다고 볼 수 있다는 이론이다(최성준, 앞의 "인터넷상에서의 상표법상 문제점," 46면).

'상표의 사용', 즉, '영업표지의 사용'이 논란이 된 것은 현실공간에서와 달리 인터넷 공간에서는 침해자로 주장된 상대방이 자신의 상품이나 광고상에 권리자의 상표를 부착하거나 시각적으로 제시하지 않고도 상표가 가진 고객흡입력을 활용하는 것이 팝업이나 키워드 검색 방식 등과 같은 새로운 기술로 가능해졌기 때문이다.[75]

2) 팝업광고에서 '사용' 요건을 인정하기 위한 이론의 비판적 고찰

팝업광고와 관련하여 특정 회사의 프로그램 설치에 동의한 이용자들이 피해자 회사의 홈페이지에 접속할 경우, 특정 회사의 서버에 저장되어 있는 팝업광고가 피해자 회사에서 제공하는 광고를 덮어 컴퓨터에 보이도록 한 것이 과연 피해자 회사의 표지를 사용한 것으로 볼 수 있는지와 관련해서, 팝업광고가 나타나는 창(팝업창)은 원래의 창에 "삽입"된다는 점에서 원래의 창(웹사이트) 소유자의 상표를 사용하는 것이라는 주장이 있기도 하며, 팝업창은 원래의 웹사이트에 무엇인가를 삽입하거나 그 외형을 변화시키지 않고, 원래 웹사이트로부터 독립되어 있는 것이므로 이를 들어 타인의 상표를 사용한 것으로 볼 수 없다는 주장이 있기도 하다.[76]

이와 관련하여 팝업광고가 원래의 웹사이트의 영업표지인 상표를 사용했다는 점을 뒷받침하기 위해서 앞에서 언급한 '단일광고이론'(Single Advertisement Theory)과 그 외에 '최초관심사용이론'(Initial Interest Use Theory) 등이 제시되고 있다.

먼저 '단일광고이론'을 살펴보면, 일반적으로 3차원의 공간에서는, 예를 들어 쇼핑몰의 천정에 나이키(Nike) 축구화에 관한 광고와 아디다스(Adidas) 축구화에 관한 광고가 나란히 걸려 있고, 나이키

75) 박준석, "인터넷상에서 '상표의 사용' 개념 및 그 지위 ―검색광고 등 인터넷 광고에 대한 해외의 논의를 중심으로―," 법조(제651호), 법조협회, 2010.12, 157-158면.

76) Erich D. Schiefelbine, supra, p.506.

의 광고가 더 가까이 있으면서 아디다스의 광고를 일부 가린다고
하더라도, 그 광고들이 중간의 빈 공간에 의하여 분리되어 있는 한,
나이키 광고를 하는 사람이 아디다스의 로고(또는 상표)를 사용하고
있다고 볼 수는 없을 것이다.

　그러나 온라인상에서 소비자는 팝업광고와 그 밑에 있는 웹사이
트를 2차원의 평면에서 하나의 광고와 같이 인식할 수 있기 때문에,
팝업광고가 밑에 있는 웹사이트의 상표를 '사용'한다고 볼 수도 있
는 것이다. 하지만 이와 같이 팝업창이 단순히 상표가 표시되어 있
는 다른 창과 중복된다는 이유만으로 상표를 '사용'하는 것으로 본
다면, 인터넷 웹페이지상에서 야후(Yahoo!)의 Instant Messenger가
Wall Street Journal의 웹사이트를 부분적으로 가리기 때문에 야후
(Yahoo!, Inc.) 역시 Wall Street Journal의 상표를 사용하는 것이 되
고, 따라서 이러한 것에 대해서 상표권 침해에 관한 책임 등을 져야
한다는 논리로 발전할 수 있다는 반론이 있을 수도 있다.[77]

　그리고 이에 대하여는 Yahoo!의 Instant Messenger나 Microsoft
사의 Outlook Express의 사용자들은 그러한 프로그램을 필요에 의
하여 스스로 설치한 것이기 때문에, 그러한 프로그램의 창 밑에 다
른 웹사이트나 프로그램의 창이 놓여진다고 하더라도 컴퓨터 사용
자들이 Yahoo!나 Microsoft가 밑에 있는 프로그램 또는 웹사이트에
표시되어 있는 상표를 사용하고 있다고 인식하거나 그로 인하여 혼
동을 일으키지는 않을 것이라는 점에서, 위와 같은 주장이 더욱 적
절치 않다는 견해가 있다. 즉, 이러한 주장에 대해서는 '사용'의 문
제와 '혼동'의 문제를 그야말로 '혼동'한 것이 아닌가 하는 의문이 제
기될 수도 있을 것이다.[78]

　다음으로 '최초관심사용이론'에 대해서 살펴보면, 이 이론은 팝업

---

77) Erich D. Schiefelbine, supra, pp. 507-508.
78) *Ibid.*

광고가 나타난 모습보다는 나타나기까지의 과정에 중점을 두어 팝업광고가 나타나기 위해서는 어느 과정(예를 들어, 검색엔진에 검색용어를 입력하는 단계)에선가 타인의 상표가 사용되어야 할 것인데, 그러한 과정상의 사용을 상표의 '사용'으로 볼 수 있지 않을까 하는 생각에서 발전된 것으로 보인다. 이는 배너광고 및 메타태그를 사용한 자의 책임에 관련된 미국의 판결에서 주로 논의되었다.

배너광고에 관한 Playboy Enterprises, Inc. v. Nestscape 사건[79]에서는 피고가 그가 운영하는 검색엔진의 키워드 중 'playboy' 및 'playmate'를 성인오락물 웹사이트를 운영하는 자들에게 팔아 컴퓨터 사용자들이 위와 같은 키워드를 검색엔진의 검색창에 입력하는 경우, 피고와 계약한 성인오락물 웹사이트의 배너광고가 나타나게 한 것이 원고의 등록상표 'Playboy' 및 'Playmate'에 대한 권리를 침해한 것으로 볼 수 있는지가 문제되었는데, 제9항소법원은 피고가 검색엔진을 설계함에 있어서 일반적인 영어단어인 'playboy' 및 'playmate'를 사용한 것은 원고의 등록상표를 사용한 것으로 볼 수 없다고 판단했다.

이와 같은 법원의 판단은 검색엔진의 키워드로 원래 본질적으로 일반적인 영어 단어가 아닌 'AOL', 'Exxon', 또는 'Bose'와 같은 용어를 사용하는 경우에는 상표권을 침해하는 '사용'이 될 수 있음을 시사하는 것으로 해석될 수 있는 것이므로, 그렇다면, 'Wall Street Journal', 'Washington Post' 등과 같이 원래 본질적으로 일반적인 사전상의 영어 단어가 아닌 용어를 팝업광고가 나타나게 하기 위하여 사용하는 경우에도 침해적 사용이 될 수 있다고 해석할 수 있는 것이다.[80]

---

79) Playboy Enterprises, Inc. v. Netscape Communs., Corp., 55 F. Supp. 2d 1070 (9th Cir. 1999) aff'd, 202 F.3d 278 (9th Cir. 1999).
80) Erich D. Schiefelbine, supra, p.510.

결국 애드웨어(adware)는 삽입된 소프트웨어가 광고 서버와 함께 사용자가 입력한 키워드에 기초하여 사용자의 컴퓨터를 찾고 팝업광고를 작동시킨다는 점에서 메타태그와 검색엔진 기술을 하나로 묶은 것이라 할 것이므로, 위와 같은 미국의 판결들의 태도를 그대로 따른다면 애드웨어가 일반적인 영어단어가 아니거나 관용적으로 사용되지 않는 용어로 구성된 상표와 같은 단어를 키워드로 사용하는 경우 상표의 '사용'에 해당한다고 볼 수도 있을 것이다.[81]

그러나 이러한 견해에 대하여는 일반적인 상표의 '사용'은 상품, 포장, 광고 등에 최종적으로 표시된 것을 말한다고 할 것인데, 그러한 표시가 나타나는 과정에서 일시적으로 상표가 사용된 것에까지 상표의 '사용'의 범위를 확대할 수 있을 것인가 하는 비판이 제기될 수도 있다.[82]

4. 대상판결의 의의

대상판결은 팝업광고 행위의 영업주체 혼동행위에 관한 성립 요건을 명확히 설시하는 한편, 그 설시 요건을 구체적으로 적용하여 피고인들의 팝업광고 행위에 대한 부정경쟁행위의 성립을 긍정한 것으로서 매우 타당한 판결이라고 자평하고 있는 대법원 재판연구관의 평석이 있기도 하다.[83]

그러나 우선적으로 이러한 대상판결에 있어서 각 유형별 팝업광고에 대해 각각 판단하지 아니하고 전체적으로 뭉뚱그려 판단한 점은 바람직하지 않다는 견해도 있다.[84] 항소심에서 일부 언급된 바

---

81) Erich D. Schiefelbine, supra, p.511.
82) 정태호, 앞의 "팝업광고와 영업주체 혼동행위의 관계에 관한 비판적 고찰," 301면.
83) 유영선, 앞의 "팝업(Pop-up)광고 행위의 규제," 378면.
84) 정태호, 앞의 "팝업광고와 영업주체 혼동행위의 관계에 관한 비판적 고

50

와 같이 대체광고 방식과 여백광고 방식은 엄연히 원래의 웹사이트 위에 부유물처럼 떠 있는 레이어 형식의 팝업광고행위인 반면, 키 워드삽입광고 방식은 타인의 웹사이트 자체의 결과를 직접 변경하 는 것으로 볼 수 있으므로 엄연히 다른 성질을 지닌 것으로 판단했 어야 한다는 것이다.

이것은 메타태그, 키워드 배너광고, 팝업광고는 부정경쟁행위를 적용하기 위한 관련 논점이 구체적인 형태에 따라 각각 다르기 때 문이다.[85] 즉, 앞의 두 가지 유형은 엄연히 기존의 피해자인 네이버 웹사이트 위에 피고인들의 팝업화면을 다른 층에 띄우는 것 뿐이 며, 후자의 경우는 메타태그 등을 이용하여 타인의 웹사이트의 내용 에 변경을 가하는 것이기 때문이다. 전자의 경우는 '영업표지의 사 용'이 부정될 가능성이 상대적으로 높은 반면, 후자의 경우는 인정 될 가능성이 높다는 데 그 논의의 실익이 있다.

한편으로, 이상과 같은 대상판결의 혼동가능성에 중점을 두어 판 단하는 태도를 비판적으로 검토하여 볼 때에, 앞서 언급한 바와 같 이, 우리나라 부정경쟁방지법상 영업주체 혼동행위 등에 관해서는 타인의 표지를 직접 '사용'하여 '혼동'을 발생시킬 것을 요건으로 하 고 있고, 미국에서도 Sensient Technologies v. Sensoryeffects 사 건[86]에서 사용의 요건을 혼동의 요건 판단과는 별도의 요건으로 파 악하고 있는 점과 같이 상표사용론이 최근에 유력하게 제기되고 있 는 것 등을 고려하면, 혼동이 발생하는 경우 결과적으로 사용이 발 생하였을 것으로 파악할 수 있을 것이라는 점과 사용의 의미로서 상표를 물리적으로 물건 등에 부착하는 것으로 지나치게 한정할 필 요는 없다는 주장 등을 근거로 하여[87] 상표의 사용의 요건을 혼동

찰," 302면.

85) 최성준, 앞의 "인터넷상에서의 상표법상 문제점," 27면.

86) Sensient Technologies v. Sensoryeffects 613 F.3d 754 (8th Cir. July 21, 2010).

의 요건과 명확하게 구분하지 않고 결과적으로 혼동이 되면 그대로 부정경쟁행위로서 판단하려는 것은 타당하지 않다고 볼 수도 있다.[88]

팝업광고와 같은 인터넷상 영업표지의 사용에 대하여 대법원은 종래 부정경쟁방지법 제2조 제1호 소정의 행위의 해석을 함에 있어서 사용요건을 명확하게 하지 않고 '혼동가능성'만을 중시한 판례와 출처의 혼동적인 표지의 '사용' 형태에 초점을 둔 판례로 나뉘고 있었다.

그런데 대상판결을 보면, 대법원에서는 피고 회사의 광고가 대체 또는 삽입된 형태로 나타나게 한 행위가 영업주체 혼동행위로서의 부정경쟁행위가 된다는 점과 관련하여, 인터넷상의 상표 등의 표지의 사용은 전통적인 상표 등과 같은 표지의 사용과는 달리 사용의 의미가 불명확한 경우가 많다는 점을 고려하여, 전통적인 표지의 사용에 관한 법리를 그대로 적용하면 정당한 권리자의 권리구제에 소홀함이 있을 수 있다고 보아 혼동가능성만을 중심적으로 고려하여 판단한 것으로 보인다.

그러나 우리나라 부정경쟁방지법이 앞서 언급한 규정의 내용처럼, 명문의 규정으로 타인의 표지를 '사용'하여 '혼동'이 발생할 것을 요건으로 하고 있다는 점에 비추어 혼동에만 중점을 두는 태도는 비판의 여지가 있을 수 있다. 이와 관련하여 국제적으로 살펴볼 때에도 미국에서 기존에 사용의 요건을 별도로 명확하게 적용하지 않고 혼동의 발생에 초점을 맞추어 해석한 판결 및 학설에서 더욱 나아가 상표의 사용 여부에 주안을 둔 상표사용론이 대두되고 있는 상황이기도 하므로, 이와 같은 대상판결의 판단에 대해서는 비판적

---

87) 조영선, 앞의 논문, 128-157면 참조; 김관식, 앞의 논문, 405면 참조.

88) 정태호, 앞의 "팝업광고와 영업주체 혼동행위의 관계에 관한 비판적 고찰," 303면; 백강진, "인터넷에서의 상표사용의 개념," Law & Technology (제5권 제5호), 2009.9, 49-66면; 김관식, 앞의 논문, 405면 참조.

으로 검토해 볼 필요성이 있다고 생각된다.[89]

　아무튼 대상판결은 이처럼 우리나라에서 세계 최초로 문제된 유형인 인터넷 팝업광고 행위에 대하여 형사법적으로 규제할 수 있는지 여부를 판단한 최초의 판결이라는 점에서 중요한 선례적 의미를 가진다고 할 수 있겠다.[90]

---

89) 같은 취지로 김관식, 앞의 논문, 411면 참조.
90) 유영선, 앞의 "팝업(Pop-up)광고 행위의 규제," 385면.

IV 지도 도형과 상품주체 혼동행위
[지도표 사건][91]

1. 사건의 정리

(1) 사실관계

'성경식품'이라는 상호로 김, 미역, 다시마 등 가공제품의 제조·
판매업을 운영하고 있었던 원고는 한반도 모양의 도형 안에 '지도
표'라는 문자를 결합한 형태의 표장에 관하여 2006.6.28. 및 2009.
4.29.에 각 상표등록[92]을 하였고, 이러한 표장들을 실제로는 포장
에 '성경'이라는 문자 등과 한반도 모양의 동형 등이 결합된 표장(이

---

91) 서울고등법원 2013.10.31.선고 2013나8641 판결(대상판결은 상고되었으
나 대법원 2014.3.14.선고 2013다94008 판결로 심리불속행 기각되어 확정
되었다).
92) 해당 등록상표의 표장과 지정상품은 이하와 같다.

	제668221호 등록상표	제787349호 등록상표
표 장		
지정상품	제29류 김, 조미김, 김가루, 미역 등	제29류 조미김, 파래김, 가공한 김, 구운 김, 가공한 해태

하, "이 사건 표장"93)이라 함)의 형태로 사용하여 조미김 제품을 생산, 판매 및 광고하여 왔다.

한편, 피고는 별도의 상호 및 '한반도와 그 주변 지형' 모양의 도형 안에 '광천 온천지 김'이라는 문자를 결합한 표장(이하 "피고의 사용 표장"94)이라 함)을 사용한 포장을 이용하여 조미김 제품을 생산, 판매하고 있었다.

원고는 1981년경부터 현재까지 이 사건 표장을 사용한 포장으로 조미김 제품을 생산, 판매, 광고하여 왔고, 조미김 등 제품에 관하여 1996년부터 1999년까지 합계 56억 1,000만여원, 2000년 53억 4,000만여원, 2001년 39억 9,600만여원, 2002년 59억 9,000만여원, 2003년 65억 4,000만여원, 2004년 66억 8,000만여원, 2005년 74억 2,000만여원, 2006년 90억 3,000만여원 상당의 매출을 올렸으며, 최근 4

93)

94)

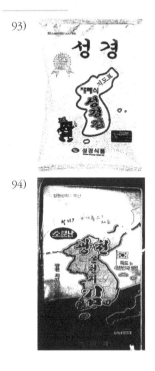

년간 2008년 약 171억원, 2009년 약 212억원, 2010년 약 209억원, 2011년 약 313억원 상당의 매출을 올려 계속하여 매출이 증가하는 추세에 있었다.

또한 원고는 2000년경부터 현재까지 계속하여 TV 광고 등을 하고 있고, 2005년경까지 방송광고비로 12억여원을 지출하였다. 그리고 원고가 2007.5.경 주부 800명을 대상으로 설문조사를 한 결과 전체 응답자의 84%가 이 사건 표장을 원고의 조미김 제품의 것으로 안다고 응답하였고, 2012.10.경 조미김을 구입한 경험이 있는 여성 500명을 대상으로 설문조사를 한 결과 전체 응답자의 92.8%가 이 사건 표장을 원고의 조미김 제품의 것으로 안다고 응답한 바 있다.

(2) 원고의 소송상의 청구 내용

원고는 조미김 제품을 생산, 판매하여 오고 있는 회사로 원고가 등록받은 상표를 이용한 이 사건 표장을 오랫동안 사용해 온 결과, 이 사건 표장은 국내에 널리 알려진 상품표지에 해당하는 반면 피고는 이 사건 표장 중 '한반도와 그 주변 지형' 모양의 도형을 조미김 제품의 상품표지로 사용함으로써 상품주체에 대한 혼동을 초래하고 있으므로 이와 같은 피고의 행위는 부정경쟁방지법 제2호 제1호 가목이 정한 상품주체 혼동행위에 해당한다고 주장하였다.

그리고 나아가 현저한 지리적 명칭, 그 약어 또는 지도만으로 된 상표라 하더라도 사용에 의하여 식별력을 취득한 경우 상표의 요부로 인정될 수 있는데, 원고의 등록상표 중 '한반도' 모양의 도형은 원고가 운영하는 '성경식품'의 상표로 수년간 사용되어 온 결과 수요자나 거래자에게 그 표장이 성경식품의 상품을 표시하는 것으로 현저하게 인식하게 되어 식별력을 취득하였다고 주장하였다.

따라서 원고는 이 사건 표장과 피고의 사용 표장의 동일 · 유사성을 판단함에 있어서는 한반도 모양의 도형을 포함시켜 보아야 하므로, 이 때에 이 사건 표장과 피고의 사용 표장은 유사하다고 주장하였다.

결국 이상과 같은 내용에 근거하여 이 사건에서 원고는 피고의 표장의 사용금지 및 피고의 표장을 사용한 상품 등의 폐기를 구하고 있다.

(3) 소송의 경과

이에 대하여 1심[95]은 원고의 상품표지에 대하여 주지성이 인정되지 않고, 원고의 이 사건 표장과 피고의 사용 표장이 서로 달라 피고의 표장의 사용으로 인하여 원고의 상품과 혼동을 초래한다고 할 수 없으므로, 원고의 이 사건 표장과 피고의 사용 표장이 동일·유사하다고 볼 수 없다는 이유로 원고의 청구를 기각하였고, 원고가 이에 불복하여 항소를 제기함으로써 대상판결이 내려지게 되었다.

2. 대상판결(서울고등법원 2013나8641 판결[96])의 판시 내용[97]

(1) 이 사건 표장이 국내에 널리 인식된(주지된) 표지인지 여부(=소극)

원고의 조미김 등의 제품에 관하여 그 매출이 꾸준이 증가하고 있는 것은 사실이나 국내 조미김 시장의 거래액 규모는 2008년 당

---

95) 서울중앙지방법원 2012.12.28.선고 2012가합41637 판결.
96) 결론은 1심 판결과 동일한 결론이며, 1심 판결의 일부 내용의 변경된 것 및 추가된 내용 이외에는 1심 판결의 내용을 그대로 인용하고 있다.
97) 대상판결에서는 상표권 침해 여부도 쟁점이 되었고, 종국적으로 상표권 침해를 부정하는 판단을 하였으나, 여기서는 부정경쟁방지법상 상품주체 혼동행위만을 주제로 다루고 있으므로, 이하에서는 상표권 침해에 관한 구체적인 내용은 다루지 않도록 하겠다.

시를 기준으로 약 9,400억원 정도에 이르고, 원고 및 피고와 같은 중
소업체뿐만 아니라 여러 대기업들도 참여하는 등 많은 업체들이 경
쟁하고 있으며, 시장에 쉽게 진입하여 경쟁이 매우 치열한 사정 등
을 고려하면, 원고의 조미김 시장에서의 매출이 차지하는 비율은
2008년 기준으로 약 2% 정도에 불과한 것으로 보이며, 그 이후 원고
의 시장점유율이 큰 폭으로 상승하였다고 볼 만한 자료도 없을 뿐
만 아니라 식품의약품안전청이 조사하여 발표한 2008년부터 2011
년까지의 식품 및 식품첨가물 생산실적 통계자료 중 조미김 제품의
출하액과 같은 기간 동안의 원고의 매출액을 비교하여 보더라도 원
고의 조미김 시장에서의 매출이 차지하는 비중이 약 6% 내외에 불
과하여 원고의 그와 같은 매출액만으로 원고의 조미김 제품이 전체
조미김 제품 시장에서 거래자 또는 수요자들에게 널리 알려졌다고
단정하기도 어렵다.

그리고 ① 원고가 2001년경 등록상표 제787349호[98]와 유사한 표
장에 대하여 지정상품을 달리하여 상표등록을 하기 이전에 이 사건
표장과 동일한 표장을 사용하였다는 점에 대하여 인정할 증거가 없
다는 점, ② 원고는 이 사건 표장을 생산·판매하는 조미김 제품 포
장의 중앙 부분에 배치하였다가 위 제품 포장 중 우측 상단의 가장
자리에 작게 배치하거나 녹차잎 등을 형상화한 그림 등을 포함시키
기도 하는 등 다양한 형태와 모습으로 변형된 표장의 포장을 사용
하고 있고, 이 사건 소송의 계속 중 판매하고 있는 32개 제품 중 5개

---

98)

제품에만 원고의 이 사건 표장이 중앙 부분에 배치되어 있다는 점, ③ 원고는 2000년경부터 현재까지 계속하여 TV 광고 등을 하고 있고 2005년경까지 방송광고비로 12억여원을 지출하였으나, 이 사건 표장을 인식할 수 없는 라디오 광고를 제외한 TV 광고의 시기와 횟수, 연속성, 조미김 시장 규모에서 원고의 매출액이 차지하는 비율 등에 비추어 볼 때, 위와 같은 TV 광고실적만으로는 원고의 이 사건 표장이 이 사건 변론종결일 당시 주지성을 획득하였다고 단정하기 어렵고, 그 밖에 원고의 광고실적이 다른 조미김 제조업체에 비해 월등히 많다고 볼 만한 사정이 없으며, 이로 인하여 원고의 시장점유율이나 매출액이 현저하게 변화되거나 급증하였다고 보기도 어렵다는 점, ④ 원고는 다수의 대리점 및 거래업체와 이 사건 표장을 사용한 조미김 제품을 유통하고 있고 대리점계약 체결 당시 원고의 제품만을 거래하기로 약정하였으나, 원고뿐만 아니라 다수의 경쟁업체 역시 그와 같은 형태의 대리점 등을 운영하였을 것으로 보이고, 원고의 대리점을 제외한 나머지 판매업체들은 소비자들의 선택권을 보장하기 위해 다양한 업체의 조미김 제품을 구비하여 판매한 것으로 보이는 점, ⑤ 원고가 2007.5.경 주부 800명을 대상으로 설문조사를 한 결과 전체 응답자의 84%가 이 사건 표장을 원고의 조미김 제품의 것으로 안다고 응답하였고, 2012.10.경 조미김을 구입한 경험이 있는 여성 500명을 대상으로 설문조사를 한 결과 전체 응답자의 92.8%가 이 사건 표장을 원고의 조미김 제품의 것으로 안다고 응답하였으나, 설문조사의 시행주체, 대상범위, '한반도' 모양 도형의 식별력의 정도 등에 비추어 위 설문조사결과만으로 이 사건 표장이 국내의 거래자나 수요자들에게 널리 알려진 상표라는 것을 인정할 수는 없다는 점 등을 종합하여 보면, 이 사건 표장이 변론 종결 당시에 주지성이 있다고 보기 어렵다.

(2) 이 사건 표장과 피고의 사용 표장의 동일 · 유사성 여부 (=소극)

양 표장 중 '한반도와 부속도서' 모양의 도형은 사회통념상 한반도를 표현하는 지도로 인식할 수 있는 정도로 보여 자타상품의 식별력을 인정하기 곤란하거나 공익상 특정인에게 독점시키는 것이 적당하지 아니하다고 할 것이므로, 지도 도형 자체는 그 식별력이 없거나 미약하여 '식별력 있는 요부'에 해당한다고 볼 수 없다.

그리고 이러한 관점에서 원고의 이 사건 표장과 피고의 사용 표장의 외관을 대비하여 보면, 원고의 이 사건 표장의 배경은 회색으로 구성되어 있고 '한반도와 부속도서' 모양의 도형 윗부분에 '성成경京'이라는 문자(한글은 바깥쪽은 하얀색 가는 선으로, 안쪽은 녹색 굵은 선으로 기재되어 있고, 한문은 하얀색 선으로 작게 표시되어 있다)와 아랫부분에 '성경식품'이라는 상호가 표기되어 있으며, 왼쪽에 훈장 모양 원형 도형 안에 '골드 GOLD'라는 문자가 표기되어 있다.

그런데 이에 비해 피고의 사용 표장은 아랫부분에 녹색을 바탕으로 한 녹차밭이 있고, '한반도와 그 주변지형' 모양의 도형 윗부분에 '소문난'이라는 문자가, 왼쪽에 세로로 '광천 최고의 맛!', 오른쪽에 가로로 '독도는 대한민국 땅!!'(태극기 깃발 모양이 부가되어 있다)이라는 문자가 각 기재되어 있고, 아랫부분에 '온천지'라는 상호가 표기되어 있다.

따라서 양 표장의 경우 식별력이 없거나 미약한 '한반도' 모양의 도형이 있는 것을 제외하고는 표장에 사용된 문자의 위치 및 글씨체, 크기, 색상이 서로 다르고, 표장이 사용된 포장 전체의 배경 색상이나 부가되어 있는 문자 등도 다를 뿐 아니라, '한반도와 부속도서' 모양의 도형의 구체적인 형태와 묘사 정도 및 '한반도와 부속도서' 외에 주변국인 일본, 중국의 일부가 포함되어 있는지 여부 등에서도 서로 차이가 있어서 동일 · 유사하다고 보기 어려우므로, 양 표장의 외관은 서로 다르다고 할 것이다.

또한 양 표장의 호칭과 관념을 대비하여 보더라도, 원고의 이 사건 표장은 '지도표 재래식 성경김', '지도표 성경김' 또는 '성경김'으로 호칭되거나 관념되는 데 비해, 피고의 사용 표장은 '소문난 광천 온천지 김', '광천 온천지 김', '온천지 김'으로 호칭·관념되어 그 호칭과 관념도 서로 다르다고 할 것이다.

(3) 결 론

결국 이 사건 표장에 대하여 주지성이 인정되지 아니하고 이 사건 표장과 피고의 사용 표장이 서로 다르며, 피고의 표장의 사용으로 인하여 원고의 상품과 혼동하게 한다고 할 수 없으므로, 피고의 표장 사용으로 인한 부정경쟁행위를 전제로 한 원고의 침해금지 등의 주장은 이유 없다(청구기각).[99]

3. 대상판결에 대한 검토

(1) 상품주체 혼동행위의 요건

부정경쟁방지법 제2조 제1호 가목[100]의 '상품주체 혼동행위'에

---

99) 이와 아울러 대상판결에서는 역시 한반도 도형에 관한 이 사건 등록상표와 피고의 사용 표장이 동일·유사하다고 볼 수 없으므로, 이 사건 등록상표에 대한 피고의 상표권 침해행위도 부정하였다.

100) 이 법에서 사용하는 용어의 뜻은 다음과 같다. 1. "부정경쟁행위"란 다음 각 목의 어느 하나에 해당하는 행위를 말한다. 가. 국내에 널리 인식된 타인의 성명, 상호, 상표, 상품의 용기·포장, 그 밖에 타인의 상품임을 표시한 표지(標識)와 동일하거나 유사한 것을 사용하거나 이러한 것을 사용한 상품을 판매·반포(頒布) 또는 수입·수출하여 타인의 상품과 혼동하게 하는 행위

해당하기 위해서는, ① 국내에 널리 인식된 타인의 상호 기타 상품표지(표지의 주지성)와, ② 동일 또는 유사한 것을 사용하여(표지의 유사성), ③ 타인의 상품과 혼동을 일으킬 것(혼동성)을 요한다.

여기서의 상품표지란 특정의 상품을 표창하기 위해 감각적으로 파악할 수 있는 수단으로서 특정상품을 개별화(Individualiesierrung)하고 다른 동종의 상품으로부터 구별시키는 구별력(Kennzeichnungs-kraft) 또는 식별력(Unterscheidungskraft)을 갖는 것을 말한다.[101]

상품의 용기·포장은 원칙적으로는 상품 자체의 식별표지라고 볼 수 없으나, 상품의 용기·포장의 형상과 구조 또는 문양과 색상 또는 상품의 형태와 모양 등이 상품의 기능에서 유래하는 필연적인 형태에 해당하지 아니하고 동종 상품의 용기·포장이나 형태와 달라 상품에 독특한 개성을 부여하는 수단으로 사용되며, 그것이 장기간 계속적, 독점적, 배타적으로 사용되거나 지속적인 선전광고 등에 의하여 그것이 갖는 차별적 특징이 거래자 또는 수요자에게 특정 출처의 상품임을 연상시킬 정도로 현저하게 개별화되어 상품 출처를 표시하는 기능을 획득하게 되는 경우에는 상품표지로서 기능하게 된다.[102]

(2) 표지의 주지성

1) 주지성의 지역적 범위

부정경쟁방지법 제2조 제1호 가목의 부정경쟁행위에 해당하기 위해서는 상품표지가 국내에 널리 인식되어 있을 것을 요한다. 따라서 해외에서 널리 인식되어 있다고 하더라도 국내에서 널리 인식

---

101) 윤선희·김지영, 부정경쟁방지법, 법문사, 2012, 89면.
102) 김동규, "등록상표의 사용이 지역적 주지표지에 대한 부정경쟁행위가 될 수 있는 여부 및 지역적 주지표지로 인정되기 위한 요건," 대법원판례해설 (제92호), 법원도서관, 2012, 367면.

되어 있지 않다면 위 요건을 충족하였다고 볼 수 없다.

여기서 '국내에 널리 인식되어 있을 것'의 의미는 국내 전역에 걸쳐 모든 사람에게 주지되어 있을 것은 아니고 국내의 일정한 지역 범위 안에서 거래자 또는 수요자들 사이에 알려진 정도면 족하다는 것이 판례의 일관된 태도이며,[103] 기본적으로 상품주체의 영업자와 그 상대 경쟁자의 영업활동이 미치는 주요한 지역이라면 주지의 지역적 범위는 한 지방으로도 충분하고, 양 당사자의 영업활동이 전국적 또는 국제적이라면 전국적 범위에서 주지성을 검토하여야 할 것이다.[104]

그리고 영업활동이 미치는 주요한 지역이 어떤 곳인지는 구체적으로 상품과 영업의 종류와 성질, 거래에 관여하는 자와 일반수요자 계층 등 여러 사정을 고려하여 개별적으로 판단되어야 한다.[105]

2) 주지성의 판단주체 및 인정자료

주지성의 판단주체와 관련하여 일반적으로 거래자 또는 일반 수요자 사이에 알려져 있으면 족할 뿐, 거래자와 일반 수요자 모두에게 알려져 있을 필요는 없으며, 일반 공중에게도 알려져 있을 필요는 없다. 그리고 상품의 종류나 성질에 따라 상품표지를 인식하는 주체는 다르기 때문에 개별적 사안에 따라 구체적으로 판단할 수밖에 없다.[106]

주지성 인정의 자료는 상품의 종류, 성질, 영업 내지 거래의 종류,

---

103) 대법원 1976.2.10.선고 74다1989 판결, 대법원 2001.10.12.선고 2001다
    44925 판결 등.
104) 윤선희·김지영, 앞의 책, 72면.
105) 정태호, "부정경쟁방지법상 주지성의 지역적 범위에 관한 소고 —일본 부
    정경쟁방지법과 비교법적 고찰—," 산업재산권(제26호), 한국산업재산권
    법학회, 2008.8, 176면.
106) 사법연수원, 앞의 부정경쟁방지법(2008), 16면.

형태 등 거래의 사정에 따라 다르고, 상표 등 표지의 사용기간, 영업의 규모, 점포의 수와 그 분포지역, 상품의 판매수량과 판매상, 선전광고의 종류, 방법, 빈도 및 비용, 상품표시나 상품 내지 영업에 관한 제3자의 평가 등이 효과적인 자료이다.[107]

이와 관련하여 대법원은 "널리 알려진 상표 등인지 여부는 그 사용의 기간, 방법, 태양, 사용량, 거래범위 등과 상품 거래의 실정 및 사회통념상 객관적으로 널리 알려졌는지의 여부가 기준이 된다고 할 것"이라고 판시하고 있다.[108]

3) 식별력이 없는 표지에 대한 주지성의 판단
가. 식별력이 없는 표지에 대한 상품표지로서의 주지성의 판단기준

기술적 표장, 현저한 지리적 명칭만으로 된 표장 등 식별력이 없거나 미약한 표지이어서 상표법상 보호받지 못하는 것과는 별론으로, 그 표지가 누구의 업무에 관련된 상품을 표시하는 것인가 널리 인식되어 있는 경우라면 부정경쟁방지법이 보호하는 표지에 해당되지 않을 이유가 없다.

대법원 판례도 "비록 현저한 지리적 명칭만으로 된 상표나 서비스표이어서 상표법상 보호받지 못한다고 하더라도 그것이 오랫동안 사용됨으로써 거래자나 일반수요자들이 어떤 특정인의 영업을 표시하는 것으로서 널리 인식하게 된 경우에는 부정경쟁방지법이 보호하는 영업표지에 해당한다."고 판시하고 있다.[109]

그러나 식별력이 없거나 미약한 표지에 대해서는 원래 독점시킬 수 없는 표지에 권리를 부여하는 것이므로, 그 기준을 엄격하게 해

---

107) 김동규, 앞의 "등록상표의 사용이 지역적 주지표지에 대한 부정경쟁행위가 될 수 있는 여부 및 지역적 주지표지로 인정되기 위한 요건," 378면.
108) 대법원 1984.1.24.선고 83후34 판결, 대법원 2004.7.9.선고 2003도5837 판결 등 다수 판결 참조.
109) 대법원 2006.1.26.선고 2003도3906 판결.

석 및 적용하여야 한다. 즉, 부정경쟁방지법 제2조 제1호 가목에서
타인의 상품임을 표시한 표지가 국내에 널리 인식되었는지 여부는
그 사용기간, 방법, 태양, 사용량, 거래범위 등과 상품 거래의 실정
및 사회통념상 객관적으로 널리 알려졌는지의 여부가 기준이 되고,
단순한 문자나 숫자의 결합으로 이루어졌거나 상품의 성질을 표시
한 것에 불과하여 식별력이 없거나 미약한 상표 또는 상품표지가
사용된 결과 국내에 널리 인식되기에 이른 경우에는 원래 독점시킬
수 없는 표지에 권리를 부여하는 것이므로, 그 기준을 엄격하게 해
석 적용하여야 한다.

즉, 일단 식별력이 없는 부분이 부정경쟁방지법상 주지된 상품표
지로서 적용되기 위해서는 먼저 그 표지가 상품에 대한 표지로서
식별력이 있어야 하고, 그 다음으로 상품표지의 주지성은 증거에
의하여 인정되어야 하는 것이다.[110)]

나. 상표법상 사용에 의한 식별력의 취득과 부정경쟁방지법상 주지성의 관련 문제

상표법 제6조 제2항에 따르면, 상표출원 전부터 그 상표를 사용
한 결과 수요자에게 특정인의 상품에 관한 출처를 표시하는 것으
로 식별할 수 있게 된 경우 상표법 제6조 제1항 제3호 내지 제6호
의 규정에도 불구하고 상표등록을 받을 수 있다.[111)] 즉, 식별력이
없는 상표라고 하더라도 사용에 의하여 식별력을 취득한 것으로
인정되면 상표로서의 식별력이 인정되어 상표법상 상표등록을 받

---

110) 김동규, "부정경쟁행위에서 주지 표지인지 여부 판단 —서울고등법원
2010.7.7.선고 2010나7319 판결(확정)—," Law & Technology(제7권 제4
호), 서울대학교 기술과법센터, 2011, 166면.

111) 해당 상표법 제6조 제2항의 규정은 해당 규정의 시행일인 2014년 6월 11
일 이후 최초로 출원하는 상표등록출원 또는 지정상품의 추가등록출원부
터 적용한다.

을 수 있다.

이와 같은 사용에 의한 식별력을 취득하려면, '수요자 간에 특정인의 상품에 관한 출처를 표시하는 것일 것'이 요구되는데, 이는 부정경쟁방지법상 주지성의 요건인 '국내에 널리 알려져 있을 것'의 요건에 비하여 주지의 정도가 상대적으로 낮다고 볼 수 있다.

한편 상표법의 개정 전 해당 규정은 "수요자 간에 현저하게 인식되어 있을 것"을 사용에 의한 식별력의 취득요건으로 하였고, 이는 부정경쟁방지법상 주지성과 실질적으로 동일한 수준이었다.

그런데 위와 같은 상표법상 사용에 의한 식별력 취득 요건을 완화한 것은 개인과 기업이 실제로 사용하고 있는 상표가 간단하거나 성질표시적인 상표라도 등록을 받을 수 있도록 함으로써 개인과 기업의 브랜드 관리활동을 적극 지원하기 위한 것이라고 할 수 있다.[112]

상표법에서 원래 식별력이 없는 상표임에도 불구하고 사용에 의한 식별력의 취득을 인정한 것은 특정인에게 독점적으로 사용하도록 하는 것이 적당하지 않은 표장에 대하여 대세적 권리를 부여하는 것이므로 그 인정기준이 엄격하게 해석 및 적용되어야 할 것[113]

---

112) 법제처, 상표법 법률 제12751호 개정이유 참조.

113) 구 상표법(1990.1.13. 법률 제4210호로 개정되기 전의 것, 이하 같다) 제8조 제2항(현행 상표법 제6조 제2항임)이 상표를 출원 전에 사용한 결과 수요자 간에 그 상표가 누구의 상표인가를 현저하게 인식되어 있는 것을 그 제1항 제3, 5, 6호의 규정에 불구하고 등록받을 수 있도록 규정한 것은, 원래 특정인에게 독점사용시킬 수 없는 표장에 대세적인 권리를 부여하는 것이므로 그 기준은 엄격하게 해석 적용되어야 할 것이며, 상표는 일단 등록이 되면 우리나라 전역에 그 효력이 미치는 것이므로 현저하게 인식되어 있는 범위는 전국적으로 걸쳐 있어야 할 것이고 특정지역에서 장기간에 걸쳐 영업활동을 해 왔고 그 지역방송 또는 신문 등에 선전광고를 해 왔다거나, 그 상표와 유사한 다른 상표에 대한 장기간의 선전광고가 있었다는 것만으로는, 그 상표가 같은법 제8조 제2항에 해당하는 상표라고 보기는 어렵다고 할 것이다(대법원 1994.5.24. 선고 92후2274 판결).

이 타당함에도 불구하고, 정책적으로 주지도에 관한 인정기준을 완화시킴으로써 결과적으로 사용에 의한 식별력을 취득한 상표의 상표권자에게 지나친 보호를 부여하게 되어 선의의 자유 경쟁을 해칠 우려가 있을 수 있다.

또한 상표법상 사용에 의한 식별력의 취득의 요건이 완화됨으로써 사용에 의한 식별력을 취득하였지만 주지표지에는 해당되지 아니하는 상품표지의 경우 상표법만으로 충분히 보호받게 되기 때문에, 이러한 사안의 경우에는 굳이 상표법상의 사용에 의한 식별력 취득 요건보다 높은 수준의 주지도를 요하는 부정경쟁방지법을 적용할 이유가 없게 되었다고 볼 수도 있다.

4) 소 결

현저한 지리적 명칭만으로 된 상표 등과 같은 식별력이 없거나 미약한 상품표지라 하더라도 그것이 오랫동안 사용됨으로써 거래자나 일반 수요자들이 어떤 특정인의 상품(또는 영업)을 표시하는 것으로서 널리 인식하게 된 경우에는 부정경쟁방지법에서 보호하는 표지에 해당한다.

그러나 원칙적으로 식별력이 없거나 미약한 상품표지는 주지성 판단에 있어서 그 자체로서 식별력이 있는 상품표지보다 더욱 엄격하게 적용되고 있는 것이 판례상 확립된 법리이기도 하다. 그런데 기존의 판결들 중에는 식별력이 없거나 미약한 상품표지가 사용된 결과 국내에 널리 인식되기에 이른 경우에 있어서의 판단 기준을 엄격하게 해석하여 적용하여야 한다는 법리를 분명하게 밝힌 사례도 있으나, 그러한 엄격한 판단 기준의 전제 없이 일반적인 주지성 판단기준과 동일하게 적용한 사례도 있다.

2014년 6월 11일에 시행된 최근 상표법 이전의 구 상표법상 사용에 의한 식별력을 만족할 정도가 되면, "현저하게 인식되어 있는", 즉, 주지된 표장으로 볼 수 있으므로,[114] 곧바로 부정경쟁방지법에

서 보호하는 상품표지로서의 주지성에 대한 판단으로 해결할 수도 있었다.115)

그런데 부정경쟁방지법상 특정 상품표지가 일반 수요자나 거래자 간에 널리 인식되기 위해서는 해당 상품표지가 식별력을 가지고 있을 것을 전제적인 요건으로 하기 때문에 식별력이 없거나 미약한 표장으로 구성된 상품표지는 식별력을 넘어서 주지성을 갖추어야 하는 2중의 단계를 거쳐야 하므로, 그 자체로서 상당히 높은 수준의 식별력을 요구하는 것으로 보는 것이 원칙이다.

그러나 실제적으로는 이와 같은 식별력이 없거나 미약한 표장으로 구성된 상품표지에 대해서 주지성의 판단을 위한 전단계로서의 식별력 판단을 생략한 채, 현행 상표법상 사용에 의한 식별력보다 더욱 높은 정도의 식별력을 요구하는 주지성이라는 요건 자체를 곧바로 판단할 수도 있는데, 이때에 상품표지 자체의 식별력이 미약하거나 없는 표지라는 이유로 이러한 표지에 대해서는 주지성의 인정 여부를 일반적인 상표의 주지성 판단보다 엄격한 기준에 의해서 판단할 수밖에 없을 것이다.116)

---

114) 현행 상표법 제6조 제2항은 "상표등록출원 전부터 그 상표를 사용한 결과 수요자 간에 특정인의 상품에 관한 출처를 표시하는 것으로 식별할 수 있게 된 경우"라고 규정하고 있어 식별력이 없는 표장이 주지될 정도까지 이를 것을 요구하고 있지 않으나, 현행 상표법의 해당 규정의 시행일인 2014. 6.11. 이전에는 "상표등록출원 전에 상표를 사용한 결과 수요자 간에 그 상표가 누구의 업무에 관련된 상품을 표시하는 것인가 현저하게 인식되어 있는 것"이라고 규정되어 있어 식별력이 없는 표장이 주지된 정도로 인식될 것을 요구하였다.

115) 황의창 · 황광연, 앞의 부정경쟁방지 및 영업비밀보호법(2009), 43면.

116) 이것은 상표법상으로도 그 자체로 식별력이 있는 것은 특별히 소비자에게 해당 상표의 인지도가 있을 필요가 없으나, 상표법상 상품표지로서의 식별기능을 하기 어려운 용어들은 별도로 소비자에게 해당 상표에 대한 인지도가 있을 것을 요구하는 바와 같이, 부정경쟁방지법상으로도 식별력이 없거나 미약한 상품표지는 주지성의 판단 시에 더욱 가중적인 인지도가 요

(3) 표지의 유사성

부정경쟁방지법상 부정경쟁행위에 해당되기 위한 요건으로서 하나는 타인의 상품표지와 '동일 또는 유사'할 것이 요구되는데, 원칙적으로 부정경쟁방지법상 상품표지의 유사 여부 판단은 상표법상 상표의 유사 여부 판단과 동일하게 적용되는 것이라고 볼 수 있다.[117]

그러나 실제적으로는 상표법상의 유사 개념이 상표의 권리범위에 관한 기술적 기준으로서 경험칙에 의하여 수요자 간에 일반적, 추상적으로 출처의 혼동을 야기할 위험이 있는지 여부를 기준으로 하여 판단하는 것인 데 비하여, 부정경쟁방지법상의 표지의 유사 여부의 판단은 표지 그 자체의 형식적인 대비가 1차적으로 중요하나 그 이외에 구체적인 출처 혼동의 위험을 기준으로 하여서도 판단하여야 한다는 점에서 보다 탄력적이라고 볼 수도 있다.[118]

그런데 최근의 법원 등에서의 상표법상 유사 여부 판단에서는 부정경쟁방지법상의 유사 여부 판단과 같은 구체적 타당성을 중요하게 고려하는 경향을 보이고 있기도 하므로,[119] 현재 양자의 구분은 실제적으로 거의 의미가 없어져 가고 있다고 볼 수 있겠다.[120]

구될 수밖에 없다고 볼 수 있다.

117) 하광룡, "부정경쟁방지및영업비밀보호에관한법률 제2조 제1호 (가)목 소정의 상품의 용기·포장·기타 상품의 형태 등 상품의 표지에 관하여," 사법논집(제31집), 법원도서관, 2000, 929면.

118) 하광룡, 앞의 논문, 930면.

119) 특허법원 지적재산소송실무연구회, 지적재산소송실무(제3판), 박영사, 2014, 620면 참조.

120) 다만, 상표법상 유사 판단은 아직까지는 고려되는 혼동이 협의의 혼동으로 제한되고 있다고 볼 수 있고(특허법원 지적재산소송실무연구회, 앞의 책, 620면), 반면에 부정경쟁방지법상의 혼동은 법규정상의 유사를 포함하는 개념으로서 '협의의 혼동'뿐만 아니라, '후원관계의 혼동'이라고 하는 '광의의 혼동'까지 확대되어 있다고 할 수 있겠다.

상표의 유사 여부는 상표 구성 전체에 의하여 타인의 상표와 식별되도록 고안된 것이므로 상표의 유사 여부 판단은 원칙적으로 상표의 구성 전체에서 느껴지는 일반 수요자의 심리를 기준으로 하는 전체관찰 방법에 의하여야 하고, 상표 구성요소 중 일부를 추출하여 그 부분만을 타인의 상표와 비교함으로써 상표의 유사 여부를 판단하는 것은 허용되지 않는 것이 원칙이다.121)

다만, 상표를 전체적으로 관찰하더라도 상표의 구성 중 일정 부분이 특히 수요자의 주의를 끌기 쉬우며, 그러한 부분이 존재함으로써 비로소 그 상표의 식별력이 인정되는 경우에는 적절한 결론을 도출하기 위하여 그와 같은 중심적 식별력을 가진 부분, 즉, 인상적인 부분(요부)를 중점적으로 추출·대비하여 상표의 유사 여부를 판단할 수 있는데, 이를 이른바 요부관찰이라고 한다.122)

그러나 요부관찰은 전체관찰을 보완하는 수단이므로 상표의 구성 전체가 식별력이 없는 경우에는 원칙으로 돌아가서 상표 전체를 기준으로 유사 여부를 판단하여야 한다.123) 부정경쟁방지법상 상품표지의 유사성 판단기준과 관련하여 대법원도 "상표의 유사 여부는 외관·호칭 및 관념을 객관적·전체적·이격적으로 관찰하여 지정상품 거래에서 일반 수요자나 거래자가 상표에 대하여 느끼는 직관적 인식을 기준으로 하여 상품 출처에 관하여 오인·혼동을 일으키게 할 우려가 있는지에 따라 판단하여야 하므로, 대비되는 상표 사이에 유사한 부분이 있다고 하더라도 당해 상품을 둘러싼 일반적인 거래 실정, 즉, 시장의 성질, 수요자의 재력이나 지식, 주의 정도, 전

121) 박영규, "등록 이후 사용에 의해 식별력을 취득한 상표 구성 부분의 법적 취급 ―대법원 2011후3698 전원합의체 판결의 의미와 전망을 중심으로―," 지식재산연구(제9권 제2호), 한국지식재산연구원·한국지식재산학회, 2014. 6, 147면.

122) 문삼섭, 상표법, 세창출판사, 2002, 313면 참조.

123) 대법원 2001. 4. 27. 선고 2000후2453 판결.

문가인지 여부, 연령, 성별, 당해 상품의 속성과 거래방법, 거래장소, 사후관리 여부, 상표의 현존 및 사용상황, 상표의 주지 정도 및 당해 상품과의 관계, 수요자의 일상 언어생활 등을 종합적·전체적으로 고려하여 그 부분만으로 분리인식될 가능성이 희박하거나 전체적으로 관찰할 때 명확히 출처의 혼동을 피할 수 있는 경우에는 유사상표라고 할 수 없어 그러한 상표 사용의 금지를 청구할 수 없다. 그리고 이러한 법리는 서비스표 및 부정경쟁방지법 제2조 제1호 가목, 나목에서 정한 상품표지, 영업표지에도 마찬가지이다."라고 판시한 바 있다.[124]

한편 상품표지의 유사성이 크면 클수록 혼동의 위험이 크기 때문에 유사성의 요건과 혼동가능성의 요건의 관계가 문제될 수 있다. 그런데 부정경쟁방지법 제2조 제1호 가목은 "동일 또는 유사한 상품표지를 사용하여 타인의 상품과 혼동을 초래하는"이라고 규정함으로써 유사성과 혼동가능성을 별개의 요건으로 하고 있지만, 해당 규정은 혼동초래행위를 금지시키려는 것을 궁극적인 목적으로 한다는 점을 고려한다면, 유사성과 혼동가능성의 요건을 독립된 별개의 요건으로 보되, 유사성의 판단은 혼동의 위험을 기준으로 판단되어야 할 것이다.[125]

(4) 혼동가능성

혼동이란 양자를 구별하지 못하고 동일하다고 생각하는 것을 말

---

124) 대법원 2011.12.27.선고 2010다20778 판결.
125) 윤선희·김지영, 앞의 책, 107-109면 참조; 윤태식, "부정경쟁방지 및 영업비밀보호에 관한 법률 제2조 제1호 (나)목에 정한 '타인의 영업상의 시설 또는 활동과 혼동을 하게 한다'의 의미와 그 판단 기준(2009.4.23.선고 2007다4899 판결: 공2009상, 734)," 대법원판례해설(제80호), 법원도서관, 2009, 403-405면 참조.

한다. 부정경쟁방지법상의 혼동은 실제로 발생하여야 하는 것은 아니고 혼동이 일어날 객관적인 가능성만 있으면 되기 때문에, 모방자에게 부정경쟁의 의사나 거래상 실제로 혼동이 일어나고 있는지에 관한 인식 유무는 문제되지 않는다.[126]

판례도 "'타인의 상품과 혼동을 하게 하는'이라는 의미는 상품의 출처가 동일하다고 오인하게 하는 경우뿐만 아니라 국내에 널리 인식된 타인의 상품표지와 동일 또는 유사한 표지를 사용함으로써 일반 수요자나 거래자로 하여금 '당해 상품표지의 주체와 사용자 간에 자본, 조직 등에 밀접한 관계가 있지 않을까'라고 오신하게 하는 경우도 포함하며, 타인의 상품과 혼동을 하게 하는 행위에 해당하는지 여부는 상품표지의 주지성과 식별력의 정도, 표지의 유사 정도, 사용 태양, 상품의 유사 및 고객층의 중복 등으로 인한 경업·경합관계의 존부 그리고 모방자의 악의(사용의도) 유무 등을 종합하여 판단하여야 한다."고 판시한 바 있다.[127]

원칙적으로 혼동가능성을 인정함에 있어서 참작되는 자료에 대한 제한은 없으며, 부정경쟁의 목적이나 의사, 현재적 또는 잠재적 경쟁관계의 존부, 상품표지의 동일 또는 유사의 정도와 그 표지의 사용방법과 태양, 상품의 종류와 그 근사성, 표지가 주지된 정도 및 식별력의 유무 등 상품표지와 관련하여 관련 거래권에 영향을 미치는 일체의 사정이 총체적으로 고려되어 판단된다.[128] 따라서 혼동가능성의 판단에 있어서 상품표지의 주지성과 식별력의 유무가 중요한 역할을 한다고 볼 수 있다.

---

126) 황보영, "부정경쟁방지법상 상품형태의 보호," 지적재산권의 현재와 미래 (소담 김명신선생 화갑기념논문집), 법문사, 2004, 342면.
127) 대법원 2007. 4. 27. 선고 2006도8459 판결.
128) 윤선희·김지영, 앞의 책, 119면.

(5) 상표법상 현저한 지리적 명칭 또는 지도 등의 사용에 의한 식별력 취득에 대한 검토

1) 상표법상 현저한 지리적 명칭 또는 지도 등에 관한 식별력의 판단

현저한 지리적 명칭 · 그 약어 또는 지도만으로 된 상표는 상표법 제6조 제1항 제4호에 의해 자타상품의 식별력을 결여한 표장으로서 등록받을 수 없는 상표에 해당한다.[129] 위와 같은 규정의 취지는 해당 상표가 상품출처로서의 식별력이 없을 뿐만 아니라, 공익적 견지에서 어느 특정인에게 지리적 명칭 등을 독점배타적으로 사용하게 할 수 없게 하려는 데 있다.[130]

여기서 '현저한 지리적 명칭 · 그 약어'라 함은 국가명, 국내의 특별시, 광역시 또는 도의 명칭, 특별시 · 광역시 · 도의 시 · 군 · 구의 명칭, 저명한 외국의 수도명, 대도시명, 주 또는 이에 상당하는 행정 구역의 명칭 그리고 현저하게 알려진 국내외의 고적지, 관광지, 번화가 등의 명칭 등과 이들의 약칭을 말하며, '지도'라 함은 세계지도 (그 일부를 포함한다) 또는 국내외 국가의 지도 등을 의미하고 정확한 지도는 물론 사회통념상 이러한 지도임을 인식할 수 있는 정도이면 된다.[131]

현저한 지리적 명칭 등인지 여부의 판단은 일반 수요자 또는 거래업계에서 널리 인식될 수 있는지 여부가 기준이 될 것이지 사전에 게재되어 있는지 여부로 할 것은 아니다.[132]

---

129) 상표법 제6조【상표등록의 요건】 ① 다음 각호의 1에 해당하는 상표를 제외하고는 상표등록을 받을 수 있다.
   4. 현저한 지리적 명칭 · 그 약어 또는 지도만으로 된 상표
130) 박종태, 理智상표법, 한빛지적소유권센터, 2013, 249면.
131) 박종태, 앞의 理智상표법, 250면.
132) 최성우 · 정태호, OVA상표법, 춘추문화사, 2012, 135면.

한편, 현저한 지리적 명칭 등으로 법원에서 인정된 사례로서는 '천진함흥냉면'에서의 '천진',133) '대구신문'에서의 '대구',134) 'CAMBRIDGE'에서의 'CAMBRIDGE',135) 'JAVA'에서의 'JAVA',136) 'FINLANDIA'137) 등이 있다. 반면에 현저한 지리적 명칭에 해당하지 않는다고 판단한 사례로는 '경기도시공사',138) '용평',139) '강남약국'에서의 '강남',140) '동아시티백화점'에서의 '동아'141) 등이 있다.

---

133) 대법원 2010.6.24.선고 2009후3916 판결.

134) 대법원 2006.8.31.선고 2006후916 판결.

135) 대법원 2006.1.26.선고 2003후2379 판결.

136) 대법원 2000.6.13.선고 98후1273 판결.

137) 해당 판결에서는 "핀란드의 영문 국가명 'FINLAND'에 로마자 'IA'를 부가하여 구성된 등록상표 'FINLANDIA'나 한글로 '핀란디아'라고 표기한 등록상표는 핀란드 국가명과 외관과 칭호 및 관념이 유사하여 일반 수요자나 거래자들에게 현저한 지리적 명칭인 핀란드로 인식될 것이다."고 판시하였다(대법원 1996.8.23.선고 96후54,61 판결).

138) 해당 판결에서는 "현저한 지리적 명칭에 결합된 다른 문자 등의 부분이 현저한 지리적 명칭 부분에 부가적인 것이 아니라 새로운 관념을 낳는다거나 전혀 새로운 조어가 되는 등 독자적인 식별력을 가지게 되는 경우에는 현저한 지리적 명칭에도 불구하고 상표법 제6조 제1항 제4호를 적용하지 아니한다."고 판시하였다(특허법원 2009.7.10.선고 2009허2302 판결).

139) 출원상표의 표장인 '용평'은 강원도 평창군 도암면에 소재한 용평스키장이 현저하게 알려진 결과 반사적인 효과로 현저하게 알려진 경우로서 상표법 제6조 제1항 제4호에서 정한 '현저한 지리적 명칭'이라고 볼 수 없다(특허법원 2004.11.12.선고 2004허3164 판결).

140) 해당 판결에서는 "등록상표 '강남약국' 중 '강남'이 1975.10.1. 서울특별시 성동구로부터 분리된 강남구의 명칭과 동일하기는 하나 '강남'은 강의 남부지역, 강의 남방을 이르던 말로 남쪽의 먼 곳이라는 뜻으로 사용되고 있으므로 위 등록상표는 상표법 제8조 제4호 소정의 현저한 지리적 명칭으로 된 상표로 볼 수 없다."고 판시하였다(대법원 1990.1.23.선고 88후1397 판결).

141) 해당 판결에서는 "'동아'가 '동부아시아'에서 따온 말이라고 하더라도 '동부아시아'가 일반적으로 '동아'로 약칭된다고 보기 어려울 뿐만 아니라 '동부아시아'도 그 범위가 확정되어 있지 아니한 다소 추상적인 지리적 · 지정학적 관념일 뿐이어서 '동부아시아' 또는 '동아'를 구 상표법(1990.1.13. 법

2) 현저한 지리적 명칭 또는 지도 등의 사용에 의한 식별력 취득

2014년 6월 11일부터 시행되고 있는 현행 상표법 이전의 구 상표법 제6조 제2항은 수요자 간에 그 상표가 누구의 업무에 관련된 상품을 표시하는 것인지 '현저하게 인식되어 있는 상표'에 대하여 '그 상표'를 사용한 상품을 지정상품으로 하여 상표등록을 받을 수 있도록 하였다.

즉, 구 상표법 당시에는 사용된 상표가 '수요자 간 현저하게 인식되어 있을 것'을 요하였는데, 이는 원래 식별력이 없는 표장이어서 특정인에게 독점 사용하도록 하는 것이 적당하지 않은 표장에 대하여 대세적 권리를 부여하는 것이므로 그 기준을 엄격하게 해석 적용하여야 한다는 견지에서 비롯된 것이었다.[142]

그런데 개인과 기업이 실제로 사용하고 있는 상표가 간단하거나 성질표시적인 상표라도 등록을 어렵지 않게 받을 수 있도록 함으로써 개인과 기업의 브랜드 관리활동을 적극 지원하기 위할 목적으로, 기존의 '수요자 간 현저하게 인식되어 있을 것'의 요건을 완화하여 수요자 간에 '특정인의 상품에 관한 출처를 표시하는 것'으로 식별할 수 있게 된 경우에는 상표법 제6조 제2항 소정의 상표등록을 받을 수 있도록 2014년 6월 11일 시행 상표법에서 개정되었다.[143]

구 상표법이 적용되는 사안에서 대법원은 사용에 의한 식별력의 취득 여부에 대한 판단의 기준으로서 "수요자간에 그 상표가 누구

률 제4210호로 전문 개정되기 전의 것) 제8조 제1항 제4호 소정의 현저한 지리적 명칭이나 그 약칭에 해당한다고 볼 수 없다."고 판시하였다(대법원 1994.10.7.선고 94후319 판결).

142) 송영식·황종환·김원오, 상표법, 한빛지적소유권센터, 1994, 305면; 대법원 2014.10.15.선고 2012후3800 판결.

143) 제6조【상표등록의 요건】② 제1항 제3호부터 제6호까지에 해당하는 상표라도 제9조에 따른 상표등록출원 전부터 그 상표를 사용한 결과 수요자 간에 특정인의 상품에 관한 출처를 표시하는 것으로 식별할 수 있게 된 경우에는 그 상표를 사용한 상품에 한정하여 상표등록을 받을 수 있다.

의 상표인지 현저하게 인식되었다는 사실은 그 상표에 의한 상품이 어느 정도 수입·판매된 실적이 있다거나 어느 정도 선전·광고된 사실이 있다는 것 또는 외국에서 등록된 사실이 있다는 것만으로는 이를 추정할 수 없고 구체적으로 그 상표 자체가 수요자간에 현저하게 인식되었다는 것이 증거에 의하여 명확하게 되어야 한다.”고 설시함144)과 아울러, “상표의 사용기간, 사용횟수 및 사용의 계속성, 그 상표가 부착된 상품의 생산·판매량 및 시장점유율, 광고·선전의 방법, 횟수, 내용, 기간 및 그 액수, 상품품질의 우수성, 상표사용자의 명성과 신용, 상표의 경합적 사용의 정도 및 태양 등을 종합적으로 고려할 때, 당해 상표가 사용된 상품에 대한 거래자 및 수요자 대다수에게 특정인의 상품을 표시하는 것으로 인식되기에 이르렀다면 사용에 의한 식별력의 취득을 인정할 수 있다.”라고 설시하였다.145)

다만, 현행법상으로는 사용에 의한 식별력 취득 여부 기준은 기존에 비해 완화되어 반드시 수요자 간에 현저하게 인식되어 있어야하는 것은 아니고 적어도 국내의 일반 거래계에서 수요자나 거래자에게 그 상표라고 하면 특정인의 것이라고 알려져 있는 정도로서 충분하다.

따라서 현행법이 적용되는 상황에서는 부정경쟁방지법상의 주지성을 굳이 취득하지 않더라도 상표법상 사용에 의한 식별력에서의 인지도 정도만 있으면, 상표권 침해를 주장할 수 있는 것이므로, 식별력이 없거나 미약한 상표가 사용에 의한 식별력을 취득하였다고 볼 수 있는 경우, 부정경쟁방지법상 주장을 할 필요 없이 상표권 침해만을 주장하는 것이 더욱 유리한 상황이 될 수도 있게 되었다.146)

---

144) 대법원 1999.9.17.선고 99후1645 판결.

145) 대법원 2008.9.25.선고 2006후2288 판결.

146) 즉, 구 상표법상으로는 사용에 의한 식별력의 취득 요건에서 주지성에 준할 정도의 현저하게 인식될 정도를 요구하였고, 이러한 상표법상 주지도의

(6) 대상판결에서의 상품주체 혼동행위의 여부에 대한 구체적인 검토

우선 다른 내용은 차치하고 일단 주지성의 판단과 관련하여 대상판결은 설문조사 결과에 대해서, 주부 800명을 대상으로 설문조사를 한 결과 전체 응답자의 84%가 원고의 이 사건 표장을 원고의 조미김 제품의 것으로 안다고 응답하였으나, 설문조사의 시행주체, 대상범위 등에 비추어 설문조사 결과만으로는 이 사건 표장이 국내의 거래자나 수요자들에게 널리 알려진 상표라고 인정할 수 없다고 판단하였다.

그러나 ① 원고가 오로지 위 설문조사의 결과만을 증거로 주지성을 입증한 것이 아니었다는 점, ② 소비자 인지도 조사 자료는 시행주체 및 대상범위에 따라서 다소 차이가 발생할 수 있지만 소송실무상 당사자의 개별적인 조사 결과에 대한 의존이 불가피한 점 및 ③ 원고와 비슷한 인지도 결과를 받은 표장이 주지성을 인정받은 다른 대법원 판결에서의 사례들[147)148)]이 다수 존재한다는 점에 비

지역적 범위는 상표권의 효력이 미치는 범위의 특성상 전국적으로 알려질 것을 요한다는 것이 일반적인 견해였다(정태호, 앞의 "부정경쟁방지법상 주지성의 지역적 범위에 관한 소고 ―일본 부정경쟁방지법과 비교법적 고찰―," 178면). 반면에 부정경쟁방지법상의 주지성의 지역적 범위는 전국적으로 알려질 필요없이 일정한 지역 내에서 알려진 것도 포함하는 것이 대법원의 판례상의 일관된 입장이었으므로, 실제적으로 식별력이 없는 상표에 대한 선사용자가 상표법상 사용에 의한 식별력의 취득을 주장하여 상표권에 의한 권리를 행사하기보다는 부정경쟁방지법상 주지성의 취득을 근거로 한 부정경쟁행위(상품주체 혼동행위 등)를 주장하는 것이 피고 측의 상표 등의 사용금지에 더욱 용이하였다고 볼 수도 있다.

147) 대법원 2014.5.16.선고 2011다77269 판결에서는 조사대상 중 73.9%가 '이화'하면 가장 먼저 '이화여자대학교'를 연상한다고 응답한 사실이 주지성 판단에서 고려되었다.

148) 대법원 2012.7.12.선고 2010다60622 판결은 일반인 남녀 1,000명을 대상으

추어 볼 때에, 일단 대상판결에서 원고의 소비자 인지도에 관한 설문조사결과를 부정한 것은 기존의 다른 판결들과의 형평성 차원에서 비판의 소지가 있을 수도 있다.

그런데 부정경쟁방지법상 상품주체 혼동행위 여부를 판단하기 위하여 표지의 유사 여부를 판단할 때에는 대비되는 각 상품표지의 실사용 형태를 가지고 판단하여야 하므로, 원고가 그 등록상표를 동일하게 사용한 것이 아니고 다소간 변형하여 사용한 경우에는 원고의 상품표지가 상표등록을 받은 것이라고 하더라도 특허청에 상표등록된 표장을 가지고 대비할 것이 아니라, 등록상표는 대비 대상에서 제외하고 실제로 거래계에서 사용하는 표장을 가지고 대비하여야 한다.[149)

따라서 원고가 〈그림 1〉[150)이나 〈그림 2〉[151)에 대하여 특허청에서 상표등록을 받았지만, 이 사건에서는 원고의 실제 사용 상품표

로 인지도 조사를 실시한 결과에서도 조사대상자의 89.8%가 '장수돌침대' 표지를 인지하고 있는 것으로 응답한 사실이 주지성 판단에서 고려되었다.

149) 김동규, 앞의 "등록상표의 사용이 지역적 주지표지에 대한 부정경쟁행위가 될 수 있는 여부 및 지역적 주지표지로 인정되기 위한 요건," 401면.

150)

〈그림 1〉

151)

〈그림 2〉

지로서 이 사건 표장152)과 피고의 사용 표장153) 사이의 유사 여부가 문제되는 것이다. 그리고 이와 관련된 유사 여부 판단의 원칙으로서는 전체관찰 내지 요부관찰을 고려하여 볼 수 있다.

그런데 상표의 구성 중 식별력이 없거나 미약한 부분은 그 부분만으로 요부가 된다고 할 수 없고, 이는 일체불가분적으로 결합된 것이 아니고 그 부분이 다른 문자 등과 결합되어 있는 경우라도 마찬가지이다.154)

따라서 상표의 유사 여부를 판단할 때 식별력이 없거나 미약한 부분을 제외한 나머지 부분을 대비하여 유사 여부를 판단해야 한다는 것이 판례의 주류적인 경향인 점을 고려하면,155) 양 표장 중 '한반도와 부속도서' 모양의 도형은 사회통념상 한반도를 표현하는 지도로 인식할 수 있는 정도로 보여 자타상품의 식별력을 인정하기 곤란하거나 공익상 특정인에게 독점시키는 것이 적당하지 아니하다고 할 것이므로, 위 지도 도형 자체는 그 식별력이 없거나 미약하여 식별력 있는 요부에 해당한다고 볼 수 없다.

152)

153)

154) 대법원 2006.1.26.선고 2004후1175 판결 참조.
155) 최성준, 앞의 "부정경쟁행위에 관한 몇 가지 쟁점," 3-4면.

그리고 양 표장의 한반도와 부속도서 모양의 도형을 제외한 원고
의 이 사건 표장과 피고의 사용 표장의 외관을 대비하여 보면, 원고
의 이 사건 표장의 배경은 회색으로 구성되어 있고 '한반도와 부속
도서' 모양의 도형 윗부분에 '성成 경京'이라는 문자와 아랫부분에
'성경식품'이라는 상호가 표기되어 있으며, 왼쪽에 훈장 모양의 원
형 도형 안에 '골드 GOLD'라는 문자가 표기되어 있다. 그런데 이에
비해 피고의 사용 표장은 아랫부분에 녹색을 바탕으로 한 녹차밭이
있고, '한반도와 그 주변지형' 모양의 도형 윗부분에 '소문난'이라는
문자가, 왼쪽에 세로로 '광천 최고의 맛!', 오른쪽에 가로로 '독도는
대한민국 땅!'이라는 문자가 각 기재되어 있고, 아랫부분에 '온천지'
라는 상호가 표기되어 있다.

따라서 양 표장의 외관은 서로 다르다고 할 것이며, 양 표장의 호
칭과 관념을 대비하여 보더라도, 원고의 이 사건 표장은 '지도표 재
래식 성경김', '지도표 성경김' 또는 '성경김'으로 호칭되거나 관념되
는 데 비해, 피고의 사용 표장은 '소문난 광천 온천지 김', '광천 온천
지 김', '온천지 김'으로 호칭되거나 관념되어 그 호칭과 관념도 상이
하다.

즉, 이 사건 표장과 피고의 사용 표장의 유사 여부 판단 시에는 한
반도 모양의 도형만이 양 표장 간에 공통된 것이므로, 원고의 이 사
건 표장이 이러한 한반도 모양의 도형만으로 식별력을 취득하고 더
나아가 부정경쟁방지법상 상품표지로서의 주지성을 취득한 것으로
볼 수 있는지가 이 사건에서 상품주체 혼동행위를 판단하기 위한
쟁점이 될 수밖에 없는 것이다.

그러므로 우선 양 표장 간에 공통된 부분인 한반도 모양의 도형
만의 주지성을 판단할 때에는 해당 한반도 모양의 도형이 그 자체
로는 상품표지로서의 식별력이 없는 부분으로 볼 수 있어 앞서 살
펴본 대법원의 일관된 판단 법리에 따를 때에 해당 부분의 주지성
판단은 엄격하게 해석 및 적용할 수밖에 없는 것이므로, 이러한

주지성 판단 법리를 적용하여 본다면, 원고의 이 사건 표장이 한반도 모양의 도형만으로 주지성을 취득하였다고 보기는 어렵다고 보인다.

그리고 앞서 비판의 소지가 있다고 언급한 설문조사결과도 한반도 모양의 지도만을 대상으로 하여 원고의 이 사건 표장의 소비자 인지도를 설문조사한 것이 아니라, 원고의 주된 상품표지인 '지도표,' '성경'과 같은 문자부분을 포함하여 표장의 구성요소 전체를 대상으로 하여 설문조사한 것으로 보인다. 따라서 이 사건 표장에 대한 설문조사결과를 받아들이지 않고 한반도 모양의 도형부분에 대한 주지성을 부정한 대상판결에서의 판단은 일응 타당한 것으로 보인다.

결국 대상판결에서의 주지성 판단은 기존의 대법원에서의 판단 법리에 충실한 것이라고 볼 수 있고, 대상판결이 상고되었지만, 대법원에서도 대상판결의 판단에 전적으로 동의하여 심리불속행으로 상고를 기각한 것이다.

한편, 부정경쟁방지법상의 표장 간의 혼동가능성 여부 판단은 동일·유사한 표지를 사용하는 상대방과의 사이에 거래상, 경제상 또는 조직상 밀접한 관계가 존재하는 것은 아닌가 하는 오인을 일으키는 경우에 성립하는 것이므로, 양 표지의 유사 정도가 강할수록 혼동가능성은 높아진다고 할 수 있다.[156]

그러므로 일단 대상판결에서 원고의 이 사건 표장과 피고의 사용 표장이 동일 또는 유사하여 상품주체의 혼동을 초래한다고 볼 수 있기 위해서는 양 표장의 요부가 유사 정도가 강하여 혼동가능성이 커야 하는 것인데, 앞서 언급한 바와 같이 원고의 이 사건 표장[157]에서 한반도 모양의 도형이 거래계에서 단독으로 사용되어 그

---

156) 정태호, 앞의 "대학명칭을 영업표지로 사용한 경우의 영업주체혼동행위 여부에 대한 고찰 —대법원 2014.5.16.선고 2011다77269 판결—," 508면.

자체만으로 사용에 의한 식별력을 취득하여 주지성까지 이어진다고 보기는 어렵고, 항상 '성경'이나 '지도표'와 같은 문자부분과 함께 사용되어, 해당 도형은 일종의 포장의 디자인 정도로 인식될 가능성이 높을 뿐, 별도의 상품표지로서 기능한다고 보기는 어렵다고 볼 수 있다.

그리고 이 사건 표장 중 '한반도', '한반도와 부속도서' 모양의 각 도형과 피고의 사용 표장의 '한반도와 그 주변지형' 모양의 도형은 사회통념상 한반도를 표현하는 지도로 인식할 수 있는 정도로 보여 자타상품의 식별력을 인정하기 곤란하거나 공익상 특정인에게 독점시키는 것이 적당하지 아니하다고 인정되므로, 식별력이 없거나 미약하여 '식별력 있는 요부'에 해당한다고 볼 수 없다.

이러한 관점에서 이 사건 표장과 피고의 사용 표장을 대비하여 보면, 양자는 그 외관이 상이하며, 이 사건 표장은 '지도표' 또는 '지도표 성경'으로 호칭·관념되고 피고의 사용 표장은 '소문난 광천 온천지 김', '광천 온천지 김', '온천지 김' 등으로 호칭·관념되어 그 호칭과 관념 또한 상이하여 양 표장의 외관, 칭호, 관념 모두 비유사하므로, 양 표장이 동일·유사한 상품에 함께 사용되더라도 상품 출처의 오인·혼동을 일으킬 염려가 있다고 보기 어렵다고 판단한 대상판결은 부정경쟁방지법상 식별력이 없는 부분이 포함된 표장 간의 유사 및 혼동 여부의 판단에 충실하였던 것이라고 생각된다.

이 사건 표장이 설령 표장 전체적으로 사용에 의한 식별력을 취득하였다고 하더라도 한반도 모양의 지도 도형 자체는 사회통념상

157)

지도임을 인식할 수 있는 정도에 상당하므로, 앞서 살펴본 상표법 제6조 제1항 제4호에서 규정하고 있는 '지도만으로 된 상표'에 해당되어 그 식별력을 인정할 수 없는 것이다.

따라서 이와 같이 식별력을 인정하기 곤란한 도형 등은 '식별력 있는 요부'에 해당한다고 볼 수 없을 뿐만 아니라, 원고가 처음부터 한반도 모양의 지도 도형만을 사용하였다기보다는 다른 식별력 있는 부분(예를 들어, 성경김 등)과 함께 사용한 점 등을 고려하여 볼 때에, 한반도 모양의 지도 도형에 대하여 사용에 의한 식별력의 취득을 부정하였고,[158] 주지성도 부정하였으며, 이에 따라 상품주체 혼동행위를 인정하지 않은 대상판결은 기존의 판례의 입장을 종합적으로 잘 고려한 판단이라고 보여진다.

4. 대상판결의 의의

대상판결은 한반도 모양의 지도 도형을 상품표지로 사용한 경우에 있어서 부정경쟁방지법상 상품주체 혼동행위를 부정한 판결로서, 특히 기존의 상표법상 식별력이 없다고 볼 수 있는 '현저한 지리적 명칭'이 포함된 표지에 대한 부정경쟁행위 여부를 다투는 판결들은 다수 있었으나, 역시 상표법상 식별력이 없다고 볼 수 있는 '지도' 모양의 도형이 포함된 표지에 대한 부정경쟁행위 여부를 다투는 판결은 대상판결이 최초의 사례이었다는 점에서 그 의의가 있다고 하겠다.

이때 식별력이 없는 지도 모양과 같은 도형이 사용된 결과 주지성을 취득하기 위해서는 해당 도형만의 사용에 의한 식별력 내지 주지성을 취득하여야 하는 것이므로, 식별력이 없는 도형 등이 식

---

158) 대상판결에서는 주로 상표권 침해 문제와 관련하여 사용에 의한 식별력을 판단하고 있다.

별력이 있는 문자와 함께 주로 사용되었을 경우에는 해당 도형만의 주지성의 인정이 받아들여지기 어렵다는 것을 대상판결은 보여주고 있다.

V 식별력이 없는 문자들로만 결합된 영업표지와 영업주체 혼동행위[컴닥터119 사건][159]

1. 사건의 정리

(1) 사실관계

피해자는 1997.4.9. 설립되어 2000.3.13. 무렵부터 "컴닥터119(이하 '이 사건 영업표지'라 함)"라는 영업표지로 컴퓨터 수리 가맹점 사업을 시작하였다. 피해자는 가맹점으로부터 입회비와 월 사용료를 받고 이 사건 영업표지를 사용하여 컴퓨터 수리 등 영업을 하도록 하는 한편, 가맹점의 영업을 관리·감독하여 그 품질을 유지하고, 1998.2.2.경부터 이 사건 범행 당시인 2007년 초경까지 매출액 중 상당부분을 광고비로 지출하여 일간신문, 방송매체 및 지하철 광고 게시판, 인터넷 등을 통하여 광고를 게재하거나 홍보하여 왔다.

그 결과 이 사건 영업표지는 2001.12.21. 국민일보 제정 '2001 히트상품'에 선정되고, 일간신문에도 자주 소개되었으며, 2007.1.10. 당시 전국적으로 약 748개의 가맹점을 확보하였다.

피고인들도 피해자의 가맹점으로 활동하다가 이 사건 범행개시일 무렵 소비자의 서비스 불만을 접수한 피해자로부터 가맹점 계약

---

159) 대법원 2008.11.13.선고 2008도7353 판결.

을 해지당하게 되자 피해자의 동의 없이 '컴닥터119'라는 상호를 사용하게 된 것이어서, 위와 같은 이 사건 영업표지에 관한 상황을 잘 알고 있었다.

(2) 피고인들에 대한 공소사실

피고인들이 공모하여 2006.11.24.경부터 2007.4.4.경까지 국내에 널리 인식된 컴퓨터 수리 업체의 상호 또는 영업표지로서 피해자가 1997.4.9.경부터 사용하여 온 '컴닥터119'와 동일한 상호를 사용하고, 유사한 상호인 '컴닥터'로 114 안내에 전화번호를 등록하여 고객들이 그 전화번호를 이용하게 함으로써 피해자의 영업상의 시설 또는 활동과 혼동하게 하여 부정경쟁행위를 하였다.

(3) 소송의 경과

이에 대해서 1심[160]은 피고인들의 무죄로 판단하였고,[161] 검사가

---

160) 서울북부지방법원 2008.2.13.선고 2007고정2377 판결.

161) 해당 1심 판결의 요지는 다음과 같다. 즉, 부정경쟁방지법 제2조 제1호 나목에서 정한 부정경쟁행위는 국내에 널리 인식된 타인의 성명·상호·표장 기타 타인의 영업임을 표시하는 표지와 동일하거나 이와 유사한 것을 사용하여 타인의 영업상의 시설 또는 활동과 혼동하게 하는 행위를 의미하는데, 식별력이 없거나 미약한 것으로 보이는 문자나 숫자의 결합으로 이루어진 상호나 영업표지가 사용된 결과 국내에 널리 인식되기에 이른 경우에는 원래 독점시킬 수 없는 표지에 권리를 부여하는 것이므로, 그 기준은 엄격하게 해석 적용되어야 한다면서, 이 사건 상호 또는 영업표지인 '컴닥터119' 중 문자 부분에 해당하는 '컴닥터'는 영문자 'COMPUTER'의 약어로 사용되는 'COM'과 의사, 박사 등의 뜻을 가진 'DOCTOR'를 결합한 것으로 이 사건 '컴닥터119'의 주된 영업인 컴퓨터 및 컴퓨터부품 수리업 등과 관련하여 볼 때 '컴퓨터를 잘 수리하는 사람', '컴퓨터전문가' 등의 의미를 직감할 수 있어 그 식별력이 없거나 미약하고, 숫자 부분에 해당하는 '119'도

이에 대해 항소를 하였으며,[162] 원심[163]에서는 1심의 파기(피고인들의 유죄)로 판단하였는데,[164] 피고인들이 이에 대해 상고하여 대법

화재 또는 재난신고 전화번호로서 식별력이 없어, 이 사건 영업표지는 전체적으로 식별력이 없거나 미약한 문자와 숫자의 결합으로 이루어진 것인바, 검사가 제출한 각 증거에 의하더라도 '컴닥터119'가 수요자 간에 그 영업표지가 특정인의 표지로 현저하게 인식되었다고 인정하기에 부족하다는 이유로, '컴닥터119'가 타인의 영업과 구별되고 그 출처를 표시하는 식별력이 있다고 보기는 어려워 부정경쟁방지법에서 보호하는 영업표지에 해당하지 아니한다고 보아, 피고인들에 대하여 무죄를 선고하였다.

162) 검사의 항소이유의 요지는 "검사가 제출한 증거들에 의하면, 피해자가 1997년경부터 '컴닥터119'라는 상호 또는 영업표지를 사용함으로써 최소한 피고인들이 위 영업표지를 사용하기 전인 2003년 이전에 국내에 널리 인식되었다는 점이 명백하다. 따라서 피고인들에 대하여는 유죄판결이 선고되었어야 할 것임에도, 원심은 무죄판결을 선고하였으니, 원심판결에는 사실을 오인하거나 법리를 오해하여 판결에 영향을 미친 위법이 있다."는 것이다.

163) 서울북부지방법원 2008.7.24. 선고 2008노318 판결.

164) 해당 원심판결의 요지는 이하와 같다.
부정경쟁방지법 제2조 제1호 나목에서 정하는 부정경쟁행위는 국내에 널리 인식된 타인의 성명 · 상호 · 표장 기타 타인의 영업임을 표시하는 표지와 동일 또는 유사한 것을 사용하여 타인의 영업상의 시설 또는 활동과 혼동을 일으키는 행위로서, 여기에서 국내에 널리 인식된 타인의 영업임을 표시하는 표지는 국내 전역 또는 일정한 범위 내에서 거래자 또는 수요자들이 그것을 통하여 특정의 영업을 다른 영업으로부터 구별하여 널리 인식하는 경우를 말하며, 단순히 영업내용을 서술적으로 표현하거나 통상의 의미로 사용하는 일상용어 등은 포함하지 않으나, 그러한 경우라도 그것이 오랫동안 사용됨으로써 거래자 또는 수요자들이 어떤 특정의 영업을 표시하는 것으로 널리 인식하게 된 경우에는 위 법이 보호하는 영업상의 표지에 해당한다. 또한 국내에 널리 인식된 타인의 영업을 표시하는 표지인지 여부는 그 사용의 기간, 방법, 태양, 사용량, 거래범위 등과 거래의 실정 및 사회통념상 객관적으로 널리 알려졌느냐의 여부가 일응의 기준이 된다고 할 것이고, 위 법이 규정하는 혼동의 의미에는 단지 영업의 주체가 동일한 것으로 오인될 경우뿐만 아니라, 두 영업자의 시설이나 활동 사이에 영업상 · 조직상 · 재정상 또는 계약상 어떤 관계가 있는 것으로 오인될 경우도 포함된다. '컴닥터119'라는 상호 내지 영업표지는, 비록 그것이 식별력이

원에서 판단한 것이 바로 대상판결에서의 이 사건이다.

2. 대상판결(대법원 2008도7353 판결)의 판시 내용

(1) 이 사건 영업표지의 식별력 및 주지성 인정 여부(=적극)

부정경쟁방지법 제2조 제1호 나목은 "국내에 널리 인식된 타인의 성명·상호·표장 기타 타인의 영업임을 표시하는 표지와 동일하거나 이와 유사한 것을 사용하여 타인의 영업상의 시설 또는 활동과 혼동을 하게 하는 행위"를 부정경쟁행위의 하나로 규정하고 있는바, 여기서 국내에 널리 인식된 타인의 영업임을 표시하는 표지는 국내의 전역 또는 일정한 범위 내에서 거래자 또는 수요자들이 그것을 통하여 특정의 영업을 다른 영업으로부터 구별하여 널리 인식하는 경우를 말하는 것으로서, 단순히 영업내용을 서술적으로 표현하거나 통상의 의미로 사용하는 일상용어 등은 포함하지 않으나, 그러한 경우라도 그것이 오랫동안 사용됨으로써 거래자 또는 수요

없거나 미약한 문자와 숫자의 결합으로 이루어진 것이라 하더라도, 피해자가 이를 계속적으로 사용함으로써 거래자 또는 수요자들에게 컴퓨터 수리업과 관련하여 피해자의 영업을 표시하는 것으로 널리 인식되어, 부정경쟁방지법이 보호하는 영업표지에 해당한다고 봄이 상당하다. 또한 '컴닥터119'라는 영업표지가 전체로서 주지성을 획득한 이상, 가사 그것이 원심 판시와 같이 식별력이 없거나 미약한 문자와 숫자의 결합으로 이루어진 것으로 원래는 독점시킬 수 없는 표지에 권리를 부여하는 것이어서, 혼동 여부를 판단함에 있어 신중하여야 한다 하더라도, 피해자의 영업표지와 전적으로 동일한 '컴닥터119'를 상호 내지 영업표지로 사용한 행위가 타인의 영업상의 시설 또는 활동과 혼동을 일으키는 행위에 해당할 것임은 의문의 여지가 없다(대법원 2008. 5. 29. 선고 2007도10914 판결 참조). 그런데 원심은 피고인들에 대하여 무죄를 선고하였으니, 원심판결에는 사실을 오인하거나 법리를 오해하여 판결에 영향을 미친 위법이 있다(1심 파기, 피고인들을 각각 벌금 1,000,000원에 처함).

자들이 어떤 특정의 영업을 표시하는 것으로 널리 인식하게 된 경우에는 위 법이 보호하는 영업상의 표지에 해당한다고 할 것이며, 또 위 법이 규정하는 혼동의 의미에는 단지 영업의 주체가 동일한 것으로 오인될 경우뿐만 아니라 두 영업자의 시설이나 활동 사이에 영업상·조직상·재정상 또는 계약상 어떤 관계가 있는 것으로 오인될 경우도 포함된다(대법원 1997.12.12.선고 96도2650 판결, 대법원 2006.5.25.선고 2006도577 판결 등 참조).

원심은 그 채택증거들을 종합하여, 판시사실들을 인정한 다음, 피해자의 상호 내지 영업표지인 '컴닥터119'가 비록 식별력이 없거나 미약한 문자와 숫자의 결합으로 이루어진 것이더라도 피해자가 이를 계속적으로 사용함으로써 거래자 또는 수요자들에게 컴퓨터 수리업과 관련하여 피해자의 영업을 표시하는 것으로 널리 인식되어 부정경쟁방지법이 보호하는 영업표지에 해당하고, '컴닥터119'라는 영업표지가 주지성을 획득한 이상 피해자의 영업표지와 전적으로 동일한 '컴닥터119'를 상호 내지 영업표지로 사용한 행위는 타인의 영업상의 시설 또는 활동과 혼동을 일으키는 행위에 해당한다고 판단하였는바, 기록에 의하여 살펴보면 원심 판단은 옳고, 상고이유의 주장과 같이 위 법률의 식별력 및 주지성에 관하여 법리를 오해한 위법이 없다.

(2) 피고인들의 부정경쟁행위 여부(=적극)

원심은 그 채택증거에 의하여, 피고인 1이 피고인 2와 공모하여 판시 일시 장소에서 피해자가 사용하여 온 상호를 사용함으로써 부정경쟁행위를 하였다는 범죄사실을 인정하였는바, 원심의 판단은 옳고, 상고이유 주장과 같이 판단을 유탈하여 판결에 영향을 미친 위법이 없다(상고기각).

3. 대상판결에 대한 검토

(1) 식별력이 없거나 미약한 문자들로 구성된 표지에 대하여 부정경쟁방지법상 주지성을 판단한 판결들의 검토

1) 표지로서의 주지성을 인정한 판결들

부정경쟁방지법상 원래 식별력이 없거나 미약하다고 볼 수 있는 표장의 주지성을 인정한 주요 판결들로서는 '옥시'(산소계 표백제, 대법원 2004.3.25.선고 2002다9011 판결), '캠브리지, CAMBRIDGE'(남성의류, 대법원 2006.1.26.선고 2003도3906 판결), 'A6'(의류, 대법원 2006.5.25.선고 2006도577 판결), 'K2'(등산용품, 대법원 2008.9.11.자 2007마1569 결정) 등이 있는데, 이러한 주요 판결들의 판단 동향을 구체적으로 살펴보면 이하와 같다.

우선 대법원 2004.3.25.선고 2002다9011 판결의 주요 판시내용을 살펴보면, 부정경쟁방지법 제4조에 의한 금지청구에 있어서, 같은 법 제2조 제1호 가목 소정의 타인의 상호·상표 등 타인의 상품임을 표시한 표지가 국내에 널리 인식되었는지의 여부는 사실심 변론종결 당시를 기준으로 판단하여야 할 것임을 전제로 이 사건에 나타난 원고의 영업규모, 제품의 종류 및 내역, 판매 액수, 광고 및 홍보활동의 방법 및 빈도, 원고가 그 상호를 사용한 기간 및 사용 태양 등에 비추어, 원심 변론종결 당시를 기준으로 원고의 그 상호는 상품의 출처를 표시하는 상품의 표지로서 국내의 거래자 또는 수요자들 사이에 널리 알려져 있었다는 취지로 판시하였다.

좀 더 구체적으로는 원고의 상호인 '옥시'는 '산소를 함유한, 수산기를 함유한'이라는 의미를 가진 연결형 접두어로 사용되는 'OXY'라는 영어 단어의 한글 음역으로 직감된다고 보기 어려울 뿐만 아니라, 가사 '옥시' 부분이 'OXY'의 한글 음역으로 직감된다고 하더라도 일반인들이 흔히 사용하는 영어 단어라고 보기도 어렵고, 원고가 제조·판매하는 생활용품의 주된 수요자층이 가정주부인 점을 고려하면 일반 수요자나 거래자가 'OXY'를 위와 같은 의미를 가지고 있다는 것으로 직감한다고 보기도 어려우며, 또한 기록에 나타난 증거만으로는 '옥시' 부분이 국내의 거래자 또는 일반 수요자들 사이에서 화학원소인 'OXYGEN'(산소)의 약칭으로 널리 인식되었다고 보기도 어려우므로, 원고의 상호 '옥시'는 식별력을 갖춘 표지에 해당한다고 보았다.

한편, 피고가 사용하는 상표인 '옥시화이트'는 외관상 서로 분리되어 있지는 아니하나 그 결합으로 인하여 새로운 관념이 생기는 것도 아니고 일체 불가분적으로 결합되어 있다고 보기도 어려워 '옥시'와 '화이트'로 분리 관찰이 가능한데, 그중 '화이트'는 '백색, 깨끗함'의 의미를 가진 영어 단어 'WHITE'의 한글 음역으로 쉽게 인식될 수 있어 표백제 등의 상품에 관하여는 자타상품의 식별력이 부족하므로, 일반 수요자가 피고의 '옥시화이트' 상표를 인식함에 있어서는 그 상표의 요부인 '옥시' 부분으로 인식할 개연성이 높아 피고의 '옥시화이트' 상표는 원고의 상호인 '주식회사 옥시'와 전체적으로 유사하고, 나아가 피고가 '옥시화이트' 상표를 사용하여 제조·판매하는 제품은 산소계 표백제로서 원고가 그 상호를 사용하여 제조·판매하는 제품과 동일한 점 등에 비추어, 산소계 표백제의 일반 거래자 및 수요자들은 피고가 제조·판매하는 '옥시화이트 제품'을 원고가 제조·판매하는 제품으로 오인함으로써 상품의 출처에 관하여 혼동을 일으키게 한다는 취지로 판단하였다. 즉, 해당 사건에서는 식별력이 미약하다고 볼 수 있는 표장에 대해서 식별력을 인정하면서 이와 동시에 주지성도 함께 고려하여 상품주체 혼동행위를 판단하고 있다.

그 다음으로 대법원 2006.1.26. 선고 2003도3906 판결에서는 "비록 현저한 지리적 명칭만으로 된 상표나 서비스표이어서 상표법상 보호받지 못한다고 하더라도 그것이 오랫동안 사용됨으로써 거래자나 일반 수요자들이 어떤 특정인의 영업을 표시하는 것으로서 널리 인식하게 된 경우에는 부정경쟁방지법이 보호하는 영업표지에 해당한다고 할 것"이라고 전제한 후, "위 법리와 기록에 비추어 살펴보면, '신사복' 등의 상품에 사용된 피해자의 상품표지인 '캠브리지 멤버스, CAMBRIDGE MEMBERS' 및 그 구성 중 '캠브리지' 또는 'CAMBRIDGE' 부분은 거래사회에서 오랜 기간 사용된 결과 일반 수요자나 거래자에게 피해자가 제조·판매하는 신사복 등 남성의류 상품을 표시하는 것으로 현저하게 인식되어 있고, 피해자의 상품표지와 '셔츠' 등의 상품에 사용된 피고인들의 상품표지인 '캠브리지 유니버시티, UNIVERSITY OF CAMBRIDGE'는 문자의 각 구성부분이 분리하여 관찰되면 거래상 자연스럽지 못하다고 여겨질 정도로 불가분적으로 결합되어 있다고 볼 만한 사정이 없으므로, 문자의 각 구성부분만으로 분리되어 호칭·관념될 수 있고 그중 '캠브리지' 또는 'CAMBRIDGE'만으로 분리되어 호칭·관념될 경우에는 양 상품표지는 그 호칭 및 관념이 동일하다 할 것이다. 그리고 나아가 피고인들의 상품표지를 전체로서 관찰하는 경우에도 그 구성 중 '캠브리지' 또는 'CAMBRIDGE' 부분이 특히 일반 수요자나 거래자의 주의를 끌기 쉽고, 피고인들의 상품표지가 비교적 긴 단어로 구성되어 있어 전체로 호칭하기에 불편한 사정과 간이·신속하게 상품표지를 호칭하는 경향이 있는 거래실정 등을 고려하면, 피고인들의 상품표지는 '캠브리지' 또는 'CAMBRIDGE'로 약칭될 가능성이 클 뿐만 아니라 거래사회에서 '캠브리지' 또는 'CAMBRIDGE'로 약칭되고 있는 사정도 나타나고 있는바, 그렇다면 '캠브리지' 또는 'CAMBRIDGE'만으로 약칭될 수 있는 피해자의 상품표지와 그 호칭이 동일하다 할 것이어서 양 상품표지는 서로 유사하다고 봄이 상당하다."고 판시한 바 있다.

즉, 해당 사건에서는 '캠브리지' 또는 'CAMBRIDGE'와 같이 현저한 지리적 명칭에 해당되어 본래적으로는 식별력이 없는 표장에 대해서 일종의 사용에 의한 식별력의 취득과 함께 주지성을 인정하여 상품주체 혼동행위를 판단하고 있다.

그리고 대법원 2006.5.25.선고 2006도577 판결에서는 "비록 간단하고 흔히 있는 표장만으로 구성된 상표라 하더라도 그것이 오랫동안 사용됨으로써 거래자나 일반 수요자들이 어떤 특정인의 영업을 표시하는 것으로 널리 알려져 인식하게 된 경우에는 부정경쟁방지법이 보호하는 영업표지에 해당한다고 할 것이다."고 전제한 후, "피해자 회사가 2000.2.경부터 이 사건 표지인 'A6'를 피해자 회사가 생산·판매하는 상품임을 나타내기 위한 표지로 사용해 온 점 및 피해자 회사의 제품생산 경위, 광고비 지출액, 매출액의 크기와 증가 추이, 판매점 수 등을 종합하면, 피고인이 피고인의 등록상표에 대한 각 사용계약을 체결하고 주식회사 개그코리아 및 주식회사 평화물산에 메인라벨, 보증서 등의 부자재를 판매하여 개그코리아 및 평화물산으로 하여금 위 부자재 등을 부착한 상품을 판매하도록 한 2002.8.19.에는 피해자 회사의 상품임을 표시하기 위하여 사용한 이 사건 표지는 부정경쟁방지법상 주지성을 획득하였다"고 판시하였다.

즉, 해당 사건에서도 앞선 2003도3906 사건과 마찬가지로 상표법상 간단하고 흔한 표장에 해당되어 상품표지로서의 식별력이 없음이 분명한 표장에 대해서 일종의 사용에 의한 식별력의 취득과 함께 주지성을 인정하여 상품주체 혼동행위를 판단하고 있다.

한편, 대법원 2008.9.11.자 2007마1569 결정에서는 앞선 2006도577 사건과 같이 "비록 간단하고 흔히 있는 표장만으로 구성된 상표라 하더라도 그것이 오랫동안 사용됨으로써 거래자나 일반 수요자들에게 어떤 특정인의 상품을 표시하는 것으로 널리 알려져 인식되게 된 경우에는 부정경쟁방지법이 보호하는 상품표지에 해당한다."라고 전제한 후, "① 신청인 회사의 전신(前身)인 신청외인 경영의 OOO 상사와 신청인 회사는 'K2, **K2** , K2' 등 '**K2**' 상표와 동일성

범위 내에 있는 상표들을 20여 년 이상 등산화 등의 상품과 그에 대
한 광고에 사용하여 왔을 뿐 아니라, 2001년경부터 'K2' 상표를 전면
에 내세운 텔레비전 광고를 전국적으로 방송한 것을 비롯하여 라디
오, 지하철역 광고판 및 버스 외벽 등의 다양한 광고수단을 이용하
여 'K2' 상표를 중점적으로 광고하고, 2002년부터는 고딕화된 형태
의 '**K2**' 상표를 본격적으로 사용하기 시작한 점, ② 1997년부터
2000년까지 동안 신청인 회사의 매출액 합계가 400억원 상당, 광고
비 합계가 15억원 상당이었는데, 2001년 이후 그 매출액이 2001년
약 257억원, 2002년 약 330억원, 2003년 534억원 등 지속적으로 가
파르게 증대하였으며, 광고비도 2001년 약 9억 3천만원, 2002년 약
6억 3천만원, 2003년 약 11억 2천만원 등 상당액을 지출한 점, ③ 그
결과 2003년 4월경 신청인 회사의 제품은 국내 등산화 시장의 약
40%, 국내 안전화 시장의 약 80%의 점유율을 차지하게 되었고, 그
무렵 각종 언론매체 등에서 'K2'를 신청인 회사 또는 신청인 회사의
제품을 지칭하는 것으로 사용하는 등 신청인 회사의 등산화 등 등
산 관련 제품의 품질에 대한 언론기관의 호의적인 보도가 잇따른
점, ④ 피신청인 측의 L은 그 무렵인 2004.4.30. 제1상표를 출원하
고, 2004.7.23. 제2상표를 출원하였던 점, ⑤ 피신청인 주식회사 KS
는 2006.7.13. 제1, 2상표를 이전등록 받은 점 등을 알 수 있다."고
전제한 후, "위에서 든 여러 사정에 비추어보면, 신청인 회사는 'K2'
와 동일성이 인정되는 상표들을 장기간에 걸쳐 사용하였을 뿐만 아
니라 2002년경부터 '**K2**' 상표를 계속적·중점적으로 사용함으로
써 제1상표의 출원일인 2004.4.30.경 무렵 이미 등산화, 안전화 및
등산용품 등에 관하여 대다수의 수요자에게 '**K2**' 상표가 신청인
회사의 상품표지로 인식되기에 이르렀다고 할 것이어서 그 식별력
과 주지성의 취득을 인정할 수 있다. 그런데 '**K2**' 상표와 대비되
는 제1, 2상표의 각 'K-2' 부분은 다른 구성부분과 쉽게 분리하여 인
식할 수 있고, '**K2**' 상표가 식별력을 취득한 거래실정상 자연스럽

게 자타상품식별력을 가지는 요부가 되었다고 할 것이므로, '**K2**' 상표와 외관, 호칭, 관념이 극히 유사한 'K-2' 부분을 포함한 제1, 2 상표를 등산화, 등산의류 등의 등산용품에 사용할 경우에는 일반 수요자들로 하여금 그 상품의 출처에 관하여 혼동을 일으키게 할 염려가 있다. 따라서 '**K2**' 상표와 유사한 제1, 2상표를 등록출원 하는 행위는 자기의 상품을 다른 업자의 상품과 식별시킬 목적으로 한 것이 아니라 일반 수요자로 하여금 타인의 상품과 혼동을 일으 키게 하여 부정한 이익을 얻을 것을 목적으로 형식상 상표권을 취 득하는 것이라고 할 것이다."고 판단하였다.

즉, 해당 사건에서도 상표법상 간단하고 흔한 표장에 해당되어 상품표지로서의 식별력이 없음이 분명한 표장에 대해서 일종의 사 용에 의한 식별력의 취득과 함께 주지성을 인정하여 상품주체 혼동 행위를 판단하고 있는데, 해당 판결에서는 그 식별력의 약함이 매 우 강한 표장에 대해서 구체적인 증거들의 상세한 검토를 통해 주 지성의 인정을 혼동의 가능성과 함께 판단하고 있다.

2) 표지로서의 주지성을 부정한 판결들

반면에 부정경쟁방지법상 원래 식별력이 없거나 미약하다고 볼 수 있는 표지의 주지성을 부정한 주요 판결들로서는 '퀵서비스'(대법 원 2004.7.9.선고 2003도5837 판결), '원숭이학교'(원숭이 공연시설, 대법 원 2008.2.29.선고 2006다22043 판결), 'UVCOOL'(섬유직물, 대법원 2008.9.11.선고 2007도10562 판결) 등이 있는데, 이러한 주요 판결들 의 동향을 구체적으로 살펴보면 이하와 같다.

먼저 '퀵서비스'라는 표지에 관한 대법원 2004.7.9.선고 2003도 5837 판결에서는 "부정경쟁방지법 제2조 제1호 나목은 '국내에 널 리 인식된 타인의 성명, 상호, 표장 기타 타인의 영업임을 표시하는 표지와 동일 또는 유사한 것을 사용하여 타인의 영업상의 시설 또 는 활동과 혼동을 일으키게 하는 행위'를 부정경쟁행위의 하나로 규정하고 있는바, 여기서 국내에 널리 인식된 타인의 영업임을 표시하는 표지는 국내의 전역 또는 일정한 범위 내에서 거래자 또는 수요자들이 그것을 통하여 특정의 영업을 다른 영업으로부터 구별하여 널리 인식하는 경우를 말하는 것으로서, 단순히 영업내용을 서술적으로 표현하거나 통상의 의미로 사용하는 일상용어 등은 포함하지 않으나, 그러한 경우라도 그것이 오랫동안 사용됨으로써 거래자 또는 수요자들이 어떤 특정의 영업을 표시하는 것으로 널리 인식하게 된 경우에는 위 법이 보호하는 영업상의 표지에 해당한다고 할 것이며, 또한 위 '국내에 널리 인식된 타인의 영업을 표시하는 표지'인지 여부는 그 사용의 기간, 방법, 태양, 사용량, 거래범위 등과 거래의 실정 및 사회통념상 객관적으로 널리 알려졌는지의 여부가 일응의 기준이 된다고 할 것이다."고 전제한 후, '퀵서비스'라는 표지가 일반 거래자 또는 수요자들에게 주식회사 퀵서비스나 장성군의 영업을 표시하는 영업표지로 널리 인식하게 되었다고는 보기 어렵다고 판단하였다.

즉, 해당 판결에서는 단순히 영업 내용을 서술적으로 표현하는 용어로서 식별력이 없거나 미약하다고 볼 수 있는 표장인 '퀵서비스'에 대하여 주지성의 판단 기준을 엄격하게 적용하고 있음을 확인할 수 있으며, 별도로 영업표지로서의 식별력의 여부를 전제한 후 주지성의 판단을 하는 것이 아니라, 아예 처음부터 주지성의 판단으로 들어가서 주지되지 않았다는 것을 판단하고 있기도 하다.

다음으로 '원숭이학교'라는 표장에 관한 대법원 2008.2.29.선고 2006다22043 판결에서는 "원고는 2002.6.29.경 전라북도 부안군에서 원숭이 공연시설 등을 개장하고 2002.8.12.경 상호를 주식회사 원숭이학교로 변경하면서 독자적인 영업표지로서 '원숭이학교'를 비로소 사용하기 시작한 것이라고 할 것인바, 피고들의 이 사건 공연 시까지 원고가 '원숭이학교'를 자신의 영업표지로 사용한 기간이 비교적 짧고, 그 영업 역시 전라북도 부안군에서만 시행한 것으로 보이며, 기록에 의하면 피고들의 이 사건 공연 종료시점까지 원고의 '원숭이학교'에 대한 광고·선전은 주로 전라남북도를 중심으로 한 것으로 그 이외의 지역에서의 광고·선전은 노출시간 및 빈도수가 많지 않고, 그 관람객 숫자 역시 피고들보다 크게 우월하다고 단정할 수 없음을 알 수 있으므로, 피고들의 이 사건 공연 무렵 원고의 '원숭이학교' 영업표지가 전라남북도를 중심으로 한 일부 지역에서 주지성을 획득하였음은 별론으로 하고 그 이외의 지역에 이르는 주지성을 획득하였다고는 보기 어렵다."고 판단하였다. 해당 판결에서도 역시 '원숭이학교'에 대한 영업표지로서의 식별력을 먼저 판단하지 않고, 곧바로 주지성 판단으로 들어가서 주지성이 인정될 수 없다고 판단하고 있다.

마지막으로 'UVCOOL'이라는 표장에 관한 대법원 2008.9.11.선고 2007도10562 판결에서는 단순한 문자나 숫자의 결합으로 이루어졌거나 상품의 성질을 표시한 것에 불과하여 식별력이 없거나 미약한 상표 또는 상품표지가 사용된 결과 국내에 널리 인식되기에 이른 경우에는 원래 독점시킬 수 없는 표지에 권리를 부여하는 것이므로 그 기준은 엄격하게 해석 적용되어야 한다[165]고 전제한 후, "이 사건 상표(UVCOOL)는 전체적으로 지정상품(합성섬유직물, 혼방화학섬유직물 등)과 관련하여 '자외선을 차단하는 시원한 기능이 있는 합성섬유직물, 혼방섬유직물' 정도로 거래자나 수요자에게 인식되어 지정상품의 품질·효능·용도 등을 보통으로 사용하는 방법으로 표시하는 성질표시상표에 해당한다고 할 것이므로, 이와 같이 식별력이 없거나 미약한 성질표시상표가 사용된 결과 주지성을 취득하였다는 점은 엄격한 기준에 의하여 판단하여야 하고, 그 상표가 어느 정도 선전광고된 사실이 있다는 것만으로는 이를 추정할 수 없

---

165) 대법원 1999.9.17.선고 99후1645 판결, 대법원 2007.11.29.선고 2007도5588 판결 등 참조.

으며 구체적으로 그 상표 자체가 수요자 간에 현저하게 인식되었다는 것이 증거에 의하여 명확하게 되어야 한다. 위와 같은 법리에 비추어 보면, 원심이 인용한 제1심 판결이 들고 있는 증거들만으로는 2004.8.경에야 이를 부착한 상품이 출시되기 시작하고, 2005.3.9.에야 상표등록된 이 사건 상표가 이 사건 침해행위 시인 2005.3.8.경부터 같은 해 8월경까지 사이에 주식회사 코오롱의 상표로서 국내에 널리 인식되었다고 보기는 어렵다."고 판단한 바 있다.

즉, 해당 판결에서는 앞선 2개의 판결과는 다르게 식별력이 없거나 미약한 상품표지는 주지성의 판단에 있어서 엄격한 기준에 의하여 판단하여야 한다는 기존의 판단법리를 구체적으로 명시하면서, 해당 상품표지의 주지성을 부정하고 있다.

(2) 이 사건 영업표지의 주지성 취득과 유사 여부 판단에 관한 검토

이 사건은 피고인이 상호 또는 영업표지로 사용한 '컴닥터119'가 피해자의 영업표지로서 식별력과 주지성을 갖추고 있는지의 여부가 쟁점인 사건이라고 할 수 있다.

우선 부정경쟁방지법상의 식별력과 주지성에 관한 판단과 관련하여, 부정경쟁방지법 제2조 제1호 나목에서 국내에 널리 인식된 타인의 영업임을 표시하는 표지는 국내의 전역 또는 일정한 범위 내에서 거래자 또는 수요자들이 그것을 통하여 특정의 영업을 다른 영업으로부터 구별하여 널리 인식하는 경우를 말하는 것으로서, 단순히 영업내용을 서술적으로 표현하거나 통상의 의미로 사용하는 일상용어 등은 포함하지 않으나, 그러한 경우라도 그것이 오랫동안 사용됨으로써 거래자 또는 수요자들이 어떤 특정의 영업을 표시하는 것으로 널리 인식하게 된 경우에는 위 법이 보호하는 영업상의 표지에 해당한다고 할 것이며, 또 해당 규정이 규정하는 혼동의 의미에는 단지 영업의 주체가 동일한 것으로 오인될 경우뿐만 아니라 두 영업자의 시설이나 활동 사이에 영업상·조직상·재정상 또는 계약상 어떤 관계가 있는 것으로 오인될 경우도 포함된다는 판단 법리가 대법원 판례상 정립되어 있다.166)

즉, 상표법상 등록받을 수 없는 상표 또는 서비스표라고 하더라도 그것이 오랫동안 사용됨으로써 거래자나 일반 수요자에게 어떤 특정인의 영업을 표시하는 것으로 널리 알려진 경우에는 부정경쟁방지법이 보호하는 영업표지에 해당하고, 같은 법 제2조 제1호 나목 소정의 영업표지의 유사 여부는 동종의 영업에 사용되는 두 개의 영업표지를 외관, 호칭, 관념 등의 점에서 전체적·객관적·이격적으로 관찰하여 구체적인 거래실정상 일반 수요자나 거래자가 그 영업의 출처에 대한 오인·혼동의 우려가 있는지의 여부에 의하여 판별되어야 한다.167)

한편으로 대법원은 이상과 같은 판단 법리를 근거로 하여 '컴닥터119'라는 상호 또는 영업표지가 계속적으로 사용됨으로써 국내에서 컴퓨터수리업과 관련하여 '컴닥터119' 전체로서만 영업표지로서 널리 인식되었다고 보아('컴닥터'만의 주지성은 부정) 그 주지성을 인정한 바도 있고(대법원 2007.11.29.선고 2007도5588 판결),168) 대법원이

---

166) 대법원 1997.12.12.선고 96도2650 판결, 대법원 2006.5.25.선고 2006도577 판결 등.

167) 대법원 2006.1.26.선고 2003도3906 판결, 대법원 2008. 5. 29. 선고 2007도10914 판결 등 참조.

168) 부정경쟁방지법 제2조 제1호 나목 소정의 부정경쟁행위는 국내에 널리 인식된 타인의 성명·상호·표장 기타 타인의 영업임을 표시하는 표지와 동일하거나 이와 유사한 것을 사용하여 타인의 영업상의 시설 또는 활동과 혼동을 하게 하는 행위를 의미하는바, 식별력이 없거나 미약한 것으로 보이는 문자나 숫자의 결합으로 이루어진 상호나 영업표지가 사용된 결과 국내에 널리 인식되기에 이른 경우에는 원래 독점시킬 수 없는 표지에 권리를 부여하는 것이므로 그 기준은 엄격하게 해석 적용되어야 하고(대법원 1999.9.17.선고 99후1645 판결 등 참조), 이러한 법리는 결합영업표지의

본건과 동일한 사안으로서 피해자의 상호인 '컴닥터119'와 동일한 상호인 '컴닥터119'를 제3자가 전화국에 등록하여 사용한 사건에서 부정경쟁행위로 인정한 원심을 수긍한 선례가 있다(대법원 2004.2. 13.선고 2003도8013 판결[169]), 대법원 2008.5.29.선고 2007도10914 판결[170])).

유사성을 판단함에 있어서 그 구성 부분 중 일부가 요부인지 여부를 판단하는 데에도 마찬가지로 적용된다고 할 것이다. 원심이 적법하게 확정한 사실관계에 의하면, 피해자가 '컴닥터119'라는 상호 또는 영업표지를 계속적으로 사용하여 국내에서 컴퓨터수리업과 관련하여 영업표지로서 널리 인식되었다고 할 것이나, 한편 '컴닥터119' 중 문자 부분에 해당하는 '컴닥터'는 영문자 'COMPUTER'의 약어로 사용되는 'COM'과 의사, 박사 등의 뜻을 가진 'DOCTOR'를 결합한 것으로서 이 사건 '컴닥터119'의 주된 영업인 컴퓨터 및 컴퓨터부품 수리업 등과 관련하여 볼 때 '컴퓨터를 잘 수리하는 사람', '컴퓨터 전문가' 등의 의미를 직감할 수 있어 그 식별력이 없거나 미약하다고 할 것이고, 숫자 부분에 해당하는 '119'도 화재 또는 재난신고 전화번호로서 식별력이 없다고 할 것이어서 이 사건 영업표지는 전체적으로는 식별력이 없거나 미약한 문자와 숫자의 결합으로 이루어진 것임을 알 수 있는바, 이와 같이 식별력이 없거나 미약한 문자와 숫자의 결합으로 이루어진 상호 또는 영업표지가 전체로서 주지성을 획득한 경우에는 그 유사성을 판단함에 있어서 원칙적으로 전체관찰에 의하여야 할 것이고, 따라서 피해자가 이 사건 주지 상호 또는 영업표지인 '컴닥터119' 중 '컴닥터' 부분만으로도 주지성을 획득하였다는 등의 특별한 사정이 없는 한, 영업표지 '컴닥터119' 중 '컴닥터' 부분이 식별력 있는 요부라고 할 수 없으므로, 영업표지 '컴닥터119'와 피고인이 사용한 '컴닥터'가 유사한 상호 또는 영업표지라고 할 수는 없다고 할 것이다.

169) 원심판결과 원심이 인용한 제1심판결의 채용증거들을 기록에 비추어 살펴보면, 컴퓨터 수리업체인 피해자 주식회사 컴닥터119는 1997.4.9.경부터 '컴닥터 119'라는 상호 또는 영업표지를 사용함으로써 1998.경에는 국내에 널리 인식되었는데, 피고인은 1999.2.26.부터 2003.5.29.까지 위와 동일한 상호로 전화국에 등록하고 피고인 회사의 홈페이지에 같은 상호를 사용하는 등의 방법으로 부정경쟁행위를 한 판시의 범죄사실을 인정할 수 있다.

170) 원심은, 피해자의 상호 내지 영업표지인 '컴닥터119'가 전체로서 주지성을 획득한 이상, 컴퓨터수리업체를 운영하는 피고인이 위 '컴닥터119'에

그런데 여기서 위의 2007도5588판결은 '컴닥터119' 중 문자 부분에 해당하는 '컴닥터'는 영문자 'COMPUTER'의 약어로 사용되는 'COM'과 의사, 박사 등의 뜻을 가진 'DOCTOR'를 결합한 것으로서, 이 사건 표지인 '컴닥터119'의 주된 영업인 컴퓨터 및 컴퓨터부품수리업 등과 관련하여 볼 때 '컴퓨터를 잘 수리하는 사람', '컴퓨터 전문가'등의 의미를 직감할 수 있어 그 식별력이 없거나 미약하다고 할 것이고, 숫자 부분에 해당하는 '119'도 화재 또는 재난신고 전화번호로서 식별력이 없다고 할 것이어서 이 사건 영업표지는 전체적으로는 식별력이 없거나 미약한 문자와 숫자의 결합으로 이루어진 것임을 알 수 있다고 언급하면서, 이와 같이 식별력이 없거나 미약한 문자와 숫자의 결합으로 이루어진 상호 또는 영업표지가 전체로서 주지성을 획득한 경우에는 그 유사성을 판단함에 있어서 원칙적으로 분리관찰이 아니라 전체관찰에 의하여야 할 것이라고 판시하였다.

결국 해당 판시 내용에 의하면 식별력이 없거나 미약한 문자와 숫자들만의 결합으로 이루어진 상호 또는 영업표지도 일정한 요건 하에서는 주지성을 취득할 수 있으나, 그 주지성의 취득이나 유사 여부를 판단함에 있어서 식별력이 없는 문자들이 결합된 그 전체적인 모습 자체로 관찰하여야 함을 확인할 수 있다. 즉, 이러한 경우 전체관찰에 의해 주지성 취득이나 유사 여부에 대한 판단을 하여야 한다는 것이다.

따라서 대상판결의 이 사건에서처럼 식별력이 없는 문자들만으로

'컴퓨터서비스'를 추가한 '컴닥터119컴퓨터서비스'를 상호로 사용하였다 하더라도, 컴퓨터수리에 있어 거래자나 수요자로 하여금 피고인이 운영하는 컴퓨터수리업체가 그 시설이나 활동에 있어서 피해자와 영업상·조직상·재정상 또는 계약상 밀접한 관계가 있는 것으로 혼동케 할 우려가 있다고 판단하였는바, 위 법리 및 기록에 의하여 살펴보면, 원심의 위 판단은 정당하고, 상고이유의 주장과 같이 채증법칙을 위반하거나 상호 내지 영업표지의 유사 여부 판단에 관한 법리를 오해한 위법 등이 없다.

결합되었으나 실거래계에서 주지된 영업표지와 동일한 '컴닥터119'를 전체적으로 사용한 자에 대해서는 영업주체 혼동행위가 적용될 수 있을 것이나, 위의 2007도5588판결의 사건에서처럼 그중 일부인 '컴닥터'만을 사용한 자에 대해서는 '컴닥터' 자체만으로는 식별력이 있다거나 주지성을 취득하였다고 볼 수 없으므로, '컴닥터119'와 '컴닥터'를 전체적으로 대비할 경우 서로 비유사하여 혼동의 우려가 없다는 이유로서 영업주체 혼동행위를 적용할 수 없을 것이다.

4. 대상판결의 의의

앞서 살펴본 지도표 사건에서는 특정 상품표지가 식별력이 없는 도형과 식별력이 있는 문자가 결합되어 있으므로, 주지성 여부와 유사 여부 판단 시 식별력이 있는 문자가 그 주지된 대상으로서 요부가 되고 식별력이 없는 지도와 같은 도형은 식별력이 있는 문자와 독립적으로 주지성을 취득하거나 요부로서 작용할 수 없다고 판단되었다.

그러나 이와는 달리 대상판결에서는 식별력이 없는 문자들로만 결합된 이 사건 영업표지의 주지성의 취득과 유사 여부 판단 시에 해당 문자들이 결합된 영업표지 전체로서의 주지성 및 유사 여부 판단을 하여야 한다는 것(전체관찰)을 위에서 언급하고 있는 관련 사건들에 대한 판결들과 아울러서 분명히 보여주고 있다는 데 대상판결의 의의가 있다고 하겠다.

그리고 식별력이 없는 영업표지도 주지성의 취득에 의해 영업주체 혼동행위의 근거가 될 수 있으나 이러한 식별력이 없는 영업표지에 대해서는 주지성의 판단을 엄격하게 하여야 한다는 원칙적인 판단 법리는 앞서 살펴본 지도표 사건과 마찬가지로 대상판결에서도 역시 적용되는 것이다.

VI 뮤지컬 제목과 영업주체 혼동행위 [뮤지컬 캣츠 사건][171]

1. 사건의 정리

(1) 사실관계

원고는 공연 기획 및 제작업 등을 영위하고 있고, 영국 회사인 '더 리얼리 유스풀 그룹'(The Really Useful Group Limited, 이하 'RUG'라 함)은 뮤지컬 「캣츠(CATS)」의 제작 및 이와 관련된 영업을 영위하고 있으며, 더 리얼리 유스풀 컴퍼니 아시아 퍼시픽(The Really Useful Company Asia Pacific Pty Ltd., 이하 'RUG Pacific'이라 함)은 RUG의 자회사이다.

원고는 2003년경, 2008년 3월경 및 2010.12.10.경 RUG와의 사이에 「캣츠」라는 제명(題名)의 뮤지컬(이하 「뮤지컬 캣츠」라 함)에 관한 공연라이선스계약을 각각 체결한 다음 2003년경부터 2008년경까지 서울, 수원, 대구, 부산, 대전, 광주 등에서 2003년 191회, 2004년 58회, 2007년 140회, 2008년 172회 등 영어로 된 뮤지컬 캣츠의 내한 공연을 각각 RUG와 공동기획하는 방법 등으로 진행하고, 2008년 146회, 2009년 59회, 2011년 수십 회 등 전국에서 한국어로 된 뮤지

컬 캣츠를 각각 제작·공연하였다.

원고는 2010.5.19. RUG Pacific으로부터 2015년 7월까지 뮤지컬 캣츠의 공연 등에 관한 라이선스 기간을 연장받는 한편, 이 사건의 1심 계속 중인 2011.1.17. RUG와의 사이에 위 2010.12.10.자 계약 중 'CATS Marks'(이하 'CATS'의 한글과 영문 표기를 통틀어 '이 사건 표지'라 함)에 관하여 공연의 광고와 홍보를 위하여 사용할 수 있는 독점적 권한을 부여받는 것으로 그 계약 내용을 변경하였다.

한편 피고는 2003년경부터 2011년 6월경까지 전국 주요 도시에서 '어린이 캣츠', '뮤지컬 어린이 캣츠' 또는 '라이브 뮤지컬 어린이 캣츠'(이하 피고가 뮤지컬 제목으로 사용하는 '어린이 캣츠'를 '어린이 캣츠 표지'라 함)라는 제목의 뮤지컬을 제작·공연하였다.

(2) 원고의 소송상의 청구 내용

원고는 뮤지컬 「캣츠」의 독점적인 공연권 및 'CATS'의 영문 표기와 한글 표기인 '캣츠'(이 사건 표지)에 관한 독점적인 사용권을 가지고 있는 회사인데, 피고가 '어린이 캣츠' 등의 명칭으로 뮤지컬을 제작·공연한 것이 부정경쟁방지법 제2조 제1호 가목(상품주체 혼동행위) 또는 나목(영업주체 혼동행위)[172] 소정의 부정경쟁행위에 해당된다고 주장하면서 피고를 상대로 '캣츠' 등이 포함된 뮤지컬 제목 사용 금지 및 이미 사용된 관련 물품의 폐기를 청구하였다.

(3) 소송의 경과

이에 대해서 1심[173]은 청구인용 판결[174]을 내렸고, 피고가 이에

---

172) 동법의 동조 동호 다목의 식별력 손상행위 주장을 항소심에서 청구원인으로 추가하였다가 배척된 후 상고이유로 주장하고 있지는 않다.

173) 서울중앙지방법원 2011.4.22.선고 2010가합99946 판결.
174) 1심 판결의 요지를 정리하면 이하와 같다(청구인용 - 원고 勝).

1. 부정경쟁행위 해당 여부

(1) 이 사건 표지가 상품표지 또는 영업표지에 해당하는지의 여부

1) 뮤지컬 캣츠에 관한 저작권을 보유하고 있는 RUG는 공연라이선스계
약을 통해 원고에게, RUG가 관리·감독하는 배우, 연출가, 안무가,
무대 및 의상 등으로 구성된 뮤지컬 캣츠를 공연할 수 있는 권리와,
뮤지컬 캣츠의 제목, 로고와 캐릭터 등을 공연 홍보 목적으로 사용할
수 있는 권리, 뮤지컬 캣츠와 관련된 상품을 판매할 수 있는 권리 등
을 부여하면서 뮤지컬 캣츠의 공연이 오로지 RUG가 제공하는 공연자
료에 따라 공연되도록 하고, RUG의 서면 동의 없이는 대본이나 음악
에 대한 개조를 명시적으로 금지하고 있다.

2) 여기에 뮤지컬은 1회 공연으로 끝나는 것이 아니라 동일한 대본, 음
악, 안무, 의상 등을 이용하여 계속적으로 공연되는 서비스업의 일종
이라는 특징을 감안하여 보면, 이 사건 표지는 국내외에서 RUG의 뮤
지컬 캣츠 공연을 통해 오랫동안 사용됨으로써, 거래자나 일반 수요
자들에게 RUG가 저작권을 가진 뮤지컬의 제목으로서 RUG의 관리·
감독하에 행하여지는 뮤지컬 공연임을 표시하는 서비스표로서 기능
한다고 할 것이다.

3) 따라서 이 사건 표지는 자타상품(서비스업)의 식별기능이나 출처표
시기능을 갖추고 있으므로, 부정경쟁방지법 제2조 제1호 가목이 규정
하는 '타인의 상품임을 표시한 표지'에 해당한다(위에서 인정한 판단
근거에 의하면 나목의 영업표지로서 인정하는 취지로 보임에도 가목
의 상품표지에 해당한다고 기재한 것은 해당 판결의 착오로 보인다).

(2) 이 사건 표지가 주지성을 취득하였는지의 여부

1) 뮤지컬 캣츠는 브로드웨이의 4대 뮤지컬 중의 하나로서 1981년 영국
런던에서 초연된 후 미국 뉴욕 브로드웨이의 전용캣츠극장에서 20여
년간 장기공연이 이루어졌고, 런던 웨스트엔드의 전용캣츠극장에서
는 2002.5.11.까지 9,000회가 공연된 사실, 국내에서는 원고가 2003년
RUG로부터 뮤지컬 캣츠에 관한 공연권을 부여받아 2003.1.29. 초연
된 이후, 서울 외에도 부산, 광주, 대전, 대구 등 10여개의 지방 순회공
연이 이루어졌고, 약 5년에 걸쳐 766회의 공연이 행해지는 동안 유료
관객 849,859명이 관람한 사실, 뮤지컬 캣츠는 원고의 제작·기획으
로 RUG의 공연팀이 아닌 국내 유명 가수와 배우들로 이루어진 출연
진에 의한 한국어 공연이 이루어지기도 한 사실, 원고는 2008.9. 뮤지

컬 캣츠 한국어 공연과 관련, 주식회사 문화방송으로부터 8억원의 제
작비를 투자받으면서 그중 2억원은 주식회사 문화방송의 텔레비전
광고 100회로 대체하기로 하였고, 그 밖에도 주식회사 문화방송은 주
최사로서 자막 처리(스크롤 집행) 및 프로그램 노출 등을 통하여 뮤지
컬 캣츠에 관한 홍보활동을 한 사실을 인정할 수 있다.

2) 위 인정사실에 뮤지컬 공연은 영화나 텔레비전 프로그램과 비교할
때 관람가격이 상대적으로 고가이고, 이를 관람할 일반적 가능성이
있는 거래자 또는 수요자층이 넓지는 않다는 점을 함께 고려하여 보
면, 뮤지컬 캣츠의 제목인 이 사건 표지는 뮤지컬 산업종사자 또는 뮤
지컬을 관람하는 수요자들에게 널리 알려진 것으로 주지성을 획득하
였다고 할 것이다.

(3) 이 사건 표지와 '어린이 캣츠' 표지가 유사한지의 여부

　'어린이 캣츠' 표지는 이 사건 표지인 '캣츠' 표지의 앞부분에 '어린이'가
추가되어 있는데, 위 '어린이'라는 단어는 RUG의 뮤지컬 제목인 '캣츠'
표지를 토대로 하여 그 내용 및 관람대상을 한정짓는 수식어로 사용된
것으로, '어린이 캣츠' 표지 중 인상적인 부분은 '캣츠'라 할 것이어서 이
는 '캣츠' 표지와 동일하고, 이 사건 표지와 '어린이 캣츠' 표지는 그 외
관, 호칭, 관념이 유사하므로, 위 양 표지는 전체적으로 서로 유사하다
고 할 것이다.

(4) 피고의 '어린이 캣츠' 표지 사용으로 인하여 서비스업 출처의 혼동을 일
으키게 할 가능성이 있는지의 여부

1) 이 사건 표지의 주지성과 이 사건 표지와 '어린이 캣츠' 표지의 유사
성은 앞서 본 바와 같고, 피고는 이 사건 표지와 마찬가지로 '어린이
캣츠' 표지를 뮤지컬의 제목으로 사용하고 있어 그 뮤지컬을 관람하
는 고객층의 중복 등으로 경업 · 경합관계가 있을 수 있다.

2) 피고 스스로 '전설적인 뮤지컬 캣츠를 어린이 눈높이에 맞추어 재구
성한 뮤지컬', '세계적인 거장 앤드류 로이드 웨버와 캐메론 메킨토시
의 뮤지컬 캣츠가 어린이를 위한 뮤지컬로 새롭게 구성됩니다',
'2003~2010 누적관객 80만 돌파!! 서울 예술의 전당 전회 매진 행진!!!
관객과 함께 한 오리지널 명품뮤지컬 어린이 캣츠'라는 내용의 광고
문구를 사용한 것은 뮤지컬 캣츠의 주지 · 저명성에 편승하려는 의도
였다고 볼 수밖에 없다.

3) 결국 수요자들로서는 '어린이 캣츠' 표지를 제목으로 하는 피고의 뮤
지컬이 이 사건 표지를 제목으로 하는 RUG의 뮤지컬 캣츠와 동일 또
는 유사한 공연이거나 피고의 뮤지컬이 적법한 라이선스를 받은 것

대해 항소를 하였는데, 원심[175])에서는 1심 판결을 취소하여 항소인용(청구기각) 판결[176])을 내렸으며, 원고가 이에 대해 상고하여 대법

또는 양자 간에 어떠한 관계가 존재하는 것으로 오인·혼동하거나 그와 같이 오인·혼동할 우려가 있다고 할 것이다.

(5) 소결론

따라서 피고가 상품표지로서 주지성을 획득한 이 사건 표지와 유사하고 혼동가능성이 있는 '어린이 캣츠' 표지를 사용하는 것은 부정경쟁방지법 제2조 제1호 가목의 부정경쟁행위에 해당한다(☞ 위에서 살펴본 바와 같이, 나목의 영업주체 혼동행위로 인정하는 취지로 보임에도 가목의 상품주체 혼동행위에 해당한다고 판시한 것은 해당 판결의 착오로 보인다).

2. 금지 등 청구에 관한 판단

(1) 부정경쟁방지법 제2조 제1호 가목 및 나목 소정의 부정경쟁행위로 인하여 자신의 영업상의 이익이 침해되거나 침해될 우려가 있어 같은 법 제4조 제1항에 의하여 그 행위의 금지 또는 예방을 청구할 수 있는 자에는 그러한 표지의 소유자뿐만 아니라 그 사용권자 등 그 표지의 사용에 관하여 고유하고 정당한 이익을 가지고 있는 자도 포함된다(대법원 1997.2.5.자 96마364 결정 등 참조).

(2) 원고는 이 사건 표지의 국내 독점적 사용권자로서 그 표지의 사용에 관하여 고유하고 정당한 이익을 가지고 있으므로, 부정경쟁방지법 제4조에 의하여 피고의 부정경쟁행위에 대한 금지 또는 예방을 청구할 수 있다.

(3) 따라서 피고는 원고가 청구하는 바에 따라 '캣츠' 등이 포함된 뮤지컬 제목 사용 금지 및 기 사용된 관련 물품의 폐기 의무가 있다.

175) 서울고등법원 2012.1.11.선고 2011나37973 판결.

176) 원심 판결의 요지를 정리하면 이하와 같다(이 사건 표지의 영업표지성을 부정하여 청구기각 - 원고 敗)

아래 사정을 종합하여, 이 사건 표지는 원고를 그 출처로 하는 뮤지컬 캣츠라는 공연상품 또는 그 공연업에 관한 식별표지로서 기능하였다기보다는 뮤지컬 캣츠에 등장하는 캐릭터를 그 제명으로 사용한 것에 불과하다고 보았다.

* 이 사건 표지가 뮤지컬 캣츠의 주요 캐릭터의 직접적인 표현인 점

* 원작과 그 내용이 대동소이한 한국어로 된 뮤지컬 캣츠는 원고가 RUG와 라이선스계약을 체결하기 수년 전부터 제3자에 의하여 국내에서 제작·공연된 점

* 원고가 2003년부터 2008년까지는 영어로 된 뮤지컬 캣츠의 내한공연을

원에서 판단한 것이 바로 대상판결에서의 이 사건이다.

2. 대상판결(대법원 2012다13507 판결)의 판시 내용

뮤지컬은 각본·악곡·가사·안무·무대미술 등이 결합되어 음악과 춤이 극의 구성·전개에 긴밀하게 짜 맞추어진 연극저작물의 일종으로서, 그 제목은 특별한 사정이 없는 한 해당 뮤지컬의 창작물로서의 명칭 또는 내용을 함축적으로 나타내는 것에 그치고 그 자체가 바로 상품이나 영업의 출처를 표시하는 기능을 가진다고 보기는 어렵다(대법원 2007.1.25.선고 2005다67223 판결 등 참조).

그러나 뮤지컬은 그 제작·공연 등의 영업에 이용되는 저작물이므로, 동일한 제목으로 동일한 각본·악곡·가사·안무·무대미술 등이 이용된 뮤지컬 공연이 회를 거듭하여 계속적으로 이루어지거나 동일한 제목이 이용된 후속 시리즈 뮤지컬이 제작·공연된 경우에는, 그 공연 기간과 횟수, 관람객의 규모, 광고·홍보의 정도 등 구체적·개별적 사정에 비추어 뮤지컬의 제목이 거래자 또는 수요자에게 해당 뮤지컬의 공연이 갖는 차별적 특징을 표상함으로써 구체적으로 누구인지는 알 수 없다고 하더라도 특정인의 뮤지컬 제작·공연 등의 영업임을 연상시킬 정도로 현저하게 개별화되기에 이르렀다고 보인다면, 그 뮤지컬의 제목은 단순히 창작물의 내용을 표시하는 명칭에 머무르지 않고 부정경쟁방지법 제2조 제1호 나

주선 또는 공동기획하였을 뿐, 한국어로 된 뮤지컬 캣츠는 2008년경부터 제작·공연한 반면, 피고는 2003년경부터 한국어로 된 '어린이 뮤지컬 캣츠' 등을 제작·공연하여 온 점

＊ 원고는 뮤지컬 캣츠 외에 다른 제명의 많은 뮤지컬을 제작·공연하고 있는 반면, 이 사건 표지를 사용한 시리즈물을 제작·공연한 바가 없는 점

➡ 따라서 이 사건 표지가 상품이나 영업의 출처표시나 식별표지 기능을 하고 있다는 점을 전제로 한 원고의 이 사건 청구는 더 나아가 살필 필요 없이 이유 없다.

목에서 정하는 '타인의 영업임을 표시한 표지'에 해당한다고 할 것이다.

원심판결 이유와 원심이 적법하게 채택한 증거에 의하면 다음과 같은 사정을 알 수 있다.

① 「뮤지컬 CATS」는 적어도 2003년부터는 그 저작권자 및 그로부터 정당하게 공연 허락을 받은 원고에 의해서만 국내에서 영어 또는 국어로 제작·공연되어 왔고, 또 그 각본·악곡·가사·안무·무대미술 등에 대한 저작권자의 엄격한 통제 아래 일정한 내용과 수준으로 회를 거듭하여 계속적으로 공연이 이루어졌다.

② 영어로 된 「뮤지컬 CATS」의 내한공연이 2003년부터 2008년까지 서울, 수원, 대구, 부산, 대전, 광주 등에서 이루어졌는데, 그 횟수가 2003년 191회, 2004년 58회, 2007년 140회, 2008년 172회 등이고, 한국어로 된 「뮤지컬 CATS」의 공연도 전국에서 이루어졌는데 그 횟수가 2008년 146회, 2009년 59회, 2011년 수십 회 등으로, 그 공연 기간과 횟수가 상당하다.

③ 2003년부터 약 5년간 위 공연을 관람한 유료관람객 수가 849,859명에 이르고, 위 공연과 관련하여 주식회사 문화방송의 텔레비전 광고 등 언론을 통한 광고·홍보도 상당한 정도로 이루어졌다.

이러한 사정을 앞서 본 법리에 비추어 살펴보면, 「CATS」의 영문 또는 그 한글 음역으로 된 원심 판시 이 사건 표지는 적어도 이 사건 원심 변론종결일 무렵에는 단순히 그 뮤지컬의 내용을 표시하는 명칭에 머무르지 않고, 거래자 또는 수요자에게 「뮤지컬 CATS」의 공연이 갖는 차별적 특징을 표상함으로써 특정인의 뮤지컬 제작·공연임을 연상시킬 정도로 현저하게 개별화되기에 이르렀다고 할 것이므로, 부정경쟁방지법 제2조 제1호 나목에서 정한 '타인의 영업임을 표시한 표지'에 해당한다고 봄이 타당하다.

그런데도 원심은 이 사건 표지가 영업의 식별표지 기능을 하고

있지 못하다고 판단하였으니, 이러한 원심의 판단에는 부정경쟁방
지법 제2조 제1호 나목에 관한 법리를 오해하여 필요한 심리를 다
하지 아니함으로써 판결에 영향을 미친 위법이 있다(파기환송).

3. 대상판결에 대한 검토

(1) '타인의 영업임을 표시한 표지'의 의미

영업표지란 영업활동을 표시함과 아울러 영업활동을 위한 인
적 · 물적 설비를 표시하는 기능을 가진 것으로서 자신의 영업과 타
인의 영업을 구별시키고 자신의 동일성을 식별시키기 위해 사용하
는 표지를 의미한다.[177]

부정경쟁방지법에서는 영업표지로서 성명 · 상호 · 표장(標章)을
규정하고 있으나 이는 예시에 불과하고, 기호 · 도형 · 서비스표 ·
영업표장 등 그것이 영업의 표지인 이상 모두 이에 포함되며, 표
장 · 상호 등과 같은 영업표지는 상표법이나 상법에 의하여 등록되
거나 등기될 필요는 없다. 다만, 이 법의 취지가 널리 알려진 타인의
신용에 무임승차하는 것을 방지하는 것이기 때문에 영업표지가 본
규정의 보호를 받기 위해서는 자타 영업을 구분하는 '식별력'이 있
어야 한다.[178]

여기서 영업은 상업 이외의 공업, 광업, 임업, 수산업 등 전통적으
로 고유한 의미의 영리사업에 한정할 것은 아니고, 병원, 법률사무
소, 회계사무소 등 독자적인 경제활동을 영위하는 것이라면 폭넓게
해당된다고 함이 부정경쟁방지법의 취지에 부합하는 것이다.[179]

즉, 영업표지는 특정의 영업을 표창하기 위해 감각적으로 파악할

---

177) 윤선희 · 김지영, 앞의 책, 125면.
178) 사법연수원, 앞의 부정경쟁방지법(2010), 24면.
179) 사법연수원, 앞의 부정경쟁방지법(2010), 31면.

수 있는 수단으로서 특정 영업을 개별화하고 다른 동종 영업으로부터 구별시키는 식별력을 갖는 것을 말하고, 특정 영업이 누군가로부터 나온 것임을 알려주어 다른 출처로부터 나온 영업과 구별시키는 출처표시 기능을 갖고 있는 것을 전형적인 영업표지라고 할 수 있다.[180)

그것은 거래자 및 수요자가 영업의 출처로서의 동일성을 인식하여 어떤 출처로부터 나온 것임을 알 수 있게 하는 것이면 족하고 경우에 따라서는 익명의 출처도 가능하므로, 그 출처의 구체적 명칭, 소재지까지 정확하게 알려져 있을 필요는 없다.[181)

결국 영업의 출처를 표시하는 개별화 기능을 갖는 것이라면 무엇이라도 '타인의 영업임을 표시한 표지(영업표지)'에 해당할 수 있다고 하겠다.

(2) 제목(제호)이 부정경쟁방지법상 상품표지나 영업표지가 될 수 있는지에 대한 검토

1) 문제의 제기

우리나라에서는 서적 등의 제목(제호)에 관하여 부정경쟁방지법에 의하여 보호된다는 견해가 통설적인 견해이지만, 제목(제호)은 무체물인 저작물의 내용을 표상하는 것으로서 상품이나 서비스의 식별표지와는 그 성질을 달리하므로, 실제 사건에서 어떠한 경우에 부정경쟁방지법에서 말하는 상품표지 또는 영업표지에 해당하는지를 판단하는 것이 중요하며, 이와 관련해서는 대법원에서 다양한 판결들을 설시하고 있는바, 구체적으로 살펴보면 이하와 같다.

---

180) 사법연수원, 앞의 부정경쟁방지법(2010), 23면.
181) *Ibid*.

2) 대법원 판례의 경향

가. 부정경쟁방지법상 표지성을 인정한 사례

대법원 1979.11.30.자 79마364 결정은 '시리즈물'이 아닌(연속극이기는 하나 시리즈물은 아님) 방송극의 제목인 「혼자사는 여자」에 대해 표지성을 인정한 사례이다.

해당 결정에서는 양인자 원작의 「혼자사는 여자」라는 방송극이 1979.2.1.부터 동양라디오를 통해 방송되어 오던 중에 신청인(재항고인)이 위 방송극의 영화화권을 매수하고 그 영화화 기획이 일간지 및 주간지 등의 연예란을 통하여 보도되었다면 그 「혼자사는 여자」라는 제호는 보호되어야 한다고 전제한 후, 피신청인이 전병순 원작의 「독신녀」를 「혼자사는 여자」라는 제호를 사용하여 영화로 제작 및 상영한다면 이미 같은 제호로써 널리 국내에 알려진 위 양인자 원작을 각색한 방송극과 동일한 내용의 것으로 일반인으로 하여금 오인·혼동케 함으로써 위 방송극을 영화로 제작중인 신청인의 영업상 이익을 침해할 우려가 있다고 할 것임은 경험칙상 자명하다 할 것이라고 판단하였다. 결국 해당 결정에서는 위의 내용에 따라 피신청인이 「독신녀」를 영화화함에 있어서 「혼자사는 여자」라는 제호를 사용하는 행위는 부정경쟁방지법 제2조 제1호에 해당하는 행위라 할 것이므로, 신청인은 피신청인에게 이러한 행위를 중지할 것을 청구할 권리를 보유한다고 판단하였다.

나. 부정경쟁방지법상 표지성을 부정한 사례

우선 대법원 2004.7.9.선고 2002다56024 판결(가처분 이의 사건임)은 가처분 사건에서의 신청인이 저술한 영어학습서적의 제호인 「영어공부 절대로 하지마라!」가 널리 알려지기는 하였으나 신청인의 저술업이라는 영업의 표지로 되었다고 볼 수는 없다고 판단한 사례[182]인데, 구체적인 판시 내용은 다음과 같다.

즉, 해당 판결에서는 "먼저, 「영어공부 절대로 하지마라!」(약칭해

서 「영절하」라고도 표기)라는 제호가 원심 판시와 같은 서적의 판매
부수 및 신문, 방송의 보도 등에 의하여 신청인(해당 서적의 저자인
'정○○'임)이 창작한 저작물 또는 피신청인이 출판한 서적을 나타내
는 것으로 널리 알려지고, 그에 따라 신청인도 「영어공부 절대로 하
지마라!」라는 서적의 저자 또는 그 서적에 담긴 영어학습방법의 창
안자로 널리 알려졌다고 볼 수 있기는 하지만, 신청인의 영업인 영
어학습방법에 관한 저술업에 관하여는, 저술활동에 의하여 창작된
저작물을 수록한 서적의 겉표지 등에 저자로 표기된 명칭(실명 또는
필명이나 약칭 등을 기재하는 경우가 대부분이다.)이 일반적으로 그 저
술업의 활동주체를 나타내는 것이고, '제호'는 원래 서적에 담긴 저
작물의 창작물로서의 명칭 내지 그 내용을 직접 또는 함축적으로
나타내는 것인 점에 비추어 볼 때, 신청인이 「영어공부 절대로 하지
마라!」의 저자 정○○으로 널리 인식되었다고 하더라도 「영어공부
절대로 하지마라!」는 여전히 신청인이 창작한 저작물 또는 그 저작
물을 담고 있는 서적이라는 상품 그 자체를 가리키는 것일 뿐, 신청

---

182) 해당 판결은 대법원 2006.11.23.선고 2006다29983 판결 사안에 대한 1차
상고심 판결(파기환송)인데, 저자의 영업표지로 볼 수 없다는 취지만 있을
뿐 출판사의 영업표지도 될 수 없다는 취지는 아니다. 즉, 해당 판결이 내
려진 이후에 선고된 대법원 2006다29983 판결은 "표장을 '영어공부 절대로
하지 마라!'로 하고 그 지정상품을 '정기간행물, 학습지, 서적, 연감' 등으로
하는 이 사건 등록상표(등록번호 제564818호)는, 이 사건 등록상표의 출원
일 이전에 피신청인이 시리즈물로 출판한 '서적'에 사용되어 일반 수요자
에게 널리 알려짐으로써 그 상표성과 주지성이 인정되는 선사용상표와 그
표장이 같고, '서적'이라는 상품에 사용된 상표가 가지는 출처표시기능은
저자가 아니라 출판업자를 위한 것이라고 보아야 한다"라고 판시하여 출판
사인 피신청인이 같은 제목을 시리즈물에 계속 사용함으로써 위 제목이 출
판사인 피신청인의 주지된 영업표지로 되었음을 인정하고 있다. 결국 해당
판결과 관련된 일련의 사건(대법원에서 2번이나 파기환송이 반복됨)에서
'영어공부 절대로 하지 마라!'라는 제호가 신청인인 저자의 영업표지로 인
정될 수 없을 뿐이고, 피신청인인 출판사의 영업표지로는 될 수 있음을 보
여주고 있다.

인의 저술업이라는 영업의 표지로 되었다고 볼 수는 없고 달리 신
청인이 「영어공부 절대로 하지마라!」를 저술업이라는 영업의 표지
로 독립하여 사용하여 왔음을 인정할 만한 증거도 없다."라고 판시
한 후, "또한, 원심 판시와 같이 「영어공부 절대로 하지마라!」라는
제호에 어느 정도 독창성이 있으며, 그 제호를 사용한 서적이 많이
판매되고, 신청인이 강연회나 방송에 출연하는 등으로 신청인이 위
서적에 수록된 저작물의 창작자로 널리 알려지게 된 결과, 피신청
인(해당 서적의 출판사임)이 「영어공부 절대로 하지마라!」라는 제호
를 「영어공부 절대로 하지마라! 듣기와 받아쓰기 교재」, 「영어공부
절대로 하지마라! 주니어용 듣기와 받아쓰기 교재」, 「영어공부 절
대로 하지마라! 비기너용 듣기와 받아쓰기 교재」, 「영어공부 절대
로 하지마라! 중학입문」, 「영어공부 절대로 하지마라! 중학입문
Listening Script & Test Answers」, 「영어공부 절대로 하지마라! 중
학실력」, 「영어공부 절대로 하지마라! 중학실력 Listening Script &
Test Answers」, 「영어공부 절대로 하지마라! 중학기본」, 「영어공부
절대로 하지마라! 중학기본 Listening Script & Test Answers」, 「영
어공부 절대로 하지마라! 중학종합」, 「영어공부 절대로 하지마라!
중학종합 Listening Script & Test Answers」와 같이[183] 서적의 제호
중 일부에 사용함으로 인하여 일반인들의 오인·혼동이 일어날 수
있기는 하지만, 앞서 본 제호의 본질적인 기능 및 「영어공부 절대로
하지마라!」라는 제호가 신청인의 영업표지로 되기 어려운 점에 비
추어 볼 때 일반인들의 오인·혼동은 피신청인이 출판한 서적 또는
그에 담긴 저작물과 위 「영어공부 절대로 하지마라!」라는 제호로
발간된 서적 또는 위 제호로 특정되는 저작물 그 자체에 관한 것이

---

183) 대상판결에서는 단순히 "목록 제5 내지 12 서적의 제호"라고 표기하고 있
　　을 뿐이지만, 여기서는 해당 제호들에 대한 구체적인 이해의 도모를 위해
　　서 해당 제호들을 모두 구체적으로 기재하고 있다.

고, 피신청인이 위 서적들의 제호 중 일부에 「영어공부 절대로 하지 마라!」를 표기한 것은 별개의 영업표지로서의 사용이 아니라 영어 학습서의 시리즈 상표로서의 사용으로 봄이 상당하므로, 피신청인 의 위와 같은 행위로 인하여 신청인의 저술업과 어떤 오인·혼동이 일어날 염려가 있다고 할 수 없다. 따라서 피신청인이 서적에 「영어 공부 절대로 하지마라!」를 사용한 것은 부정경쟁방지법 제2조 제1 호 나목 소정의 부정경쟁행위에 해당한다고 할 수 없다."고 판시하 였다.

다음으로 대법원 2013.4.25. 선고 2012다41410 판결에서는 첫 번 째로 영업주체 혼동행위의 여부에 대하여 "제호는 원래 서적에 담 긴 저작물의 창작물로서의 명칭이나 그 내용을 직접 또는 함축적으 로 나타내는 것이고, 제호·표지 디자인도 저작물의 내용을 효과적 으로 전달하기 위한 것으로서 당해 창작물과 분리되기 어려우므로, 제호 또는 제호·표지 디자인을 영업표지라고 볼 수 있으려면 이를 영업을 표시하는 표지로 독립하여 사용해 왔다는 사실이 인정되어 야 한다. 원심은, 원고들의 다음과 같은 주장, 즉, 「○○○원으로 ○○○하기」라는 시리즈 이름과 위 시리즈물에 반복되는 제호·표지 디자인 등은 국내에 널리 알려져 주지성을 갖는 원고들의 영업표지 이므로 이와 같은 시리즈 이름을 사용하는 피고들의 출판행위는 영 업주체의 혼동을 일으키는 행위라는 주장에 대하여, 원고들이 '그리 고책'이라는 상호 대신 「○○○원으로 ○○○하기」라는 제호 또는 제 호·표지 디자인을 원고들의 영업을 표시하는 표지로 독립하여 이 용한 적이 없는 점 등을 근거로 위 「○○○원으로 ○○○하기」라는 시 리즈 이름과 위 시리즈물에 반복되는 제호·표지 디자인이 원고들 의 영업표지라고 할 수 없다고 판단하였는바, 위 법리와 기록에 비 추어 살펴보면 원심의 위와 같은 판단은 정당하다."고 판시한 후, 두 번째로, 상품주체 혼동행위의 여부에 대해서는 "일반적으로 상 품의 형태나 모양은 상품의 출처를 표시하는 기능을 가진 것은 아니고, 다만 어떤 상품의 형태와 모양 또는 문양과 색상 등이 상품에 독특한 개성을 부여하는 수단으로 사용되고, 그것이 장기간 계속적 · 독점적 · 배타적으로 사용되거나 지속적인 선전광고 등에 의하여 그것이 갖는 차별적 특징이 거래자 또는 수요자에게 특정한 출처의 상품임을 연상시킬 정도로 현저하게 개별화되기에 이른 경우에 비로소 부정경쟁방지법 제2조 제1항 가목에서 정하는 '타인의 상품임을 표시한 표지'에 해당한다. 그리고 서적류의 제호가 서적의 출처를 표시하는 식별표지라고 하려면 정기간행물이나 시리즈물의 제호로 사용하는 등의 특별한 경우에 그 사용 태양, 사용자의 의도, 사용 경위 등에 비추어 실제 거래계에서 제호의 사용이 서적의 출처를 표시하는 식별표지로 인식되었다고 볼 수 있는 구체적 사정이 인정되어야 한다. 원심은, 원고들의 다음과 같은 주장, 즉, 「OOO원으로 OOO하기」라는 제호와 표지 · 제호 디자인을 갖춘 시리즈물은 원고들이 기획 · 편집한 요리책이라는 상품 또는 영업의 표지로서 기능하고 있고 위 서적들은 국내 대부분 서점에 배포되어 베스트셀러가 됨으로써 국내에 널리 인식되었다는 주장에 대하여, 그 판시와 같은 이유로,[184] 「OOO원으로 OOO하기」라는 형태의 제호가 원

---

[184] 원심은 1심 판결 이유를 인용하여 "① 「OOO원으로 OOO하기」라는 형태의 제호는 일정 액수의 금전을 이용한 행위를 나타내는 것으로서 반드시 원고들이나 피고들이 아니라도 사용할 수 있고, 금전의 액수와 행위 부분의 표현에 따라 다른 독창적인 내용의 제호로 변화될 수도 있는 것이어서, 원고들이 유사한 단어 결합 방법에 따른 「OOO원으로 OOO하기」라는 제호를 반복하여 사용하였다는 것만으로는 그것이 정기간행물이나 과목별 참고서, 나라별 여행서적 수준의 시리즈물의 제호로서 서적의 출처를 표시하는 식별표지로 인식된다고 하기에 부족하다. ② 피고 1이 출판한 초판 4종 서적의 전체 판매 부수는 총 1,316,748권(그중에서도 가장 많이 팔린 '2,000원으로 밥상 차리기'의 판매 부수는 672,074권임)인 반면, 원고들이 직접 출판한 서적 17종의 전체 판매 부수는 총 1,114,607권에 불과한데, 그렇다면 위 「OOO원으로 OOO하기」라는 형태의 시리즈물 제호가 서적의 출처를 표시하는 식별표지로서 주지성을 획득하였다고 하더라도, 그와 같

고들에 의하여 장기간 계속적·독점적·배타적으로 사용되었거나,
위 표지·제호 디자인의 차별적 특징이 거래자 또는 수요자에게 특
정한 출처의 상품임을 연상시킬 정도로 현저하게 개별화되어 그것
들이 주지성을 갖는 원고들의 상품표지에 이르렀다거나, 원고들의
상품표지로서의 주지성을 갖게 되었다고 인정하기 부족하다고 판
단하였는바, 위 법리와 기록에 비추어 살펴보면 원심의 위와 같은
판단은 정당하다.”고 판시하고 있다.

즉, 해당 사건은 출판기획사인 원고들이 피고 중 1인과 출판권 설
정계약을 체결하여 ‘2,000원으로 밥상 차리기’라는 서적을 출판한
후 큰 인기를 얻자 계속하여 ‘5,000원으로 손님상 차리기’, ‘1,000원
으로 국, 찌개 만들기’, ‘500원으로 밑반찬 만들기’라는 서적을 출판
하였으나, 그 사용형태와 기간, 판매실적 등에 비추어 볼 때 「OOO
원으로 OOO하기」라는 형태의 제목이 원고들의 영업표지나 상품표
지로 되기에 이르지는 못하였다고 판단한 사례이다.

다. 제목(제호)과 영업표지에 관한 판단법리의 정리

앞서 살펴본 대법원 판례에서도 설시되고 있는 바와 같이, 제목
(제호)은 저작물의 내용을 표상하는 것으로서 상품 또는 영업과 관

은 주지성은 피고 1의 비용과 노력에 의하여 획득된 부분도 상당하다고 볼
수 있다. ③ 원고들이 증거로 제출하고 있는 신문기사에서도 초판 4종 서
적을 ‘원 시리즈’라고 지칭하며 이를 피고 1의 요리책 시리즈라고 소개하고
있을 뿐 기획을 담당한 ‘그리고책’의 요리책 시리즈라고 소개하고 있지는
아니하며, 다른 기사에서도 초판 4종 서적을 소개하면서 피고 1을 언급할
뿐 ‘그리고책’에 관하여는 대부분 언급하고 있지 않은 점에 비추어 보면,
「OOO원으로 OOO하기」라는 형태의 시리즈물 제호가 서적의 출처를 표
시하는 식별표지로서 주지성을 획득하였다고 한다면, 그것은 원고들의 시
리즈물 식별표지로서의 주지성이 아니라, 오히려 피고 1의 시리즈물 식별
표지로서의 주지성이라고 볼 여지가 많다.”고 판시하고 있다(서울고등법
원 2012. 4. 18. 선고 2011나45837 판결).

런하여 사용되는 경우에도 원칙적으로 상품주체 또는 영업주체의 식별표지로서의 기능을 하지 않으므로, 제목(제호)이 상품에 표시되거나 또는 특정인의 영업활동과 관련하여 사용된다고 하더라도 이를 곧바로 상품표지 또는 영업표지라고 볼 수 없음이 원칙이다.

그러나 서적 등의 상품, 연극 공연 등의 영업에 사용된 제목(제호)이 보호가치가 있을 정도의 주지성이 있거나, 단순한 저작물의 명칭·표시와는 독립된 상품 또는 서비스(영업)의 출처표시 내지 식별표지로서 기능을 하는 경우, 또는 장기간 계속적·독점적으로 사용하여 그 상품 또는 서비스(영업) 등의 속성이 갖는 차별적인 특징이 고객흡인력 때문에 일반인들에게 해당 상품주체 또는 영업주체나 그 영업활동 등을 인식시킬 정도로 현저하게 개별화되고 우월적 지위를 취득한 경우에는 상품표지 또는 영업표지에 해당한다고 보아야 할 것이다.[185]

앞서 살펴본 바와 같이, 서적 등 저작물의 제목(제호)은 그 저작물의 내용을 표시하는 것일 뿐이고 출판사 등 그 출처를 표시하는 것은 아니므로 원칙적으로 그 상품 또는 영업을 다른 사람의 상품 또는 영업과 식별되도록 하기 위하여 상품 또는 영업의 출처표시로서 사용되었다고 보지 아니한다. 따라서 주지표지와 동일 또는 유사한 표장이 서적 등 저작물의 제목(제호)으로 사용되더라도 이는 원칙적으로 상품주체 또는 영업주체의 혼동행위에 해당하지 않을 수 있다.

그러나 타인의 주지표지를 정기간행물이나 시리즈물의 제목(제호)으로 사용하는 등 특별한 경우에는 사용 태양, 사용자의 의도, 사용 경위 등 구체적인 사정에 따라 실제 거래게에서 제목(제호)의 사

---

185) 장정애, "드라마 제호의 부정경쟁방지법상 보호에 관한 소고," 비교사법 (제16권 제1호), 한국비교사법학회, 2009. 3, 505-506면; 한규현, "서적 제호의 지적재산권법에 의한 보호가능성," 지식사회와 기업법(횡천 이기수 교수 화갑기념논문집), 박영사, 2005, 428-429면.

용이 서적 등 상품 또는 영업의 출처를 표시하는 식별표지로서 인식될 수도 있으므로, 그러한 경우까지 상품주체 또는 영업주체 혼동행위가 되지 않는 것으로 볼 수는 없다.

(3) 대상판결의 이 사건과 유사 사례에 대한 검토

대상판결의 이 사건과 유사한 사건으로서 역시 무언극의 제목(제호)에 관하여 영업주체 혼동행위 여부를 다룬 사건이 있었는데, 해당 사건은 시리즈물이 아닌 무언극의 제목 '비보이를 사랑한 발레리나'를 그 제작사 내지 공연주체의 주지된 영업표지라고 인정한 사례이다.

우선 해당 사건의 1차 상고심 판결(파기환송)인 대법원 2011.5. 13.선고 2010도7234 판결에서는 "이 사건 무언극은 「비보이를 사랑한 발레리나」라는 제목으로 2005.12.9.경 초연된 이래 계속적인 언론보도와 각종 매체의 광고 등으로 인하여 관객 및 국내외 언론으로부터 그 작품성과 흥행성을 널리 인정받게 되었고, 그 과정에서 공소외 2 주식회사 또한 「비보이를 사랑한 발레리나」의 제작사 내지 공연주체로서 함께 알려지게 되었음을 알 수 있다. 그러나 공연은 상품의 생산 또는 판매 등과 관련이 없을 뿐만 아니라, 달리 공소외 2 주식회사가 상품의 생산 또는 판매업 등을 영위해 왔다고 볼 자료도 없으므로, 이 사건 무언극의 제목이 피고인이 공연을 진행하기 시작한 2007.2.2.경 이미 창작물인 이 사건 무언극의 내용을 표시하는 명칭에 머무르지 않고 거래자 또는 수요자에게 공소외 2 주식회사의 무언극 제작·공연업을 연상시킬 정도로 현저하게 개별화된 정도에 이르러 공소외 2 주식회사의 무언극 제작·공연업이라는 영업의 표지로 되었다고 볼 수 있는지 여부는 별론으로 하고, 이를 공소외 2 주식회사가 취급하는 상품의 표지에 해당한다고 할 수는 없다.[186] 그럼에도 불구하고 이 사건 무언극의 제목이 공소외 2

주식회사의 상품표지에 해당함을 전제로 피고인의 행위가 부정경쟁방지법 제2조 제1호 가목의 부정경쟁행위에 해당한다고 판단한 원심[187]에는 위 법조항에 관한 법리를 오해한 위법이 있다."고 판시하여, 해당 사건에서 무언극의 제목인 「비보이를 사랑한 발레리나」에 대하여 '상품'표지로 인정한 원심을 파기한 것으로서 한편으로 해당 제목을 '영업'표지로 인정하는 취지를 담고 있다.

　이러한 상기와 같은 1차 상고심 판결의 취지를 고려하여 파기환

---

186) 이 사건에서 공연은 상품의 생산 또는 판매 등과 관련이 없을 뿐만 아니라, 「비보이를 사랑한 발레리나」라는 표지의 주체인 에스제이비보이즈가 달리 상품의 생산 또는 판매업 등을 영위해 왔다고 볼 자료도 없으므로, 이 사건 무언극의 제목이 피고인이 공연을 진행하기 시작한 2007.2.2.경 이미 창작물인 이 사건 무언극의 내용을 표시하는 명칭에 머무르지 않고 거래자 또는 수요자에게 에스제이비보이즈의 무언극 제작·공연업을 연상시킬 정도로 현저하게 개별화된 정도에 이르러 에스제이비보이즈의 무언극 제작·공연업이라는 영업의 표지로 되었다고 볼 수 있는지의 여부는 별론으로 하고, 이를 에스제이비보이즈가 취급하는 상품의 표지에 해당한다고 볼 수 없다는 것이다.

187) 원심에서는 이 사건 무언극의 제목인 「비보이를 사랑한 발레리나」는 단순히 창작물의 내용을 표시하는 명칭에 머무르지 않고 해당 제목의 표지로서의 주체인 에스제이비보이즈의 상품표지로서 기능한다고 보이고, 위 명칭이 사용된 공연 기간, 에스제이비보이즈의 홍보 및 광고내용, 그로 인한 관객의 증가, 국내외 언론의 반응 및 노출 빈도 등의 제반 사정을 종합하면, 피고인이 공연을 진행하기 시작한 2007.2.2.경 「비보이를 사랑한 발레리나」는 에스제이비보이즈의 상품표지로 국내에 널리 인식되었다고 봄이 상당하다 할 것이므로, 피고인이 이 사건 무언극의 시놉시스 등에 관한 저작권을 주장하면서 주도적으로 주식회사 스카이워크, 주식회사 고릴라크루와 순차적으로 공연 제작 계약을 체결한 후 「비보이를 사랑한 발레리나」, 「비보이를 사랑한 발레리나S」, 「비보이를 사랑한 발레리나 시즌1」과 같은 명칭을 사용한 공연을 진행한 행위는 국내에 널리 인식된 에스제이비보이즈의 상품표지와 동일하거나 유사한 것을 사용하여 에스제이비보이즈의 상품과 혼동을 일으키게 하는 행위로서 부정경쟁방지법 제2조 제1호 가목에서 정하는 상품주체의 혼동행위에 해당한다는 취지로 판시하였다(서울고등법원 2010.5.27.선고 2009노2514 판결).

송 후 서울고등법원 2011.6.29.선고 2011노1277 판결은 "① 공소외 2 주식회사는 「비보이를 사랑한 발레리나」를 공연할 목적으로 설립된 법인인 점, ② 「비보이를 사랑한 발레리나」는 2005.12.9.경 초연된 이래 계속적인 언론보도와 각종 매체의 광고 등으로 인하여 관객 및 국내외 언론으로부터 그 작품성과 흥행성을 널리 인정받게 된 점, ③ 그 과정에서 공소외 2 주식회사 또한 「비보이를 사랑한 발레리나」의 제작사 내지 공연주체로서 함께 알려진 점 등이 인정되는 바, 위와 같이 「비보이를 사랑한 발레리나」라는 명칭이 사용된 공연 기간, 공소외 2 주식회사의 홍보 및 광고내용, 그로 인한 관객의 증가, 국내외 언론의 반응 및 노출 빈도 등 제반 사정을 종합하면, 피고인이 공연을 진행하기 시작한 2007.2.2.경 「비보이를 사랑한 발레리나」는 단순히 창작물의 내용을 표시하는 명칭에 머무르지 않고 일반 수요자들에게 공소외 2 주식회사의 이 사건 무언극 제작 및 공연업이라는 '영업'표지로서 국내에 널리 인식되었다고 봄이 상당하다. 한편 피고인이 이 사건 무언극의 시놉시스 등에 관한 저작권을 주장하면서 주도적으로 주식회사 스카이워크, 주식회사 고릴라크루와 순차적으로 공연 제작 계약을 체결한 후 「비보이를 사랑한 발레리나」, 「비보이를 사랑한 발레리나S」, 「비보이를 사랑한 발레리나 시즌1」과 같은 명칭을 사용한 공연을 진행·홍보하였음이 인정되는 이상, 피고인이 국내에 널리 인식된 공소외 2 주식회사의 영업표지와 동일하거나 유사한 것을 사용하여 공소외 2 주식회사의 영업상의 시설 또는 활동과 혼동을 하게 하였다."라고 판시하였다.

그리고 이러한 판결은 확정되지 않고 상고가 되었으나 2차 상고심 판결인 대법원 2011.12.8.선고 2011도8868 판결로 상고기각되었다. 즉, 해당 사건에서는 해당 사건의 무언극의 제목이 창작물인 이 사건 무언극의 내용을 표시하는 명칭에 머무르지 않고 거래자 또는 수요자에게 특정인의 무언극 제작·공연업을 연상시킬 정도로 현저하게 개별화된 정도에 이르러 해당 특정인의 무언극 제작·공연업이라는 영업의 표지로 되었고, 아울러 그와 같은 영업표지로서 국내 수요자 또는 거래자 사이에 널리 인식되어 있다고 판단된 것이다.

결국 해당 사건은 대상판결에 앞서 선고된 유사 사례에 관한 판결로서 해당 판결에서의 판시사항이 대상판결에서의 판단 법리에 영향을 주어 대상판결의 결론까지 이어지게 되었다고 할 수 있다.

(4) 대상판결에 대한 구체적인 검토

대상판결의 쟁점은 「뮤지컬 CATS」의 제목이자 「CATS」의 영문 또는 그 한글 음역으로 된 이 사건 표지가 이 사건 변론종결일 무렵 거래자 또는 수요자에게 뮤지컬 제작 · 공연업에 관한 영업표지로서 인식된다고 인정할 수 있을 것인지의 여부에 관한 것이었다.

그런데 원심판결 이유와 원심이 인정한 사정들을 앞서 여러 가지 판결들을 통해 검토한 법리에 비추어 살펴보면, 이 사건 표지는 적어도 이 사건 변론종결일 무렵에는 거래자 또는 수요자에게 「뮤지컬 CATS」의 공연이 갖는 차별적 특징을 표상함으로써 특정인의 뮤지컬 제작 · 공연임을 연상시킬 정도로 현저하게 개별화되기에 이르러 단순히 창작물의 내용을 표시하는 명칭에 머무르지 않고 부정경쟁방지법 제2조 제1호 나목에서 정하는 '타인의 영업임을 표시한 표지'에 해당한다고 보아야 할 것이며, 이와 같이 판단한 대상판결의 결론은 타당하다고 볼 수 있다. 이것은 앞서 살펴본 유사한 선(先)사례에서 무언극 「비보이를 사랑한 발레리나」의 영업표지성을 인정한 기존의 대법원의 판단 법리에 충실히 따른 것이라고 할 수 있다.

4. 대상판결의 의의

대상판결은 기존의 대법원 판결들이 서적의 제호, 음반 제목, 상품의 형태나 모양 등에 대하여 상품표지성 내지 영업표지성 여부의 판단 시에 판시하였던 주요 판단 법리를 고려하고, 특히 유사한 선(先)사례인 무언극의 제목의 영업표지성 판단에 관한 판단 법리를 반영하여 뮤지컬의 성격에 맞게 대상판결에서의 이 사건에서 문제되는 뮤지컬 제목의 영업표지성 판단기준을 새롭게 설시한 사건으로서 그 의의가 있다고 하겠다.

즉, 단순히 그 뮤지컬의 내용을 표시하는 명칭에 머무르지 않고 거래자 또는 수요자에게 「뮤지컬 CATS」의 공연이 갖는 차별적 특징을 표상함으로써 특정인의 뮤지컬 제작·공연임을 연상시킬 정도로 현저하게 개별화되기에 이르렀을 경우에는 부정경쟁방지법 제2조 제1호 나목에서 정하는 '타인의 영업임을 표시한 표지'에 해당한다는 새로운 판단 법리를 분명하게 설시한 것으로서 그 의의가 있는 것이다.

결국 뮤지컬 제목과 영업주체 혼동행위와 관계된 사건에서의 판단 방향을 정리하여 보면, 우리 판례상 뮤지컬과 같은 저작물의 제목이 부정경쟁방지법상 표지성을 가질 수 있음은 인정되나, 다만 어떤 경우에 이를 인정할 수 있을 것인지에 관한 판단기준이 주로 문제될 수 있을 것이다.

이것을 종래 표지성이 인정된 사례들에 비추어 보면, 저작물이 화체된 유체물은 그 자체가 상품이 될 수 있고 무언극이나 뮤지컬과 같이 저작물이 공연되는 경우에는 저작물이 그 제작·공연이라는 영업에 이용되는데(특히 대상판결에서의 뮤지컬은 각본·악곡·가사·안무·무대미술 등이 결합되어 음악과 춤이 극의 구성·전개에 긴밀하게 짜 맞추어진 연극저작물의 일종이므로[188] 뮤지컬은 이를 제작·공연하는 영업에 이용되는 저작물임), 뮤지컬 등의 제목이 장기간 계속적·독점적으로 사용되어 거래자 또는 수요자에게 해당 저작물이 화체된 상품 또는 그 저작물을 이용하는 영업이 갖는 차별적 특징을 표상함으로써 특정인의 상품 또는 영업임을 연상시킬 정도로 현저하게 개별화되기에 이르렀다면, 그 제목은 단순히 창작물의 내용을 표시하는 명칭에 머무르지 않고 부정경쟁방지법 제2조 제1호 가목의 상품표지 또는 같은 호 나목의 영업표지에 해당한다고 보아야 할 것이다. 여기서 그 특정인이 누구인지까지가 명확히 알려져 있는 것을 요하지는 아니한다고 할 것임은 당연하다.[189]

그런데 한편으로 특정 제목으로 시리즈물이 제작·출시된 경우에는 이상과 같은 영업표지성 등을 인정하기가 더욱 용이할 것이나, 대상판결에서의 뮤지컬의 경우처럼 시리즈물이 아닌 뮤지컬의 제목도 상황에 따라 충분히 영업표지로서의 표지성이 인정될 수 있을 것이다.

즉, 대상판결에서의 해당 뮤지컬의 경우처럼, 동일한 각본·악곡·가사·안무·무대미술 등이 이용된 공연이 회를 거듭하여 계속적으로 이루어진 뮤지컬의 경우에는 각본·악곡·가사·안무·무대미술 등에 대하여 저작권자의 엄격한 통제 아래 일정한 내용과 수준으로 공연이 계속해서 정기적으로 이루어지는 것이 통상적이므로, 시리즈물의 경우만큼 그 제목이 강한 영업표지로서의 표지성을 가질 수 있는 것이다.

---

188) 대법원 2005.10.4.자 2004마639 결정 참조.
189) 대법원 1996.5.31.선고 96도197 판결 등 참조.

VII 판매 후 혼동과 상품주체 혼동행위
[비비안 웨스트 우드 사건]¹⁹⁰⁾

1. 사건의 정리

(1) 사실관계¹⁹¹⁾

피해자는 그가 생산·판매하는 가방이나 핸드백 등에 〈그림 1〉과 같은 표장을 사용하고 있는데, 피고인은 〈그림 2〉와 같이 그가 판매한 가방에 피해자의 등록상표들¹⁹²⁾의 구성 중 상단의 "" 도형

〈그림 1〉

190) 대법원 2012.12.13.선고 2011도6797 판결.
191) 김동규, "판매 후 혼동이 부정경쟁방지법상 상품주체혼동행위의 혼동 개념에 포함되는지 여부," 대법원판례해설(제94호), 법원도서관, 2013.6, 382-383면 참조.
192) 피해자의 등록상표들의 표장은 "Vivienne Westwood"와 같은데, 해당 등록상표들은 안경, 가죽지갑, 가죽가방, 보석액세서리, 의류 등을 지정상품으로 하고 있다.

〈그림 2〉

부분을 사용하였으며, 이러한 피고인의 상품표지는 피해자의 사용
표장과 동일하다고 할 수 있다.

(2) 피고인에 대한 공소사실

피고인은 2009.10.경부터 별도의 상호를 가지고 인터넷 쇼핑몰을
운영하고 있다. 피고인은 '공소외 1'이 디자인한 이탈리아 패션 브랜
드인 '비비안 웨스트 우드(Vivienne West Wood)'가 국내에 널리 인식
된 상표라는 사실을 알면서도 2009.10.경부터 2010.4.28.경까지 서
울 동대문 시장 도매상에서 위와 같은 상표가 부착된 가방(모조품
가방임)을 직접 판매할 목적으로 구입하여 피고인이 운영하는 인터
넷 쇼핑몰에서 불특정 다수인에게 판매하였다(즉, 피고인은 그가 운
영하는 쇼핑몰에서 국내 주지표지인 '비비안 웨스트우드'의 모조품 가방
을 판매하였음).

(3) 소송의 경과

이에 대해서 1심[193]은 피고인의 무죄로 판단하였고,[194] 검사가

---

193) 인천지방법원 2010.12.14.선고 2010고정4466 판결.
194) 검사가 제출하고 있는 증거들만으로는 위 상표가 국내에 널리 인식된 상
표라고 인정하기에 부족하다는 이유로 무죄를 선고하였다.

126

이에 대해 항소를 하였는데, 원심195)에서는 항소기각(피고인의 무죄)
으로 판단하였으며(1심과 원심의 결론이 무죄로 일치196)),197) 검사가

195) 인천지방법원 2011.5.19.선고 2010노3885 판결.
196) 결론은 동일하나, 1심은 피해자 상품표지의 주지성을 인정할 증거가 부
   족하다고 판단하였고, 원심은 피해자 상품표지가 주지성을 획득하였다고
   볼 여지는 있으나 구체적 판매실정에 비추어 구매자에게 출처의 혼동가능
   성이 없다고 판단하였다.
197) (1) 부정경쟁방지법 제2조 제1호는 '부정경쟁행위'란 다음 각목의 어느
   하나에 해당하는 행위를 말한다고 규정하면서 가목으로 '국내에서 널리 인
   식된 타인의 성명, 상호, 상표, 상품의 용기·포장, 그 밖에 타인의 상품임
   을 표시한 표지와 동일하거나 유사한 것을 사용하거나 이러한 것을 사용한
   상품을 판매·반포 또는 수입·수출하여 타인의 상품과 혼동하게 하는 행
   위'를 들고 있는바, 이는 널리 알려진 타인의 상품 표지와 비슷하거나 같은
   것을 사용하여 그 상품에 대한 일반 소비자가 그 상품이 상품 표지에 대한
   권리자나 그와 특수한 관계에 있는 사람에 의하여 그 사용상품이 생산·판
   매되는 것으로 인식하여 상품출처의 혼동을 일으키게 하는 부정경쟁행위
   를 방지하여 건전한 상거래질서를 유지하도록 하는 데 그 목적이 있는 것
   으로서, 주지성(특정인의 상품임을 표시하는 표지가 상당한 범위 내의 당
   업자 및 거래자 또는 수요자 사이에서 널리 알려져 있는 상태) 및 혼동성
   (상품 출처를 혼동하게 하는 상태)을 그 구성요건으로 한다.
(2) 먼저 '비비안 웨스트 우드' 상품표지가 국내에 널리 인식된 것인지 여부에
   관하여 본다. 살피건대, 부정경쟁방지법 제2조 제1호 가목에서 타인의 상
   품임을 표시한 표지가 국내에 널리 인식되었는지 여부는 그 사용기간, 방
   법, 태양, 사용량, 거래범위 등과 상품 거래의 실정 및 사회통념상 객관적
   으로 널리 알려졌는지의 여부가 기준이 되는바(대법원 2003.9.26.선고
   2001다76861 판결 등 참조), 원심 및 당심이 적법하게 채택하여 조사한 증
   거들에 인정되는 다음과 같은 사정들, 즉, ① 공소외 2 주식회사가 2000.
   10.경 '비비안 웨스트 우드'의 상품을 수입하여 신세계백화점에서 판매하
   기 시작하였고, 현재는 서울, 부산, 대구에 있는 유명백화점들 및 면세점에
   서 판매하고 있는 점, ② 2000.1.31.경 '비비안 웨스트 우드' 상품들 중 안경
   및 선글라스 등에 대해서는 '비비안 웨스트 우드' 상표권 등록이 된 점, ③
   2010.8.5.경 '비비안 웨스트 우드'의 가방에 대해서도 '비비안 웨스트 우드'
   상표권 등록이 된 점 등에 비추어 보면, 검사가 지적하는 바와 같이 '비비
   안 웨스트 우드' 상표는 국내에 널리 인식되어 있다고 볼 여지가 있다.
(3) 그러나, 피고인이 판매한 모조품 가방이 '비비안 웨스트 우드'의 상품과 혼

이에 대해 상고하여 대법원에서 판단한 것이 바로 대상판결에서의
이 사건이다.

2. 대상판결(대법원 2011도6797 판결)의 판시 내용

(1) 판매 후 혼동에 관한 판단 법리

부정경쟁방지법 제2조 제1호 가목 소정의 '타인의 상품과 혼동하
게 하는 행위'에는 현실적으로 상품의 출처에 관한 혼동을 초래하는
행위뿐만 아니라 혼동을 초래할 우려가 있는 행위도 포함되며, 그에
해당하는지 여부는 상품표지의 주지성과 식별력의 정도, 표지의 유
사 정도, 사용 태양, 상품의 유사 및 고객층의 중복 등으로 인한 경

동가능성이 있는지에 관하여 보건대, 원심이 적법하게 채택하여 조사한 증
거들에 의하여 인정되는 다음과 같은 사정들, 즉 ① 피고인은 2009. 10. 경
부터 자신의 인터넷 쇼핑몰인 ○○ ○○○에 싼 가격의 여러 가지 패션가방
들을 올렸는데, 그중에 이 사건 모조품 가방이 포함된 점, ② 이 사건 모조
품 가방의 앞면에 '비비안 웨스트 우드'의 상표와 같은 상표가 디자인되어
있기는 하나, '비비안 웨스트 우드' 브랜드명이 표기되어 있지는 않았으며,
가방 이미지의 상단에는 "이번에 야심차게 준비한 신상 비비안 웨스트 우
드 디자인의 숄더백이야"라고 상품 설명이 기재되어 있어, 오히려 이를 본
소비자로 하여금 위 가방이 비비안 웨스트 우드 디자인을 모방한 모조품임
을 알 수 있도록 하고 있는 점, ③ 피고인이 판매한 모조품 가방의 가격
(19,000원)은, 당심에서 검찰이 제출한 자료들에 의하여 알 수 있는 실제
비비안 웨스트 우드 상품의 가격(위 모조품 가방과 유사한 디자인의 가방
가격은 1,560,000원과 1,850,000원 상당이다)과는 그 차이가 상당하여, 소
비자로 하여금 위 가방이 비비안 웨스트 우드 디자인을 모방한 모조품임을
쉽게 짐작하게 하는 점 등에 비추어 보면, 피고인이 소비자로 하여금 피고
인이 판매하는 모조품 가방을 '비비안 웨스트 우드'의 상품이라거나 '비비
안 웨스트 우드'와 특수 관계에 있는 사람이 생산·판매하는 것으로 혼동
을 일으키게 하였다고 보기 어렵다.
(4) 그렇다면, 이 사건 공소사실에 대하여 범죄의 증명이 없다는 이유로 무죄
를 선고한 원심의 결론은 정당하다.

업·경합관계의 존부, 그리고 모방자의 악의(사용의도) 유무 등을 종합하여 판단하여야 한다(대법원 2007.4.27.선고 2006도8459 판결 등 참조).

따라서 비록 상품의 품질과 가격, 판매장소, 판매방법이나 광고 등 판매 당시의 구체적 사정 때문에 그 당시 구매자는 상품의 출처를 혼동하지 아니하였다고 하더라도, 구매자로부터 상품을 양수하거나 구매자가 지니고 있는 상품을 본 제3자가 그 상품에 부착된 상품표지 때문에 상품의 출처를 혼동할 우려가 있는 등 일반 수요자의 관점에서 상품의 출처에 관한 혼동의 우려가 있다면 그러한 상품표지를 사용하거나 그 상품표지를 사용한 상품을 판매하는 등의 행위는 부정경쟁방지법 제2조 제1호 가목 소정의 '타인의 상품과 혼동하게 하는 행위'에 해당한다.

(2) 이 사건에서 판매 후 혼동이 성립하는지 여부(=적극)

원심과 1심이 적법하게 채택하여 조사한 증거들에 의하면, 피고인이 판매한 이 사건 모조품 가방에는 피해자 라티모 에스.에이.의 상품표지 "🪐"와 거의 동일한 표장이 부착되어 있는 점, 피해자도 위와 같은 상품표지를 가방이나 핸드백 등에 사용하여 온 점, 피고인 스스로 그의 인터넷 쇼핑몰에 "이번에 야심차게 준비한 신상 비비안 웨스트 우드 디자인의 숄더백이야"라고 상품 설명을 기재하는 등 피고인도 이 사건 모조품 가방이 피해자 상품의 모조품임을 알고 있었던 점 등을 알 수 있다.

이러한 사정을 위와 같은 법리에 비추어 보면, 비록 원심판결에서 설시한 사정 때문에 피고인으로부터 이 사건 모조품 가방을 구매한 구매자들은 그 출처를 혼동할 우려가 없다고 하더라도, 구매자로부터 이 사건 모조품 가방을 양수하거나 구매자가 지니고 있는 이 사건 모조품 가방을 본 제3자가 그 출처를 혼동할 우려가 있는 등 일반 소비자의 관점에서는 그 출처를 혼동할 우려가 있으므로, 피고인이 이 사건 모조품 가방을 판매한 것은 부정경쟁방지법 제2조 제1호 가목 소정의 '타인의 상품과 혼동하게 하는 행위'에 해당한다.

그럼에도 원심이 그 판시와 같은 사정 때문에 구매자가 상품의 출처를 혼동할 우려가 없다는 이유로 피고인에게 무죄를 선고한 1심 판결을 유지한 조치에는 부정경쟁방지법 제2조 제1호 가목 소정의 '타인의 상품과 혼동하게 하는 행위'에 관한 법리를 오해하여 판결에 영향을 미친 위법이 있다. 이를 지적하는 상고이유의 주장은 이유 있다(파기환송).

3. 대상판결에 대한 검토[198]

(1) 부정경쟁방지법상 혼동의 의의

여기서의 혼동은 상품주체 간의 혼동, 즉, 상품의 출처에 관한 혼동을 의미하는 것이고, 상품 자체에 관한 혼동은 부차적인 것이라고 해석된다.[199] 부정경쟁방지법상 상품주체 혼동행위에서 정한 상품표지의 유사 여부는 동종의 상품에 사용되는 두 개의 상품표지를 외관, 호칭, 관념 등의 점에서 전체적·객관적·이격적으로 관찰하되 구체적인 거래 실정상 일반 수요자나 거래자가 상품표지에 대하여 느끼는 인식을 기준으로 그 상품의 출처에 대한 오인·혼동의 우려가 있는지를 살펴 판단하여야 한다.[200]

부정경쟁방지법상 '타인의 상품과 혼동을 하게 하는'의 의미는 상

---

198) 대상판결에서는 타인의 상품과 혼동을 일으키는지의 여부(혼동성)가 쟁점이므로 이에 대해서만 검토하기로 한다.

199) 황의창·황광연, 앞의 부정경쟁방지 및 영업비밀보호법(2009), 44면.

200) 대법원 2011. 1. 13. 선고 2008도4397 판결.

품의 출처가 동일하다고 오인하게 하는 경우뿐만 아니라 국내에 널리 인식된 타인의 상품표지와 동일 또는 유사한 표지를 사용함으로써 일반 수요자나 거래자로 하여금 '당해 상품표지의 주체와 사용자 간에 자본, 조직 등에 밀접한 관계가 있지 않을까'라고 오신하게 하는 경우도 포함하며, 타인의 상품과 혼동을 하게 하는 행위에 해당하는지의 여부는 상품표지의 주지성과 식별력의 정도, 표지의 유사 정도, 사용 태양, 상품의 유사 및 고객층의 중복 등으로 인한 경업·경합관계의 존부 그리고 모방자의 악의(사용의도) 유무 등을 종합하여 판단하여야 한다.201)

(2) 판매 후 혼동의 개념에 관한 논의의 정리

판매 후 혼동(Post-Sale Confusion, Downstream Confusion)은 비록 유사상표가 부착된 상품의 판매 당시에 구매자가 그 상품의 출처에 관하여 혼동을 하지 아니하였으나, 구매자로부터 그 상품을 양도받은 제3자나 구매자가 지니고 있는 상품을 본 제3자가 그 상품에 부착된 유사상표 때문에 상품의 출처에 관하여 혼동을 일으키는 것을 말한다.202)

이와 같은 판매 후 혼동 개념은 미국 제2연방항소법원의 Mastercrafers Clock & Radio Co. v. Vacheron & Constantin-Le Coultre Watches, Inc. 사건203)에서 처음으로 인정된 이후 대부분의 미국 법원에서 이를 인정하고 있기도 하며, 이와 같은 판매 후 혼동

---

201) 대법원 2007.4.27.선고 2006도8459 판결.

202) 김동규, 앞의 "판매 후 혼동이 부정경쟁방지법상 상품주체혼동행위의 혼동 개념에 포함되는지 여부," 391면.

203) Mastercrafers Clock & Radio Co. v. Vacheron & Constantin-Le Coultre Watches, Inc., 221 F.2d 464 (2nd Cir. 1955), *cert denied*, 350 U.S. 832 (1955).

을 규제하는 이론적 근거는 비록 판매 시 혼동이 없더라도 모조품은 일반 소비자나 진품 제조업자에게 피해를 발생시킨다는 것이다.[204]

우리나라 대법원 판례에서 '수요자'를 기준으로 혼동가능성을 판단한다는 입장에 비추어 볼 때에, "타인의 상품과 혼동을 일으키게 하는지의 여부"는 비록 특정 구매자가 상품을 구매할 당시에는 출처에 대한 혼동을 일으키지 않는다고 하더라도 일반 수요자의 관점에서 출처에 대한 혼동의 우려가 있는 것으로 인정되는 경우에는 부정경쟁방지법상 혼동위험성이 있는 것으로 보아야 할 것이므로, 이상의 미국에서의 판매 후 혼동 개념을 우리 부정경쟁방지법상 혼동의 범주에 포함된다고 충분히 해석할 수 있을 것이다.[205]

한편 대상판결의 사건을 담당한 대법원 재판연구관의 대상판결에 대한 해설을 살펴보면, 기존에 대법원이 '판매 후 혼동'에 관하여 명시적으로 판단하지는 아니하였으나, 지금까지 주지·저명상표의 모조품 생산·판매를 상표법 위반이나 부정경쟁방지법 위반으로 처벌하여 온 점에 비추어 실무상 판매 후 혼동의 개념을 이미 받아들이고 있는 것으로 보아야 할 것이라고 언급하고 있다.[206]

---

204) 김동규, 앞의 "판매 후 혼동이 부정경쟁방지법상 상품주체혼동행위의 혼동 개념에 포함되는지 여부," 391-392면.

205) 이와 같이 해석하지 아니한다면 주지상표나 저명상표의 모조품을 부정경쟁방지법으로 규제할 방법이 없게 되어 부당하다는 견해도 있다(김동규, 앞의 "판매 후 혼동이 부정경쟁방지법상 상품주체혼동행위의 혼동 개념에 포함되는지 여부," 394-395면).

206) 해당 대법원 재판연구관이 이와 관련된 근거로 제시한 대법원 판결상의 주요 판단 법리는 이하의 내용과 같다(김동규, 앞의 "판매 후 혼동이 부정경쟁방지법상 상품주체혼동행위의 혼동 개념에 포함되는지 여부," 395-397면 참조). 우선 대법원 2003.6.12.선고 2003도3277 판결에서는 "원심 판시와 같이 이 사건 등록상표가 사용되는 상품과 이 사건 사용상표가 사용된 제품의 가격이나 품질, 주거래자 등에서 차이가 있다고 하더라도, 동일성이 있을 정도로 유사한 상표가 동일 또는 유사한 상품에 사용되는 경

(3) 대상판결에서의 이 사건에 대한 검토

대상판결의 쟁점은 '판매 후 혼동'이 부정경쟁방지법상 상품주체 혼동행위의 혼동 개념에 포함되는지의 여부였는데, 국내외적으로 이상과 같은 '판매 후 혼동'의 개념에 대하여 긍정적인 판단 동향에 따를 뿐만 아니라, 국내 시장에서 모조품과 관련된 일반 소비자들의 혼동으로 인한 실질적인 피해를 방지하기 위해서도 대상판결의 판단은 타당한 것으로 보인다.

4. 대상판결의 의의

결국 대상판결에서 판시한 판단 법리로 인하여, 향후에는 특정

우에는 일반 수요자에게 그 출처의 오인·혼동을 일으킬 우려가 높은 점에 비추어 볼 때, 원심이 인정한 정도의 사정만으로는 거래 사회에서 수요자들이 구체적·개별적으로 상품의 품질이나 출처에 관하여 오인·혼동할 염려가 없다고 할 수 없다."고 판시하고 있으며, 다음으로 대법원 2012.1. 26.선고 2010다36124 판결에서는 침해 제품은 시장에서 저가로 판매되는 것이고, 이 사건 각 등록상표 "<del>ㅇㅇ</del>"가 부착된 J.ESTINA 제품은 백화점 등에서 고가로 판매되는 것이므로 이러한 구체적 거래실정을 고려하면 출처의 오인·혼동이 없다는 상고이유에 대하여, 상표의 유사 여부는 일반적·추상적·정형적으로 판단하는 것이 원칙이고 구체적 거래실정의 고려는 예외적으로 이루어지는 것인데, 기록상 혼동의 우려가 없을 만큼 피고 제품의 판매량 등 구체적 거래실정이 나타나 있는 것도 아니고, 이 사건 각 등록상표 제품의 명성과 신용에 편승하기 위하여 그 제품을 그대로 위조(counterfeit)한 피고 제품은 독점권 범위 내에서의 침해이므로, 유사 영역 내에서의 침해를 전제로 하는 구체적 거래실정이 고려될 여지도 없다는 이유로, 피고인의 상고이유를 배척하고, 피고의 상표권 침해를 인정한 원심 판결을 수긍하고 있다. 그런데 이상의 사건들이 설령 상표권 침해 판단에 관한 것이라고 하더라도, 부정경쟁방지법상 상품주체 혼동행위나 상표권 침해나 모두 '혼동성'을 공통된 판단요건으로 하고 있다는 점에서 해당 사건들의 판단 법리를 대상판결의 이 사건에서도 충분히 적용할 수 있다고 보아야 할 것이다.

모조품의 판매업자로부터 직접 그 모조품을 구매한 자는 그 모조품이 특정인의 상품의 모조품인 것을 알고 있어 그 구매자가 특정인의 상품과 그 출처를 혼동하지 않는다고 하더라도, 그 구매자가 소지하고 있는 모조품을 보았거나 그 구매자로부터 그 모조품을 양도받은 제3자 등 일반 수요자로서는 그 상품의 출처를 특정인의 진품인 것으로 혼동할 우려가 크다고 보아야 하므로, 특정 모조품의 판매업자가 특정인의 주지된 사용표장과 거의 동일한 상품표지가 부착되어 있는 그 모조품을 판매한 행위는 '판매 후 혼동'으로 인정되어 부정경쟁방지법 제2조 제1호 가목 소정의 '타인의 상품과 혼동하게 하는 행위'에 해당함이 명확하게 되었다고 할 수 있다.

연예인의 성명 또는 외양 등과 영업주체
혼동행위 [가수 박상민 모방 공연 사건][207]

1. 사건의 정리

(1) 사실관계[208]

1) 가수 박상민은 1993년경부터 이 사건 당시까지 「해바라기」, 「무기여 잘 있거라」 등 일반인들이 많이 알고 즐겨 부르는 노래인 소위 '히트곡'을 발표하고, 가수로서 방송에 출연하거나 전국적으로 콘서트를 개최하는 등의 활동을 해 왔고, 이 사건 무렵에 가수 박상민이 나이트클럽에 출연할 경우에 통상적으로 1회당 10,000,000원 정도의 공연료를 나이트클럽 측으로부터 지급받았다.

2) 가수 박상민은 방송 등에 출연할 때 머리에 모자를 쓰고, 선글라스를 끼었으며, 독특하게 기른 수염으로 외양을 꾸며 다른 가수들과 구분되는 외양으로 국내의 일반인들에게 인식되어 왔다.

3) 피고인 1은 2004.9.경 피고인 2로부터 가수 박상민과 외모가 닮았으니 가수 박상민을 모방하여 그 외양을 꾸미고 모창을 하는 것을 주로 하는 소위 '이미테이션 가수'를 해보라는 제의를 받고,

---

207) 대법원 2009.1.30.선고 2008도5897 판결.

208) 원심(서울고등법원 2008.6.19.선고 2008노108 판결) 판결문에서의 '인정사실' 부분 참조.

2004.9.21.경 피고인 2와 사이에 전속기간을 2004.10.30.부터 2007. 12.30.까지로 하되, 피고인 1이 출연하는 나이트클럽 등으로부터 받는 출연료를 절반씩 나누기로 정하는 등으로 '야간 업소에 관한 전속계약'을 체결하였는데, 피고인들은 서로 상의하여 피고인 1이 가수 박상민인 것처럼 행동을 하고, 피고인 1이 박상민이 부른 노래를 실제 하지 않고 입 모양만으로 노래를 부르는 것으로 보이게 하는 소위 '립싱크' 방법으로 공연하기로 하였다.

4) 위 전속계약에 따라 피고인 2는 이 사건 공소사실 기재의 각 나이트클럽의 담당자들과 각 30회의 출연을 기준으로 하여 150만원 정도의 출연료를 받기로 하고 피고인 1을 위 나이트클럽에 출연시키기로 합의하였는데, 위 나이트클럽 중 일부는 가수 박상민이 이 사건 이전에 출연한 적이 있는 곳이었다.

5) 피고인 1은 가수 박상민의 몸짓, 억양, 걸음걸이 등을 미리 방송 등을 통하여 보고 그와 비슷하게 흉내를 내는 연습을 한 다음 2005.12. 중순경부터 2006.12. 하순경까지 사이에 이 사건 나이트클럽에서 각 30회씩 공연을 하였다.

6) 특히, ① 2006.2.13. 22:00경 성남시 분당구에 있는 '파나 나이트클럽'에서 무대 사회자가 피고인 1을 지칭하여 "해바라기를 부르는 가수 박상민입니다"라고 소개하고, ② 2006.4. 중순 22:00경 고양시 일산구에 있는 '로마 나이트클럽'에서 무대 사회자가 손님들에게 피고인 1이 박상민을 모방하는 이미테이션 가수임을 밝히지 않은 채 마치 가수 박상민이 출연한 것처럼 "특별출연 인기가수, 특별히 로마에 왔습니다. 유명 히트곡이 많은 가수, 해바라기의 주인공 박상민을 소개합니다"라고 소개하였으며, ③ 2006.7.31. 02:00경 서울 관악구에 있는 '일번지 나이트클럽'에서 그곳의 운영자는 업소 내 전광판에 "특별출연, 인기가수 박상민"이라고 광고하였는데, 피고인 1은 각각의 나이트클럽에서 그 당시 자신이 가수 박상민이 아니라는 사실은 밝히지 않은 채, 박상민의 공연 시 외양과 똑같다고

할 수 있을 정도로 유사한 모습이 되도록 모자와 선글라스를 착용하고 독특한 모양의 수염을 기른 다음, 미리 연습해 둔 대로 박상민의 행동 등을 흉내내면서 박상민이 부른 노래인 「해바라기」 등 4곡을 틀어놓고 립싱크 방식으로 공연을 하였다.

7) 피고인 1은 2006.2.13. 22:00경에는 이 사건 '파나 나이트클럽'에서 공연이 끝난 뒤 가수 박상민의 팬이 서명을 부탁하자 팬의 수첩에 가수 박상민의 서명과 거의 똑같은 모양으로 서명을 해 주기도 하였다.

8) 또한, 피고인 1이 나이트클럽에서 행한 공연 모습을 본 사람이 2006.2.15. 22:51경 생방송 라디오를 진행하고 있던 가수 박상민에게 "어~~나 지금 분당 나이트에서 오빠 보구 왔는데 뭐야 뭐야~뭐가 진짠가요~~"라는 문자메시지를 보내기도 하는 등으로 그 공연을 본 손님들은 피고인 1을 가수 박상민으로 오인하기도 하였다.

9) 한편, 가수 박상민은 피고인 1에게 2004년경부터 가수 박상민을 흉내내는 방식으로 공연을 하는 것을 그만둘 것을 경고하였고, 피고인 1이 나이트클럽에 출연한 기간 동안 가수 박상민에 대한 나이트클럽 출연 제의는 현저히 줄어 가수 박상민의 수입도 상당히 감소하였다.

(2) 피고인들에 대한 공소사실[209]

1) 주위적 공소사실

가. 피고인 1은 가수 박상민을 모방하여 가요 연주활동을 하는 이른바 이미테이션 가수, 피고인 2는 피고인 1의 매니저인데, 피고인

---

209) 박정희, "직업가수의 특징적인 외양과 독특한 행동이 부정경쟁방지 및 영업비밀보호에 관한 법률에서 말하는 '영업표지'에 해당하는지 여부," 대법원판례해설(제80호), 법원도서관, 2009.12, 419-420면 참조.

들은 공모하여 2005.12. 중순경부터 2006.2. 초순경까지 성남시 분당구 소재 파나 나이트클럽에서 무대 사회자는 그곳을 찾은 손님들에게 피고인 1이 이미테이션 가수임을 밝히지 않고 마치 국내에 널리 인식되어 있는 가수인 박상민이 출연한 것처럼 "해바라기의 주인공, 인기 유명가수, 히트곡이 많은 가수"라고 소개하고, 피고인 1은 피고인 2의 제의에 의하여 위 박상민이 공연시 외모를 치장하는 방법과 똑같은 모습으로 모자 및 선글라스를 착용하고 독특한 모양의 수염을 기른 다음 위 박상민의 행동 등을 흉내내면서 위 박상민이 발표한 음반인 「해바라기」등 4곡을 틀어 놓고 입모양만 따라하는 소위 '립싱크'를 하는 방법으로 모두 30회 공연함으로써 국내에 널리 인식된 위 박상민의 성명 및 외모와 유사한 것을 사용하여 위 박상민의 영업상의 활동과 혼동을 하게 하는 행위를 하였다.

　나. 2006.4.경부터 같은 해 5.경까지 고양시 일산구 소재 로마 나이트클럽에서 위와 같은 방법으로 모두 30회 공연함으로써 국내에 널리 인식된 위 박상민의 성명 및 외모와 유사한 것을 사용하여 위 박상민의 영업상의 활동과 혼동을 하게 하는 행위를 하였다.

　다. 2006.8.18.경부터 같은 해 12.하순경까지 서울 관악구 소재 일번지 나이트클럽에서 업소내 전광판에 "특별출연, 인기가수 박상민"이라고 광고하면서 피고인 1은 위와 같은 방법으로 모두 30회 공연함으로써 국내에 널리 인식된 위 박상민의 성명 및 외모와 유사한 것을 사용하여 위 박상민의 영업상의 활동과 혼동을 하게 하는 행위를 하였다(성명을 포함하여 독특한 외양 등에 대해서도 영업표지로 주장함).

　2) 원심 추가 예비적 공소사실
　피고인들은 몇몇 나이트클럽의 운영자 등과 공모하여, 피고인 1이 국내에 널리 인식된 유명 가수인 박상민과 유사한 외모로 꾸미고, 비슷한 성명을 사용하면서 마치 박상민인 것처럼 나이트클럽에 출연하여 박상민의 음반을 틀어 놓은 채 입모양만 따라하는 '립싱크' 수법으로 공연하기로 마음먹고, ① 2006.2.13. 22:00경 성남시 분당구에 있는 '파나 나이트클럽'에서 무대 사회자가 피고인 1을 지칭하여 "해바라기를 부르는 가수 박상민입니다"라고 소개하고, ② 2006.4. 중순 22:00경 고양시 일산구에 있는 '로마 나이트클럽'에서 무대 사회자가 손님들에게 피고인 1이 박상민을 모방하는 이미테이션 가수임을 밝히지 않은 채 마치 위 박상민이 출연한 것처럼 "특별출연 인기가수, 특별히 로마에 왔습니다. 유명 히트곡이 많은 가수, 해바라기의 주인공 박상민을 소개합니다"라고 소개하고, ③ 2006. 7.31. 02:00경 서울 관악구에 있는 '일번지 나이트클럽'에서 그곳의 운영자는 업소 내 전광판에 "특별출연, 인기가수 박상민"이라고 광고하고, 피고인 1은 피고인 2의 제의에 의하여 박상민의 공연시 외양과 똑같다고 할 수 있을 정도로 유사한 모습이 되도록 모자와 선글라스를 착용하고 독특한 모양의 수염을 기른 다음 미리 연습해 둔대로 박상민의 행동 등을 흉내내면서 박상민이 부른 노래인 「해바라기」 등 4곡을 틀어 놓고 립싱크 방식으로 공연하고, 손님이 요청하는 경우 박상민이 실제로 하는 서명과 유사한 글씨체로 박상민의 이름을 서명해 주는 등의 방법으로, 위 각 나이트클럽에서 공연함으로써 피고인들은 국내에 널리 인식된 위 박상민의 성명을 사용하여 박상민의 가수로서의 영업활동과 혼동하게 하는 행위를 하였다('성명'만을 영업표지로 주장함).

(3) 소송의 경과

이에 대해서 1심[210]은 피고인들의 유죄로 판단하였고(가수 박상민의 성명뿐만이 아니라 독특한 외양 등에 대해서도 모두 영업표지성 인

---

210) 서울중앙지법 2007.12.21.선고 2007고합970 판결.

정),211) 검사 및 피고인들이 이에 대해 쌍방항소를 하였으나,212) 원

---

211) 해당 1심 판결에서는 다음과 같이 판시하고 있다. 즉, 부정경쟁방지법 제 2조 제1호 나목은 "국내에 널리 인식된 타인의 성명·상호·표장 기타 타인의 영업임을 표시하는 표지와 동일하거나 이와 유사한 것을 사용하여 타인의 영업상의 시설 또는 활동과 혼동을 하게 하는 행위," 즉, 영업주체 혼동행위를 부정경쟁행위의 하나로 열거하고 있는데, 직업적인 가수의 공연활동은 위 규정에서 말하는 '영업상의 활동'에 해당하고, 가수가 공연활동을 하면서 사용하는 이름, 외양, 히트곡 제목 등은 총체적으로 그 '영업표지'에 해당한다고 할 것인데, 가수 박상민의 성명, 히트곡 제목, 독특한 외양 등은 국내에 널리 인식되어 있다고 보기에 충분하다 할 것이며, ① 피고인 1은 위 각 나이트클럽의 무대 사회자가 자신을 마치 가수 박상민인 것처럼 소개한 것을 알았을 것으로 보임에도 자신이 가수 박상민의 이미테이션 가수임을 밝히지 않은 점, ② 피고인 1은 위 각 나이트클럽에서 공연하면서 자신의 목소리로 직접 노래를 부르지 않고 가수 박상민의 음반을 틀어 놓은 채 립싱크를 하는 방식으로 공연한 점, ③ 피고인 1은 가수 박상민이 공연 시 외양을 꾸미는 독특한 방법과 똑같은 모습으로 자신의 외양을 꾸민 다음 박상민의 행동 등을 그대로 흉내내며 공연하였고, 나이트클럽을 찾은 한 손님에게는 '박상민' 이름으로 박상민의 서명과 똑같은 모양의 서명까지 한 점, ④ 나이트클럽에서 피고인 1의 공연을 본 손님들이 실제로 가수 박상민의 공연으로 오인하기도 한 점 등을 고려하면 피고인 1은 가수 박상민의 영업표지와 같거나 유사한 것을 사용하여 위 각 나이트클럽에서 공연함으로써 박상민의 가수로서의 영업활동과 혼동을 하게 하는 행위를 하였다고 보아, 해당 1심 판결은 위 공소사실에 대하여 피고인들에게 모두 유죄를 선고하였다. ⇨ 피고인 1이 가수 박상민을 사칭하는 등의 방식으로 가수 박상민의 영업활동과 혼동을 하게 하는 행위를 하였다고 인정하여(피고인 2는 공모관계 인정) 피고인들에게 각 벌금 7,000,000원을 선고하였다. 그런데 해당 1심에서는 원심과는 달리 가수 박상민의 독특한 외양 등에 대해서도 영업표지성을 인정하고 있다.

212) 피고인 2도 사실오인 등을 주장하며 항소이유서를 제출하였으나, 기록상 제출기간을 도과하였다. 한편, 피고인 1은 항소이유로 피고인 1이 가수 박상민을 사칭하는 등의 방식으로 가수 박상민의 영업활동과 혼동을 하게 하는 행위를 한 것이 없고, 나이트클럽의 운영자들과 공모한 사실이 없음에도, 피고인 1에게 유죄를 인정한 원심은 사실을 오인한 위법이 있으며, 피고인 1이 이 사건 범행으로 얻은 이익이 크지 않고, 현재 생활이 어려운 점 등을 참작하면 원심이 피고인 1에게 선고한 벌금 700만원의 형은 너무 무

140

심213)에서도 피고인들의 유죄로 판단하였으며(가수 박상민의 성명에
대해서만 영업표지성을 인정하고 독특한 외양이나 행동 등에 대해서는 영
업표지성 부정),214) 검사 및 피고인 2(피고인 1의 매니저)가 이에 대해

거워서 부당하다는 주장을 하였다. 반면에 검사는 항소이유로 피고인들의
이 사건 범행은 단순히 가수 박상민의 흉내만을 낸 것이 아니라 실제 가수
박상민인 것처럼 공연을 하고 공연료 상당의 이익을 얻었고, 그로 인하여
가수 박상민에게 커다란 손해를 입혔으며, 피고인에게 개전의 정도 없는
것으로 보이는 점 등을 고려하면, 원심이 피고인들에게 선고한 각 벌금
700만원의 형은 너무 가벼워서 부당하다고 주장하였다.
213) 서울고등법원 2008.6.19.선고 2008노108 판결.
214) 1. 피고인들의 주장에 대한 판단
  (1) 피고인들이 '영업주체 혼동행위'를 하지 않았다는 주장에 대하여
    1) '국내에 널리 인식된 영업표지'의 의미
      구 부정경쟁방지법(2007.12.21. 법률 제8767호로 개정되기 전의 것)
      제2조 제1호 나목은 "국내에 널리 인식된 타인의 성명, 상호, 표장, 기
      타 타인의 영업임을 표시하는 표지와 동일하거나 이와 유사한 것을
      사용하여 타인의 영업상의 시설 또는 활동과 혼동하게 하는 행위"를
      부정경쟁행위의 하나로 규정하고 있는바, 여기서 국내에 널리 인식된
      '타인의 영업임을 표시하는 표지'는 국내의 전역 또는 일정한 범위 내
      에서 거래자 또는 수요자들이 그것을 통하여 특정의 영업을 다른 영
      업으로부터 구별하여 널리 인식하는 경우를 말하는 것으로, 그것이
      오랫동안 사용됨으로써 거래자 또는 수요자들이 어떤 특정의 영업을
      표시하는 것으로 널리 인식하게 된 경우에는 위 법이 보호하는 영업
      상의 표지에 해당한다고 할 것이다. 또한, '국내에 널리 인식된' 영업
      표지라는 것은 국내 전역에 걸쳐 모든 사람들에게 주지되어 있음을
      요하는 것이 아니고, 국내의 일정한 지역적 범위 안에서 거래자 또는
      수요자들 사이에 알려진 정도로써 족하다고 할 것이며, 타인의 영업
      임을 표시한 표지가 국내에 널리 인식되었는지 여부는 그 사용기간,
      방법, 태양, 사용량, 거래범위 등과 거래의 실정 및 사회통념상 객관적
      으로 널리 알려졌느냐의 여부가 일응의 기준이 된다고 할 것이다.
    2) '영업주체 혼동행위'의 의미
      한편, '영업주체의 혼동행위'라는 것은 등록 여부와 관계없이 사실상
      국내에 널리 인식된 타인의 성명, 상호, 상표, 기타 타인의 영업임을
      표시하는 표지와 동일 또는 유사한 것을 사용하여 타인의 영업상의
      시설 또는 활동과 혼동을 일으키게 하는 일체의 행위를 의미하는 것

이라고 할 것인데, 여기에서의 혼동이라는 것은 어떤 영업자의 영업 상의 시설 또는 활동을 타인의 영업상의 시설 또는 활동이라고 오인 하는 것을 말하며, 타인의 영업과 혼동을 하게 하는 행위에 해당하는 지 여부는 영업표지의 주지성과 식별력의 정도, 표지의 유사 정도, 사용 태양, 영업의 유사 및 고객층의 중복 등으로 인한 경업·경합관계 의 존부 그리고 모방자의 악의(사용의도) 유무 등을 종합하여 판단하여야 한다.

3) 피고인들의 이 사건 행위에 대한 판단

돌이켜 이 사건에 관하여 보건대, 위 인정사실과 앞서 본 법리를 종합하면, 가수 박상민이 영리의 목적으로 나이트클럽 등에서 손님들에게 행하는 공연 활동은 부정경쟁방지법 소정의 '영업상의 활동'에 해당하고, 텔레비전, 라디오, 신문, 잡지 등 일반 대중이 접하는 매체를 통하여 등장하는 직업 가수가 공연 활동 등을 하면서 사용하는 "가수의 성명"은 일반인들에게 장기간 계속적·독점적으로 사용되거나 지속적인 방송 출연 등에 의하여 그 가수의 속성이 갖는 차별적인 특징이 그 가수가 가지는 고객흡인력 때문에 일반인들 대부분에게 해당 가수를 인식시킬 정도로 현저하게 개별화되고 우월적 지위를 취득한 경우에는 '국내에 널리 인식된 영업표지'라고 할 것이므로, 이 사건에서도 가수 박상민이 1993년경부터 전국적으로 방송에 출연하는 등의 왕성한 활동을 하면서 여러 히트곡을 발표하여 일반인들에게 알려져 있어서, 가수 박상민의 성명은 부정경쟁방지법 소정의 '국내에 널리 알려진 영업표지'라고 볼 것이다. 나아가, 피고인 1은 의도적으로 일반인들에게 널리 알려진 가수 박상민과 동일한 형태로 외양을 꾸미고, 미리 연습한 가수 박상민과 유사한 행동을 실제 나이트클럽 무대에서 실행하였던 점, 이 사건 범행이 행하여진 장소는 통상 실내의 조명이 어둡고, 찾아오는 손님들이 술을 마시거나 춤을 추고 있으면 무대에 가수 등이 출연하여 손님들의 흥을 돋우는 나이트클럽으로 가수 박상민도 영리의 목적으로 이 사건 무렵에 출연하였던 적이 있는 업소의 업종과 동일한 업종이었던 점, 피고인 1은 자신이 나이트클럽을 찾아온 손님들에게 가수 박상민으로 직접 소개되거나 업소 내 전광판을 통하여 소개되는 사정을 알면서도 자신이 가수 박상민이 아닌 다른 가수라는 사정을 밝히지 않고 공연을 하였던 점, 피고인 1의 공연을 본 손님들은 가수 박상민이 실제 출연한 공연을 보는 것으로 오인하고 가수 박상민에게 문자메시지를 보내기도 하였던 점 및 피고인 1 등이 이 사건 이전에도 가수 박상민 측으로부터 이 사건과 같은 방식으로 공연활동을 하는 것에 대한 경고를 받은 적이 있었던 점 등을 고려하면, 피고인들의 이 사건 범행은 부정경쟁방지법 소정의 '영업주체 혼동행위'에 해당한다고 할 것이다.

(2) 피고인들이 나이트클럽의 업주 등과 공모하지 않았다는 주장에 대하여

2인 이상이 범죄에 공동가공하는 공범관계에서 공모는 법률상 어떤 정형을 요구하는 것이 아니고, 2인 이상이 공모하여 어느 범죄에 공동가공하여 그 범죄를 실현하려는 의사의 결합만 있으면 되는 것으로서, 비록 전체의 모의과정이 없었다고 하더라도 수인 사이에 순차적으로 또는 암묵적으로 상통하여 그 의사의 결합이 이루어지면 공모관계가 성립한다고 할 것인데, 위 인정사실 등에 의하면, 피고인 1은 이 사건 이전에 피고인 2와 전속계약을 체결하면서, 가수 박상민인 것처럼 행동하고 소위 '립싱크' 방식으로 노래하는 것에 대한 사전 모의를 하였고, 그 후 피고인 2가 이 사건 나이트클럽의 담당자들과 피고인 1의 출연에 대한 계약을 체결하였으며, 이에 따라 피고인 1이 나이트클럽에 출연하여 위 범죄사실 기재와 같이 마치 가수 박상민이 출연하는 것처럼 오인할 수 있는 소개를 받고서 무대에 올라가 실제 자신의 본명을 밝히지 않은 채 가수 박상민의 노래를 립싱크 방식으로 노래하고, 나이트클럽에 찾아온 일부 손님에게 가수 박상민의 실제 서명과 유사한 방법으로 서명을 하였던 점 등에 비추어 볼 때, 피고인들은 나이트클럽의 운영자들과 사이에 적어도 순차적 또는 암묵적으로는 서로 공동 가공하여 이 사건 범행을 실현하려는 의사가 있었음을 인정할 수 있으므로, 피고인들의 이 부분 주장도 받아들일 수 없다.

2. 주위적 공소사실에 대한 판단

검사는 당심에 이르러 주위적 공소사실을 그대로 둔 채, 앞서 인정한 판시 기재와 같이 피고인들이 공모하여 가수 박상민의 성명을 사용하여 '영업주체 혼동행위'를 하였다는 내용의 예비적 공소사실을 추가하였는바, 예비적 공소사실에서 가수 박상민의 성명만을 영업표지로 삼아 피고인 1이 가수 박상민의 성명을 이용하여 공연한 내용만을 기소한 점에 비추어 보면, 검사가 주위적 공소사실에서 심판대상으로 삼고자 하는 것은, 가수 박상민의 성명 및 외양 등이 총체적으로 부정경쟁방지법 소정의 '국내에 널리 알려진 영업표지'에 해당함을 전제로, 피고인들이 공모하여 위 공소사실 기재와 같이 가수 박상민의 성명 및 외양 등을 이용하여 공연한 것을 '영업주체 혼동행위'로 평가하여 기소를 한 것이라고 할 것이다. 따라서 당심에서 이 부분 주위적 공소사실에 대하여 판단을 함에 있어서는, 피고인 1이 가수 박상민의 성명을 사용함과 함께 모자와 선글라스를 착용하고 독특한 모양

의 수염을 기르는 등의 박상민의 외양처럼 치장하고, 박상민의 행동을 흉
내내면서 박상민이 발표한 노래를 입모양만 따라하는 소위 립싱크 방식으
로 노래한 행동 등이 총체적으로 하나의 부정경쟁방지법 소정의 '기타 타
인의 영업임을 표시한 표지(標識)'에 해당하는지에 관하여 먼저 살펴보기
로 한다. 부정경쟁방지법에서는 타인의 성명, 상호, 표장, 기타 타인의 영
업임을 표시하는 표지로 규정하고 있는데, 부정경쟁방지법이 널리 알려진
타인의 영업표지를 보호하는 기본취지가 그 표지에 대하여 들인 많은 노력
및 투자와 그로 인하여 일반인들에게 널리 알려진 성과를 보호하여 무임승
차자에 의한 경쟁질서의 왜곡을 막는 데에 그 목적이 있는 점 등을 고려할
때, 여기서 말하는 '기타 타인의 영업임을 표시하는 표지'의 의미는, 그 표
지와 영업주체 사이에 강한 이미지 내지 독특한 특징에 의하여 결합되어
일반 수요자가 일견하여 해당 영업표지를 특정 영업주체의 표지라는 것을
인식할 수 있을 정도의 식별력을 갖추고 있고, 나아가 어떤 영업표지가 장
기간에 걸쳐 특정 영업주체의 표지로 계속적·배타적으로 사용되어 그 표
지가 가지는 차별적 특징이 일반수요자에게 특정 영업주체임을 인식시킬
정도로 현저하게 개별화된 정도에 이르렀다면 부정경쟁방지법의 보호대
상이라 할 것이고, 또한 이는 반드시 상표나 표장 등 어떠한 표시에 한정할
이유는 없고, 특정 영업주체의 특징적인 영업방식이나 영업형태라도 위 성
명, 상표 등의 예에 포함될 수 있을 정도나 그와 동일시할 정도의 표시성을
수반하는 형태로 자타구별기능과 출처표시기능이 제공되는 경우나 특정
한 영업방법 자체가 특정인의 영업활동과 지극히 밀접하게 결합되거나 혹
은 그 영업방법을 접속하는 것이 유일하게 동일인의 영업활동으로 인식할
수 있을 정도에 이르는 경우에 있어서는 어떠한 영업방법도 대외적으로 표
시 기능을 취득하여 부정경쟁방지법 소정의 영업표시로 될 수는 있다고 할
것이다. 그러나, ① 단순히 모자와 선글라스 등으로 치장하고, 독특한 모양
의 수염을 기르는 등의 타인의 외양과 타인의 독특한 행동 그 자체는 어떤
사물을 표시하기 위한 기록을 의미하는 '표지'로는 보기 어렵고, 단지 무형
적이고 가변적인 인상 내지 이미지에 가까운 것이어서, 어떠한 사물을 다
른 사물로부터 구별되게 하는 고정적인 징표(徵表)로서의 기능은 적다고
할 것인 점, ② 또한 이러한 특징적인 외양과 행동까지 '영업표지'로 보아
이를 이용한 행위에 대하여 부정경쟁방지법 위반으로 처벌한다면 이는 결
과적으로 사람의 특정한 외양 등에 대하여까지 특정인의 독점적인 사용을
사실상 용인하는 것이 되어 어떠한 영업표지에 대하여 들인 많은 노력 및
투자와 그로 인하여 일반인들에게 널리 알려진 성과를 보호하여 무임승차
자에 의한 경쟁질서의 왜곡을 막는 데에 그 목적이 있는 부정경쟁방지법의

상고하여[215] 대법원에서 판단한 것이 바로 대상판결에서의 이 사건
이다.

2. 대상판결(대법원 2008도5897 판결)의 판시 내용

검사의 상고이유와 관련하여 가수 박상민의 성명 이외에 외양 등
이 영업표지에 해당하는지 여부에 대해서는 "원심은, 타인의 외양
과 타인의 독특한 행동 그 자체는 단지 무형적이고 가변적인 인상
내지 이미지에 가까운 것이어서, 어떠한 사물을 다른 사물로부터
구별되게 하는 고정적인 징표로서의 기능이 적은 점, 이러한 특징
적인 외양과 행동까지 영업표지로 보아 이를 이용한 행위에 대하여
부정경쟁방지법으로 처벌한다면 이는 결과적으로 사람의 특정한
외양 등에 대해서까지 특정인의 독점적인 사용을 사실상 용인하는

입법취지와는 거리가 있다고 할 것인 점, ③ 피고인 1이 위 공소사실 기재
와 같이 나이트클럽에서 공연함에 있어, 모자와 선글라스 등으로 가수 박
상민의 외모와 유사하게 치장하고, 소위 립싱크 방식으로 노래를 불렀던
사실은 앞서 인정한 바와 같은데, 이는 피고인 1이 가수 박상민과 유사한
외양을 꾸며 일반인들에게 혼동을 주게 하려는 행위의 수단으로 사용하여
이는 혼동행위의 태양으로 평가함이 상당한 점 등에 비추어 보면, 가수 박
상민의 외양 등은 가수 박상민의 성명과 함께 총체적으로 파악하여 이를
부정경쟁방지법에서 말하는 '국내에 널리 알려진 영업표지'에 해당한다고
보기는 어렵다고 할 것이고, 달리 이를 인정할 증거도 없다.

215) 이 주제와 관련된 검사의 상고이유는, 영업표지는 타인의 영업임을 표시
하는 표지를 말하고, 이에는 성명, 상호나 그 약칭 또는 그 도형 및 이들의
결합, 기타 출처식별기능이 있는 모든 것이 포함되는데, 가수 박상민은 성
명뿐만 아니라 외관, 행동, 음색 및 노래 등으로도 일반 대중에게 특징지어
지므로, 성명뿐만 아니라 외관, 행동, 음색 및 노래 등도 영업표지로 보아
야 한다는 것으로써 영업표지성의 판단에 대한 법리오해를 주장하고 있다
(박정희, 앞의 "직업가수의 특정적인 외양과 독특한 행동이 부정경쟁방지
및 영업비밀보호에 관한 법률에서 말하는 '영업표지'에 해당하는지 여부,"
424면 참조).

것이 되어 어떠한 영업표지에 대하여 들인 많은 노력 및 투자와 그로 인하여 일반인들에게 널리 알려진 성과를 보호하여 무임승차자에 의한 경쟁질서의 왜곡을 막는 데에 그 목적이 있는 부정경쟁방지법의 입법취지와는 거리가 있는 점, 피고인 1이 모자와 선글라스 등으로 가수 박상민의 외모와 유사하게 치장하고, 소위 립싱크 방식으로 노래를 부른 행위는 혼동발생 판단의 자료로 평가함이 상당한 점 등을 고려하여 성명 이외에 가수 박상민의 외양 등은 부정경쟁방지법에서 말하는 영업표지에 해당하지 않는다고 판단하였는바, 이는 정당한 것으로 수긍이 가고, 거기에 상고이유의 주장과 같은 법리오해 등의 위법이 없다(상고기각)."고 판시하여 원심의 판단을 긍정하였다.[216]

3. 대상판결에 대한 검토

대상판결과 관련하여 직업가수의 '성명'을 주지된 영업표지로 인정한 원심의 판단에 대해서는 상고이유상의 주장이 없었고(다만 매니저인 피고인 2가 이미테이션 가수인 피고인 1과의 공모를 부인하는 취지로 사실오인 주장 상고를 하였으나 적법한 상고이유가 아니라는 이유로 배척됨), '성명' 이외에 직업가수의 '특징적인 외양과 독특한 행동'은 영업표지에 해당하지 않는다고 한 원심의 판단에 대해서는 검사의 상고이유상의 주장이 있었는데, 대상판결에서 이러한 주장을 배척하고 원심을 수긍한 것이 대상판결의 핵심적인 쟁점이라고 할 수 있다.

우선 직업가수의 '성명'에 대해서는 원심판결에서 상세하게 언급

---

216) 해당 판시 내용 이외에도 본 주제와 관련은 없지만, 대상판결은 피고인 1과의 공모관계를 부정하고 있는 피고인 2의 상고이유에 대해서도 기각하고 있다.

하고 있듯이, 가수 박상민이 영리의 목적으로 나이트클럽 등에서 손님들에게 행하는 공연 활동은 부정경쟁방지법 소정의 '영업상의 활동'에 해당하고, 텔레비전, 라디오, 신문, 잡지 등 일반 대중이 접하는 매체를 통하여 등장하는 직업 가수가 공연 활동 등을 하면서 사용하는 '가수의 성명'은 일반인들에게 장기간 계속적·독점적으로 사용되거나 지속적인 방송 출연 등에 의하여 그 가수의 속성이 갖는 차별적인 특징이 그 가수가 가지는 고객흡인력 때문에 일반인들 대부분에게 해당 가수를 인식시킬 정도로 현저하게 개별화되고 우월적 지위를 취득한 경우에는 '국내에 널리 인식된 영업표지'라고 할 것인데, 이 사건에서도 가수 박상민이 1993년경부터 전국적으로 방송에 출연하는 등의 왕성한 활동을 하면서 여러 히트곡을 발표하여 일반인들에게 널리 알려져 있어서, 가수 박상민의 성명은 부정경쟁방지법 소정의 '국내에 널리 알려진 영업표지'라고 보고 있다.

즉, 지속적인 방송 출연 등을 근거로 하여 공연업 등과 같은 영업을 영위하는 직업가수의 '성명'인 '박상민'을 주지된 영업표지라고 인정한 것이라고 할 수 있다.

반면에 이와 같은 가수 '박상민'의 '특징적인 외양이나 독특한 행동'은 고정적인 징표(徵表)성이 적은 점, 일반인들에게 혼동을 초래하는 행위적인 수단에 해당되어 이는 혼동행위의 태양으로서 혼동 발생 판단의 자료로 평가하여야 하는 점('성명'이라는 영업표지와 혼동 행위의 여부를 평가하게 되는 근거 내지 수단이 될 뿐이라는 점) 등을 고려하여 볼 때에, 이에 대해서는 독립적인 영업표지로서 볼 수 없다고 대상판결은 판단하고 있는 것이다.

한편 앞서 다른 판결의 검토에서 이미 언급한 바와 같이, 부정경쟁방지법상 영업주체 혼동행위의 대상이 되는 영업표지의 형식은 아무런 제한이 없는 것이며, 성명, 상호, 표장 이외에 식별력을 가지고 있어서 특정인의 영업임을 표시할 수 있는 일체의 것이 포함된다고 할 수 있는 것이다.

그러나 위와 같이 영업표지의 형식면에서만 제한이 없을 뿐, 실질적으로 영업표지로서 기능을 하고 있는지와 관련된 영업표지의 실질면에서의 판단에 대해서는 판례상 부가적인 요건을 갖출 것을 요구하고 있다.

따라서 부정경쟁방지법 제2조 제1호 나목에서 국내에 널리 인식된 타인의 '성명'에 대해서는 법률로서 명시하고 있으므로, 지속적으로 반복된 다수의 공연업을 영위하는 가수의 '성명'은 영업표지로서의 기능을 한다고 인정하기가 어렵지 않을 것이나, 그 외에 가수의 '특징적인 외양이나 독특한 행동' 등에 대해서는 과연 이것들을 가수의 '성명'이라는 대표적인 영업표지와 '독립적이고 현저하게 개별화될 정도'에 이르렀다고 볼 수 있는지가 영업표지성을 인정하는 데에 주요한 장애가 될 수 있을 것이다.

이것은 앞서 살펴본 "뮤지컬 캣츠 사건"의 판시 내용에서 영업표지가 되기 위해서는 "거래자 또는 수요자에게 해당 영업(공연 등)이 갖는 차별적 특징을 표상함으로써 구체적으로 누구인지는 알 수 없다고 하더라도 특정인의 제작·공연 등의 영업임을 연상시킬 정도로 현저하게 개별화되기에 이르렀을 것"을 요구하는 판단 법리[217]와, 제호 또는 제호·표지 디자인이 영업표지가 되기 위해서는 "제호 또는 제호·표지 디자인도 저작물의 내용을 효과적으로 전달하기 위한 것으로서 당해 창작물과 분리되기 어려우므로, 제호 또는 제호·표지 디자인을 영업표지라고 볼 수 있으려면 이를 영업을 표시하는 표지로 독립하여 사용해 왔다는 사실이 인정되어야 한다."라는 판단 법리[218]를 참고할 필요가 있을 것이다.

따라서 이상의 판단 법리에 비추어 보면, 특정한 대상이 영업표

---

217) 앞서 살펴본 Ⅵ. 뮤지컬 제목과 영업주체 혼동행위(뮤지컬 캣츠 사건)의 대법원 판결(대법원 2015.1.29. 선고 2012다13507 판결) 내용 참조.
218) 대법원 2013.4.25. 선고 2012다41410 판결 참조.

지로서 인정되기 위해서는 특정 영업임을 연상시킬 정도로 현저하게 개별화되고, 영업을 표시하는 표지로 독립하여 사용해 왔어야 한다는 점을 만족하여야 하는데, 직업가수의 '성명'은 영업주체 혼동행위의 영업표지로서 법률상 명시되어 있을 뿐만 아니라, 반복된 공연이라는 영업과 관련하여 '성명'이라는 출처표지성이 강한 것을 기반으로 하여 거래와 영업활동 등이 이루어진다는 면에서 영업표지로 인정되기 쉽다고 할 수 있을 것이다.

그러나 그 외에 가수의 특징적인 외양이나 독특한 행동 등은 영업표지로서의 출처표시성을 나타내기보다는 '성명'이라는 영업표지의 영업 자체나 영업방법[219] 및 영업의 내용, 기타 영업표지의 혼동 초래를 판단하는 수단 정도로 취급되기 쉬운 것이므로, 앞서 언급한 판단 법리대로 특정 영업임을 연상시킬 정도로 현저하게 개별화되고, 영업을 표시하는 표지로 독립하여 사용되기보다는 '성명'이라는 영업표지에 부수적으로 사용되는 것이라고 볼 수 있는 것이므로, 영업주체 혼동행위와 관련된 영업표지성을 인정받기가 실제로 어렵다고 할 것이다.

결국 대상판결에서의 가수 박상민의 외양이나 행동이 영업표지가 되는지의 여부와 관련해서는 노래의 공연시 외부로 나타나는 가수의 외양이나 행동 등은 공연을 구성하는 한 부분이며 가수가 노래 공연 시 보여주는 특징적인 외양이나 행동 등이 공연의 내용에 포함되는 것으로서 그 가수를 특징짓는 개성이 될 수는 있어도 그와 같은 특징적인 외양이나 행동 등은 공연업이라는 영업의 출처를

---

219) 이와 관련하여 일본의 학설은 영업방법 자체가 부정경쟁방지법상 영업을 식별하는 표지가 아니라, 바로 영업 자체를 보호하는 것이므로, 영업방법 자체는 영업표지에 해당하지 않는 것으로서 비판적으로 보고 있다고 한다 (박정희, 앞의 "직업가수의 특정적인 외양과 독특한 행동이 부정경쟁방지 및 영업비밀보호에 관한 법률에서 말하는 '영업표지'에 해당하는지 여부," 429면).

나타내는 표지가 된다고 보기 어렵다는 것이 대상판결에서의 판단 법리의 근거가 된다고 볼 수 있다.

그리고 그와 같은 특징적인 외양이나 행동 등은 고정된 형태로서 동일하게 매공연마다 반복되는 것이 아니라 가수의 상태에 따라 다 소간의 차이를 가지는 형태로 나타나게 되는 것이어서 이와 같은 특징적인 외양이나 행동을 항상 동일하게 표현되는 것으로 고정하 는 것도 어렵다는 것이 대상판결에서 지적하고 있는 점이라고 할 수 있다.

따라서 가수의 경우 그 '성명'에 의하여 명확하게 공연이라는 특 정한 영업의 출처를 표시할 수 있고, 가수의 공연을 듣는 수요자도 그 가수의 '성명'에 근거해서 공연을 보려고 선택하는 것이지, 공연 중에 나타나는 특징적인 외양이나 독특한 행동 자체를 공연의 주체 이자 출처로서 파악하는 것도 아니므로, 대상판결은 가수 박상민의 성명 이외에 외양 등과 같은 다른 것들에 대해서 영업표지성을 인 정하지 않고 있는 것이다.

4. 대상판결의 의의

대상판결에 관한 담당 재판연구관의 대법원 판례해설에서는 "부 정경쟁방지법에서 말하는 영업표지의 표지 형식에 아무런 제한이 없기는 하나, 표지로 보기 어려운 부분까지 표지성을 인정할 수 없음은 의문의 여지가 없다. 이 사건은 가수의 성명이 아닌 노래공 연 시 나타나는 외관, 행동, 음색 및 노래 등이 영업표지가 될 수 없 음을 분명히 함으로써 이에 대한 한계를 설정한 점과 명확한 식별 력을 가진 별도의 표지가 있는 경우에 이와 같이 표시되는 다른 표 지 형식의 표지성 인정에 신중하여야 함을 보여준 점에 의의가 있 다."고 대상판결의 의의에 대해서 언급하고 있다.[220)]

이러한 해설 내용을 좀 더 구체적으로 검토하여 보면, 직업가수와 관련된 영업표지는 가수의 '성명'만으로 보아야 하는 것이고, 가수의 '특징적인 외양이나 독특한 행동' 등에 대해서는 '성명'이라는 영업표지의 영업활동을 표현하는 수단 등에 불과할 뿐이라는 것을 대상판결에서 시사하여 주고 있다.

따라서 직업가수의 특징적인 외양이나 독특한 행동 등을 모방하여 영업적으로 이용하는 것에 대하여 2014년부터 시행된 개정 부정경쟁방지법에 제2조 제1호 차목으로 도입된 규정인 "그 밖에 타인의 상당한 투자나 노력으로 만들어진 성과 등을 공정한 상거래 관행이나 경쟁질서에 반하는 방법으로 자신의 영업을 위하여 무단으로 사용함으로써 타인의 경제적 이익을 침해하는 행위"가 적용될 수 있는지의 여부는 별론으로 하고, 현행 부정경쟁방지법상으로는 이것들이 영업표지로서 현저하게 개별화될 수 있는 특별한 사정이 없는 한 동법 제2조 제1호 나목의 영업주체 혼동행위가 적용되기 어려울 것이다.

---

220) 박정희, 앞의 "직업가수의 특징적인 외양과 독특한 행동이 부정경쟁방지 및 영업비밀보호에 관한 법률에서 말하는 '영업표지'에 해당하는지 여부," 431면.

IX 병행수입과 영업주체 혼동행위
[나이키 사건]²²¹⁾

1. 사건의 정리

(1) 사실관계

피고인 성OO은 피고인 회사의 대표이사, 피고인 회사는 의류와 가방 등의 판매업을 목적으로 설립된 법인이다. 그런데 피고인 성 OO은 외국에서 병행수입한 나이키 의류 등을 피고인 강OO이 운영하는 의류판매점에 공급하였다. 피고인 강OO은 상표권자인 나이키 인코포레이티드가 국내 특허청에 상표등록한 것과 동일한 표장이 인쇄된 현수막을 매장의 전면에 설치하여 나이키 제품을 판매하였다.

(2) 피고인들에 대한 공소사실

피고인 성OO은 피고인 강OO과 공모하여 외국에서 병행수입한 나이키 의류 등을 피고인 강OO에게 공급하면서, 강OO에게 상표권자인 나이키 인코포레이티드가 국내 특허청에 상표등록한 것과 동

---

221) 대법원 2009. 1. 30. 선고 2008도7462 판결.

일한 표장이 인쇄된 간판을 설치하여 영업을 하라고 제의하고, 피고인 강○○은 위 표장이 인쇄된 현수막을 매장의 전면에 설치하여 그곳을 지나가는 불특정 다수의 손님들을 상대로 피고인 강○○이 운영하는 의류판매점에서 나이키 제품을 판매함으로써, 국내에서 널리 인식된 '나이키' 표장을 사용하여 위 상표권자로부터 전용사용권을 부여받은 피해자인 주식회사 나이키스포츠의 영업상의 시설 또는 활동과 혼동을 하게 하는 부정경쟁행위(부정경쟁방지법 제2조 제1항 나목의 영업주체 혼동행위)를 하였다. 그리고 피고인 회사는 피고인 회사의 대표이사인 피고인 성○○이 피고인 회사의 업무와 관련하여 위와 같은 위반행위를 하였다.[222]

(3) 소송의 경과

이에 대해서 1심[223]은 피고인 성○○ 및 피고인 회사의 무죄로 판단하였고(피고인 강○○만 유죄로 판단),[224] 검사가 이에 대해 항소를

---

222) 이 사건에서는 피고인들이 피해자 주식회사 나이키스포츠가 사진 저작권을 가지고 있는 축구선수들의 사진이 인쇄된 포스터를 매장 내부에 설치하여 저작권을 침해한 것도 공소사실이나 본 주제는 부정경쟁방지법에 관한 사안으로 한정하고 있으므로, 이하에서는 이에 대해서 다루지 않고, 부정경쟁방지법상 영업주체 혼동행위의 여부에 대한 쟁점만 다루도록 하겠다.

223) 서울남부지방법원 2007.11.8.선고 2007고정1442 판결.

224) 피고인 성○○은 피고인 강○○이 운영하는 의류판매점에서 위 공소사실 기재와 같이 나이키 표장이 인쇄된 현수막을 매장의 전면에 설치하고 축구선수 박지성 등의 사진이 인쇄된 포스터를 매장에 설치한 사실은 이를 인정하고 있으나, 이는 피고인 강○○이 독자적으로 행한 것이고 자신과는 무관하다는 취지로 다투므로, 과연 피고인 성○○이 피고인 강○○에게 위와 같은 위반행위를 하도록 지시하거나 피고인 강○○과 함께 위와 같은 위반행위를 하기로 결의하여 피고인 강○○의 위와 같은 위반행위에 대하여 공동가공의 의사를 가지고 기능적 행위지배를 하였다고 평가할 수 있는지에 대하여 보건대, 이에 부합하거나 부합하는 듯한 증거로는, 피고인 강○○의 법정진술, 증인 강○○, 이○○의 각 법정진술, 피고인 강○○에 대한 검찰 피

하였는데, 원심[225]에서는 1심을 파기하여 피고인 성○○ 및 피고인
회사에 대해서도 유죄로 판단하였으며,[226] 피고인 성○○ 및 피고인
회사가 이에 대해 상고하여 대법원에서 판단한 것이 바로 대상판결
에서의 이 사건이다.

의자신문조서의 진술기재(이○○ 진술부분 제외), 피고인 성○○에 대한 경
찰 피의자신문조서 중 이○○의 진술기재 부분, 이○○에 대한 경찰 진술조
서의 진술기재, 고소장의 기재가 있으나, 위 각 증거들은, 피고인 강○○은
오랫동안 의류판매업에 종사하여 온 자로서 이 사건 의류판매점 외에도 여
러 곳의 의류판매점을 독자적으로 운영하고 있는 것으로 보이는 점, 피고
인 성○○이 대표이사로 있는 피고인 회사는 피고인 강○○에게 일정한 가격
을 정하여 물건의 판매를 위탁하고 피고인 강○○은 이를 판매하여 그 지정
가격을 초과한 부분을 수수료로 갖기로 약정하였을 뿐, 피고인 성○○이 피
고인 강○○에게 위 나이키 표장이 인쇄된 현수막 설치를 비롯하여 매장의
운영 및 관리에 관하여 지시, 감독을 하는 위치에 있었다고 보기 어려운
점, 피고인 강○○과 이○○의 이 법정 및 수사기관에서의 각 진술은 그 일관
성, 합리성이 부족한 점 등에 비추어 믿지 아니하고, 달리 이를 인정할 만
한 증거가 없다(피고인 강○○만 벌금 100만원, 피고인 성○○ 및 피고인 회
사는 무죄 선고).

225) 서울남부지법 2008.7.23.선고 2007노1957 판결.
226) 강○○, 이○○가 원심 법정에서 한 진술 등 원심이 적법하게 채택하여 조
사한 증거들을 종합하면, 피고인 성○○이 대표이사로 있는 피고인 회사는
강○○에게 병행수입한 나이키 제품의 판매를 위탁하고 강○○은 이 사건 용
인시 소재 판매장에서 이를 판매하여 피고인 회사가 정한 지정가격을 초과
한 수입을 수수료로 지급받기로 약정한 사실, 피고인 성○○과 피고인 회사
의 부장 박○○은 강○○, 이○○에게 위 판매장 외부 등에 공소사실 기재와
같은 현수막과 포스터를 설치하도록 지시한 바 있고, 강○○, 이○○는 그와
같은 지시에 따른 후 광고물 등의 견본을 피고인 성○○에게 확인시키기까
지 한 사실이 인정되고, 이에 당시 강○○은 피고인 회사의 본부장, 기획실
장임이 표시된 명함을 사용한 바 있고, 피고인 회사가 위 판매장의 신용카
드 결제단말기를 설치하는 등 위 판매장의 운영에 일정 정도 관여한 것으
로 보이는 점 등을 종합하여 보면, 피고인 성○○이 강○○과 공모하여 공소
사실 기재와 같은 행위를 하였음을 넉넉히 인정할 수 있다(1심 파기, 피고
인 성○○ 및 피고인 회사 유죄판단, 모든 피고인들에 대해 벌금 200만원 선
고).

2. 대상판결(대법원 2008도7462 판결)의 판시 내용

대상판결의 상고이유들 중 본 주제인 병행수입과 부정경쟁방지법 제2조 제1호 나목 소정의 영업주체 혼동행위와 관련된 상고이유에 대하여 대법원은 "병행수입업자가 적극적으로 상표권자의 상표를 사용하여 광고·선전행위를 한 것이 실질적으로 상표권 침해의 위법성이 있다고 볼 수 없어 상표권 침해가 성립하지 아니한다고 하더라도, 그 사용태양 등에 비추어 영업표지로서의 기능을 갖는 경우에는 일반 수요자들로 하여금 병행수입업자가 외국 본사의 국내 공인 대리점 등으로 오인하게 할 우려가 있으므로, 이러한 사용행위는 부정경쟁방지법 제2조 제1호 나목 소정의 영업주체 혼동행위에 해당되어 허용될 수 없는 것이다(대법원 2002.9.24.선고 99다42322 판결 참조). 원심은, 피고인들(피고인 성○○ 및 피고인 회사)이 강○○과 함께 위 판매점의 외부에 설치된 현수막 등에 공소사실 기재와 같이 국내에 널리 인식된 나이키의 표장을 사용하여 영업한 것은 위 표장의 상표권자로부터 전용사용권을 부여받아 영업을 하는 주식회사 나이키스포츠의 영업상의 시설 또는 활동과 혼동하게 하는 것이라고 판단하고 있는바, 앞서 본 법리에 비추어 보면, 원심의 위와 같은 판단은 정당하고, 거기에 영업주체 혼동행위에 관한 법리를 오해한 위법이 있다고 할 수 없다."고 판시하였다.

3. 대상판결에 대한 검토

(1) 대상판결의 쟁점

대상판결의 판시 내용 중 본 주제와 관련된 쟁점은 이 사건 현수막에 피해자인 나이키스포츠가 공식적으로 사용하는 표장과 동일한 표장을 사용하고 있으나, '병행수입점'이라는 문구가 병기되어

있으므로, 피고인들이 영업주체 혼동행위를 하였다고 볼 수 없는
것인지의 여부이다.

(2) 병행수입과 상표권 침해 또는 영업주체 혼동행위와의 관계

1) 병행수입과 상표권 침해

진정상품의 병행수입(Parallel Importation of Genuine Goods)이란
"국내외에 동일한 상표권을 소유하고 있는 상표권자에 의해 일국에
서 적법하게 상표가 부착되어 유통된 상품(진정상품)을 권원 없는
제3자가 타국으로 그 상표권자 또는 전용사용권자의 허락 없이 수
입하여 판매하는 행위"를 말하며, 이러한 현상은 보통 수입국의 상
품가격이 타국보다 현저히 높을 때 발생한다.[227]

오늘날 이와 같은 병행수입은 상표권 침해가 되지 않는 것으로서
허용된다고 보는 것이 일반적이고,[228] 대법원도 이미 이러한 판시
를 한 바 있는바,[229] 이에 의하면 상표권이 없는 자라도 병행수입한
물품을 판매하는 정도의 상표 사용은 허용된다고 본다. 여기에서
더 나아가 병행수입업자가 적극적으로 상표권자의 상표를 사용하
여 광고·선전행위를 하는 것이 상표법 위반인가에 대하여도 대법
원은 상표법 위반은 아니라는 취지로 판시하고 있다.[230]

---

227) 최성우·정태호, 앞의 책, 444면.
228) 권택수, "병행수입업자의 상표사용의 범위," 대법원판례해설(제42호), 법
원도서관, 2003, 772면.
229) 대법원 2005.6.9. 선고 2002다61965 판결 등 참조.
230) 대법원 2002.9.24. 선고 99다42322 판결.

2) 병행수입과 상품주체 혼동행위의 문제

종래 병행수입의 문제는 주로 상표법적인 관점에서 논의되어 왔는바, 한편 부정경쟁방지법 제2조 제1호 가목 소정의 상품주체 혼동행위와 관련하여 보면, 병행수입 그 자체만으로는 출처의 혼동이 없으므로 해당 규정의 해당성이 없다고 보아야 할 것이다.[231]

3) 병행수입과 영업주체 혼동행위의 문제

대상판결에서는 병행수입품에 대한 광고선전과 영업주체 혼동행위 사이의 문제를 다루고 있는데, 병행수입업자 등이 병행수입품을 판매하는 과정에서 어느 정도까지 광고선전을 허용할 것인가의 문제가 제기될 수 있다. 이러한 영업주체 혼동행위의 여부와 관련해서는 병행수입이 허용되었다고 해서 병행수입업자가 해당 상표를 사용할 정당한 권원을 갖는 것은 아니라 할 것이므로, 광고행위도 원칙적으로 상표권 소진의 효과가 미치는 범위 내, 즉, 병행수입품 그 자체의 판매행위에 부수한 것만이 허용된다는 견해가 있기도 하다.[232]

한편, 병행수입업자의 진정상품의 수입이 허용되는 이상 상표권자의 상표가 부착된 상태에서 상품을 판매하는 행위, 즉 소극적으로 상표를 사용하는 행위는 당연히 허용될 것이나, 이러한 병행수입상품의 수입행위에서 더 나아가 적극적인 사용, 예컨대 상표권자의 상

---

231) 권택수, 앞의 "병행수입업자의 상표사용의 범위," 773면.

232) 병행수입을 허용하는 취지를 살리는 차원에서 병행수입업자의 진정상품 판매와 밀접 불가분의 관계가 있는 경우 영업상 최소한도로 필요한 범위 내에서 상표의 사용을 허용하되, 그 범위를 넘어서 상표권자의 신용과 고객흡인력을 희석화하거나 국내 독점판매대리점과의 관계에서 영업주체의 혼동을 초래할 우려가 있는 상표의 사용은 금지하는 것이 병행수입을 둘러싼 이해관계인 사이에 합리적인 이익의 조화를 꾀할 수 있다(서울고등법원 1999.6.22.선고 98나35466 판결 ─ 상기의 대법원 2002.9.24.선고 99다42322 판결의 원심 판결임).

표를 사용하여 광고·선전을 하는 행위는 별개의 독립된 상표사용
행위이므로, 수입 자체는 적법하다고 하더라도 광고의 적법성 여부
는 별개의 차원에서 취급되어야 할 것이다.[233]

이러한 경우 이를 부정경쟁방지법 소정의 영업주체의 오인, 혼동
을 초래하는 행위(부정경쟁방지법 제2조 제1호 나목 소정의 영업주체 혼
동행위)로 해석하여 규제할 수 있다고 보는 것이 기존의 대법원 판
례의 해석이다.[234]

즉, 국내에서 널리 알려진 상표가 부착된 진정상품을 병행수입한
경우로써 그 상표가 사용태양 등에 비추어 영업표지로서의 기능을
갖는 경우에는 병행수입업자가 외국 본사의 국내 공인 대리점 등으
로 오인하게 할 우려가 있으므로, 이러한 사용행위는 비록 상표권
침해로 될 수는 없어도(상표권 침해는 전체 행위들에 대해서 부정함[235])

---

233) 권택수, 앞의 "병행수입업자의 상표사용의 범위," 774면.
234) 대법원 2002.9.24. 선고 99다42322 판결.
235) 상표권자(버버리)에 대한 판단(전체 행위들에 대해서 상표권 침해 부정함)
  (1) 병행수입 그 자체는 위법성이 없는 정당한 행위로서 상표권 침해 등을
      구성하지 아니함은 원심의 판단과 같으므로 병행수입업자가 상표권자
      의 상표가 부착된 상태에서 상품을 판매하는 행위는 당연히 허용될 것
      인바, 상표제도는 상표를 보호함으로써 상표사용자의 업무상의 신용유
      지를 도모하여 산업발전에 이바지함과 아울러 수요자의 이익을 보호함
      을 목적으로 하고(상표법 제1조 참조), 상표는 기본적으로 당해 상표가
      부착된 상품의 출처가 특정한 영업주체임을 나타내는 상품출처표시기
      능과 이에 수반되는 품질보증기능이 주된 기능이라는 점 등에 비추어
      볼 때, 병행수입업자가 위와 같이 소극적으로 상표를 사용하는 것에 그
      치지 아니하고 나아가 적극적으로 상표권자의 상표를 사용하여 광고·
      선전행위를 하더라도 그로 인하여 위와 같은 상표의 기능을 훼손할 우
      려가 없고 국내 일반 수요자들에게 상품의 출처나 품질에 관하여 오
      인·혼동을 불러일으킬 가능성도 없다면, 이러한 행위는 실질적으로 상
      표권 침해의 위법성이 있다고 볼 수 없을 것이므로, 상표권자는 상표권
      에 기하여 그 침해의 금지나 침해행위를 조성한 물건의 폐기 등을 청구
      할 수 없다고 봄이 상당하다고 할 것이다.
  (2) 이 사건의 경우를 보건대, 병행수입업자인 피고가 문제된 선전광고물,

부정경쟁방지법 소정의 영업주체 혼동행위에 해당된다고 대법원 2002.9.24.선고 99다42322 판결은 판시하였다(일부 행위들에 대해서만 영업주체 혼동행위를 인정함236)).

> 명함, 포장지, 쇼핑백, 내·외부 간판에 부착 또는 표시하여 사용한 이 사건 표장(구체적으로 보면 이 사건 표장의 각 해당 표장과 전혀 동일하거나 그 해당 표장이라고 볼 수 있을 정도로 거의 동일하므로 피고가 사용한 표장이 이 사건 표장과 동일한 것으로 봄이 상당하다)은 원고 버버리의 등록상표들과 동일하거나 극히 유사하여 상품 출처에 오인·혼동이 생길 염려가 없고 또 피고가 수입한 상품이 원고 버버리에 의하여 생산된 진정상품인 이상 국내 독점적인 수입·판매대리점인 원고 유로통상이 원고 버버리로부터 수입하여 판매하는 상품과 품질에 있어 차이가 있다고 보기도 어려우므로, 결국 상표제도의 목적이나 상표의 기능 등에 비추어 피고가 위 선전광고물이나 명함 및 외부 간판 등에 그러한 표장을 사용한 행위는 실질적으로 위법하다고 할 수 없어 원고 버버리의 상표권을 침해한 것으로 보기 어렵다고 할 것이다.
>
> (3) 그렇다면 원심이 피고가 사용한 것 중 선전광고물, 포장지, 쇼핑백, 내부 간판 부분이 원고 버버리의 상표권을 침해하지 아니한다고 본 것은 정당하나, 그 나머지 외부 간판 및 명함 부분이 위 원고의 상표권을 침해한다고 본 것은 상표법 및 병행수입에 관한 법리를 오해한 위법이 있다고 할 것이다.

236) 전용사용권자(유로통상)에 대한 판단(일부 행위들에 대해서만 영업주체 혼동행위 인정함)

병행수입업자가 적극적으로 상표권자의 상표를 사용하여 광고·선전행위를 한 것이 실질적으로 상표권침해의 위법성이 있다고 볼 수 없어 상표권침해가 성립하지 아니한다고 하더라도, 그 사용태양 등에 비추어 영업표지로서의 기능을 갖는 경우에는 일반 수요자들로 하여금 병행수입업자가 외국 본사의 국내 공인 대리점 등으로 오인하게 할 우려가 있으므로, 이러한 사용행위는 부정경쟁방지법 제2조 제1호 나목 소정의 영업주체 혼동행위에 해당되어 허용될 수 없다고 볼 것이다. 원심의 이유설시에 다소 미흡한 점은 있으나, 매장 내부 간판, 포장지 및 쇼핑백, 선전광고물은 영업표지로 볼 수 없거나 병행수입업자의 매장이 마치 대리점인 것처럼 오인하게 할 염려가 없다고 보아 이 사건 표장의 사용이 허용되는 반면에, 사무소, 영업소, 매장의 외부 간판 및 명함은 영업표지로 사용한 것이어서 이 사건 표장의 사용이 허용될 수 없다고 판단하고 이들 외부 간판 및 명함에 대해서 이 사건 표장의 사용금지 및 그 폐기를 명한 원심의 조치는 위 법리에 비추어

　여기서 병행수입에 관하여 광고가 행하여지는 경우라도 상표권 침해는 성립되지 아니하고, 다만, 사안에 따라서는 부정경쟁방지법 제2조 제1호 나목 소정의 영업주체 혼동행위가 될 수 있다고 보는 것이 주류적인 견해라고 하겠다.[237]

　결국 이상의 내용들을 종합하여 보면, 상표제도의 목적이나 상표의 기능에 비추어 볼 때, 병행수입품에 관한 광고가 상품의 출처표시기능과 품질보증기능을 해하지 아니하는 경우에는 실질적으로 위법하다고 보기 어려우므로 상표권 침해가 성립한다고 볼 수는 없을 것이고, 또 이와 같이 병행수입품에 관한 광고가 동일출처를 표시하고 있는 이상(상품출처에 혼동이 생기지 아니하는 이상) 부정경쟁방지법 제2조 제1호 가목 소정의 상품주체 혼동행위에는 해당되지 아니할 것이나, 그 사용태양 등에 비추어 영업표지로서의 기능을 갖는 경우에는 부정경쟁방지법 제2조 제1호 나목 소정의 영업주체 혼동행위에 해당된다고 볼 수 있을 것이다.[238]

　그러나 이러한 기존의 판례의 태도에 대해서 문제점을 제기하는 견해도 상존하고 있는데, 대법원 99다42322 판결과 관련하여 명함이나 외부 간판 등의 경우에도 병행수입업자가 정식 수입판매대리점에 의하지 않고 병행수입된 점이라는 것을 명확히 밝히고 있는 경우에는 혼동가능성이 부정될 수 있으므로, 결국 혼동가능성을 판단함에 있어서는 해당 상품 시장에서의 거래자 또는 수요자의 평균인의 인식을 기준으로 하여 그 상품의 유통경로, 수요자층의 분포상

　　정당하고, 거기에 각 상고이유에서 지적하는 것과 같은 법리오해나 이유모순 등의 위법이 있다고 할 수 없다.

237) 송영식 외 6인, 지적소유권법(하)(제2판), 육법사, 2013, 238-239면; 조용식, "판례로 본 병행수입의 인정요건," 특허소송연구(제1집), 특허법원, 1999.12, 260면 참조; 권택수, 앞의 "병행수입업자의 상표사용의 범위," 779면.

238) 권택수, 앞의 "병행수입업자의 상표사용의 범위," 780면.

태, 광고의 형태 등을 참작하여 구체적으로 살필 수밖에 없다는 견
해가 있다.[239]

(3) 대상 판결의 구체적인 검토

한편, 이 사건을 살펴보면, 나이키 제품은 한국 내의 전용사용권
자이자 이 사건의 피해자인 주식회사 나이키스포츠가 독점적으로
수입·판매하고 있는데, 피고인이 사용한 것은 나이키라는 상표로
서의 표장이라고 할 것이고, 그것을 외부간판이나 현수막 등에 사
용한 것인 바, 그것은 앞서 본 기존의 대법원 99다42322 판결에서
언급하고 있는 영업표지로서 사용한 것이라고 할 수 있을 것이다.

따라서 그것이 주식회사 나이키스포츠의 영업상의 시설 등과 혼
동을 가져올 위험이 있는지를 살펴보면, 상표권자인 나이키 인코포
레이티드의 등록상표인 "▨"의 경우 제품의 상표로서의 기능
외에 서비스표로서의 기능도 가진다고 볼 수 있으며, 주식회사 나
이키스포츠는 "▨"의 상표권자이자 서비스표권자인 미국 나이
키 인코포레이티드의 자회사로서 해당 등록상표에 대한 전용사용
권을 부여받아 국내에서 영업을 하고 있다.

그런데 해당 상표를 사용하려면 피해자인 나이키스포츠와 대리
점 계약을 체결하고 영업하여야 하고, 다른 영업점 사진을 보면 다
른 매장들도 간판에 위와 같은 상표 표시를 가장 큰 간판기호로 내

---

239) 이러한 견해에서는 이와 같은 대법원 99다42322 판결이 구체적 사용 유
형에 따라 결론을 달리하였다는 면에서 사실관계에 비추어 정당하다고 할
것이나, 병행수입이 허용되는 경우와 허용되지 아니하는 경우에 관한 구체
적인 기준에 관하여는 아무런 설시를 하지 아니하였는바, 장래의 유사 사
례에 대하여 구체적인 판단기준을 제공하지 못한다는 점에서 법적 안정성
의 문제가 여전히 남아 있다고 언급하고 있다(강영수, "병행수입품에 대한
광고의 허용범위," 지적재산권의 현재와 미래(소담 김명신 선생 화갑기념
논문집), 한국산업재산권법학회·법문사, 2004, 26-27면).

세우고 있는 것이 거래계의 현실이므로, 위 상표를 간판이나 현수
막으로 크게 사용한 것 자체는 원칙적으로 영업주체를 오인하도록
하기에 충분하다고 볼 수 있을 것이다.

　한편으로 만약에 피고인이 이 사건에서 주장한 것처럼 일부 현수
막 등의 하단에 작게나마 '병행수입점'이라는 표시를 하였다는 사실
이 인정된다면, 앞에서 살펴본 대법원 99다42322 판결에 대한 문제
점을 제기하는 견해에 따를 경우에 혼동가능성의 부정에 대해서 재
고할 필요가 있다는 견해도 있다.[240)]

　따라서 이러한 견해 등에 의하여 단순히 대법원 99다42322 판결
의 판단 법리를 그대로 적용하였던 대상판결이 실제로 비판을 받고
있는 점을 대상판결의 해석시 유의하여야 할 것이다.[241)]

---

240) 대상판결과 관련하여 해당 사건의 변호인은 피고인이 매장 외부에 광고
　　를 하면서 병행수입임을 표시하였고, 나이키신발뿐만 아니라 다른 회사의
　　브랜드의 신발도 같이 파는 형태였기 때문에 국내의 공인대리점으로 오인
　　할 가능성은 극히 희박하였다고 언급하면서, 해당 소송절차에서도 앞의 강
　　영수, "병행수입품에 대한 광고의 허용범위"에서 언급한 근거를 제시하며,
　　"명함, 외부 간판 등의 경우에도 병행수입업자가 정식 수입판매대리점에
　　의하지 않고 병행수입된 점이라는 것을 명확히 밝히고 있는 경우에는 혼동
　　가능성이 부정될 수 있다."는 점을 주장하였으나 대법원이 이러한 주장을
　　받아들이지 않았다고 비판하고 있다. 그리고 이와 아울러 대법원이 외부
　　간판이나 현수막 등을 통해 매장 외부에 상표를 표시하는 경우 기계적으로
　　영업주체 혼동행위에 해당하는 것으로 보는 경향은 제고되어야 한다는 점
　　을 지적하고 있기도 하다[변호사 안주섭의 블로그(http://blog.naver.com/
　　libero4all/220015471153)에서의 "병행수입업의 광고, 선전행위가 영업주
　　체 혼동행위에 해당하는지 여부(대법원 2009.1.30.선고 2008도7462 판
　　결)," 2014.5.30(접속일: 2015.7.20.)].
241) 앞선 비판적인 견해들과 뜻을 같이 하는 견해로서 "대법원은 영업주체 혼
　　동행위는 어떠한 경우에도 허용되지 않는다는 전제하에서 매장 내부에 상
　　표를 표시하는 행위는 영업주체 혼동행위가 아니라는 입장이다. 그러나 상
　　품주체의 혼동을 유발하지 않는 병행수입된 상품의 광고에 대하여 기존의
　　영업주체 혼동행위의 기준을 엄격하게 제시하는 것은 정당하지 못하며, 이
　　러한 기준에 따르더라도 매장 외부 광고와 매장 내부 광고가 영업주체의

4. 대상판결의 의의

대상판결은 최초로 병행수입업자의 상표 사용의 범위에 대하여 구체적인 판단 기준을 제시하였다는 점에서 그 의의가 크다고 할 수 있는 기존의 대법원 99다42322 판결의 판단 법리를 재확인한 것이라고 할 수 있다.

그러나 앞서 언급한 바와 같이, 대법원 99다42322 판결 이래로 법원이 지나치게 획일적으로 병행수입업자의 영업주체 혼동행위 여부를 판단하고 있다는 비판들도 상당수 존재하고 있고, 이러한 판단 법리는 실제로 병행수입자들의 영업 활동의 범위를 지나치게 위축시킬 수 있다는 비판을 충분히 받을 수 있는 것이다.

따라서 병행수입업자가 독점수입판매대리점을 통하여 정식으로 수입된 것이 아니라 병행수입된 것이라는 것을 명시하는 등 수요자에게 실제적인 영업주체의 혼동이 되지 않도록 하는 별도의 조치를 한 경우에는 앞선 비판적인 견해들에서도 언급하고 있듯

혼동을 유발하는 데 있어서 차이가 있는지도 의문이다. 병행수입업자가 매장에서 하나의 브랜드 제품만을 판매한다면 매장 외부에 표장을 사용하거나 매장 내부에 표장을 사용하거나 관계없이 구매자로서는 영업주체를 오인할 가능성이 매우 높기 때문이다."고 비판함과 아울러 "결론적으로 병행수입된 제품의 광고의 한계를 제시하기 위해서는 대법원 판결처럼 획일적인 기준을 적용하기보다는 병행수입된 상품의 특성을 고려하여 구매자를 기준으로 볼 때 상표권자에게 영업주체가 누구인지 여부에 대하여 이익을 갖고 있는지를 살핀 후, 만일 그러한 이익이 존재한다면 구체적인 광고방법이 영업주체의 혼동을 유발하고 있는지 판단해야 한다고 본다."고 구체적인 대안을 제시하는 견해도 있다[이헌묵, "판례평석 진정상품의 병행수입과 부정경쟁행위(대법원 2002.9.24.선고 99다42322, 대법원 2009.1.30. 선고 2008도7462)," 법률신문 법률정보, 입력일: 2010.9.2.(https://www.lawtimes.co.kr/Legal-Info/Cases-Commentary-View?Serial=941), (접속일: 2015.7.20.)]. 결국 학설상으로는 대상판결에 대해서 동일한 근거를 가진 비판적인 견해가 상당수 존재함을 확인할 수 있다.

이, 법원은 영업주체 혼동행위 여부에 대한 판단 시에 실거래계의 구체적인 영업주체의 혼동 여부를 중심으로 사안을 검토할 필요가 있을 것이다.

그리고 향후 유사사례의 발생 시에 대법원에서도 기존의 판단 법리를 획일적으로 적용하는 것이 아니라, 이에 관하여 실제적인 사안의 해결에 적용될 수 있는 구체적인 판단 법리의 설시가 필요할 것으로 생각된다.

X 상품허위광고와 품질 등 오인야기행위
[산마을소재 사건][242]

1. 사건의 정리

(1) 사실관계

피고인은 식품제조가공업 영업신고를 한 피해자 운영의 "산마을소재"로부터 제조·공급받은 초코펜(쿠키, 케익, 과자 등에 글씨나 초콜릿으로 그림 장식을 하는 펜)을 대형마트 등에서 판매해 오다가, 피해자와의 분쟁으로 그 공급이 지연되자 자신이 대표이사로 있는 회사로서 식품제조가공업 영업신고를 하지 않은 공장에서 직접 제조한 초코펜을 그 상품표시사항 중 '제조원'란에 이전과 동일하게 '산마을소재, 경기도 ○○시 ○○구 ○○○동 ○○○-○○'라고 표시하여 대형마트 등에서 판매하였다.

(2) 피고인들에 대한 공소사실

피고인은 피고인 회사의 대표이사이다. 피고인 및 피고인 회사는 식품제조업 신고업체인 '산마을소재'에 상품 디자인, 필름, 동판 및

---

242) 대법원 2012.6.28.선고 2010도14789 판결.

초콜릿 충전설비에 대한 비용을 제공하고, '산마을소재'는 이를 이용해서 3가지 색상(다크, 화이트, 핑크)의 초코펜을 제조하여 피고인 회사에 공급하기로 하는 상품공급계약을 2007.2.경 '산마을소재'를 운영하는 피해자와 체결하였다.

피해자는 위 계약에 따라 성남시청에 식품위생법 소정의 식품 품목 제조사항을 보고한 후에 그 보고서 기재 문구를 원용한 '상품표시사항'이 기재된 필름을 초코펜 용기 뒷면에 부착하여 3가지 색상의 초코펜을 제조·완성한 다음 피고인에게 2007.6.경부터 2007.12.경까지 공급하였다.

이후 피고인은 피해자와 초코펜의 공급기일·가격 등에 관하여 의견이 일치되지 아니하여 피해자로부터 공급이 지연되자, 2008.1.22.부터 같은 달 30.까지 대전 OO구 OO동 OO-OO에 있는 피고인 회사 공장에서 직접 초코펜을 제조하면서 그 '상품표시사항' 중 '제조원'란에 '산마을소재, 소재지: 경기도 OO시 OO구 OOO동 OOO-OO'이라고 허위 표기하는 등 피해자가 피고인에게 공급했던 초코펜 용기에 부착된 '상품표시사항'이 그대로 표기된 필름을 초코펜 용기 뒷면에 부착하여, 2008.1.22.경부터 2008.5.29.경까지 초코펜(다크, 화이트, 핑크) 37,322개를 피고인 회사 터미널점, 홈플러스 OOO점 등 124개 거래처에 판매하였다. 이로써 피고인은 피해자가 운영하는 '산마을소재'의 상품을 사칭하거나 상품의 품질을 오인하게 하는 표지로써 상품을 판매하였다.

한편 피고인 회사는 양벌규정에 의해 처벌되는 것인데, 피고인 회사는 제과·제빵 용기 및 재료의 판매업 등의 목적으로 설립된 법인으로, 그 대표이사인 피고인이 위와 같이 피고인 회사의 업무에 관하여 피해자가 운영하는 '산마을소재'의 상품을 사칭하거나 상품의 품질을 오인하게 하는 표지로써 상품을 판매하였다.

(3) 소송의 경과

이에 대해서 1심[243]은 피고인 및 피고인 회사의 유죄로 판단하였고,[244] 피고인 및 피고인 회사가 이에 대해 항소를 하였으나,[245] 원

---

243) 서울중앙지방법원 2010.6.29.선고 2009고단6784 판결.
244) 피고인 및 피고인 회사 각 벌금 2,000,000원 선고(유죄).
  1. 피고인들의 변호인의 주장
  피고인들의 변호인은, 피고인들이 제조업 신고를 하지 않고 초코펜을 생산하였다는 점에 대하여 각 벌금 3,000,000원의 판결을 선고받아 확정되었고, 그렇지 않다고 하더라도 피고인들이 2006년경 초코펜을 개발하여 생산하여 오다가 2007.2.경부터 공소외인에게 위탁생산한 다음 이를 직접 판매하여 왔는데, 공소외인이 2008.1.경 갑자기 초코펜을 공급하여 줄 수 없다고 하여 어쩔 수 없이 초코펜을 생산·판매한 것이어서 죄가 되지 않고, 나아가 양벌규정에 대하여는 헌법재판소의 위헌결정이 있었으므로 적어도 법인인 피고인 회사에 대하여는 무죄라고 다툰다.
  2. 판 단
  가. 면소판결을 하여야 한다는 취지의 주장에 대하여
  피고인들 제출의 판결문에 의하면, 피고인들이 관할 구청장에게 신고하지 아니하고 2008.1.22.경부터 같은 달 30.경까지 피고인 회사 공장에서 초코펜을 제조하였다는 점에 대하여, 피고인들이 2008.11.14. 대전지방법원(2008고단3759)에서 식품위생법위반죄로 각 벌금 3,000,000원을 선고받아 그 판결이 그 무렵 확정된 사실은 인정되나, 구 식품위생법(2009.2.6. 법률 제9432호로 전문 개정되기 전의 것) 제77조 제1호, 제22조 제5항 소정의 무신고 식품제조·가공업 영위의 점과 구 부정경쟁방지법 제18조 제3항 제1호, 제2조 제1호 바목 소정의 상품을 사칭하거나 상품의 품질을 오인하게 하는 표지로써 상품을 판매한 부정경쟁행위의 점은 각 구성요건에서 본 행위의 태양 등을 종합하여 보면 양죄는 실체적 경합관계에 있음이 분명하고, 또한 양 범죄사실의 기초가 되는 사회적 사실관계도 상이하므로 식품위생법 위반죄에 대하여 판결이 확정되었다 하여도 그 기판력이 위 부정경쟁방지법 위반죄에 미친다고 할 수 없다. 따라서 피고인들의 변호인의 이 부분 주장은 받아들이지 아니한다.
  나. 구 부정경쟁방지법 제18조 제3항 제1호, 제2조 제1호 바목을 위반한 것이 아니라는 주장에 대하여
  위조상품 비교사진, 영업신고증 사본, 식품품목제조보고서 사본, 약정서

심246)에서도 항소를 기각하여 유죄로 판단하였으며,247) 피고인이

> 사본 등에 의하면, ① 공소외인은 2001.11.17.경부터 '산마을소재'라는 명
> 칭으로 식품제조·가공업 영업신고를 한 후 식품제조·가공업을 영위하여
> 온 사실, ② 피고인 회사와 공소외인은 2007.2.9. 초코펜의 제조 및 판매에
> 관한 약정에서, 피고인 회사는 초코펜을 공소외인이 운영하는 '산마을소재'
> 를 통해서만 제조하여 판매할 수 있다고 정한 사실(이하 '이 사건 약정'이
> 라 한다), ③ 공소외인은 이 사건 약정에 따라 2007.10.경 성남시장에게 식
> 품(식품첨가물)품목제조보고서를 제출한 다음 초코펜을 제조하여 그 "제
> 조원"으로 "산마을소재: 경기도 ○○시 ○○구 ○○○동"을 표시하고, 다만 "판
> 매원"으로 "피고인 회사 : 서울시 ○○구 ○○동"을 표시하여 피고인 회사에
> 공급하여 온 사실 등을 알 수 있으므로, 피고인들의 변호인의 이 부분 주장
> 은 받아들이지 아니한다.
> 다. 양벌규정에 대하여 헌법재판소의 위헌결정이 있었다는 주장에 대하여
> 헌법재판소가 2009.7.30.선고 2008헌가17 결정에서 구 도로법(2005.12.
> 30. 법률 제7832호로 개정되고, 2008.3.21 법률 제8976호로 전부 개정되기
> 전의 것, 이하 같다) 제86조 중 "법인의 대표자" 부분을 제외한 "법인의 대
> 리인·사용인 기타의 종업원이 그 법인의 업무에 관하여 제83조 제1항 제2
> 호의 규정에 의한 위반행위를 한 때에는 그 법인에 대하여도 해당 조의 벌
> 금형을 과한다"는 부분이 헌법에 위반된다고 하였고, 피고인 회사에 대한
> 이 사건 공소사실은 피고인 회사의 '대표자'인 피고인이 법인의 업무에 관
> 하여 위반행위를 하였다는 것이어서, 피고인들의 변호인의 이 부분 주장도
> 받아들이지 아니한다.
> 245) 피고인들이 제조하여 판매한 초코펜은 피고인들의 상품으로 '타인의 상
> 품'에 해당하지 아니하고, 피고인들이 제조한 초코펜의 상품표시사항에 제
> 조원을 산마을소재로 표시한 행위가 구 부정경쟁방지법(2008.12.26. 법률
> 제9225호로 개정되기 전의 것) 제2조 제1호 바목의 부정경쟁행위에 해당
> 한다고 볼 수 없다.
> 246) 서울중앙지방법원 2010.10.22.선고 2010노2630 판결.
> 247) 가. 관련 법리
> 구 부정경쟁방지법 제2조 제1호 바목은 '타인의 상품을 사칭하거나 상품
> 또는 그 광고에 상품의 품질, 내용, 제조방법, 용도 또는 수량을 오인하게
> 하는 선전 또는 표지를 하거나 이러한 방법이나 표지로써 상품을 판매·반
> 포 또는 수입·수출하는 행위'를 '부정경쟁행위'로 규정하고 있고, 이 중 '상
> 품 또는 그 광고에 상품의 품질, 내용, 제조방법, 용도 또는 수량을 오인하
> 게 하는 표지를 하거나 이러한 표지를 한 상품을 판매 등을 하는 행위'란

상품의 속성과 성분 등 품질, 급부의 내용, 제조가공방법, 효능과 사용방법 등의 용도에 관하여 일반 소비자로 하여금 오인을 일으키는 허위나 과장된 내용의 표지를 하거나 그러한 표지를 한 상품을 판매하는 등의 행위를 말한다(대법원 1992.2.29.선고 91마613 결정).

나. 판 단

원심이 적법하게 채택·조사한 증거들에 의하면 피고인들은 2007. 2. 9. 피해자 공소외인이 운영하는 산마을소재로부터 초코펜을 공급받는 계약을 체결하였고, 피해자는 위 계약에 따라 초코펜 등을 피고인들에게 공급한 사실, 피해자가 공급한 초코펜에 부착된 상품표시사항에는 '제조원'란에 '산마을소재, 소재지 : 경기도 OO시 OO구 OOO동(대법원 판결의 지번 생략)'로, '판매원'란에 '피고인 회사, 소재지 : 서울시 OO구 OO동'으로 각 표시되어 있는 사실, 피고인은 피해자로부터 공급받은 초코펜을 롯데마트, 홈플러스 등 대형마트에서 주로 판매하였던 사실, 피고인은 피해자와 초코펜의 공급기일·가격 등에 관련하여 의견이 일치되지 아니하여 피해자로부터 공급이 지연되기에 이르자, 2008.1.22.부터 같은 달 30.까지 대전 대덕구(이하 생략)에 있는 피고인 회사(이하 '피고인 회사'라 한다) 공장에서 직접 초코펜을 제조하여 이를 기존의 거래처인 롯데마트, 홈플러스 등에서 판매한 사실, 피고인이 제조한 초코펜에 부착된 상품표시사항에도 '제조원'란에 '산마을소재, 소재지: 경기도 OO시 OO구 OOO동'로 표시되어 있는 사실, 피해자가 운영하는 산마을소재는 식품제조가공업 영업신고를 한 업체이고, 피고인 회사는 식품제조가공업 영업신고를 하지 않은 업체인 사실이 인정되고, 여기에다가 ① 초코펜을 판매하는 롯데마트, 홈플러스 등에서는 내부적으로 상품을 판매하기에 앞서 제품의 표시사항을 별도 점검하는 절차를 거치고, 판매업체가 제조사를 변경하는 경우 신고하도록 하며, 판매업체에 허가 등 법적 요건을 갖출 것을 요구하고 있어 식품위생법상 식품제조업자로 등록되지 않은 회사가 제조한 제품은 원칙적으로 판매를 허용하지 않는 점, ② 초코펜은 식품의 일종으로 식품위생법상 적법한 제조업체로 등록되어 있는지 여부는 소비자로 하여금 제품의 구매를 결정함에 있어서 주요한 판단요소로 작용하는 점, ③ 피고인 회사가 식품제조가공업 영업신고를 하지 않아 초코펜을 적법하게 제조할 수 없는 업체라는 것은 롯데마트, 홈플러스 등에 공지된 사실이므로 피고인들이 제조원을 산마을소재로 표시하지 않았다면 롯데마트, 홈플러스 등은 피고인들이 제조한 초코펜을 판매하지 않았을 것으로 보이는 점 등을 종합하여 보면, 초코펜의 제조원 표시는 구 부정경쟁방지법상 상품의 제조방법에 관한 표시로서 피고인들이 제조원을 허위로 표시한 행위는 구 부정경쟁방지법 제2조

이에 대해 상고하여 대법원에서 판단한 것이 바로 대상판결에서의 이 사건이다.

2. 대상판결(대법원 2010도14789 판결)의 판시 내용

부정경쟁방지법 제2조 제1호 바목 후단의 '상품에 그 상품의 품질, 내용, 제조방법, 용도 또는 수량을 오인하게 하는 표지를 하거나 이러한 표지를 한 상품을 판매 등을 하는 행위'란 상품의 속성과 성분 등의 품질, 급부의 내용, 제조 및 가공방법, 효능과 사용방법 등의 용도 또는 상품의 개수, 용적 및 중량 등의 수량에 관하여 일반 소비자로 하여금 오인하게 하는 허위나 과장된 내용의 표지를 하거나 그러한 표지를 한 상품을 판매하는 등의 행위를 말하는 것이다 (대법원 1992. 2. 29.자 91마613 결정 등 참조).

한편 상품의 제조원에 일정한 품질 관념이 화체되어 있어서 이를 표시하는 것이 상품의 수요자나 거래자 등이 속한 거래사회에서 그 상품의 품질에 대한 관념의 형성에 기여하는 경우에는 허위로 이러한 제조원을 상품에 표시하거나 그러한 상품을 판매하는 등의 행위는 상품의 품질에 관하여 일반 소비자로 하여금 오인하게 할 우려가 있는 행위로서 부정경쟁방지법 제2조 제1호 바목 후단의 부정경쟁행위에 해당한다.

원심이 적법하게 채택한 증거에 의하면, 피고인은 2007. 2.경부터 식품제조가공업 영업신고를 한 피해자 운영의 산마을소재로부터 제조·공급받은 초코펜을 롯데마트, 홈플러스와 같은 대형마트 등

제1호 바목에서 규정한 부정경쟁행위 중 '타인의 상품을 사칭하는 행위'에 해당함은 별론으로 하고, '상품 또는 그 광고에 상품의 품질, 내용, 제조방법, 용도 또는 수량을 오인하게 하는 선전 또는 표지를 하거나 이러한 방법이나 표지로써 상품을 판매·반포 또는 수입·수출하는 행위'에 해당한다. 따라서 피고인들의 위 주장은 이유 없다.

에서 판매해 오다가, 피해자와의 분쟁으로 그 공급이 지연되자 2008.1.22.부터 같은 달 30.까지 자신이 대표이사로 있는 회사로서 식품제조가공업 영업신고를 하지 않은 피고인 회사의 공장에서 직접 제조한 초코펜의 상품표시사항 중 '제조원' 란에 '산마을소재, 경기 ○○시 ○○구 ○○○동 ○○○-○○'라고 허위로 표시하여 위 대형마트 등에서 판매하였음을 알 수 있다.

그런데 이들 대형마트 등에서는 상품 판매 전에 상품표시사항을 별도로 점검하고 판매업체에 대해 판매허가 등과 같은 법적 요건을 갖추도록 하는 한편 제조업체의 변경 시에 이를 신고하도록 하여 식품제조가공업 영업신고를 하지 않은 업체가 제조한 상품의 판매를 허용하지 않았던 만큼, 위와 같이 초코펜의 제조원을 식품제조가공업 영업신고를 한 산마을소재라고 허위로 표시하지 아니하였다면 그 판매가 불가능하였을 것으로 보이고, 식품의 일종인 초코펜이 식품위생법상 식품제조가공업 영업신고를 한 업체에 의해 제조되었는지는 그 품질과 일정한 관련이 있는 사항으로서 수요자가 초코펜을 구매할 때 참작하는 고려요소 중 하나로 여겨지기도 한다.

따라서 '산마을소재'라는 제조원에는 초코펜 상품과 관련하여 식품제조가공업 영업신고를 한 업체로서의 일정한 품질 관념이 화체되어 있다고 할 것이어서, 이를 제조원으로 표시하는 것은 초코펜 상품의 수요자나 거래자 등이 속한 거래사회에서 그 상품의 품질에 대한 관념의 형성에 기여하는 것으로 보아야 하므로, 피고인이 식품제조가공업 영업신고를 하지 않은 피고인 회사에서 제조한 초코펜의 제조원을 위와 같이 산마을소재로 허위로 표시하여 판매한 행위는 상품의 품질에 관하여 일반 소비자로 하여금 오인하게 할 우려가 있는 행위로서, 부정경쟁방지법 제2조 제1호 바목 후단이 규정한 부정경쟁행위에 해당한다.

원심의 이유 설시에 적절치 못한 점은 있으나, 피고인의 위 행위가 부정경쟁방지법 제2조 제1호 바목 후단의 부정경쟁행위에 해당한다고 본 원심의 결론은 정당하므로, 원심판결에 상고이유에서 주장하는 바와 같이 위 규정의 해석·적용에 관한 법리를 오해하여 판결에 영향을 미친 위법이 있다고 할 수 없다(상고기각).

3. 대상판결에 대한 검토

(1) 부정경쟁방지법 제2조 제1호 바목의 의의 및 취지

부정경쟁방지법 제2조 제1호 바목은 동조 동호 라목[248]의 '원산지 오인야기행위', 동조 동호 마목[249]의 '출처지 오인야기행위'와 함께 오인유발행위 유형에 속하는 부정경쟁행위로서, 가목 및 나목과 같은 혼동초래행위 유형의 부정경쟁행위와 구분된다.[250]

해당 규정은 "타인의 상품을 사칭하거나 상품 또는 그 광고에 상품의 품질, 내용, 제조방법, 용도 또는 수량을 오인하게 하는 선전 또는 표지를 하거나 이러한 방법이나 표지로써 상품을 판매·반포 또는 수입·수출하는 행위"를 부정경쟁행위의 하나로 규정하고 있다.

해당 규정에 의하여 금지되는 행위는 ① 타인의 상품사칭행위(전단). ② 상품 또는 그 광고에 상품의 품질, 내용, 제조방법, 용도 또

---

248) 상품이나 그 광고에 의하여 또는 공중이 알 수 있는 방법으로 거래상의 서류 또는 통신에 거짓의 원산지의 표지를 하거나 이러한 표지를 한 상품을 판매·반포 또는 수입·수출하여 원산지를 오인(誤認)하게 하는 행위.

249) 상품이나 그 광고에 의하여 또는 공중이 알 수 있는 방법으로 거래상의 서류 또는 통신에 그 상품이 생산·제조 또는 가공된 지역 외의 곳에서 생산 또는 가공된 듯이 오인하게 하는 표지를 하거나 이러한 표지를 한 상품을 판매·반포 또는 수입·수출하는 행위.

250) 유영선, "제조원의 허위표시가 부정경쟁방지 및 영업비밀보호에 관한 법률 제2조 제1호 (바)목의 부정경쟁행위에 해당하는지 여부," 대법원판례해설 (제92호), 법원도서관, 2012.12, 417-418면.

는 수량을 오인하게 하는 선전 또는 표지를 하는 행위(후단)(이하 '품질 등 오인야기행위'[251]라고 함), ③ 전단 또는 후단의 방법이나 표지로써 상품의 판매 등을 하는 행위라고 할 것이다.[252]

그러나 이와 관련하여 해당 규정을 허위광고, 과대광고 등의 행위로 상품 또는 그 광고에 상품의 품질, 내용, 수량 등에 관하여 오인을 할 만한 표지를 하는 행위 및 그러한 표지를 하여 판매 기타의 방법으로 유통 상태에 두는 행위의 2가지 유형으로 나누어 설명하는 견해와[253] '상품사칭행위'와 '품질 등 오인야기행위'로 나누어서 설명하는 견해가[254] 있다.

전자가 행위의 단계를 기준으로 구분하는 반면에 후자는 행위의 방법을 기준으로 구별하고 있는 것인데, 후자로서 나누어 설명하는 것이 현재 통설적인 태도이다.

(2) 상품사칭행위

'상품사칭(詐稱)행위'란 타인의 상품을 자기 상품이나 제3자의 상품으로 사칭하거나 이러한 방법으로 상품을 판매·반포 또는 수입·수출하는 행위를 말한다. 상품사칭행위는 타인의 상품을 자기의 상품이나 또는 제3자의 상품으로 사칭하는 적극적인 경우는 물론, 설명의무에 위반하여 고객의 물음에 진실하지 않게 응답하는 경우와 같이 소극적인 경우도 포함된다.[255]

---

251) 일부의 문헌에서는 이것을 '질량(質量) 오인야기행위'라고도 칭한다[송영식 외 6인, 앞의 지적소유권법(하)(2013), 414면].

252) 유영선, 앞의 "제조원의 허위표시가 부정경쟁방지 및 영업비밀보호에 관한 법률 제2조 제1호 (바)목의 부정경쟁행위에 해당하는지 여부," 418면.

253) 윤선희, "부정경쟁행위에 대한 고찰," 발명특허(제252호), 한국발명진흥회, 1997, 37면.

254) 황의창·황광연, 앞의 부정경쟁방지 및 영업비밀보호법(2009), 58-62면.

255) 사법연수원, 앞의 부정경쟁방지법(2010), 48면.

이와 같은 상품사칭행위는 고객에 대한 사기, 즉, 기망에 해당하여 민법상 불법행위가 성립되고 형법상 사기죄가 적용될 뿐만 아니라 부정경쟁방지법상 부정경쟁행위가 성립되어 후술하는 민사적 구제나 형사처벌의 대상이 된다.

따라서 비교법적으로 살펴볼 때에, 일본의 부정경쟁방지법에는 상품사칭행위에 관하여 규정하고 있지 않은데, 이에 대해서 형법상 사기에 관한 규정이 있고 또 민법상 불법행위에 관한 규정이 별도로 있기 때문이라고 보는 견해가 있다.[256]

상품사칭행위의 성립과 관련하여, 법문상으로는 타인의 상품표지가 국내 주지표지에 이를 것을 요하지 않고, 사칭방법에도 특별한 제한을 두고 있지 않으나,[257] 일반적으로 사칭은 타인을 기망하여 착오에 빠뜨리게 하려는 '고의'가 있고, 이로 인하여 타인이 사칭에 '빠져들었을 때' 또는 '빠질 우려가 있을 때'에 성립된다고 본다.[258]

이와 관련하여 대법원에서는 해당 규정에서 상품사칭행위를 부정경쟁행위의 한 유형으로 규정하고 있을 뿐이고, 타인의 상품 등이 널리 알려져 있음을 요한다고 규정하고 있지 아니하므로, 고소인의 상표가 국내에서 널리 알려져 있어야 함을 전제로 하는 상고이유의 주장은 이유 없다고 하면서 타인의 상품사칭행위의 성립을 긍정한 예가 있기도 하다.[259]

---

256) 황의창·황광연, 앞의 부정경쟁방지 및 영업비밀보호법(2009), 58면.

257) 따라서 이를 법문 그대로 해석하는 경우 부정경쟁행위의 범위가 너무 넓어질 우려가 있고, 특히 타인의 상품표지가 국내 주지표지에 이를 것을 요하는 가목과 균형이 맞지 않기 때문에, 그 해석이 문제로 될 수 있는데, 이에 대해서는 학설상으로도 여러 견해가 있는 등 아직 명확하게 정리되어 있지 않다(유영선, 앞의 "제조원의 허위표시가 부정경쟁방지 및 영업비밀보호에 관한 법률 제2조 제1호 (바)목의 부정경쟁행위에 해당하는지 여부," 419면).

258) 황의창·황광연, 앞의 부정경쟁방지 및 영업비밀보호법(2009), 58면.

　대법원 및 하급심에서 상품사칭행위를 인정한 사례를 구체적인
사안별로 정리하여 살펴보면, ① 피해자가 개발하여 상표등록 및
특허출원까지 마친 통합보안시스템 제품인 '사이버 디펜스(Cyber
Defence)'를 마치 피고인 회사가 개발한 제품인 것처럼 "피고인 회사
가 모든 통합보안기능을 사이버 디펜스라는 제품에 통합시켰다"라
는 취지의 영문표기와 사이버 디펜스 제품의 구조를 도면과 함께
설명하는 내용의 자료를 서울산업진흥재단에 제공함으로써 멕시코
의 멕시코시티 무역관과 브라질의 상파울로 무역관에서 현지 바이
어들을 상대로 피고인 회사 제품의 판매활동을 하면서 피해자의 사
이버 디펜스를 피고인 회사의 제품인 것처럼 행사한 경우,260) ② 텐
나인(TENNINE, TEN9) 상표로 화장품을 판매하면서 종전에 위탁판
매하던 시절 운영하던 SNP화장품 인터넷 홈페이지를 텐나인 화장
품 홈페이지에 링크시키고, 텐나인 화장품 홈페이지에 "2005년 국
내 최초로 모공수축팩을 개발하여 모공시장을 이끌어온 SNP화장품
이 2009년 겨울 텐나인이라는 새로운 브랜드로 여러분을 찾아갑니
다"라는 선전문과 함께 SNP화장품 판매를 위해 광고한 동영상 자료
및 영업실적내용을 각 게재하고, 텐나인 화장품을 텐나인(구 에스엔
피), 텐나인화장품(구 SNP)로 표기한 경우,261) ③ 인터넷 가격 비교
사이트인 에누리닷컴과 오픈마켓인 옥션 및 11번가에 '주식회사 윤
씨네'가 생산하여 판매하는 프로젝트용 스크린 제품을 판매한다는
내용의 판매글을 게시한 후 이를 보고 연락이 오는 구매자들로부터
그 대금을 송금받고, 인지도가 없는 다른 업체의 제품을 배송한 경
우,262) ④ 섬유원단 6,000 야드의 제작을 의뢰하면서 마치 원단이
섬유무역업체인 주식회사 세인무역에서 제조한 것처럼 보이도록

---

259) 대법원 1995.11.7.선고 94도3287 판결.
260) 대법원 2005.9.29.선고 2005도5623 판결.
261) 서울남부지방법원 2010.12.16.선고 2010고정2124 판결(확정).
262) 서울서부지방법원 2011.3.24.선고 2011고단89 판결(확정).

위 회사의 상호인 'sein' 로고를 섬유원단에 인쇄하도록 한 경우,[263] ⑤ 일본 시세이도 프로페셔널사와의 계약 해지로 해당 회사의 제품을 판매하지 못하게 되자, 해당 회사의 'MODE-TOUCH STRAIGHT', 'PHASE7', 'O.P.T', 'CYSTHERMIC', 'MODE-TOUCH STRAIGHT AQUA KEEP ESSENCE', 'Infinic'와 같은 6종류 제품과 명칭, 용기의 모양, 용량, 디자인이 유사한 모조품을 만들어 판매한 경우[264] 등이 있다.

(3) 품질 등 오인야기행위

1) 의　의

품질 등 오인 야기행위는 수요자에 대한 수요의 부정한 조종행위의 하나로서 허위 사기 광고가 전형적인 것인데, 그것은 정당한 노력에 의하는 것이 아니라 자기의 불리한 조건의 감소, 유리한 조건의 증대를 꾀함으로써 부당하게 경업상 유리한 지위를 획득하려는 행위이며, 고객의 부정획득행위(unfair catching of customers)의 유형에 속한다.[265]

이와 같은 품질 등 오인야기행위는 거래질서를 문란하게 하는 행위이자 시장의 일반적 파괴를 가져오는 행위로서 원산지 거래자와 수요자의 이익은 물론 일반 공중의 공익을 침해하게 되나, 현행 부정경쟁방지법은 자신의 영업상의 이익이 침해되거나 될 우려가 있다고 인정되는 자에게 한하여 소권을 인정함으로써 일반 소비자(미국 상표법, 스위스 부정경쟁방지법) 또는 소비자단체(독일 부정경쟁방지법) 등에 이를 인정하고 있는 미국, 스위스, 독일 등의 법제에 비해

---

263) 대구지방법원 서부지원 2009. 5. 12. 선고 2009고정221 판결(확정).
264) 서울중앙지방법원 2011. 5. 20. 선고 2011고단906 판결(확정).
265) 송영식 외 6인, 앞의 지적소유권법(하)(2013), 415면.

서 소비자의 보호가 미흡하다.[266)]

따라서 이에 대하여 직접적, 1차적 피해자는 일반 소비자이므로 일반 소비자에게 해당 규정의 위반에 따른 금지청구권을 인정하도록 법개정이 필요하다는 것이 다수적인 견해이다.[267)]

품질 등의 오인 야기 수단은 ① 상품 또는 상품 광고에 상품의 품질, 내용, 제조방법, 용도 또는 수량을 오인하게 하는 표지를 하거나, ② 상품 광고를 통해 상품의 품질을 오인하게 하는 선전을 하거나, ③ 위의 방법을 사용하여 상품을 판매, 반포 또는 수입, 수출하는 것이라고 할 수 있다.[268)]

2) 행위의 대상[269)]

가. 품질

품질에 관하여 오인을 일으키게 하는 선전 또는 표지란 직접 품질을 과대 또는 허위로 광고하는 경우뿐만 아니라, 간접적으로 환경부의 환경마크, 협회나 산업통상자원부의 품질안전마크, 박람회, 연구소, 상공회의소 등 공적 및 사적 시설에 보증을 하게 하거나 또는 전문 기술자에게 보증을 하게 하는 형식으로도 이루어질 수 있다.[270)]

그리고 품질오인은 간접적으로 공사의 품질검사기관의 보증을

---

266) 황의창 · 황광연, 앞의 부정경쟁방지 및 영업비밀보호법(2009), 59면.

267) 송영식 외 6인, 앞의 지적소유권법(하)(2013), 415면; 황의창 · 황광연, 앞의 부정경쟁방지 및 영업비밀보호법(2009), 59면; 사법연수원, 앞의 부정경쟁방지법(2010), 49면.

268) 사법연수원, 앞의 부정경쟁방지법(2010), 49면.

269) 여기서 행위의 대상으로 해당 규정상 언급되고 있는 상품의 품질 등은 예시에 불과하며, 기타 원재료, 형상, 가격 등에 대해서도 상품을 오인하게 하는 것이면, 모두 해당 규정의 적용 대상이 된다[황의창 · 황광연, 앞의 부정경쟁방지 및 영업비밀보호법(2009), 60면].

270) 小野昌廷 編著, 앞의 新 · 注解 不正競爭防止法(2000), 420-421면.

받았다든가, 산지 특약 재배, 직수입, 수상, 추천의 사칭을 비롯하여
자체 품질검사기관을 갖추고 있다고 허위광고하는 경우에도 일어
난다.271)

　품질의 오인광고는 일부 중고재료를 사용한 제품, 중고품 또는
개조한 제품을 신품이라고 하는 경우, 하급품을 고급품, 협회가 존
재하지 않으면서 그 존재하지 않는 협회가 인정하는 마크라고 하는
행위 등이 그 전형적인 예다.272)

　특허는 품질을 보증하는 제도는 아니나 일반적으로 기술적 진보
가 있는 제품에 주어진다고 생각하고 있으므로 특허되지 아니한 제
품을 특허품이라고 칭한다든지 특허번호를 붙이는 것은 특허법 소
정의 허위표시의 죄에 해당하는 외에도 아울러 품질의 오인야기행
위 등에 해당될 수 있다.273)

　한편 영업의 역사, 과거의 거래처, 현재의 판로, 제조에 종사한 스
태프(staff), 제조에 관련된 인물, 회사 등에 대하여 사칭하는 것에 의
해서도 품질에 대한 오인은 발생한다고 보며, 실제로 품질의 오인
야기와 내용의 오인야기를 엄격히 구별할 필요가 없는 경우가 많
다.274)

　'돈으로 살 수 없는' 또는 '오로지 이 상품' 등의 선전과 같이 소비
자에게 상품의 호화로움이나 품질에 관한 일반적인 관념만을 불러
일으키고 또 이를 통하여 자신의 상품에 대하여 긍정적인 반응을
획득하고자 하는 행위는 품질 등의 오인야기행위에서의 광고에 해
당하지 아니한다고 보아야 할 것이다. 즉, 부정경쟁방지법상 규제
되는 광고의 과장, 허위의 정도는 그와 같은 광고로 소비자나 고객

---

271) 송영식 외 6인, 앞의 지적소유권법(하)(2013), 416면.

272) 小野昌延 編著, 앞의 新·注解 不正競爭防止法(2000), 421면.

273) Ibid.

274) 유영선, 앞의 "제조원의 허위표시가 부정경쟁방지 및 영업비밀보호에 관
　한 법률 제2조 제1호 (바)목의 부정경쟁행위에 해당하는지 여부," 422면.

시장이 부당하게 변동되어 경쟁업자에게 손해를 미칠 우려가 있을 정도에 이르러야 한다.[275)

그런데 대상판결에서의 이 사건의 쟁점인 제조원 표시와 관련하여 살펴보면, 수요자 기타 거래권의 품질에 대한 관념의 형성에 간접적으로 기여하는 사실에 관련된 표시로서는 상품의 원산지와 생산지, 제조업체 등의 표시를 들 수 있는데, 타인의 상호나 상표를 모용하여 상품의 제조자를 허위로 표시하거나 광고함으로써 타인의 표지가 일정한 품질에 대한 관념이 내재화되어 있는 때에는 부정경쟁방지법 제2조 제1호 바목의 오인야기행위를 구성할 수 있다.

즉, 예를 들어, 수공업을 영위하는 자가 공장(工場)의 표시를 사용하는 경우나 또는 영업주의 자격에 관한 표시 역시 확대된 품질에 대한 개념 안에 포함된다.[276) 참고적으로 일본에서는 품질을 오인시킬 우려가 있는 구체적인 예로서 일본 상표법 제4조 제1항 제16호(우리 상표법 제7조 제1항 제11호[277) 전단에 해당함)에 대한 예를 참고할 수 있다고 설명하고 있다.[278)

나. 내용

상품의 내용이란, 급부의 내용으로 넓게 이해하는 경우에는 품질, 제조방법, 용도나 수량 등을 포함한다.[279) 그러나 부정경쟁방지법 제2조 제1호 바목에서는 이들을 별도로 열거하고 있는바, 상품

---

275) 사법연수원, 앞의 부정경쟁방지법(2010), 50면.
276) 정호열, 부정경쟁방지법론, 삼지원, 1993, 204~206면 참조; 유영선, 앞의 "제조원의 허위표시가 부정경쟁방지 및 영업비밀보호에 관한 법률 제2조 제1호 (바)목의 부정경쟁행위에 해당하는지 여부," 423면.
277) 제7조(상표등록을 받을 수 없는 상표) ① 다음 각 호의 어느 하나에 해당하는 상표는 제6조에도 불구하고 상표등록을 받을 수 없다. 11. 상품의 품질을 오인하게 하거나 수요자를 기만할 염려가 있는 상표.
278) 小野昌廷 編著, 앞의 新·注解 不正競爭防止法(2000), 421-422면.
279) 송영식 외 6인, 앞의 지적소유권법(하)(2013), 416면.

의 원료와 재료, 성분과 함량, 부속품과 여분 등이 그 직접적인 대상
이 되며, 나아가 보증의 내용과 그 기간, 애프터서비스의 유무와 그
기간 등의 상품 거래의 조건도 상품의 내용에 포함시킬 수 있다.[280]

또한 이른바 가격사기도 이에 포함된다고 보는데, 즉, 실제 정가
가 1000원인 제품을 "정가가 2000원, 가격을 할인하여 1000원에 세
일"이라는 식으로 사기세일을 벌리는 경우는 상품의 내용에 관하여
오인을 일으키는 표지를 하는 것이다.[281]

다. 제조방법

제조방법이란, 상품을 제조하는 방법을 말하고 가공방법이나 조
립방법을 포함한다.[282] 이것에는 방법특허의 표시나 방수, 내열가
공 등의 표시가 해당되며, 제조방법을 일반 대중에게 오인케 하는
경우 외에 시설, 공작기계, 공정 등 제조과정에 직접적 또는 간접적
으로 관계되는 사실, 또는 제품검사, 품질관리의 공정 등도 이에 포
함된다.[283]

라. 용도

용도란, 상품의 품질에 대한 관념을 전제로 한 개념으로 상품의
사용방법과 사용가능성, 그 효능, 용도의 수 등을 사실과 다르게 또
는 과장하여 표시하는 경우가 품질 등 오인야기행위에서의 용도에
관한 오인유발행위가 되는데, 예컨대 화장품에 의약품이라는 인상
을 심어주는 표지를 사용하는 경우가 있겠다.[284] 이러한 용도의 표

---

280) 사법연수원, 앞의 부정경쟁방지법(2010), 50면.
281) 송영식 외 6인, 앞의 지적소유권법(하)(2013), 416면; 사법연수원, 앞의
     부정경쟁방지법(2010), 50-51면.
282) 사법연수원, 앞의 부정경쟁방지법(2010), 51면.
283) 유영선, 앞의 "제조원의 허위표시가 부정경쟁방지 및 영업비밀보호에 관
     한 법률 제2조 제1호 (바)목의 부정경쟁행위에 해당하는지 여부," 424면.

시에는 사용방법의 표시와 효능의 표시가 관련되나, 앞서 언급한 품질, 내용의 표시와 엄격하게 구별할 실익은 없다.[285]

마. 수량

상품의 수량에 대한 오인은 상품의 수, 무게 및 부피 등의 허위표시나 과대선전에 의해 일어난다.[286] 즉, 수량이란, 상품의 수와 양, 즉, 길이, 넓이, 무게, 용적과 체적, 중량 등을 의미하며, 상품의 무게나 양을 사실과 다르게 표시하는 행위, 상품의 과대포장, 거래단위인 수량을 광고보다 줄여서 판매하는 경우 등이 수량에 관한 오인야기행위에 해당한다.

여기에서의 수량은 영업자와 수요자 사이에서의 직접적 거래의 대상이 되는 당해 상품의 수량은 물론 그 영업자가 보유하고 있는 동종상품의 재고량을 포함한다. 따라서 실제보다 재고량을 적게 표시하거나 과다하게 표시하여 소비자의 오인을 불러 일으켜 고객을 유인하는 경우는 수량에 관한 오인야기행위에 해당할 수 있다.

3) 행위의 구체적인 태양
가. 표시행위

상품 또는 그 광고에 상품의 품질, 내용, 제조방법, 용도 또는 수량의 오인을 일으키게 하는 표시행위를 의미하며, 예를 들면 60kg 백미 한 가마를 80kg으로 표시하여 소비자가 백미 60kg 한 가마를 80kg 한 가마로 오인하게 되는 경우이다.[287]

---

284) 사법연수원, 앞의 부정경쟁방지법(2010), 51면.
285) 유영선, 앞의 "제조원의 허위표시가 부정경쟁방지 및 영업비밀보호에 관한 법률 제2조 제1호 (바)목의 부정경쟁행위에 해당하는지 여부," 424면.
286) 황의창·황광연, 앞의 부정경쟁방지 및 영업비밀보호법(2009), 61면.
287) 황의창·황광연, 앞의 부정경쟁방지 및 영업비밀보호법(2009), 59-60면.

나. 선전행위

상품 또는 그 광고에 상품의 품질, 내용, 제조방법, 용도 또는 수량의 오인을 일으키게 하는 선전행위를 의미하며, 예를 들면 소비자로 하여금 말고기를 소고기로 오인하도록 광고하여 선전하는 경우이다.[288) 여기에서 광고는 영리 목적으로 상품에 대한 정보를 제공하는 행위로서 '공중이 알 수 있는 방법'에 포괄되는 대표적인 경우이고, 도·소매업자, 소비자 등 불특정 거래자를 대상으로 한다.[289)

또한 우리 법은 "상품 또는 그 광고에 … 선전 또는 표지를 하거나"라고 규정하여 상품상의 표지와 상품광고상의 선전을 구분하고 있으므로 여기의 광고는 위 협의의 광고에서 표지를 배제한 것만을 지칭한다. 여기에서 광고의 방법이나 그에 이용되는 매체에는 라디오, TV, 신문, 잡지 등 어느 매체이든 아무런 제한이 없다.[290)

다. 취급행위

상품의 오인을 일으키게 하는 선전 또는 표지로써 상품을 취급하는 행위, 즉, 상품 또는 그 광고에 상품의 품질, 내용, 제조방법, 용도 또는 수량의 오인을 일으키게 하는 선전이나 표지로써 상품을 판매, 반포 또는 수입, 수출하게 하는 행위이다.[291)

즉, 해당 규정은 상품의 품질 등에 관하여 오인을 일으키게 하는 상품 또는 광고상의 '표지 또는 선전'을 규제한다. 이러한 해당 규정의 '선전 또는 표지'라는 문구는 독일이나 일본 부정경쟁방지법의 '표시(表示)'개념에 대응하는 것으로 상품의 품질이나 수량 등에 관한 정보를 전달하는 행위 또는 수단을 의미한다.

---

288) 황의창·황광연, 앞의 부정경쟁방지 및 영업비밀보호법(2009), 60면.
289) 사법연수원, 앞의 부정경쟁방지법(2010), 49면.
290) 송영식 외 6인, 앞의 지적소유권법(하)(2013), 415면.
291) 황의창·황광연, 앞의 부정경쟁방지 및 영업비밀보호법(2009), 60면.

따라서 내용으로 전달하는 바가 없는 단순한 찬사인 선전행위는 정보제공적 성격이 없으므로 여기의 '선전 또는 표지'에 해당하지 않으며, 검증이 불가능한 찬사 역시 해당 규정의 선전 또는 표지에 해당하지 않는다. 반면에 그 진실성을 심사할 수 있는 의견표시는 해당 규정의 선전 또는 표시에 해당할 수 있다.292)

해당 규정은 선전 등이 객관적으로 허위인지의 여부보다는 그 대상으로 하는 수요자가 선전 등에 의하여 당해 상품에 관하여 그릇된 인식을 하게 되어 상품의 구매결정에 영향을 받을 우려가 있는지의 오인에 대한 유발성만을 문제로 한다.

따라서 여기서 '오인하게 하는'의 뜻은, 가, 나목의 '혼동을 일으키는'에 대한 해석의 경우와 같이, 선전의 대상거래권이 실제로 오인에 이르러야 함을 뜻하는 것이 아니고, 오히려 소비자의 오인유발을 위한 단순한 적격성(Einigung), 즉, 오인의 위험성으로 족하다고 풀이함에 이론이 없다.293)

이에 해당하는 행위의 전형이 사기표시로, 이는 형법상의 사기죄에도 해당될 수 있으나, 사기죄를 구성하지 않는 행위이지만 공정한 경쟁질서 유지의 측면에서 보면 방치할 수는 없는 행위들도 있고, 이러한 행위들은 해당 규정에 의해 규제된다고 할 수 있다.294)

(4) 대상판결에서의 이 사건에 대한 검토

1) '상품사칭행위'의 해당 여부

이 사건의 공소사실에는 피고인이 직접 제조한 초코펜의 '제조원'

---

292) 윤선희, 앞의 "부정경쟁행위에 대한 고찰"[발명특허(제252호)], 39면.
293) 유영선, 앞의 "제조원의 허위표시가 부정경쟁방지 및 영업비밀보호에 관한 법률 제2조 제1호 (바)목의 부정경쟁행위에 해당하는지 여부," 424면.
294) 유영선, 앞의 "제조원의 허위표시가 부정경쟁방지 및 영업비밀보호에 관한 법률 제2조 제1호 (바)목의 부정경쟁행위에 해당하는지 여부," 425면.

을 '산마을소재'로 표시하여 판매함으로써 피해자가 운영하는 '산마을소재'의 상품을 사칭하였다는 점이 포함되어 있는바, 이에 대하여 '상품사칭행위'의 해당 여부를 검토하여 보면, 피고인의 '산마을소재'라는 제조원의 표시를 '상품사칭행위'에 해당한다고 보는 것은 부적절하다고 볼 수 있다.

즉, 그 이유를 구체적으로 살펴보면, 첫째, 피고인이 사칭할 타인(산마을소재)의 상품은 처음부터 존재하지도 않아 이를 사칭한다는 관념을 상정할 수 없었다는 것, 다시 말하자면, 산마을소재에서 초코펜을 제조하여 '산마을소재'라는 제조원 표시가 허위가 아니었던 당시에도 그것은 수요자에게 피고인 회사의 상품으로 인식되었을 뿐이므로, 이러한 상품은 그대로이고 다만 실제 제조자(제조원)가 피고인 회사로 바뀌었다고 해서 그것이 '산마을소재'의 상품으로 사칭되고 있다고 볼 수는 없다는 점, 둘째, 소비자들은 제조원보다는 상표에 의해 그 출처를 파악함이 보통이므로,[295] 이 사건에서도 제조원이 '산마을소재'로 허위로 표시된 초코펜의 포장 디자인 등을 보고 소비자들은 이전과 마찬가지로 피고인 회사의 상품으로 인식하지, 단순한 제조원 표시인 '산마을소재'의 상품으로 인식할 여지는 없다는 점을 통해 피고인 및 피고인 회사의 행위가 해당 규정의 전단인 '상품사칭행위'로 볼 수 없을 것이다.[296]

---

295) 과자를 예로 들면, 시중에서 판매되는 대부분의 상품에는 롯데, 해태 등의 상표가 표시되어 있는 것 외에, 상품표시사항에는 이와 다른 제조원(그 업체 이름은 이 사건의 '산마을소재'와 같이 잘 알려져 있지 아니한 중소업체인 경우가 대부분임)이 별도로 표시되어 있는데, 그럼에도 소비자들은 이를 롯데, 해태 등의 상표와 관련된 업체의 상품으로 인식하지 그 제조원 업체의 상품으로 생각하지는 않는다.

296) 유영선, 앞의 "제조원의 허위표시가 부정경쟁방지 및 영업비밀보호에 관한 법률 제2조 제1호 (바)목의 부정경쟁행위에 해당하는지 여부," 426-427면.

2) '품질 등 오인야기행위' 해당 여부

앞서 검토한 바와 같이, 학설상 '제조원'에 대한 허위표시도 해당 규정의 후단인 품질 등 오인야기행위에 해당할 수 있다고 보고 있다. 즉, 제조원에 일정한 품질에 대한 관념이 내재화되어 있어 수요자 기타 거래권의 품질에 대한 관념의 형성에 기여하는 경우에는 그 제조원을 허위로 표시한다면 일반 소비자들은 그 품질을 오인하게 될 것이라고 정리하여 볼 수 있다.[297]

따라서 대상판결에서 이상과 같은 기존의 학설의 해석에 따라 "상품의 제조원에 일정한 품질에 대한 관념이 화체(化體)되어 있어서 이를 표시하는 것이 상품의 수요자나 거래자 등이 속한 거래사회에서 그 상품의 품질에 대한 관념의 형성에 기여하는 경우에는 허위로 이러한 제조원을 상품에 표시하거나 그러한 상품을 판매하는 등의 행위는 상품의 품질에 관하여 일반 소비자로 하여금 오인하게 할 우려가 있는 행위로서 부정경쟁방지법 제2조 제1호 바목 후단의 부정경쟁행위에 해당한다."고 설시한 판단 법리는 매우 자연스러운 것이라고 볼 수 있다.

그리고 이러한 판단 법리를 적용하여 '산마을소재'라는 제조원에는 초코펜 상품과 관련하여 식품제조가공업 영업신고를 한 업체로서의 일정한 품질에 대한 관념이 화체(化體)되어 있다고 할 수 있어, 이를 제조원으로 표시하는 것은 초코펜 상품의 수요자나 거래자 등이 속한 거래사회에서 그 상품의 품질에 대한 관념의 형성에 기여하는 것으로 보아야 하므로, 피고인이 식품제조가공업 영업신고를 하지 않은 피고인 회사에서 제조한 초코펜의 제조원을 '산마을소재'로 허위로 표시하여 판매한 행위는 상품의 품질에 관하여 일반 소비자로 하여금 오인하게 할 우려가 있는 행위로서 부정경쟁방지법

---

297) 유영선, 앞의 "제조원의 허위표시가 부정경쟁방지 및 영업비밀보호에 관한 법률 제2조 제1호 (바)목의 부정경쟁행위에 해당하는지 여부," 428면.

제2조 제1호 바목 후단이 규정한 부정경쟁행위에 해당한다고 판시한 것은 여러 가지 면에서 일응 타당하다고 볼 수 있다.

4. 대상판결의 의의

대상판결은 특히 '제조원'의 허위표시가 부정경쟁방지법 제2조 제1호 바목의 후단에 해당하는지의 여부에 관한 판단 기준을 판례상의 판단 법리로서 명확하게 설시한 최초의 판결이라는 점에서 그 의의를 가진다고 할 수 있다.[298]

---

298) 해당 대법원 판결과 관련된 대법원 재판연구관의 해설에서는 이와 아울러 해당 규정의 전단의 '상품사칭행위'의 해당 여부에 대한 판단 기준도 대법원이 추후 적절한 사안에서 정립하기를 기대한다고 언급하고 있기도 하다(유영선, "제조원의 허위표시가 부정경쟁방지 및 영업비밀보호에 관한 법률 제2조 제1호 (바)목의 부정경쟁행위에 해당하는지 여부," 대법원판례해설(제92호), 법원도서관, 2012. 12, 430면.

XI 상품 자체의 형태와 상품주체 혼동행위
[스칸디아 사건][299)

1. 사건의 정리[300)

(1) 사실관계

피고인이 독자적인 이름을 내걸고 상품을 제작, 판매함에 있어서, "스칸디아"라는 브랜드를 사용하는 회사에서 "토미(Tommi)" 시리즈로 판매되고 있던 가구 세트(침대, 장롱, 서랍장 등)와 그 전체 구조, 원목 재질, 단추모양 손잡이 등의 면에서 일반 소비자에게 "스칸디아"의 상품으로 인식될 수 있을 정도의 유사한 형태를 가진 상품을 출시하여 판매하였다.

---

299) 대법원 2012.2.9.선고 2010도8383 판결.

300) 대상판결은 해당 피고인에게는 부정경쟁방지법 제2조 제1호 가목 위반을, 이 주제에서 다루지 않는 다른 피고인들에 대해서는 부정경쟁방지법 제2조 제1호 바목 및 디자인권 침해로 인한 디자인보호법 위반을 다루고 있는데, 여기서 다룰 주제는 '상품 자체의 형태와 상품주체 혼동행위'이므로, 이하에서는 부정경쟁방지법 제2조 제1호 바목 및 디자인권 침해로 인한 디자인보호법 위반에 관한 사실관계, 공소사실 등에 대해서는 다루지 않도록 하겠다.

(2) 피고인에 대한 공소사실[301]

피고인은 1982.9.경부터 2004.12.경까지 "스칸디아[302]"에서 생산부(재단부) 기능공으로 나무 재단, 목공 조립 등의 일을 하였고, 2004.12.14.경 OOO가구라는 상호로 사업자등록을 한 후 2005.2. 22.경부터 2007.11.5.경까지 스칸디아로부터 주문된 가구를 제조하여 납품하였다.

피고인은 2007.11.6.경 스칸디아로부터 주문된 가구를 제작, 납품하는 것만으로는 공장 재정을 감당하기 어렵게 되자 독자적으로 가구를 제조하여 판매하기로 마음먹었다.

피고인은 2007.11.6.경 스칸디아에 납품계약해지를 통보하고 같은 달 14.경 기존에 사용하던 도면 및 제품 등을 반납한 후 공장장 OOO 등과 함께 가구 제작에 들어갔다.

피고인은 2007.12.경 'OOO가구'라는 이름을 내걸고 상품을 제작, 판매함에 있어서, 2006.8.경부터 스칸디아에서 "토미(Tommi)" 시리즈로 판매되고 있던 가구 세트(침대, 장롱, 서랍장 등)와 그 전체 구조 및 원목 재질, 단추모양 손잡이 등의 면에서 일반 소비자가 스칸디아의 상품으로 인식할 수 있을 정도의 유사한 형태를 가진 "아가페" 시리즈 상품을 출시하여 2008.1.경까지 판매하였다.

이로써 피고인은 국내에 널리 인식된 스칸디아 상품임을 표시한 표지(스칸디아의 토미 시리즈)와 유사한 형태의 가구 상품(아가페 시리

---

301) 여기서 다룰 주제는 부정경쟁방지법 제2조 제1호 가목의 위반 여부와 관련된 '상품 자체의 형태와 상품주체 혼동행위'이므로, 나머지 공소사실들에 대해서는 다루지 않도록 하겠다.

302) "스칸디아"는 이 사건 고소인이 대표이사로 있는 회사의 가구 브랜드(과거에는 브랜드이자 이 사건 고소인이 채권·채무를 포괄적으로 승계한 회사의 상호였음)이고, 원목 가구 브랜드로 상당히 알려져 있는 것으로 보인다.

즈)을 판매하여 부정경쟁행위를 하였다.

(3) 소송의 경과

이에 대해서 1심[303)은 피고인 및 피고인 회사의 무죄로 판단하였고,[304) 검사가 이에 대해 항소를 하였으나, 원심[305)에서도 항소를 기각하여 무죄로 판단하였으며,[306) 검사가 이에 대해 상고하여 대

---

303) 인천지방법원 2010.1.26.선고 2008고단6146 판결.

304) 1심과 원심 판결 내용 무죄로 일치함(판결 내용도 대동소이함).

305) 인천지방법원 2010.6.10.선고 2010노456 판결.

306) 상품의 형태는 디자인권이나 특허권 등에 의하여 보호되지 않는 한 원칙적으로 이를 모방하여 제작하는 것이 허용되고, 다만 예외적으로 어떤 상품의 형태가 2차적으로 상품출처표시기능을 획득하고 나아가 주지성까지 획득하는 경우에는 부정경쟁방지법 제2조 제1호 가목 소정의 "기타 타인의 상품임을 표시한 표지"에 해당하여 같은 법에 의한 보호를 받을 수 있으며, 이때 상품의 형태가 출처표시기능을 가지고 아울러 주지성을 획득하기 위해서는, 상품의 형태가 다른 유사상품과 비교하여 수요자의 감각에 강하게 호소하는 독특한 디자인적 특징을 가지고 있어야 하고, 일반수요자가 일견하여 특정의 영업주체의 상품이라는 것을 인식할 수 있는 정도의 식별력을 갖추고 있어야 하며, 나아가 당해 상품의 형태가 장기간에 걸쳐 특정의 영업주체의 상품으로 계속적·독점적·배타적으로 사용되거나, 또는 단기간이라도 강력한 선전·광고가 이루어짐으로써 그 상품형태가 갖는 차별적 특징이 거래자 또는 일반수요자에게 특정 출처의 상품임을 연상시킬 정도로 현저하게 개별화된 정도에 이르러야 한다(대법원 2007.7.13. 선고 2006도1157 판결 참조). ① 검사가 스칸디아의 토미 시리즈의 독특한 디자인적 특징이라고 주장하는 전면 모서리의 곡선 제작, 잡기 편한 크고 둥근 형태의 목재 손잡이 부분, 장롱이나 침대의 알판의 형태, 각 부분 치수에 따른 비례, 조립방식은 다른 가구 업체들도 많이 채택하여 사용하고 있는 흔한 방식이거나 안전성 내지 기능성을 우선적으로 고려하여 디자인을 하는 아동용 가구의 속성 내지 기능에서 유래하는 통상적인 형태로 보이는데, ② 검사가 제출한 증거만으로 '스칸디아'라는 상호가 기재되거나 부착됨이 없이 단순히 위 토미 시리즈 가구의 전체적인 구조 및 원목 재질, 단추모양 손잡이, 색상 등의 형태만으로 수요자의 감각에 강하게 호소하는

법원에서 판단한 것이 바로 대상판결에서의 이 사건이다.

2. 대상판결(대법원 2010도8383 판결)의 판시 내용[307]

상품의 형태는 디자인권이나 특허권 등에 의하여 보호되지 않는 한 원칙적으로 이를 모방하여 제작하는 것이 허용되며, 다만 예외적으로 어떤 상품의 형태가 2차적으로 상품출처표시기능을 획득하고 나아가 주지성까지 획득하는 경우에는 부정경쟁방지법 제2조 제1호 가목 소정의 "기타 타인의 상품임을 표시한 표지"에 해당하여 같은 법에 의한 보호를 받을 수 있다.

그리고 이때 상품의 형태가 출처표시기능을 가지고 아울러 주지성을 획득하기 위해서는, 상품의 형태가 다른 유사상품과 비교하여, 수요자의 감각에 강하게 호소하는 독특한 디자인적 특징을 가지고 있어야 하고, 일반수요자가 일견하여 특정의 영업주체의 상품이라

독특한 디자인적 특징을 가지고 있다거나 일반 소비자가 일견하여 스칸디아의 상품이라는 것을 인식할 수 있는 정도의 식별력을 갖추고 있다고 보기 어렵고, ③ 스칸디아의 방송, 영화 협찬자료, 상패사진, 신문기사 사진, 매출내역, 기타 광고자료 등에 관한 검사 제출의 각 증거만으로 '스칸디아' 상호가 없는 토미 시리즈의 상품 형태 그 자체가 국내에 널리 인식된 표지로서 부정경쟁방지법에서 정한 이른바 '주지성'을 획득하였다는 점을 인정하기 어려우며, ④ 반면에 피고인이 OOO 시리즈를 판매함에 있어서 가구에 피해자의 '스칸디아'라는 상호를 사용하지 아니하고 자신의 'OOO'라는 상호를 찍어서 판매한 점이 인정되고, 달리 위 공소사실을 인정할 증거가 없으므로 피고인에 대한 공소사실은 범죄사실의 증명이 없는 때에 해당한다(항소기각)(여기서 다룰 주제는 부정경쟁방지법 제2조 제1호 가목의 위반 여부와 관련된 '상품 자체의 형태와 상품주체 혼동행위'이므로, 원심 판결에서의 부정경쟁방지법 제2조 제1호 바목 및 디자인보호법 위반 여부에 관한 판단에 대해서는 다루지 않도록 하겠다).

307) 여기서 다룰 주제는 부정경쟁방지법 제2조 제1호 가목의 위반 여부와 관련된 '상품 자체의 형태와 상품주체 혼동행위'이므로, 나머지 판시 내용들에 대해서는 다루지 않도록 하겠다.

는 것을 인식할 수 있는 정도의 식별력을 갖추고 있어야 하며, 나아가 당해 상품의 형태가 장기간에 걸쳐 특정의 영업주체의 상품으로 계속적·독점적·배타적으로 사용되거나, 또는 단기간이라도 강력한 선전·광고가 이루어짐으로써 그 상품형태가 갖는 차별적 특징이 거래자 또는 일반수요자에게 특정 출처의 상품임을 연상시킬 정도로 현저하게 개별화된 정도에 이르러야 한다(대법원 2007.7.13. 선고 2006도1157 판결 참조).

원심은, 가구 제조·판매업체인 주식회사 제이케이의 '스칸디아' 제품 중 토미 시리즈 제품의 형태가 다른 가구 제품에 비하여 수요자의 감각에 강하게 호소하는 독특한 디자인적 특징을 가지고 있다거나 일반 소비자가 일견하여 '스칸디아'의 제품이라는 것을 인식할 수 있을 정도의 식별력을 갖추고 있다고 보기 어렵고, 나아가 검사가 제출한 증거들만으로는 토미 시리즈 가구 제품의 형태가 갖는 차별적 특징이 거래자 또는 일반수요자에게 '스칸디아'의 상품임을 연상시킬 정도로 현저하게 개별화된 정도에 이르렀다고 인정하기 어렵다는 등의 이유로 피고인에 대하여 무죄로 판단한 1심 판결을 그대로 유지하였다.

위 법리와 기록에 비추어 살펴보면, 원심의 판단은 정당하고, 거기에 부정경쟁방지법 제2조 제1호 가목 소정의 "기타 타인의 상품임을 표시하는 표지"에 관한 법리 등을 오해한 위법이 없다(상고기각).

3. 대상판결에 대한 검토

(1) 상품의 형태 자체와 상품표지 해당성

대상판결에서 이 주제와 관련된 사안에서는 스칸디아 토미시리즈 가구의 제품 형태 자체에 상품표지 해당성이 인정되는지 여부가 쟁점이 된다. 어떤 대상이 상품표지에 해당한다는 것은, 감각적으

로 파악할 수 있는 수단이 특정 상품을 개별화하여 동종의 다른 상
품으로부터 구별시키는 힘(식별력)을 갖춘 것을 말한다. 즉, 여기서
상품표지는 그 표지를 갖춘 상품이 누구로부터 나온 것인가(출처)를
알려 주어 출처가 다른 상품을 구별시켜 주는 수단이고, 특정 출처
의 것임을 알 수 있게 하는 것으로 충분하며, 그 출처의 구체적 명칭
을 상기시키는 것일 필요는 없다.308)

상품표지로서 '상품의 형태'는 원래 출처의 식별기능을 하는 것은 아
니다.309) 특히 상품의 형태는 특허, 실용신안, 디자인에 의하여 보호되
는 것을 제외하고 누구나 자유롭게 모방할 수 있는 것이 원칙이다.310)
상품의 형태는 본래 상품의 실질적 기능의 발휘, 미관이나 생산효율의
향상 등을 고려하여 적절하게 선택되는 것이기 때문이다.311)

그러나 예외적으로 상품의 형태가 상품의 기능에서 유래하는 필연
적인 형태에 해당하지 아니하고 동종 상품이 갖는 형태와 달라 상품
에 개성을 부여하는 수단이 되며, 장기간 계속적ㆍ독점적ㆍ배타적으
로 사용되거나 단기간이라도 강력한 선전ㆍ광고를 통하여 마치 상표
처럼 상품을 개별화하는 작용을 할 정도에 이르게 되면, 2차적으로
상품 출처를 표시하는 기능, 즉 'secondary meaning(2차적인 의미 —
즉, 상표법상 사용에 의한 식별력에 해당)'을 취득하게 된다.312)

그리고 이러한 상품의 형태는 특정 출처를 표시하는 표지로서 널
리 인식된 경우에 상품표지성을 갖게 되는 것이 보통이므로, 일반
적으로 상품표지 해당성은 주지성의 인정과 한꺼번에 이루어진다

---

308) 이회기, "상품의 형태가 부정경쟁방지 및 영업비밀보호에 관한 법률 제2
　　　조 제1호 (가)목 소정의 주지상품표지로서 보호받기 위한 요건," 대법원판례
　　　해설(제73호), 법원도서관, 2008, 767면.
309) 사법연수원, 앞의 부정경쟁방지법(2010), 27면.
310) 송영식 외 6인, 앞의 지적소유권법(하)(2013), 400면.
311) 사법연수원, 앞의 부정경쟁방지법(2010), 27면.
312) 이회기, 앞의 논문, 767-768면.

고 본다.313)

대상판결에서 관련 법리로 언급하고 있는 대법원 2007.1.13.선고 2006도1157 판결 또한 위와 같은 이론적 검토를 배경으로 하여 "상품의 형태는 디자인권이나 특허권 등에 의하여 보호되지 않는 한 원칙적으로 이를 모방하여 제작하는 것이 허용되며, 다만 예외적으로 어떤 상품의 형태가 2차적으로 상품출처표시기능을 획득하고 나아가 주지성까지 획득하는 경우에는 부정경쟁방지법 제2조 제1호 가목 소정의 '기타 타인의 상품임을 표시한 표지'에 해당하여 같은 법에 의한 보호를 받을 수 있다. 그리고 이 때 상품의 형태가 출처표시기능을 가지고 아울러 주지성을 획득하기 위해서는, 상품의 형태가 다른 유사상품과 비교하여, 수요자의 감각에 강하게 호소하는 독특한 디자인적 특징을 가지고 있어야 하고, 일반 수요자가 일견하여 특정의 영업주체의 상품이라는 것을 인식할 수 있는 정도의 식별력을 갖추고 있어야 하며, 나아가 당해 상품의 형태가 장기간에 걸쳐 특정의 영업주체의 상품으로 계속적·독점적·배타적으로 사용되거나, 또는 단기간이라도 강력한 선전·광고가 이루어짐으로써 그 상품형태가 갖는 차별적 특징이 거래자 또는 일반수요자에게 특정 출처의 상품임을 연상시킬 정도로 현저하게 개별화된 정도에 이르러야 한다."고 판시하고 있다.

이상과 같은 판단 법리를 전제로 하여 위의 2006도1157 판결에서는 '종이리필형 방향제'는 그 형태상의 특징이 보통의 종이방향제와 다른 독특한 디자인적 특징을 가지고 있다고 보기 어렵고, 일반 수요자가 일견하여 그 형태만을 보고 특정 영업주체의 상품이라는 것을 인식할 수 있는 정도의 식별력을 갖추고 있지 못하므로, 상품의 출처표시로서의 기능을 획득하였다고 보기 어렵다고 판단하여 상품의 형태 자체에 대한 상품표지성을 부정하고 있다.314) 해당 판결

---

313) 사법연수원, 앞의 부정경쟁방지법(2010), 27면.

은 상품의 형태가 부정경쟁방지법상의 상품에 대한 출처표시성 및 주지성을 취득하기 위한 요건을 구체적으로 제시했다는 점에서 그 의의가 있다고 하겠다.315)

(2) 상품 형태의 상품표지성을 판단한 관련 사례316)

1) 상품표지성을 인정한 사례
가. 대법원 2003.11.27.선고 2001다83890 판결

거북이 완구의 형태는 다른 완구들의 형태와 구별되는 특징을 지니며 장기간 계속적·독점적·배타적으로 사용됨으로써 피고가 거

---

314) 즉, 해당 판결에서는 "센트클럽의 종이리필 방향제의 형태는 직사각형 형상의 종이봉투 형상을 하고 있는 것으로 이는 국내외에 제조·판매되는 종이리필 방향제의 기본적인 형태와 동일하고, 비록 겉봉투 속에 향액을 입힌 가루모양의 내용물을 담고 있는 부직포재질의 속봉투가 있기는 하나 이는 밖에서 잘 보이지 아니하므로 그것으로 인하여 센트클럽의 종이리필 방향제가 다른 보통의 종이봉투형 방향제와 뚜렷이 구별되는 형태상의 특징이 있다고 보기는 어렵다. 또한 일반수요자들이 센트클럽의 이 사건 종이리필 방향제를 선택한 이유도 그 제품의 디자인보다는 품질의 우수함에 있었던 것으로 보이며, 센트클럽의 종이리필 방향제 제품 표면(겉봉투)에 상품의 출처를 표시하는 'SCENT CLUB'이란 표지가 별도로 뚜렷이 표시되어 있어 일반수요자나 거래자들은 대체로 'SCENT CLUB'이란 문자 부분에 의해 출처를 인식한다고 보아야 할 것이다. 따라서 위에서 본 센트클럽의 종이리필 방향제가 국내에서 처음 개발된 제품이고 시장에서 독보적 지위를 차지하고 있다는 사정은 위 'SCENT CLUB'이란 상품표지나 '센트클럽'이란 업체명(상호)의 주지성을 인정할 근거는 될지언정 그와 같은 사정만으로 위 종이리필 방향제의 형태 자체가 상품출처표시성 및 주지성을 획득하였다고 할 수 없으므로, 위 센트클럽의 종이리필 방향제는 부정경쟁방지법상 '기타 타인의 상품임을 표시하는 표지'에 해당한다고 할 수 없다."고 판시하여 상품의 형태와 결합되어 있던 문자 부분만의 상품표지성을 인정하고 있을 뿐, 상품 형태 자체에 대한 상품표지성은 부정하고 있다.
315) 이회기, 앞의 논문, 790면.
316) 이회기, 앞의 논문, 769-771면에서의 인용된 판례들을 참조함.

북이 완구를 제조·판매할 무렵에 이미 국내의 거래자나 일반 수요자에게 특정 출처의 상품임을 연상시킬 정도로 현저하게 개별화되기에 이르렀다고 볼 여지가 크다고 할 것이므로, 상품표지에 해당한다고 판단하였다.

나. 대법원 2002.10.25.선고 2001다59965 판결

'공기분사기'(공기를 분사하여 청소를 하는 기구로, 자동차정비소, 골프장, 공장 등에서 널리 사용)의 형태가 주지의 상품표지라고 보아 그것과 거의 동일한 형태의 공기분사기를 제조·판매하는 행위가 상품의 출처에 혼동을 일으키는 부정경쟁행위에 해당한다고 판단하였다.[317]

다. 대법원 2002.2 8.선고 2000다67839 판결

"포트메리온" 도자기 그릇 세트에 새겨진 과일문양은 모양, 색채, 위치 및 배열에서 다른 업체의 문양과 차별성이 인정되고 관련 수요자와 거래자에게 널리 알려져 있어 그 도자기 그릇 세트의 출처를 표시하는 표지에 해당한다고 하여, 이와 동일·유사한 도자기 그릇 세트의 제조·판매행위가 상품주체 혼동행위라고 판단하였다.

2) 상품표지성을 부정한 사례

가. 대법원 2002.6.14.선고 2002다11410 판결

원고들의 '야채절단기'가 전체적인 형태에 있어 다른 야채절단기와 구별되는 특징을 지니고 있지만, 야채절단기의 형태가 갖는 특징이 거래자나 수요자에게 특정한 품질을 가지는 특정 출처의 상품임을 연상시킬 정도로 현저하게 개별화되었다고 인정할 만한 증거가

---

317) 상품의 구성 중 변형 가능성이 큰 부분이 특이한 형태를 이루고 있으며, 약 10년 동안 수십억원 상당의 상품이 국내에 계속적으로 수입된 사실을 주된 근거로 함.

부족하다고 판단하였다.

나. 대법원 2001.10.12.선고 2001다44925 판결

'진공청소기'의 납작한 원통형 내지 밥통형 모양의 전체적인 형태와 그 본체에서 더스트 콘테이너(dust container)를 분리한 후의 고깔 형태의 속모양이 특정 회사의 상품임을 표시하는 표지로서 국내에 널리 인식되어 있다고 인정하기 어렵고, 다른 외국회사 제품들인 납작한 원통형 내지 밥통형 모양의 가정용 진공청소기가 국내에 수입·판매되는 실태에 비추어 보면 위 진공청소기의 형태에 자타상품의 식별력이 있는 차별적인 특징이 있다고 보기도 어렵다고 판단하였다.

다. 대법원 1996.11.26.선고 96도2295 판결

인쇄회로기판 제작에 사용되는 기계인 '전자부품 삽입기'와 '삽입순서 제어기'의 형태가 국내에서 5, 6년에 걸쳐 100대 가량 판매된 사실만을 가지고는 국내 수요자들에게 상품의 출처표시로서 현저하게 개별화될 정도로 주지성을 취득하였다고 볼 수 없다고 판단하였다.

(3) 대상판결에서의 이 사건에 대한 검토

대상판결에서 스칸디아의 가구 제품 형태318) 자체에 상품표지 해당성 및 주지성이 인정되는지의 여부를 검토하여 보면, 대법원 판례

318)

는 앞서 본 바와 같이 상품의 형태가 출처표시기능을 가지고 아울러 주지성을 획득하기 위한 요건으로 ① 상품의 형태가 다른 유사 상품과 비교하여, 수요자의 감각에 강하게 호소하는 독특한 디자인적 특징을 가지고 있어야 하고, ② 일반 수요자가 일견(一見)하여 특정의 영업주체의 상품이라는 것을 인식할 수 있는 정도의 식별력을 갖추고 있어야 하며, ③ 나아가 당해 상품의 형태가 장기간에 걸쳐 특정의 영업주체의 상품으로 계속적·독점적·배타적으로 사용되거나, 또는 단기간이라도 강력한 선전·광고가 이루어짐으로써 그 상품형태가 갖는 차별적 특징이 거래자 또는 일반수요자에게 특정 출처의 상품임을 연상시킬 정도로 현저하게 개별화된 정도에 이르러야 한다고 설시하고 있다.

그런데 대상판결에서는 이 사건에서의 가구 제품이 통상적으로 접하는 침대, 책상, 장롱의 형태와 차별화되는, 즉, 수요자의 감각에 강하게 호소하는 독특한 디자인적 특징을 가지고 있다고 볼 수 없고, 나아가 일반수요자가 일견하여 특정의 영업주체의 상품이라는 것을 인식할 수 있는 정도의 식별력을 갖추고 있다고 볼 수도 없다고 판단하고 있다.

설령 검사가 주장하고 있는 바와 같이 주지성 입증을 위하여 스칸디아에서 TV 드라마 등에 스칸디아 제품을 협찬한 자료, 스칸디아 제품의 매출액, 광고비 등의 증거를 제출하였다고 하더라도, 해당 증거들에 근거하여 '스칸디아'라는 문자 부분의 상품표지의 주지성을 인정하는 것은 별론으로 하고, 제품 자체에 독특한 디자인적 특성이나 식별력도 인정되지 않는 해당 제품의 형태 자체에 대하여 출처표시로서의 주지성을 인정하기는 어렵다고 대상판결에서는 판단하고 있다.

결국 스칸디아의 가구 제품 형태에 상품표지성이 인정됨을 전제로 하는 이 부분 공소사실은 범죄의 증명이 없는 경우에 해당한다고 하겠고, 검사가 제출한 증거들만으로는 토미 시리즈 가구 제품

의 형태가 갖는 차별적 특징이 거래자 또는 일반 수요자에게 '스칸
디아'의 상품임을 연상시킬 정도로 현저하게 개별화된 정도에 이르
렀다고 인정하기 어렵다는 등의 이유로 피고인에 대하여 무죄로 판
단한 1심 및 원심 판결을 정당하다고 본 대상판결은 타당하다고 볼
수 있겠다.

4. 대상판결의 의의

대상판결은 기존의 상품의 형태에 관한 상품표지성 및 주지성 판
단에 관한 대법원 판례의 태도를 충실히 반영한 것이라고 볼 수 있
다. 따라서 대상판결에서 판시한 법리가 현재 상품의 형태에 대한
상품주체 혼동행위의 판단에 관하여 핵심적인 판단기준이 되고 있
으므로, 상품의 형태에 관한 상품주체 혼동행위의 판단을 할 때에
는 대상판결의 판단 법리를 구체적으로 따져 보아 상품표지성 및
주지성에 대한 판단을 하여야 할 것이다.

XII

상품의 포장, 용기 및 도안과 상품주체 혼동행위 [로베르타 사건]³¹⁹⁾

1. 사건의 정리

(1) 사실관계

피고인 김OO은 1997.11.25.경부터 '국제종합무역상사'라는 상호로 신발, 방향제 등의 수입, 제조, 판매업을 영위하던 자이고, 주식회사 OO(이하 '피해자 회사'라 함)는 처음에는 이탈리아로부터 "ROBERTA DI CAMERINO" 상표가 부착된 여성의류, 핸드백, 넥타이, 스카프 등을 수입, 판매하다가 1996년 1월경 이탈리아의 기울리아나 까메리노 네에꼬엔으로부터 "ROBERTA DI CAMERINO" 상표와 "☒" 도형에 대한 국내 사용권을 취득한 뒤 이를 다시 각 상품별로 나누어 국내 업체들에게 서브라이선스를 주고 이를 관리하는 회사이다.

피고인 김OO은 피해자 회사와 1999.6.14. 계약품목을 방향제, 계약의 유효기간을 2004.8.31.까지로 하는 "ROBERTA DI CAMERINO" 상표의 사용에 관한 서브라이선스 계약을 체결하였고, 이 계약에 따라 "ROBERTA DI CAMERINO" 상표 및 "☒" 도형과 적색, 청색, 남색 등을 사용한 자동차용 방향제를 제조 판매하였으며, 또한, 2000.4.29. 계약품

---

319) 대법원 2006.4.13.선고 2003도7827 판결.

목을 발매트, 담요(110cm×150cm 이상), 계약의 유효기간을 2005.6.
30.까지로 하는 동일한 내용의 서브라이선스계약을 피해자 회사와
체결하였다.

피고인 김OO은 "ROBERTA DI CAMERINO" 상표를 부착한 방향제 제품을
생산, 판매하던 중, 상표사용권 문제로 피해자 회사와 갈등을 빚었
는데, 이를 기화로 피해자 회사와 위 서브라이선스계약이 유효함에
도 불구하고 2001.5.25.경 자신의 처남인 피고인 남OO 명의로 상호
를 'B무역'(2001.12.20. '국제무역상사'로 상호가 변경됨)으로 하여 사업
자등록을 하고, 2001.8.31. 피고인 남OO을 시켜 "AMBASSADOR
ROBERTA" 및 R자형 도안()의 상표권자인 J의 수임자인 K와
계약품목을 자동차용 내장품목, 액세서리류(방향제, 시트커버, 방석,
쿠션, 매트 등)로 하고 계약기간은 2004.12.31.까지로 하여 위 상표
들에 대한 상표통상사용계약을 체결하게 하였다.

그 후 피고인들은 적색, 청색, 남색 등 삼색과 R자형 도안()
을 사용하여 "Ambassador Roberta" 상표를 부착하고 피해자 회사의
상품광고 문구를 사용하여 자동차용 제품을 생산 판매하였다.

사실관계에서 나타나 있는 이 사건 포장 디자인의 형태를 예로
들면, 여기서 피해자 회사의 쿠션 제품은 〈그림 1〉[320])과 같은 형태

〈그림 1〉   〈그림 2〉   〈그림 3〉   〈그림 4〉

320) 해당 쿠션 제품의 색채는 맨위에 남색, 중단에 빨간색, 그 바로 아래에 가
느다란 선으로 초록색, 그리고 다시 맨 하단에 남색으로 구성되어 있으며,
쿠션 제품의 중간 부분에 문자상표의 위로 "R"도형이 위치하고 있다.

를 가지고 있고, 피고인들이 생산한 쿠션 제품은 〈그림 2〉와 같은 형태를 가지고 있으며, 피해자 회사의 방석 제품은 〈그림 3〉321)과 같은 형태를 가지고 있고, 피고인들의 방석 제품은 〈그림 4〉와 같은 형태를 가지고 있다(예로 든 해당 쿠션 제품과 방석 제품은 상품의 포장이나 용기가 아닌 상품 자체의 도안 내지 디자인이라고 볼 수 있으나, 상품 자체가 아닌 방향제 등의 상품의 포장 및 용기에도 이와 같은 형태의 도안 내지 디자인이 사용됨).

한편 "ROBERTA DI CAMERINO" 상표와 " R "도형은 이탈리아의 기울리아나 까메리노 네에꼬엔에 의해 1998.7.31. '향수, 향유' 등에 관하여, 1998.8.17. '융단, 모포, 침대보' 등에 관하여, 2002.5.3. '방향제'에 관하여, 2002.7.23. '쿠션, 방석'에 관하여 각각 국내에서 상표등록되었다. 그리고 "AMBASSADOR ROBERTA" 상표는 J에 의하여 1989.12.23. '핸드백, 지갑, 오페라백, 랍도셀, 트렁크, 배낭 외 3개 품목 등'에 관하여, 1992.7.13. '향수, 아이섀도, 마스카라, 입술연지, 매니큐어 등'에 관하여, 1992.7.13. '방향제'에 관하여 각각 상표등록되었다.

또한 피고인 김○○은 2002.10.14. 소외 G가 1999.6.23. 적색, 청색, 녹색 등 색채의 결합과 빗살무늬 모양을 도안의 요지로 하는 직물지에 대하여 등록하여 둔 의장(디자인)을 양도받아 이를 특허청에 등록하여 두었다.

(2) 피고인들에 대한 공소사실

피고인 김○○과 피고인 남○○은 피고인 김○○이 1999.6.14.경 방

---

321) 해당 방석 제품의 색채는 맨위에 빨간색, 중단에 남색, 그 바로 아래에 초록색, 그리고 다시 맨 하단에 빨간색으로 구성되어 있으며, 방석 제품의 중간 부분에 문자상표의 위로 "R"도형이 위치하고 있다.

향제 등에 대하여 이탈리아 공화국 기울리아나 까메리노 네에꼬엔 사가 대한민국 특허청에 1998.7.31. 그 지정상품을 향수 등으로 하여 등록한 "Roberta di Camerino ('ROBERTA DI CAMERINO'의 실사용 표장)" 상표의 국내 전용사용권자인 주식회사 OO(피해자 회사)와 위 상표에 대한 서브라이선스계약을 체결한 것을 기화로 공모하여, 2001년 10월경 부산에 있는 국제무역상사에서 Roberta di Camerino 의 상품포장 및 도안을 이용하여 국내에 널리 인식된 피해자 회사 상품의 용기, 포장 등과 유사하여 피해자 회사의 상품과 혼동을 일으키게 하는 방향제 3,000세트 5,700만원 상당, 카 매트 2,000세트 1억 6,000만원 상당, 담요 600장 1천 380만원 상당, 쿠션 및 방석 5,000개 5,000만원 상당 등 합계 380,800,000원 상당의 제품에 "Ambassador Roberta"라는 상표를 부착하고, 'ITALY'라고 표시하여 국내에 판매함으로써 각각 부정경쟁행위를 하였다.

즉, 해당 공소사실의 핵심은 피고인들이 국내에 널리 인식된 적색, 청색, 남색의 3색과 "R도형(' ♗ '을 말함)"을 기본으로 하는 피해자 회사의 상품 및 상품의 포장, 용기 등의 디자인을 그대로 복제하여 피고인들의 제품에 사용하고 있으므로, 이와 같은 피고인들의 행위는 제품의 도안 등과 같은 디자인이 상품표지로서 작용하여 부정경쟁방지법상 상품주체 혼동행위에 해당한다는 것이라고 볼 수 있다.

(3) 소송의 경과

이에 대해서 1심[322]은 피고인들의 유죄로 판단하였고,[323] 피고인들이 이에 대해 항소를 하였는데, 원심[324]에서 1심 판결을 파기하여

---

[322] 부산지방법원 동부지원 2003.1.9. 선고 2002고단1478 판결.
[323] 피고인 김OO은 징역 10월, 피고인 남OO은 벌금 700만원.

무죄로 판단하였으며,325) 검사가 이에 대해 상고하여 대법원에서 판단한 것이 바로 대상판결에서의 이 사건이다.

2. 대상판결(대법원 2003도7827 판결)의 판시 내용

일반적으로 상품의 포장용기 및 디자인은 상품의 출처를 표시하는 기능을 가진 것은 아니고, 다만 상표부분을 포함하여 어떤 포장용기에 표시되어 있는 문양, 색상 또는 도안 등이 상품에 독특한 개성을 부여하는 수단으로 사용되고, 그것이 장기간 계속적 · 독점적 · 배타적으로 사용되거나 지속적인 선전광고 등에 의하여 그 색상, 도안 등이 갖는 차별적 특징이 거래자 또는 수요자에게 특정한 품질을 가지는 특정 출처의 상품임을 연상시킬 정도로 현저하게 개별화되고 우월적 지위를 획득할 정도에 이른 경우에만 비로소 부정경쟁방지법 제2조 제1호 가목에서 정하는 '타인의 상품임을 표시한 표지(標識)'에 해당된다고 할 것이다(대법원 2001.4.10.선고 98도2250 판결, 2006.1.26.선고 2004도651 판결 등 참조).

또한 같은 규정에서 타인의 상품임을 표시한 표지(이하 '상품표지'

---

324) 부산지방법원 2003.11.19. 선고 2003노209 판결.

325) 피고인들이 부착한 "Ambassador Roberta" 상표와 피해회사의 "Roberta di Camerino" 상표는 대한민국의 특허청에 각자 특정된 상품을 지정상품으로 하여 각각 유효하게 등록되어 있고, 비록 일부 "Roberta"로 같은 부분이 있으나, 위 두 상표를 전체적, 객관적으로 관찰하면 두 상표가 각 로베르타로 약칭되지 않는 한 유사하다고 단정할 수는 없다. "Roberta di Camerino" 상표 부분을 포함하여 자동차용 제품에서의 포장 용기나, 적색, 청색, 남색 등 삼색을 사용한 그 바탕 색상, 도안 등 전체 디자인이 장기간 계속적 · 독점적 · 배타적으로 사용되거나 지속적인 선전광고 등에 의하여 국내에서 일반 수요자들에게 특정한 품질을 가지는 Roberta di Camerino 상표의 자동차용 제품임을 연상시킬 정도로 개별화되고 우월한 지위를 획득하여 그 주지성이 있다고는 볼 수 없다. 그렇다면, 범죄사실의 증명이 없는 때에 해당한다.

라 한다)가 국내에 널리 인식되었는지의 여부는 그 사용기간, 방법,
태양, 사용량, 거래범위 등과 상품거래의 실정 및 사회통념상 객관
적으로 널리 알려졌느냐의 여부가 일응의 기준이 된다 할 것이다(대
법원 2003.6.13.선고 2001다52995 판결, 2003.9.26.선고 2001다76861 판
결 등 참조).

원심은 그 판시와 같은 사정에 비추어 볼 때 Roberta Di Came-
rino 상표부분을 포함하여 자동차용 제품에서의 포장 용기나, 적색,
청색, 남색 등 삼색을 사용한 그 바탕 색상, 도안 등 전체 디자인이
장기간 계속적 · 독점적 · 배타적으로 사용되거나 지속적인 선전광
고 등에 의하여 국내에서 일반 수요자들에게 특정한 품질을 가지는
Roberta Di Camerino 상표의 자동차용 제품임을 연상시킬 정도로
개별화되고 우월한 지위를 획득하여 그 주지성이 있다고 볼 수 없
으므로 이 사건 공소사실은 범죄의 증명이 없는 경우에 해당한다고
판단하여 피고인들에 대하여 무죄를 선고하였는바, 위 법리에 따라
원심판결 이유를 기록에 비추어 살펴보면, 원심의 이와 같은 조치는
정당한 것으로 수긍이 되고, 거기에 상고이유에서 주장하는 바와 같
은 채증법칙을 위반하여 사실을 오인하거나 부정경쟁방지법 제2조
제1호 가목의 상품표지의 주지성에 관한 법리를 오해한 위법이 있
다고 할 수 없다.

그리고 피고인들이 국내에 널리 인식된 피해자 회사의 용기, 포
장 등과 유사한 제품을 판매함으로써 부정경쟁방지법 제2조 제1호
가목의 부정경쟁행위를 하였다는 공소사실로 공소가 제기된 이 사
건에서 위와 같이 피해자 회사의 용기, 포장이 피해자 회사의 상품
표지로서 국내에 널리 인식되었다고 볼 수 없는 이상, 피해자 회사
의 상표와 피고인들이 사용한 상표가 유사하여 상품출처에 관한 혼
동가능성이 있다는 상고이유의 주장, 피고인들이 저명한 피해자 회
사의 상표(기록상 피해자 회사의 상표가 저명하다는 점을 인정할 자료도
없다)와 동일 또는 유사한 상표를 사용함으로써 부정경쟁행위를 하

였다는 주장, 부정경쟁방지법(2001.2.3. 법률 제6421호로 개정되기 전의 것) 제2조 제1호 다목[326] 위반을 전제로 하는 상고이유의 주장은 더 나아가 살필 필요없이 모두 이유 없어 받아들이지 않는다(상고기각).

3. 대상판결에 대한 검토

(1) 상품표지의 해당성에 대한 검토

이 사건 공소사실은 국내에 널리 인식된 피해자 회사 상품의 포장, 용기 및 도안과 유사한 것을 사용한 상품을 판매하여 부정경쟁방지법 제2조 제1호 가목의 '상품주체 혼동행위'에 해당한다는 것이므로, 후술하는 이 사건의 다른 쟁점인 주지성에 앞서 포장, 용기 및 도안의 상품표지성이 우선적으로 문제된다고 볼 수 있다.

상품의 표지라는 것은 특정의 상품을 표창하기 위해 감각적으로 파악할 수 있는 수단으로서 특정의 상품을 개별화하고 동종의 다른 상품이나 다른 사람의 상품으로부터 구별시키는 구별력 내지 식별력(소위 출처표시로서의 식별력)을 가지는 것을 말한다.[327]

그런데 상품표지로서 부정경쟁방지법 제2조 제1호 가목이 들고 있는 것 중 타인의 성명, 상호, 상표는 원래 출처표시로서의 식별력이 강한 것들이지만, 상품의 용기, 포장(이하, 상품의 용기, 포장을 통틀어 "상품의 포장 등"이라 함), 기타 타인의 상품임을 표시한 표지(기

---

326) 여기서 다목은 2001.2.3. 법률 제6421호로 개정되기 전의 규정으로서 "商品이나 그 廣告에 의하여 또는 公衆이 알 수 있는 방법으로 거래상의 書類 또는 通信에 허위의 原産地의 標識를 하거나 또는 이러한 標識를 한 商品을 販賣·頒布 또는 輸入·輸出하여 原産地의 誤認을 일으키게 하는 행위"인 원산지 오인야기행위에 관한 것이다.

327) 사법연수원, 앞의 부정경쟁방지법(2010), 23면.

타 타인의 상품임을 표시한 표지의 대표적인 예로 들어지는 것이 상품의 형태임)는 원래는 출처표시로서의 식별기능을 하는 것이 아님에도 불구하고 오랫동안 독점적으로 특정인의 상품에 사용됨으로써 거래자, 수요자에게 특정인의 상품표지로서 인식되기에 이른 경우에 비로소 식별력을 가지게 되어 상품표지가 될 수 있다.[328]

용기나 포장[329] 및 도안(디자인)은 상표와는 달리 본래 상품을 표시하기 위한 것도 아니고, 성명이나 상호처럼 특정한 기업 주체의 명칭도 아니므로, 본래의 기능을 넘어 상품의 식별기능을 갖기 위해서는 그 자체로서 상품표지로서의 기능을 가진다고 볼 수 있을 정도의 사정이 있어야 한다.[330]

즉, 특정인이 자신의 특정 상품을 개성화, 개별화하기 위하여 다른 상품의 용기, 포장과 구별되는(극단적으로 특수하거나 기발하거나 의외적인 것이어야 할 필요는 없다) 특정한 형상과 모양 및 색채의 용기, 포장을 장기간 계속적, 배타적으로 사용하거나 지속적인 선전광고를 통하여 소비자에게 구별력을 인식시키고, 그 용기, 포장이 특정한 품질을 가진 특정한 출처의 상품임을 연상시켜 용기, 포장 자체의 형상과 모양 또는 색채가 상품의 개별화 작용, 즉, 상품의 출처표시기능을 하기에 이른 사정이 있어야 한다.[331]

이와 관련하여 대법원 판례에서는 상품의 포장용기나 물건 등에 표시된 문양·색상·도안은 상품의 출처를 표시하는 기능을 가진 것은 아니고, 다만 어떤 포장용기에 표시된 문양, 색상 또는 도안 등

---

328) 송영식 외 6인, 앞의 지적소유권법(하)(2013), 400면.
329) 용기는 상품을 담는 병, 상자 등을 말하고, 포장은 상품을 싸서 꾸리는 포장지 등을 말한다고 할 것이나, 경우에 따라서는 상자가 포장으로 사용되기도 하고, 용기 자체가 포장을 겸하기도 하므로 양자를 엄격하게 구별할 실익이 없다.
330) 이상경, 지적재산권소송법, 육법사, 1998, 561-562면.
331) 사법연수원, 앞의 부정경쟁방지법(2010), 26면.

206

이 상품에 독특한 개성을 부여하는 수단으로 사용되고, 그것이 장기
간 계속적·독점적·배타적으로 사용되거나 지속적인 선전광고 등
에 의하여 그 색상, 도안 등이 갖는 차별적 특징이 거래자 또는 수요
자에게 특정한 품질을 가지는 특정 출처의 상품임을 연상시킬 정도
로 현저하게 개별화되고 우월적 지위를 획득할 정도에 이른 경우에
만 비로소 부정경쟁방지법 제2조 제1호 가목에서 정하는 '국내에 널
리 인식된 타인의 상품임을 표시한 표지'에 해당된다고 판시하였
다.332)

또한 대법원 판례에서 상품의 포장용기 등에 사용할 수 있는 색
상은 상품의 종류에 따라 어느 정도 한정되어 있고 그러한 색상의
선택은 누구나가 자유롭게 할 수 있어야 함이 원칙이며, 완구와 같
이 각종 색상이 사용되는 상품에 관하여 거래자나 수요자가 상품의
출처를 그 포장용기의 색상에 의하여 식별하는 경우는 매우 드물다
고 할 것이므로, 같은 종류의 상품에 대한 포장용기에 타인이 사용
하는 것과 유사한 색상을 사용하는 것을 부정경쟁행위로 인정하는
것은 장기간에 걸친 독점적이고 일관된 사용에 의하여 그러한 색상
을 사용한 상품을 보면 누구라도 특정인의 상품인 것으로 생각할
정도에 이른 경우 등 매우 제한적으로만 인정하여야 한다고 판시한
바도 있다.333)

따라서 상표가 국내에 널리 인식되어 있다고 하더라도 이들 상표
부분을 포함하여 그 상품의 포장 및 용기에 표시되어 있는 문자, 바
탕색상, 도안 등 전체가 특정 회사 등의 상품표지로서 국내에 널리
인식된 경우에 비로소 이러한 상품의 포장 및 용기 등이 전체적으
로 부정경쟁방지법 제2조 제1호 가목에서 정하는 '국내에 널리 인식

---

332) 대법원 2001.2.23.선고 98다63674 판결, 대법원 2001.4.10.선고 98도
2250 판결, 대법원 2001.9.14.선고 99도691 판결, 대법원 2006.1.26.선고
2004도651 판결 등 참조
333) 대법원 2001.2.23.선고 98다63674 판결.

된 타인의 상품임을 표시한 표지'에 해당된다고 볼 수 있는 것이
다.[334]

 이와 관련하여 상품이나 상품의 포장 및 용기의 도안(디자인) 등
에 대한 상표(영업)표지성 및 주지성을 판단하고 있는 대법원 판결
들은 다음과 같다.

대법원 1997.4.24.자 96마675 결정(낫소 축구공 사건)

주식회사 낫소가 축구공의 표면에 사용한 도안은 주식회사 낫소의 상품표지
로서 수요자 또는 거래자 사이에 널리 인식되어 있다고 보기 어렵다.

대법원 2001.2.23.선고 98다63674 판결(레고 완구 사건)

'LEGO' 완구에 관한 신청인의 각 포장용기는 직육면체 상자 모양이고, 전면
뚜껑은 책표지처럼 열리게 되어 있어 이를 열면 투명한 창문 형태의 셀로판
지를 통하여 내용물을 관찰할 수 있으며, 그 안의 내용물 중 일반 블록은 비닐
봉지에, 특수한 형태의 블록은 그 특수 형태에 맞도록 요철이 형성된 용기에
담겨져 있는 점, 각 포장용기에 그려진 그림의 소재가 원심 판시 '성시리즈'
상품은 중세의 성, 원심 판시 '경찰시리즈' 상품은 경찰과 각 관련된 구성부품
을 조립하였을 경우의 모습이며, 각 구성부품의 형태 및 색깔, 그림의 배경색
조 등에 있어서 각 시리즈 상품별로 어느 정도 공통되는 점이 있으나, 조립식
블록 완구의 포장용기에 있어서 위와 같은 형상과 모양 및 구조를 취하는 것
이나, 그 포장용기 표면에 구성 부품인 블록을 조립하였을 경우의 모습을 배
경과 함께 그리는 것은 조립완구제품의 포장용기에 흔히 사용되는 방법으로
서 신청인이 독점배타적으로 사용해 온 특징적인 것임을 인정할 만한 아무런
자료가 없을 뿐만 아니라, 나아가 신청인의 각 포장용기에 나타난 그림을 살
펴보아도 같은 시리즈 내의 상품들끼리도 모델마다 각 포장용기에 그려진 그
림의 전체적인 구도, 조립완성물의 형태와 모양, 소재로 된 블록들의 구성과

---

334) 대법원 2001.9.14.선고 99도691 판결 참조.

208

구체적인 형상 및 색상, 그리고 배경그림의 구체적인 형상과 색상이 다르다고 할 것이어서, 신청인의 위 각 포장용기의 형태나 구조 및 크기, 또는 포장용기에 그려진 그림의 소재와 형상 및 색상, 배경의 모양과 색상 등이 거래자 또는 수요자에게 특정한 품질을 가지는 특정 출처의 상품임을 연상시킬 정도로 개별화된 차별적 특징에 해당하고 나아가 그러한 차별적 특징이 거래자들이나 수요자들에게 널리 인식된 것이라고 쉽사리 단정하기 어렵다.

대법원 2001.4.10. 선고 98도2250 판결(크린랩 사건)

피해자는 식품포장용 랩(WRAP)을 좌우가 긴 직육면체의 상자 모양의 포장용기에 넣어 판매하여 왔는데, 장기간 계속적·독점적·배타적으로 사용되고 또 지속적인 선전광고 등에 의하여 위 포장용기에 표기된 '크린랩' 또는 'CLEAN WRAP'의 문자부분은 물론 도형, 색상, 기타 외관에 나타난 차별적 특징이, 피고인이 그 상품표지를 사용하여 식품포장용 랩을 제조·판매할 당시인 1994년 1월경 이미 국내의 일반 수요자들에게 특정한 품질을 가지는 특정 출처의 상품임을 연상시킬 정도로 개별화되기에 이르러 자타상품의 식별기능을 가지게 되었다고 보여지므로, 피해자의 포장용기의 문자, 도형 등의 구성은 부정경쟁방지법 제2조 제1항 가목 소정의 '타인의 상품임을 표시하는 표지'에 해당된다고 할 것이다.

대법원 2001.9.14.선고 99도691 판결(보디가드 & 제임스딘 사건)

피해자 회사의 등록상표인 '보디가드'(그 영문약자인 'BG')나 '제임스딘'이 내의제품에 관하여 국내에 널리 인식되어 있다는 점은 인정된다고 하겠으나, 나아가 이들 상표 부분을 포함하여 그 상품포장용기에 표시되어 있는 문자, 바탕색상, 모델 사진, 도안 등 전체가 피해자 회사의 상품표지로서 국내에 널리 인식되었는지 여부에 대하여 살펴보면, 원심이 이 점을 인정하기 위하여 내세운 증거들에 의해서는 단지 피해자 회사의 등록상표인 '보디가드'나 '제임스딘' 등으로 알려진 피해자 회사의 제품 전체에 대한 판매량, 텔레비전, 신문잡지 등의 광고기간 및 광고량, 전국의 점포수, 그리고 위 등록상표들 및 피해자 회사에 대한 인지도 등을 알 수 있을 뿐이고, 피해자 회사의 제품의 일부를 포장하는 위 상품포장용기에 대하여 그 사용기간이나 방법, 사용량, 매상액, 선전광고의 실태, 영업의 규모 기타 거래범위 등을 구체적으로 확인할 수 없으며, 달리 위 상품포장용기가 장기간 계속적·독점적·배타적으로 사용되거나 지속적인 선전광고 등에 의하여 국내에서 일반 수요자들에게 특정한 품질을 가지는 특정 출처의 상품임을 연상시킬 정도로 개별화되고 우월적 지위를 획득할 정도에 이르렀다고 인정할 만한 뚜렷한 자료가 없으므로, 등록상표인 '보디가드'나 '제임스딘'이 아닌, 이들 상표가 표시된 상품포장용기가 피해자 회사의 상품표지로서 국내에 널리 인식되었다고 보기는 어렵다고 할 것이다.

대법원 2006.1.26.선고 2004도651 판결(마정천도장의사 사건[335])

이 사건 디자인은 '마정천도장의사'를 운영하는 피해자의 장의버스 외부에 표시된 장식으로서 그 자체가 곧바로 피해자의 영업의 출처를 표시하는 기능을 하고 있다고 보기 어려울 뿐만 아니라, 일반 수요자나 거래자의 주의를 끌 정도로 특이한 색채나 모양으로 이루어진 것도 아닌데다가 그 장의버스의 앞뒷면 및 좌우 측면에는 피해자의 영업의 출처를 표시하는 '마정천도'라는 표지가 별도로 뚜렷이 표시되어 있어 일반 수요자나 거래자들은 대체로 '마정천도'라는 문자부분에 의하여 그 영업의 출처를 인식할 것으로 보이는 점, 위 전단지·광고물 또는 신문기사는 이 사건 디자인의 특징을 직접 설명하고 있는

335)

〈피해자의 장의버스〉　　　　　　　〈피고인의 장의버스〉

자료라기보다는 주로 '마정천도장의사'를 선전·광고하는 내용이거나 '마정천도장의사'의 친절경영 등에 관한 기사이고, 위 '마정천도장의사'가 협력업체로 선정된 것에는 차량이 깨끗한 신형이고 서비스가 좋다는 사정이 주로 고려된 점 등과 이 사건 디자인의 사용기간 및 사용량, 영업범위, 영업의 실정 등을 감안하여 볼 때, 위에서 인정한 사실만으로는 이 사건 디자인이 그 사용으로 인하여 일반수요자나 거래자에게 특정 출처의 영업임을 연상시킬 정도로 현저하게 개별화되고 우월적인 지위를 획득할 정도에 이르렀다고 할 수 없으므로, 이 사건 디자인은 피해자의 영업표지로서 저명의 정도에 이르렀다고 할 수 없음은 물론 주지의 정도에 이르렀다고 할 수도 없다.

(2) 주지성에 대한 검토

부정경쟁방지법 제2조 제1호 가목에서 보호되는 상품표지는 국내에서 널리 인식되어 있음을 요하는데, 여기에서 널리 인식되어 있다는 것은, 단순히 사용하고 있다는 정도로는 부족하고 계속적인 사용, 품질개량, 광고선전 등으로 우월적 지위를 획득할 정도에 이르러야 하나, 국내 전역에 걸쳐 모든 사람들에게 주지되어 있음을 요하는 것이 아니고 국내의 일정한 지역적 범위 안에서 거래자 또는 수요자들 사이에서 알려진 정도로 족하다.[336]

주지성 판단에 있어서, 거래자와 수요자 쌍방에 주지되어 있을 것을 요하는가에 대하여, 우리 학설로는 거래자 및 수요자 쌍방에 인식될 필요는 없고, 일반 수요자를 대상으로 하는 상품에 있어서는 일반 수요자를 중심으로 주지성의 유무를 판단하고, 사업자 등을 대상으로 하는 상품 등에 관하여는 그 거래자를 중심으로 판단할 것이며, 일반 수요자를 대상으로 하는 상품이라고 하더라도 상품의

---

336) 대법원 1997.4.24.선고 96마675 판결, 대법원 1996.5.13.자 96마217 결정, 대법원 2001.4.10.선고 2000다4487 판결, 대법원 2003.9.26.선고 2001다76861 판결 등 참조.

선택에 전문적인 요소가 있고 소매점의 조언, 장려가 소비자의 선택에 큰 영향을 미치는 경우에는 주지성을 거래자를 중심으로 판단하는 경우도 있다고 보고 있다.[337]

주지성 인정의 자료는 상품의 종류, 성질, 거래의 종류, 형태 등 거래의 사정에 따라 다르기 때문에 주지성을 인정하는 자료도 특별하게 한정할 수는 없고, 따라서 상표 등 표지의 사용기간, 영업의 규모, 점포의 종류와 수, 그 분포지역, 상품의 판매수량과 판매상, 선전광고의 종류, 방법, 빈도 및 비용, 상품표지, 상품, 영업에 관한 제3자의 기사, 평가 등의 정보가 효과적인 자료라고 할 것이다.[338]

그러나 반드시 그중 어떠한 자료만에 의하여 주지성을 인정할 수 있다고 할 것은 아니며, 대법원 판례는 "널리 알려진 상표 등인지 여부는 그 사용기간, 방법, 태양, 사용량, 거래범위 등과 상품거래의 실정 및 사회통념상 객관적으로 널리 알려졌느냐의 여부가 일응의 기준이 된다."고 판시하고 있다.[339]

주지성의 취득 여부를 판단함에 있어서는 상표 등의 경우에는 상품표지성을 새로이 취득할 필요가 없지만, 상품의 용기나 포장 또는 상품의 형태 등의 경우에는 상품의 표지성과 주지성을 동시에 취득하여야 하므로 결과적으로 상품표지로서의 주지성 취득이 상표 등의 경우에 비하여 훨씬 더 어렵다고 보아야 한다.[340]

상품의 용기나 포장 또는 형태의 경우, 그 형상과 모양 및 색채 등이 특정의 출처를 표시하는 표지로서 개성이 인정되고, 그것이 독점배타적으로 장기간 사용되어 그 용기나 포장을 보면 특정 출처의

---

337) 윤병각, "부정경쟁행위의 유형과 구제방법," 지적소유권에 관한 제문제 (하)/재판자료(57집), 법원행정처, 1992, 561-562면 참조.

338) 윤병각, 앞의 논문, 562면.

339) 대법원 1997.2.5.자 96마364 결정, 대법원 2001.9.14.선고 99도691 판결 등 참조.

340) 사법연수원, 앞의 부정경쟁방지법(2010), 17면.

상품을 연상하게 될 정도로 인식되는 경우에는 상품표지성을 획득하게 되므로, 용기나 포장의 상품표지의 해당성에 대한 판단은 주지성의 인정에 대한 판단과 한꺼번에 이루어지게 될 수 있는 것이다.341)

(3) 혼동의 가능성에 대한 검토

상품주체 혼동행위에서 말하는 혼동은 상품출처가 동일하다고 생각하는 혼동(협의의 혼동)뿐만 아니라, 주지표지 보유자와 동일·유사한 표지 사용자 사이에 영업상, 조직상, 재정상 또는 계약상 관계 등과 같은 특별한 관계가 존재하지 않을까라고 수요자나 거래자를 오신시키는 혼동(광의의 혼동)까지 포함하는 개념으로 보는 것이 지배적 견해이고, 혼동은 반드시 현실의 혼동을 초래함을 요하지 아니하며 구체적 사안에서 혼동의 위험이 객관적으로 존재하면 족하다.342)

혼동의 우려에 대한 인정은, 표지의 주지성과 식별력의 정도, 표지의 유사 정도, 사용태양, 상품의 유사 및 고객층의 중복 등으로 인한 경업·경합관계의 존부, 현실적인 혼동의 발생 유무, 모방자의 악의 유무(사용의도) 등을 종합하여 판단하여야 한다.343)

(4) 대상판결에서의 이 사건에 대한 검토

대상판결에서의 쟁점은 피고인들이 국내에 널리 인식된 적색, 청색, 남색의 기본 3색과 "R도형('⬤'을 말함)"을 기본으로 하는 피해

---

341) 사법연수원, 앞의 부정경쟁방지법(2010), 27면.

342) 송영식 외 6인, 앞의 지적소유권법(하)(2013), 401-402면; 대법원 2001.4.
10.선고 2000다4487 판결 등 참조.

343) 대법원 2001.4.10.선고 98도2250 판결.

자 회사의 상품의 포장, 용기 등의 도안(디자인)을 그대로 복제하여 피고인들의 제품에 사용하고 있으므로, 제품의 도안 등과 같은 디자인이 상품표지로서 작용하여 상품주체 혼동행위에 해당되는지의 여부라고 볼 수 있다.

그런데 대상판결에서는 Roberta Di Camerino 상표부분을 포함하여 자동차용 제품에서의 포장용기나, 적색, 청색, 남색 등 삼색을 사용한 그 바탕 색상, 도안 등 전체 디자인(이하, '이 사건 포장'이라 함)이 장기간 계속적·독점적·배타적으로 사용되거나 지속적인 선전 광고 등에 의하여 국내에서 일반 수요자들에게 특정한 품질을 가지는 Roberta Di Camerino 상표의 자동차용 제품임을 연상시킬 정도로 개별화되고 우월한 지위를 획득하여 그 주지성이 있는 것이라고 볼 수 없다[Roberta Di Camerino 상표부분을 제외한 상품의 포장, 용기 등의 도안(디자인)에 대해서는 상품표지성까지도 주지성의 판단과 함께 판단하고 있음(상품표지성을 부정함)]고 판단하고 있다.

즉, 대상판결에서는 주지성 판단과 관련하여 피해자 회사의 이 사건 포장과 같이 용기나 포장에 상표를 포함하여 그 밖의 도형, 문자, 색채 등이 표시되어 있는 경우에 그 전체가 일체로서 국내에 널리 인식된 상품표지에 해당하는지의 여부를 판단하고 있다.

한편 이 사건 포장에서 출처표시로서 중심적인 역할을 할 수 있다고 볼 수 있는 부분은 'Roberta di Camerino'와 '🦌'부분, 그리고 적색, 청색, 남색의 3가지 색상의 배열이라고 할 수 있으며, 일단 상품의 형태나 용기의 모양은 일반적으로 널리 알려진 형태로 식별력이 없다고 하겠다. 그리고 피해자 회사의 방향제 등 자동차용 제품에 사용된 적색, 청색, 남색 등의 삼색은 그 두드러진 시각적 효과로 인해 일상의 주변에서 자연스럽게 관찰되는 평범한 색채의 조합에 불과하여 일반적으로 널리 사용되어 오고 있으므로, 식별력이 있다고 보기는 어려울 것이다.

따라서 이 사건 공소사실에 나타난 상표인 'Roberta di Camerino'를 제외한 상품의 포장, 용기 등의 도안(디자인)은 본래적인(본질적인) 상품표지가 아니므로 그것이 2차적인 의미(secondary meaning)에서의 상품표지성을 취득하려면 그만큼 독점적으로 오랫동안 사용되고 광고되어 위 상품의 포장, 용기 등의 도안(디자인)만을 보고서도 그 출처를 인식할 수 있을 정도가 되어야 하고, 이러한 정도가 될 경우에야 비로소 상표를 포함한 상품의 포장, 용기 등의 도안(디자인) 자체가 상품표지성과 아울러 주지성까지 가지게 된다고 볼 수 있다.

결국 대상판결에서는 달리 위 상품의 포장, 용기 등의 도안(디자인)이 장기간 계속적·독점적·배타적으로 사용되거나 지속적인 선전광고 등에 의하여 국내에서 일반 수요자들에게 특정한 품질을 가지는 특정 출처의 상품임을 연상시킬 정도로 개별화되고 우월적 지위를 획득할 정도에 이르렀다고 인정할 만한 뚜렷한 자료를 기록상 찾을수 없다고 보고, 이 사건에서 'Roberta di Camerino' 상표를 포함한 도안 내지 디자인으로 구성된 상품의 포장, 용기 등의 도안(디자인)은 전체적으로 피해자 회사의 상품표지로서 국내에 널리 인식되었다고 보기는 어렵다고 판단한 것이다.

따라서 대상판결에서 위 상품의 포장, 용기 등의 도안(디자인)에 대한 상품표지성 내지 주지성을 부정한 것은 이러한 피해자 회사의 도안 등이 피고인들이 판매한 방향제 등의 상품에 대해서 일반 수요자 등에게 피해자 회사의 제품임을 인식하게 하는 자타상품의 식별기능을 가지지 못하고 있다는 것을 근거로 하였다고 볼 수 있다.

한편으로 상품의 포장용기의 디자인을 구성하는 문자상표만의 혼동가능성과 관련해서는 피고인들이 생산한 제품에 부착한 'Ambassador Roberta' 상표와 피해회사의 'Roberta di Camerino' 상표의 유사 여부에 앞서 대상판결에서 이미 문자상표를 포함한 이 사건 포장이 상품표지로서의 주지성이 없다고 판단하고 있는 이상, 설령 혼동가능성이 있다고 할지라도 주지성이라는 요건의 불비 때문에 상품주체 혼동행위에 해당할 수 없는 것이므로, 굳이 문자상표만의 혼동가능성의 판단을 하지 않더라도 대상판결의 판결결과에는 영향이 없다고 하겠다.

결론적으로 상품의 포장, 용기 등의 도안(디자인)도 역시 앞서 살펴본 뮤지컬 등의 제호, 상품의 형태, 연예인의 성명이나 외양 등의 경우와 마찬가지로 상품표지로서의 개별화되고 우월적 지위를 획득할 정도에 이른 경우에만 비로소 부정경쟁방지법 제2조 제1호 가목에서 정하는 '타인의 상품임을 표시한 표지'에 해당될 수 있고 더 나아가 주지성까지 판단할 수 있는 것임을 대상판결을 통해 확인할 수 있는 것이다.[344]

4. 대상판결의 의의

대상판결은 상품의 포장, 용기 및 특히 색채의 조합과 관련된 도안(디자인)과 상품주체 혼동행위의 관계에 관하여 원칙적으로 상품의 포장, 용기 및 도안(디자인)은 상품의 출처를 표시하는 기능을 가진 것은 아니나, 특별한 사정이 존재하여 이것이 상품표지로서의 역할을 하였을 때에는 상품표지성과 더 나아가 주지성까지도 그 주지도에 의해 모두 인정될 수 있다는 판단 법리를 종합적으로 정리하여 준 판결로서 그 의의가 있다.

---

344) 대상판결의 판시 내용을 보면, 우선적으로 상품표지성의 판단에 관한 법리를 설시하고 다음으로 주지성의 판단에 관한 법리를 설시하고 있으면서도, 실제 사안의 판단과 관련해서는 상품표지성의 판단 법리를 주지성의 판단에 함께 적용해서 판단하고 있다. 따라서 이러한 판시 내용에 대해서는 비판의 여지가 있을 수 있다고 생각한다.

XIII 캐릭터의 상품화와 상품주체
혼동행위 [마시마로 사건]³⁴⁵⁾

1. 사건의 정리

(1) 사실관계

피고인 송OO은 인천 소재 W 봉제인형 제조공장의 운영자로서 중국 청도성 소재 D 및 Y라는 상호의 봉제인형공장에서 봉제인형을 제조, 수입하여 판매하고 있고, 피고인 권OO은 서울에서 인형봉제품의 가공 및 제조 판매업체인 B의 경영자이며, 이OO는 대전에서 완구제조·판매업체인 J유통의 경영자인데, 모두 국내에서 인기 있는 캐릭터인 '마시마로'의 모양으로 이루어진 봉제인형을 판매하고 있다.

(2) 피고인들에 대한 공소사실

피고인 송OO은 2001.5. 초순경부터 같은 해 7.경까지 중국 청도성 소재 D 및 Y라는 상호의 봉제인형공장에서, 피해자가 창작하여 저작권을 가지고 있고, 피해자 회사가 피해자와 상품화 계약을 체결

---

345) 대법원 2005.2.18.선고 2004도3944 판결.

하고 저작권을 토대로 생산, 판매함으로써 국내에 널리 인식된 '마
시마로' 봉제인형을 무단복제 및 수입하여 피고인 권OO에게 13만
여개를 판매함으로써 피해자 회사의 상품과 혼동을 일으키게 하는
부정경쟁행위를 하였다.

　피고인 권OO은 2001.5. 초순경부터 같은 해 7.경까지 인형봉제
품의 가공 및 제조 판매업체인 B에서, 송OO으로부터 무단복제한
'마시마로' 봉제인형 13만여개를 공급받아, 이를 피고인 이OO 등에
게 판매함으로써 피해자 회사의 상품과 혼동을 일으키게 하는 부정
경쟁행위를 하였다.

　피고인 이OO는 2001.6. 초순경부터 같은 해 7.13.경까지 J유통에
서, 피고인 권OO으로부터 무단복제한 '마시마로' 봉제인형 91,664
개 및 성명불상자로부터 피해자 이OO가 창작하여 저작권을 가지고
있고, 주식회사 YJ가 이OO와 상품화계약을 체결하고 저작권을 토
대로 생산, 판매하여 국내에 널리 인식된 '우비소년' 봉제인형을 무
단복제한 판매업체인 S상사 등에 판매함으로써 피해자 회사 및 주
식회사 YJ의 상품과 혼동을 일으키게 하는 부정경쟁행위를 하였다.

(3) 소송의 경과

　이에 대해서 1심[346)]은 피고인들의 유죄로 판단하였고,[347)] 피고인
들이 이에 대해 항소를 하였는데, 원심[348)]에서 1심 판결을 파기하여
무죄로 판단하였으며,[349)] 검사가 이에 대해 상고하여 대법원에서

346) 대전지방법원 2002.2.1. 선고 2001고단4582 판결.
347) 부정경쟁행위 부분 유죄 인정(피고인 송OO 및 이OO는 징역 8월, 집행유
　　 예 2년, 피고인 권OO은 징역 10월 집행유예 2년). 저작권법 위반 부분은
　　 이유 공소기각(1심 공판 중 피해자의 고소 취소).
348) 대전지방법원 2004.6.3. 선고 2002노368 판결.
349) 만화, 텔레비전, 영화, 신문, 잡지, 인터넷 등 대중이 접하는 매체를 통하

판단한 것이 바로 대상판결에서의 이 사건이다.

여 등장하는 가공적인 또는 실재하는 인물, 동물 등의 형상과 명칭을 뜻하는 이른바 캐릭터(character)는 그것이 가지고 있는 고객흡인력(顧客吸引力) 때문에 이를 상품에 이용하는 상품화(이른바 캐릭터 머천다이징, character merchandising)가 이루어지게 되는 것이고, 상표처럼 상품의 출처를 표시하는 것을 그 본질적인 기능으로 하는 것은 아니어서, 캐릭터 자체가 널리 알려져 있다고 하더라도 그것이 상품화된 경우에 곧바로 타인의 상품임을 표시한 표지로 되거나 그러한 표지로서도 널리 알려진 상태에 이르게 되는 것은 아니라고 할 것이므로, 캐릭터가 상품화되어 부정경쟁방지법 제2조 제1호 가목에 규정된 국내에 널리 인식된 타인의 상품임을 표시한 표지가 되기 위하여는 캐릭터 자체가 국내에 널리 알려져 있는 것만으로는 부족하고, 그 캐릭터에 대한 상품화 사업이 이루어지고 이에 대한 지속적인 선전, 광고 및 품질관리 등으로 그 캐릭터가 이를 상품화할 수 있는 권리를 가진 자의 상품표지이거나 위 상품화권자와 그로부터 상품화 계약에 따라 캐릭터사용허락을 받은 사용권자 및 재사용권자 등 그 캐릭터에 관한 상품화 사업을 영위하는 집단의 상품표지로서 수요자들에게 널리 인식되어 있을 것을 요한다.

이 사건에 있어, 마시마로 및 우비소년 캐릭터가 피해자 회사와 주식회사 YJ의 상품 표지로서 국내에 널리 인식되었는가에 관하여 살피건대, 이 사건 기록에 의하면 ① 피해자가 이 사건 마시마로 캐릭터를 창작한 후 2000.8.10. 이래 7회에 걸쳐 이를 인터넷에 연재하다가 2001.2.3. 위 캐릭터를 미술저작물로 등록하고 그 무렵부터 피해자 회사와 위 캐릭터 모양의 봉제인형을 제조·판매하는 캐릭터 상품화사업을 시작한 사실은 인정되나, 검사가 제출한 모든 증거들 및 검사가 이 법원에 제출한 비디오테이프에 녹화된 영상의 내용을 종합하더라도, 2000.8.10. 이래 인터넷상으로 마시마로 캐릭터가 상당한 인기를 끌었고, 마시마로 캐릭터 자체의 인기에 편승하여 젊은이들 사이에서 캐릭터의 모양을 본뜬 인형이 인기를 끈 사실만 인정될 뿐, 그것이 피해자 회사의 마시마로 캐릭터에 관한 상품화사업으로 인한 것이라는 점을 인정할 증거는 없고, 그 밖에 피해자 회사가 봉제인형 제조·판매업에 대한 지속적인 광고와 선전 및 품질관리를 하여 일반소비자로 하여금 마시마로 캐릭터가 위 회사의 봉제인형사업에 속하는 관계를 나타내는 상품 표지로서 널리 인식하게 하였다는 점을 인정할 증거가 없으며, ② 우비소년 캐릭터 역시, 일반 소비자들이 캐릭터가 주식회사 YJ의 봉제인형사업을 나타내는 상품 표지로서 널리 인식하게 되었다는 점을 인정할 아무런 증거가 없다.

2. 대상판결(대법원 2004도3944 판결)의 판시 내용

만화, 텔레비전, 영화, 신문, 잡지 등 대중이 접하는 매체를 통하여 등장하는 가공적인 또는 실재하는 인물, 동물 등의 형상과 명칭을 뜻하는 이른바 캐릭터(character)는 그것이 가지고 있는 고객흡인력 때문에 이를 상품에 이용하는 상품화(이른바 캐릭터 머천다이징, character merchandising)가 이루어지게 되는 것이고, 상표처럼 상품의 출처를 표시하는 것을 그 본질적인 기능으로 하는 것은 아니어서, 캐릭터 자체가 널리 알려져 있다고 하더라도 그것이 상품화된 경우에 곧바로 타인의 상품임을 표시한 표지로 되거나 그러한 표지로서도 널리 알려진 상태에 이르게 되는 것은 아니라고 할 것이므로, 캐릭터가 상품화되어 부정경쟁방지법 제2조 제1호 가목에 규정된 국내에 널리 인식된 타인의 상품임을 표시한 표지가 되기 위하여는 캐릭터 자체가 국내에 널리 알려져 있는 것만으로는 부족하고, 그 캐릭터에 대한 상품화 사업이 이루어지고 이에 대한 지속적인 선전, 광고 및 품질관리 등으로 그 캐릭터가 이를 상품화할 수 있는 권리를 가진 자의 상품표지이거나 위 상품화권자와 그로부터 상품화 계약에 따라 캐릭터 사용허락을 받은 사용권자 및 재사용권자 등 그 캐릭터에 관한 상품화 사업을 영위하는 집단(group)의 상품표지로서 수요자들에게 널리 인식되어 있을 것을 요한다고 할 것이다 (대법원 1996.9.6. 선고 96도139 판결 등 참조).

원심은, 피해자가 이 사건 마시마로 캐릭터를 창작한 후 2000.8. 10. 이래 7회에 걸쳐 이를 인터넷에 연재하다가 2001.2.3. 위 캐릭터를 미술저작물로 등록하고 그 무렵부터 피해자 회사와 위 캐릭터 모양의 봉제인형을 제조·판매하는 캐릭터 상품화사업을 시작한 사실은 인정되나, 검사가 제출한 모든 증거에 의하더라도, 2000.8. 10. 이래 인터넷상으로 마시마로 캐릭터가 상당한 인기를 끌었고, 마시마로 캐릭터 자체의 인기에 편승하여 젊은이들 사이에서 그 모양을 본뜬 인형이 인기를 끈 사실만 인정될 뿐, 그것이 피해자 회사의 마시마로 캐릭터에 관한 상품화사업으로 인한 것이라는 점을 인정할 증거는 없고, 그 밖에 피해자 회사가 위 봉제인형 제조·판매업에 대한 지속적인 광고와 선전 및 품질관리를 하여 일반 소비자로 하여금 마시마로 캐릭터가 위 회사의 봉제인형사업에 속하는 관계를 나타내는 상품표지로서 널리 인식하게 하였다는 점을 인정할 증거가 없으며, 또 우비소년 캐릭터 역시, 일반 소비자들이 위 캐릭터가 주식회사 YJ의 봉제인형사업을 나타내는 상품표지로서 널리 인식하게 되었다는 점을 인정할 아무런 증거가 없다고 하여 피고인들에게 무죄를 선고하였는바, 앞서 본 법리와 기록에 비추어 살펴보면, 이러한 원심의 조치는 옳고, 거기에 상고이유의 주장과 같은 채증법칙 위배로 인한 사실오인이나 법리오해 등의 위법이 있다고 할 수 없다(상고기각).

3. 대상판결에 대한 검토

(1) 캐릭터와 부정경쟁방지법상의 상품표지의 관계

1) 캐릭터 및 상품화의 의미와 법적인 의의

캐릭터(character)라 함은 사전적 의미로는 "특징, 특성, 성격, 인격, 소설이나 극중의 인물, 배역"으로 되어 있으나 여기에서 문제되는 것은 외국에서 발전되어 온 상품화될 수 있는 캐릭터의 개념인바, 이에 관하여는 논자에 따라 여러 가지로 표현하고 있는데, 넓게는 "만화, TV, 영화, 신문, 잡지, 소설, 연극 등 대중이 접하는 매체를 통하여 등장하는 인물, 동물, 물건의 특징, 성격, 생김새, 명칭, 도안, 특이한 동작 그리고 더 나아가서 작가나 배우가 특수한 성격을 부여하여 묘사한 인물을 포함하는 것으로서, 그것이 상품이나 서비스, 영업에 수반하여 고객흡인력(good will) 또는 광고효과라는 경제적 가치를 지니고 있는 것"이라고 할 수 있고, 좀 더 좁은 의미로 정의한다면 "만화, 영화, 소설 등에 등장하는 가공적인 또는 실재하는 인물, 동물 등의 형상과 명칭을 뜻하는 것"이라고 할 수도 있다.[350]

상품화(Merchandising)란 캐릭터를 문구류, 의류, 신발, 우산, 장식품 등의 모양이나 도안으로 사용하거나, 과자, 식품 그 밖에 포장용품의 모양이나 도안으로 사용하는 것을 말하고, 이렇게 캐릭터의 고객흡인력이나, 광고적 가치를 이용하여 경제적 이익을 올리는 것으로서 상품의 판매나 서비스의 제공 등에 이용되는 캐릭터를 소유하는 권리 내지는 그 캐릭터를 상품이나 서비스에 사용하려는 자에게 이용을 허락할 수 있는 권리를 상품화권(商品化權, merchandising right)이라고 한다.

이러한 상품화권은 실정법에 존재하지 아니한 개념으로서 예컨대 만화캐릭터를 보면 상품화권이라는 이름을 창설한 것은 만화캐릭터의 창작자이고, 이 권리를 받아들인 것은 캐릭터를 자사의 상품에 사용하기를 원하는 제조자이며, 그들을 연결시키는 것이 계약(상품화 계약)인데, 이러한 업계의 질서가 반드시 현행 실정법의 정확한 해석을 바탕으로 확립된 것이 아니기 때문에 당사자 간에는 유효하게 유지되어도 제3자에 의하여 모방 내지 도용 등이 되는 경우에는 이 질서가 어디까지 유효한지가 명확하지 않게 된다.[351] 따라서 상품화권은 상품화권법이 별도로 없는 이상 저작권법, 디자인보호법, 상표법, 부정경쟁방지법, 민법 등 도형이나 캐릭터, 기호 등을 보호하는 법률들을 통하여 보호되게 된다.

---

350) 임한흠, "캐릭터의 사용과 부정경쟁방지법상의 상품주체혼동행위," 대법원판례해설(제27호), 법원도서관, 1997, 659면.
351) 송영식 외 6인, 앞의 지적소유권법(하)(2013), 609면.

2) 캐릭터의 부정경쟁방지법에 의한 보호

가. 학설의 해석

학설상으로는 이러한 상품화 사업의 대상이 되는 캐릭터가 원래 상품의 식별표지는 아니나 상표와 마찬가지로 상품에 사용되어 상품의 선전광고력과 고객흡인력을 강화하고 있어 그 법적 보호가 논의되고 있는데, 상품화 사업에서 캐릭터는 원칙적으로 저작권법에 의하여 보호되지만 해당 캐릭터가 주지성을 갖고 상품표지로서의 기능을 가질 때에는 부정경쟁방지법상의 적용이 가능하다고 보는 것이 통설적인 견해이다.352)

나. 판례의 해석

대법원 판례에서는 캐릭터가 상품화되어 부정경쟁방지법 제2조 제1호 가목에 규정된 국내에 널리 인식된 타인의 상품임을 표시한 표지가 되기 위해서는 캐릭터 자체가 국내에 널리 알려져 있는 것 만으로는 부족하고, 그 캐릭터에 대한 상품화 사업이 이루어지고 이에 대한 지속적인 선전, 광고 및 품질관리 등으로 그 캐릭터가 이를 상품화할 수 있는 권리를 가진 자의 상품표지이거나 위 상품화 권자와 그로부터 상품화 계약에 따라 캐릭터사용허락을 받은 사용권자 및 재사용권자 등 그 캐릭터에 관한 상품화 사업을 영위하는 집단(group)의 상품표지로서 수요자들에게 널리 인식되어 있을 것을 요한다고 판시하고 있다.353) 따라서 통설적인 견해와 같은 취지

---

352) 윤선희 · 김지영, 앞의 책, 106면; 이상경, 앞의 책, 567면; 송영식 외 6인, 앞의 지적소유권법(하)(2013), 399면; 황의창 · 황광연, 앞의 부정경쟁방지 및 영업비밀보호법(2009), 42-43면 참조.

353) 해당 판단 법리를 근거로 하고 있는 대법원 1996.9.6.선고 96도139 판결은 피고인이 제작, 판매하는 의류에 미키마우스 도형을 부착하여 사용한 사안으로서 미키마우스 캐릭터 자체의 상품화가 상품의 표지로서 주지될 정도로 이루어졌다고 볼 증거가 없고, 본래 캐릭터를 상품에 사용하는 것은 상품의 표지로서의 사용이 아니라 의장적(디자인적) 사용이라고 보아

라고 할 수 있다.

다. 캐릭터와 부정경쟁방지법 관련 판례들

대법원 1997.4.22.선고 96도1727 판결(톰앤제리 사건)

해당 판결에서는 "이른바 캐릭터(character)는 그것이 가지고 있는 고객흡인력(顧客吸引力) 때문에 이를 상품에 이용하는 상품화(이른바 캐릭터 머천다이징; character merchandising)가 이루어지게 되는 것이고, 상표처럼 상품의 출처를 표시하는 것을 그 본질적인 기능으로 하는 것은 아니어서 캐릭터 자체가 널리 알려져 있다고 하더라도 그것이 상품화된 경우에 곧바로 타인의 상품임을 표시한 표지로 되거나 그러한 표지로서도 널리 알려진 상태에 이르게 되는 것은 아니라고 할 것이므로, 캐릭터가 상품화되어 부정경쟁방지법 제2조 제1호 가목에 규정된 국내에 널리 인식된 타인의 상품임을 표시한 표지가 되기 위하여는 캐릭터 자체가 국내에 널리 알려져 있는 것만으로는 부족하고, 그 캐릭터에 대한 상품화사업이 이루어지고 이에 대한 지속적인 선전, 광고 및 품질관리 등으로 그 캐릭터가 이를 상품화할 수 있는 권리를 가진 자의 상품표지이거나 위 상품화권자와 그로부터 상품화계약에 따라 캐릭터 사용허락을 받은 사용권자 및 재사용권자 등 그 캐릭터에 관한 상품화사업을 영위하는 집단(group)의 상품표지로서 수요자들에게 널리 인식되어 있을 것을 요한다 할 것이다(당원 1996.9.6.선고, 96도139 판결 참조)."고 전제한 후, "원심판결이유에 의하면 원심은 기록에 나타난 증거들을 종합하여 이 사건 심슨상표나 톰앤제리 캐릭터가 심슨상표의 권리자인 미국 투엔티스 센츄리 훅크스 필름 코오포레이션사나 톰앤제리 캐릭터의 권리자인 미국 터너 홈 엔터테인먼트사 또는 위 각 회사로부터 또는 위 상표 또는 캐릭터의 사용을 허락받은 사람이 제조·판매하는 상품의 표지로서 국내에 널리 인식되었다고 인정하기에 부족하고, 달리 이를 인정할 만한 증거가 없다는 이유로 피고인에 대한 이 사건 공소사실에 대하여 무죄를 선고하였다. 기록과 관계증거에

야 할 것이므로 미키마우스 캐릭터의 사용으로 상표권자인 월트디즈니사의 상품과 곧바로 혼동이 일어난다고 단정할 수 없다고 판시하고 있다.

비추어 살펴보면 위와 같은 원심의 인정 판단은 정당하고, 거기에 소론과 같은 채증법칙을 위배하여 사실을 오인하였거나 부정경쟁방지법에 관한 법리를 오해한 위법이 있다고 할 수 없다."고 판시하였다.

즉, 해당 판결은 '톰앤제리' 캐릭터가 그 권리자인 미국의 "터너 홈 엔터테인먼트사" 또는 그로부터 그 캐릭터의 사용을 허락받은 사람이 제조·판매하는 상품표지로서 국내에 널리 인식되었다고 인정할 만한 증거가 없다는 이유로, 부정경쟁방지법 제2조 제1호 가목에 해당하지 않는다고 판단한 원심판결을 수긍한 사례이다.

대법원 2001.4.10.선고 2000다4487 판결(헬로키티 사건)

해당 판결은 "주지성을 획득한 상품표지와 동일 또는 유사한 상품표지를 사용하여 상품을 생산·판매하는 경우 비록 그 상품이 주지성을 획득한 상품표지의 상품과 다른 상품이라 하더라도, 한 기업이 여러 가지 이질적인 산업분야에 걸쳐 여러 가지 다른 상품을 생산·판매하는 것이 일반화된 현대의 산업구조에 비추어 일반 수요자들로서는 그 상품의 용도 및 판매거래의 상황 등에 따라 당해 상품표지의 소유자나 그와 특수관계에 있는 자에 의하여 그 상품이 생산·판매되는 것으로 인식하여 상품의 출처에 혼동을 일으킬 수가 있으므로 위 법조 소정의 부정경쟁행위에 해당한다 할 것이다(대법원 2000.5.12.선고 98다49142 판결 참조)."고 전제한 후, "원심판결 이유를 위와 같은 법리와 기록에 비추어 살펴보면, 원심이 그 판시 사실과 같은 이 사건 캐릭터의 개발과정과 국내에서의 사용기간, 그 상품표지가 부착된 상품의 종류와 판매실적 및 국내 취급점 현황, 이 사건 캐릭터의 국내 이용계약자들의 상품광고의 정도 및 이 사건 캐릭터의 국제적인 지명도 등에 비추어 볼 때, 원심이 소외 이만형의 상표가 출원될 당시 이미 이 사건 캐릭터는 일본은 물론 국내에서도 주지의 상품표지가 되었으며, 적어도 원심 변론종결시에는 국내외적으로 저명한 상품표지가 되었다고 한 다음, 그렇다면 피고가 이 사건 캐릭터와 유사한 원심판결 별지 제1도면 기재 도안을 부착한 물건을 제조·판매하는 행위는 소비자들로 하여금 피고 또는 피고의 상품이 이 사건 캐릭터의 상품화 사업을 영위하는 원고와 일정한 영업상의 관계에 있다는 인상을 줌으로써 출처에 대한 오인·혼동을 일으키게 하는 것이므로, 특별한 사정이 없는 한 부정경쟁방지법 제2조 제1호 가목 및 나목 소정의 부정경쟁행위에 해당한다고 판단한 것은 수긍할 수 있고, 거기에 상고이유로 주장하는 바와 같은 심리미진, 상품표지의 주지성, 상품 주체의 오인·혼동행위 등에 관한 법리오해의 위법이 없다."고 판시하였다.

즉, 해당 판결에서는 일본에서 제작된 헬로키티(HELLO KITTY)라는 고양이 그림 캐릭터의 개발과정과 국내에서의 사용기간, 그 상품표지가 부착된 상품의 종류와 판매실적 및 국내 취급점 현황, 이 캐릭터의 국내 이용계약자들의 상품 광고의 정도 및 이 캐릭터의 국제적인 지명도 등에 비추어 볼 때, 이 캐릭터는 일본은 물론 국내에서도 주지의 상품표지가 되었으며(영업표지성도 인정하고 있음), 적어도 원심 변론종결시에는 국내외적으로 저명한 상품표지가 되었다고 판단한 원심을 수긍하고 있다.

대법원 2002.12.10.선고 2002도4624 판결(피카츄 사건)

해당 판결은 일본 캐릭터인 '피카츄' 머리 모양과 유사한 방망이 인형을 제조·판매한 것에 대하여 부정경쟁방지법 위반으로 공소제기된 사안으로서 앞서 언급한 헬로키티 사건의 판단과 마찬가지로 원심에서 피고인의 유죄로 인정된 것을 그대로 수긍하여 상고기각하였다.

대법원 2005.4.29.선고 2005도70 판결(탑 블레이드 사건)

해당 판결은 앞선 톰앤제리 사건에서 인용하고 있는 판단 법리(대법원 96도139 판결의 법리)를 설시한 후, "이 사건 침해행위 당시를 기준으로 선전, 광고 및 품질관리 등을 통하여 이 사건 캐릭터가 이를 상품화할 수 있는 권리를 가진 위 회사의 상품표지이거나 상품화권자와 그로부터 상품화 계약에 따라 캐릭터사용허락을 받은 사용권자 및 재사용권자 등 그 캐릭터에 관한 상품화 사업을 영위하는 집단의 상품표지로서 수요자들에게 널리 인식되어 있다고 단정하기도 어렵다 할 것이다. 그럼에도 불구하고 원심은, 이 사건 캐릭터가 주식회사 손오공의 상품을 표시한 표지로서 국내에 널리 인식되었음을 전제로 하여 위 공소사실을 유죄로 인정하고 말았으니, 이러한 원심판결에는 증거조사에 관한 형사소송법의 관련법령을 위반하였거나 채증법칙을 위반한 나머지 판결 결과에 영향을 미친 위법이 있다 할 것이다."고 판시하여, 피고인의 유죄로 인정한 원심354)을 파기하였다.

(2) 대상판결에서 피고인들의 마시마로 캐릭터의 사용에 상품주체 혼동행위를 적용하지 않은 것에 대한 타당성 검토

대상판결의 이 사건에서 부정경쟁방지법상 보호를 받는 대상은 '마시마로 캐릭터' 자체가 아니라 '마시마로 인형'이라는 상품이고, 마시마로 인형을 저작권자인 피해자의 승낙을 얻어 합법적으로 제조, 판매할 수 있는 자는 봉제인형제조업체인 피해자 회사이므로, 실질적인 피해자는 피해자 회사라고 할 수 있다.

---

354) 원심(부산지방법원 2004.12.22.선고 2004노1963 판결)은 "피고인이 2002.12.30.경 주식회사 손오공이 저작권을 갖고 있는 저작물인 '탑 블레이드(Top Blade)' 만화영화에 등장하는 캐릭터가 부착된 팽이를 중국으로부터 수입함으로써 국내에 널리 인식된 위 회사의 위 캐릭터가 부착된 상품과 혼동을 일으키게 하는 부정경쟁행위를 하였다"는 부분에 대하여, 위 회사의 '탑 블레이드' 만화영화 캐릭터에 대한 상품화 사업 및 지속적인 선전, 광고, 품질관리가 이루어졌고, 특히 이 사건 팽이에 대하여는 동물형상 캐릭터가 상품의 주요 부분인 팽이의 중앙부분에 인쇄되어 부착됨으로써 상품의 인식표지로서 역할을 하는 것으로 보여지므로, '탑 블레이드' 만화영화의 캐릭터가 이 사건 팽이의 상품표지로 인식되고, 상품화 사업을 영위하는 집단의 상품표지로 수요자들에게 널리 인식되었다 할 것이어서, 위 회사가 지속적으로 관리하였고, 주지성도 충분히 획득되었다고 보여지는 캐릭터와 똑같은 캐릭터가 부착된 팽이를 수입한 피고인의 행위는 부정경쟁방지법 제2조 제1호 가목 소정의 타인의 상품과 혼동을 일으키게 하는 부정경쟁행위에 해당한다고 판단하여, 위 공소사실에 대하여 무죄를 선고한 1심 판결을 파기하고 유죄를 선고하였다.

　마시마로 인형의 판매 경위를 보면, 피해자가 마시마로를 주인공
으로 한 플래시 애니메이션을 인터넷에 연재하여 인기를 얻자 마시
마로 캐릭터 사업을 전개하기로 하고 저작권 등록을 한 후 피해자
회사를 통해 상품화 사업을 시작하였으며, 이와 같은 상품화 사업
에 따른 마시마로 인형은 상당한 인기를 끌었는데, 피고인들은 앞서
살펴본 이 사건 공소사실에서 나타난 행위들을 하였다.

　그런데 대상판결의 쟁점이 되는 상품주체 혼동행위가 적용될 수
있기 위해서는 판례에 따르면, ① 캐릭터에 대한 상품화 사업이 이
루어지고, ② 이에 대한 지속적인 선전, 광고 및 품질관리 등으로 그
캐릭터가 이를 상품화할 수 있는 권리를 가진 자의 '상품표지'이거
나 위 상품화권자와 그로부터 상품화 계약에 따라 캐릭터의 사용허
락을 받은 사용권자 및 재사용권자 등 그 캐릭터에 관한 상품화 사
업을 영위하는 집단(group)의 '상품표지'로서 수요자들에게 널리 인
식되어 있어야 한다.

　그러나 이 사건의 경우 캐릭터에 대한 상품화 사업이 이루어진
직후 캐릭터의 인기에 편승한 인형이 다수 팔린 점만 인정되고, 캐
릭터의 사용허락을 받은 사용권자인 봉제인형제조업체인 피해자
회사가 지속적인 선전, 광고 및 품질관리 등을 하여 피해자 회사의
상품표지로서 수요자들에게 널리 인식되었다는 증거는 제출되지
않은 것으로 원심 및 대상판결에서는 판단하고 있다.

　따라서 설령 마시마로 캐릭터가 인기를 끌고 있어 이에 따른 인
형판매가 많다는 것은 확인할 수 있더라도 마시마로 캐릭터가 피해
자 회사의 '상품표지'로서 국내에 널리 인식되었다는 점을 증명할
수 없는 것이므로, 피고인들이 부정경쟁방지법상 상품주체 혼동행
위를 하였다고 보기는 어렵다고 판단한 대상판결은 기존의 판례상
의 판단 법리를 충실히 따른 것이라고 할 수 있다.

　한편으로는 마시마로 캐릭터가 '상품표지'로 수요자들에게 널리
인식되었다고 가정하여 보더라도 피고인들이 제조·판매한 것은

캐릭터를 상품화한 인형이라는 상품 자체로서, 해당 캐릭터를 상품 출처표시가 아니라 디자인적으로 사용한 것으로 보아야 한다. 따라서 실제로 마시마로에 관한 그 제품이 피고인들의 '상품표지'로 사용되었다고 보기도 어려우므로, 캐릭터에 대한 저작권 측면에서의 보호 내지 디자인권적인 보호의 필요성과 부정경쟁방지법에서의 상품표지로서의 주지성은 구별되어야 할 것인바, 이러한 측면에서 보더라도 결론적으로 대상판결이 타당하다고 볼 수 있다.

결국 피해자 회사가 봉제인형의 제조·판매업에 대한 지속적인 광고와 선전 및 품질 관리를 하여 일반 소비자로 하여금 마시마로 캐릭터가 피해자 회사의 봉제인형사업에 속하는 관계를 나타내는 상품표지로서 널리 인식하게 하였다는 점을 인정할 증거가 없다는 점뿐만이 아니라, 피고인들도 해당 캐릭터를 상품표지가 아닌 순전히 상품의 디자인으로만 사용하였다고 볼 수 있는 점 등을 모두 종합하여 보았을 때에, 대상판결은 타당한 것이라고 볼 수 있는 것이다. 한편으로 이것은 대상판결에서도 언급하고 있는 '우비소년' 캐릭터에 부정경쟁방지법상 상품주체 혼동행위를 적용할 수 있는지 여부에 관해서도 마찬가지라고 볼 수 있다.

따라서 이상의 내용들을 종합하여 보면, 대상판결을 통해 캐릭터에 관한 부정경쟁방지법상 상품주체 혼동행위가 적용되기 위해서는 캐릭터의 상품화 사업을 하는 자의 '상품표지'로서 수요자에게 널리 인식될 필요가 있을 뿐만 아니라, 형사사건에서의 피고인도 역시 해당 캐릭터를 단순하게 상품의 디자인으로서만 사용하는 것이 아니라 상품표지로서도 사용하고 있을 것이 모두 충족되어야 하는 것임을 확인할 수 있다.

4. 대상판결의 의의

대법원은 부정경쟁방지법상 상품화된 캐릭터의 상품주체 혼동행위의 적용 여부를 판단함에 있어서 상품주체 혼동행위를 부정할 때에는 앞서 살펴본 대법원 판결에서 인용되고 있는 대법원 96도139 판결의 판단 법리를 주로 인용하는 반면에, 상품주체 혼동행위를 긍정할 때에는 역시 앞서 살펴본 대법원 판결에서 인용되고 있는 대법원 98다49142 판결의 판단 법리를 인용하는 모습을 보이고 있다.

대상판결에서는 이와 같이 기존에 정립되어 있던 판단 법리 중 위 대법원 96도139 판결에서의 판단 법리를 인용하면서 이 사건에서의 마시마로 캐릭터가 그러한 요건을 갖추었음을 인정할 증거가 없다는 이유로 검사의 상고를 기각하였는바, 대상판결은 이른바 캐릭터의 의미를 명확하게 하고 그 상품화와 관련된 부정경쟁방지법상의 상품주체 혼동행위의 성립요건에 관한 기존의 판단 법리를 다시 한번 명확하게 확인시켜 준 판결이라는 점에 그 의의가 있다고 하겠다.

XIV 선거여론조사와 영업주체 혼동행위
[현대리서치 사건][355]

1. 사건의 정리[356]

(1) 사실관계

피고인이 국회의원 선거에 출마하려는 부산 영도구에서 당선될 생각으로, 18명을 일당 2만원씩에 고용하여 여론조사를 하는 것처럼 통화하게 하면서 여론조사 시에 조사 주체를 수요자에게 주지된 여론조사업체인 '주식회사 현대리서치연구소'로 명시하였다.

(2) 피고인에 대한 공소사실

피고인은 출마하려는 부산 영도구에서 김○○만 누르면 당선될 수 있다는 판단하에 제16대 국회의원 선거에서 김○○를 낙선시키고 피고인이 당선될 생각으로, 1999.3.3. 이○○이 김○○를 상대로 "김○○

---

355) 대법원 2002.7.26.선고 2001도2732 판결.
356) 대상판결의 이 사건에서는 본 주제인 부정경쟁방지법상 영업주체 혼동행위 이외에 공직선거법 위반 여부도 주된 쟁점이었으나, 이하에서는 본서의 주제와 관련없는 공직선거법과 관련된 내용들은 다루지 않고, 부정경쟁방지법 위반과 관련된 내용만 다룬다.

이 1995.6.27. 실시된 지방선거 시에 신한국당 영도구청장 후보 공천 대가로 1억여원을 받았다"며 부산지검에 고소한 사건을 이용하였다.

그런데 사실은 위 고소에 대하여 1999.4.12. 혐의없음 처분이 내려졌을 뿐만 아니라, 그 당시에도 위 내용이 진실한 것으로 확인되지 아니하였음에도, 피고인은 1999.3.18.부터 1999.3.26.의 기간 사이에 18명을 일당 2만원씩에 고용하여 여론조사를 하는 것처럼 통화하게 해서 영도구 주민 9,000여명에게 김○○가 영도구청장 후보 공천을 조건으로 이○○으로부터 1억원을 받은 사실을 알림과 동시에 이러한 김○○의 행위는 잘못된 처사라는 생각을 갖도록 하고, 이러한 잘못된 처사를 행한 부패한 정치인 김○○에 대하여 제16대 국회의원 선거에서 찍지 않겠다는 생각을 갖도록 유도하였다.[357]

그리고 이와 아울러 위 여론조사의 조사 주체를 '현대리서치'로 명시해서 국내에 널리 알려진 여론조사기관인 '현대리서치사'에서 여론조사를 하는 것처럼 주식회사 현대리서치연구소의 상호와 유사한 명칭을 사용함으로써 주식회사 현대리서치연구소의 영업상의 활동과 혼동을 일으키는 행위에 해당하는(영업주체 혼동행위) 부정경쟁방지법 위반 행위를 하였다.

(3) 소송의 경과

이에 대해서 1심[358]은 부정경쟁방지법 위반과 관련하여 피고인의 유죄로 판단하였고,[359] 피고인이 이에 대해 항소를 하였는데, 원심[360]에서 항소를 기각하여 역시 유죄로 판단하였으며,[361] 피고인

---

357) 여기까지는 공직선거법 위반 관련 공소사실임.
358) 부산지방법원 2001.2.15.선고 99고합728, 2000고합293(병합) 판결.
359) 부정경쟁행위 부분 유죄 인정(벌금 70만원).
360) 부산고등법원 2001.5.10.선고 2001노191 판결.

232

이 이에 대해 상고하여 대법원에서 판단한 것이 바로 대상판결에서
의 이 사건이다.

2. 대상판결(대법원 2001도2732 판결)의 판시 내용

* 부정경쟁방지법 위반 부분에 대한 판단

원심 판결 이유에 의하면, 원심은, 피고인이 이미 국회의원 선거
에 출마한 경험이 있는 사람으로서 여론조사의 중요성을 잘 알고
있었을 것이고 그에 따라 국내에 널리 알려진 여론조사기관에 대하
여도 어느 정도 알 수 있었던 것으로 보일 뿐만 아니라, 주식회사 현
대리서치연구소는 경향신문과 여론조사 연간계약을 맺고 1997년에
는 연간 13회, 1998년에는 연간 5회 정도 여론조사를 하였고, 그러
한 여론조사 내용이 경향신문의 1면에 개괄적으로 게재되고 상세한
내용은 3, 5면에 게재되었으며, 그 외에도 1995년경부터 주요 신문
에 수많은 여론조사 실적이 보도되어 국내 여론조사기관 중에서 정
치, 선거와 관련되는 사회 부분만으로는 약 5위, 전체적으로 볼 때
에는 약 8위의 매출실적을 올리는 여론조사기관이라는 점 등에 비
추어 보면, 피고인으로서는 이 사건 여론조사를 빙자한 사전선거운
동 당시 '현대리서치' 또는 그와 유사한 이름을 가진 여론조사기관
이 실재할 가능성을 인식하고 그 업체의 영업상 활동과 혼동을 일
으킬 수도 있다는 점을 용인한 채 전화여론조사의 주체로서 '현대리
서치'라는 명칭의 사용을 감행한 것으로 보인다.
그리고 나아가 부정경쟁방지법 제2조 제1호에서 부정경쟁행위는
그 목적의 여하를 불문한다고 규정하고 있으므로, 부정경쟁행위가
영리목적의 상거래행위에 한정되는 것으로 해석되지는 아니하며,

---

361) 1심과 동일하게 부정경쟁행위 부분 유죄 인정(벌금 70만원).

전화를 통한 여론조사는 통상 말로써 '여기는 어디'라는 식으로 상
호를 밝힌 후에 조사를 하게 되는 것이므로, 주식회사 현대리서치
연구소와 같은 여론조사기관은 주로 언어로써 그 영업을 표시한다
고 보아야 할 것이다.

따라서 무형의 언어로 타인의 상호를 사용하는 경우라도 법에서
말하는 '사용'에 해당되지 않는다고 할 수는 없고, 또한 타인의 상호
와 동일 또는 유사한 것을 사용하여 타인의 영업상 활동과 혼동을
일으키게 하는 행위를 하면 부정경쟁방지법에서 규정하는 부정경
쟁행위에 해당하는 것이므로, 그 사용의 상대방은 일반 공중이 아
닌 거래자 또는 수요자로 한정되는 것은 아니라고 판단하였다.

기록에 비추어 살펴보면, 위와 같은 원심의 사실인정과 판단은
정당하고, 거기에 상고이유로 주장하는 바와 같은 사실오인이나 부
정경쟁방지법 위반죄에 관한 법리를 오해한 위법이 있다고 할 수
없다(상고기각).

3. 대상판결에 대한 검토

(1) 부정경쟁방지법상 영업주체 혼동행위의 판단과 관련된
####　　현대리서치의 주지성과 피고인의 인식

1) 주지성의 판단 기준
주지성의 범위를 판단함에 있어서는 국내 전역에 걸쳐 모든 사람
들에게 주지되어 있음을 요하는 것이 아니고, 국내의 일정한 지역적
범위 안에서 거래자 또는 수요자들 사이에 알려진 정도로써 족하
다.[362]

주지성 인식의 주체는 혼동초래행위가 소비자를 포함한 일반 수

---

362) 대법원 2001.4.10.선고 2000다4487 판결 등 참조.

요자의 상품출처에 관한 혼동을 방지함을 목적으로 하는 것이므로, 그 대상이 되는 상품이나 영업과 관련되는 평균적인 일반 수요자, 즉, 소비자나 일반 거래자 또는 수요자가 된다.[363]

2) 피고인의 인식에 관한 문제

영업 혼동의 부정경쟁에서 타인의 주지된 영업표지와 동일 또는 유사한 것을 사용하여 타인의 영업상의 시설 또는 활동과 혼동을 초래하는 행위를 하면 바로 성립하고, 거기에 사용자의 주관은 묻지 않는다.[364]

따라서 행위자에게 고의 또는 과실이 있는지 여부를 묻지 않고 부정경쟁행위가 성립하는 것이다.[365] 즉, 행위자의 고의·과실 내지 부정경쟁의 목적이라는 주관적 요소의 존부는 영업표시의 유사 내지 영업혼동의 사실인정을 위한 자료로 작용할 뿐이다.[366]

우리 대법원 판례도 부정경쟁행위의 성립에 부정경쟁행위자의 고의·과실은 요건이 아니라고 판시하고 있다.[367]

---

363) 고규정, "判例에 나타난 不正競爭行爲에 있어서의 周知性의 意味와 判斷 基準," 判例硏究(11집) 부산판례연구회, 2000, 785면.
364) 이와 관련하여 판례는 주지성을 획득한 표지의 존재를 모르는 선의의 선 사용자의 행위도 부정경쟁행위를 구성할 수 있다고 판시하였다(대법원 2004.3.25.선고 2002다9011 판결).
365) 小野昌廷 編著, 앞의 新·注解 不正競爭防止法(2000), 243면.
366) 小野昌廷 編著, 앞의 新·注解 不正競爭防止法(2000), 244면.
367) 부정경쟁방지법 제2조 제1호 소정의 행위는 … 등록 여부와 관계없이 사 실상 국내에 널리 인식된 타인의 성명 … 기타 타인의 상품임을 표시하는 표지와 동일 또는 유사한 것을 사용하거나 이러한 것을 사용한 상품을 판 매 등을 하여 타인의 상품과 혼동을 일으키게 하거나 타인의 영업상의 시 설 또는 활동과 혼동을 일으키게 하는 행위를 의미하고, 위와 같은 부정경 쟁행위의 성립에는 상법상의 상호권의 침해에서와 같은 "부정한 목적"이 나 부정경쟁행위자의 "고의·과실"은 그 요건이 아니다(대법원 1995.9.29. 선고 94다31365 판결, 1996.1.26.선고 95도1464 판결 등 참조).

3) 대상판결에서의 해당 쟁점에 대한 검토

대상판결에 따르면, 주식회사 현대리서치연구소는 경향신문과 여론조사 연간계약을 맺고 1997년에는 연간 13회, 1998년에는 연간 5회 정도 여론조사를 하였고, 그러한 여론조사 내용이 경향신문의 1면에 개괄적으로 게재되고 상세한 내용은 3, 5면에 게재되었다. 그리고 대상판결에서는 그 외에도 1995년경부터 주요 신문에 수많은 여론조사 실적이 보도되어 국내 여론조사기관 중에서 정치, 선거와 관련되는 사회 부분만으로는 약 5위, 전체적으로 볼 때에는 약 8위의 매출실적을 올리는 여론조사기관이라는 점 등을 "현대리서치"의 주지성 인정의 근거로 삼고 있다.

그런데 위와 같은 점에 근거하여 피고인의 인식 여부가 아닌 소비자나 일반 거래자 또는 수요자를 기준으로 주지성의 판단을 하였을 때에, "현대리서치"는 주지성을 가진 상호, 서비스표 또는 영업표지라고 인정할 수 있을 것이다.

즉, 앞서 살펴본 바와 같이 부정경쟁행위의 성립에서 부정경쟁행위자의 고의·과실은 요건이 아닐 뿐만 아니라, 대상판결에서도 판시하고 있듯이, 피고인은 이미 국회의원 선거에 출마한 경험이 있는 사람으로서 여론조사의 중요성을 잘 알고 있었을 것이고 그에 따라 국내에 널리 알려진 여론조사기관에 대하여도 어느 정도 알 수 있었던 것으로 보이므로, 피고인에게 그 인식이 아예 없었다고 할 수도 없을 것이다.

결국 피고인으로서는 이 사건 여론조사를 빙자한 사전 선거운동 당시 '현대리서치' 또는 그와 유사한 이름을 가진 여론조사기관이 실재할 가능성을 인식하고 그 업체의 영업상 활동과 혼동을 일으킬 수도 있다는 점을 용인한 채 전화 여론조사의 주체로서 '현대리서치'라는 명칭을 사용한 것으로 보인다.

따라서 "현대리서치"라는 상호가 일반 수요자 등을 기준으로 하여 주지성이 인정될 수 있으면 되는 것이고 부정경쟁행위의 성립

여부에 피고인이 이에 관하여 인식이 없었다는 주장은 고려될 필요
가 없다는 대상판결은 기존의 판례의 해석에 충실한 것이라고 할
수 있겠다.

(2) 피고인의 영업성(상업성)의 필요성에 대한 검토

1) 부정경쟁행위자의 영업성(상업성)의 필요 여부의 문제

부정경쟁방지법에서 말하는 '영업'이란 경제적 대가를 얻는 것을
목적으로 하는 사업을 말하지만 단순히 영리를 목적으로 하는 경우
만이 아니고 널리 경제상의 수지계산 위에서 행하여지는 일체의 사
업을 포함한다.[368]

일반적으로 광의로 해석되어 상업, 공업, 농업, 광업, 어업, 임업,
수산업 등의 원시산업뿐만 아니라, 병원, 학교, 문화사업, 법률사무
소, 디자인사무소, 자선사업단체에도 적용된다.[369] 즉, 이것은 부정
경쟁을 금지하여 질서 있는 공정한 경쟁활동을 보장할 필요가 있는
모든 곳에 적용된다.[370]

문제는 피해자에게 영업성은 인정되나, 부정경쟁행위자 내지 피
고인에게 영업성 또는 상업성이 인정되지 않는 경우에도 부정경쟁
행위가 성립한다고 볼 수 있는 것인지의 여부라고 할 수 있다.

이와 관련해서는 기존의 문헌상 직접적으로 다루고 있는 내용은
없다. 그러나 이 사건과 관련하여 대상판결은 부정경쟁행위자 내지
피고인의 영업성(상업성)이 불필요하다고 하는 입장을 취하고 있다.

그런데 이러한 대상판결의 해석은 다음과 같은 근거를 바탕으로
하고 있다고 볼 수 있는데, 그 근거로서는 첫째, 이 사건 당시의 부

---

368) 사법연수원, 앞의 부정경쟁방지법(2010), 30-31면.
369) 송영식 외 6인, 앞의 지적소유권법(하)(2013), 405면.
370) 사법연수원, 앞의 부정경쟁방지법(2010), 31면.

정경쟁방지법 제2조 제1호(2001.7.1.시행법)에서는 부정경쟁행위가 "그 목적의 여하를 불문한다"고 규정하고 있었으므로,[371] 당시 이러한 부정경쟁방지법상 해석에 의할 경우에는 부정경쟁행위자에게 영업성(상업성)과 같은 영리목적이 있을 것이 요구되지 않는다고 해석하는 것이 더 타당한 것이라고 볼 수 있다.

둘째, 1992.12.15.시행법 이전의 부정경쟁방지법에서는 제1조의 목적에서 "이 법은 부정한 수단에 의한 상업상의 경쟁을 방지하여 건전한 상거래의 질서를 유지함을 목적으로 한다"고 규정하고 있었으나, 해당 시행법 이후 현재에는 '상업상의 경쟁'에 국한하지 않고, 널리 알려진 타인의 상호 등을 부정하게 사용하는 부정경쟁행위를 방지함으로써 건전한 거래질서의 유지를 목적으로 하고 있다. 이에 따르면, 이는 '부정경쟁행위자가 피해자와 동등하게 영업 내지 상업을 영위하고 있는 경우'에만 부정경쟁방지법이 적용되는 것이 아니라, 모든 부정경쟁행위를 금지하기 위하여 해당 법을 개정하였다고 그 입법 연혁상으로 해석해 볼 수 있는 것이다.

셋째, 2001.7.1.시행법 이후로 현재에는 부정경쟁방지법 제2조 제1호 다목에서 "가목 또는 나목의 혼동하게 하는 행위 외에 '비상업적 사용 등 대통령령으로 정하는 정당한 사유 없이' 국내에 널리 인식된 타인의 성명, 상호, 상표, 상품의 용기포장, 그 밖에 타인의 상품 또는 영업임을 표시한 표지와 동일하거나 유사한 것을 사용하거나 이러한 것을 사용한 상품을 판매·반포 또는 수입·수출하여 타인의 표지의 식별력이나 명성을 손상하는 행위"가 부정경쟁행위의 유형으로 규정되어 있는바, 해당 다목의 경우에만 "비상업적 사용"을 다목상의 부정경쟁행위에 해당하지 않는 사유로서 별도로 규정하고 있는 것은 가목이나 나목의 경우에는 '비상업적 사용'이라도

---

371) 이와 같은 부정경쟁방지법 제2조 제1호상의 규정에 대하여 2004.7.21. 시행법에서 '그 목적의 여하를 불문한다'는 것이 삭제되었다.

부정경쟁행위에 해당함을 전제로 하고 있다고 충분히 유추해석하여 볼 수 있을 것이다.

그러나 이와 관련해서는 부정경쟁방지법이 법 명칭처럼 부정한 경쟁을 방지하는 것을 목적으로 하고 있는데, 피고인이 영업을 하지 않거나 영리의 목적이 없어 피해자와 경쟁관계에 있지 않은 경우에는 해당 법이 적용될 여지가 없다는 견해도 고려하여야 한다는 비판의 여지가 충분히 있을 수 있다.

한편으로 대법원 2004. 2. 13. 선고 2001다57709 판결372)에서는 "부정경쟁방지법 제2조 제1호 가목의 상품주체 혼동행위에 해당하는 표지의 사용은 '상품에 관련된 일체의 사용행위'를, 같은 호 나목의 영업주체 혼동행위에 해당하는 표지의 사용은 '영업에 관련된 일체의 사용행위'를, 비상업적 사용을 그 적용대상에서 제외하고 있는 같은 호 다목의 식별력이나 명성 손상행위에 해당하는 표지의 사용은 '상업적 사용'을, 각각 의미하는 것으로 해석하여야 할 것이고, 도메인 이름의 양도에 대한 대가로 금원 등을 요구하는 행위는 도메인 이름을 상품 또는 영업임을 표시하는 표지로 사용한 것이라고는 할 수 없어서, 피고 등의 행위가 부정경쟁방지법 제2조 제1호 가목, 나목의 혼동행위나 같은 호 다목 소정의 식별력 또는 명성의 손상행위

---

372) 한편, 해당 판결의 원심인 부산고등법원 2001. 7. 27. 선고 2000나13078 판결에서는 "부정경쟁방지법 제2조 제1호 나목, 다목의 부정경쟁행위에서 말하는 '사용'이라 함은 그 규정 내용에 비추어 영리적인 사용만을 의미하는 것으로 보아야 할 것인데 피고 등이 이 사건 도메인 이름으로 운용하고 있는 웹사이트의 내용이 원고의 상호나 상표 등을 영리 또는 상업적으로 사용하지 않고 있지 아니하므로 피고 등이 원고의 상호 또는 이 사건 상표와 동일한 문자를 이 사건 도메인 이름으로 사용하였다는 것만으로는 위 법률 제2조 제1호 나목에서 규정하는 영업주체혼동의 위험이 있다고 보기 어렵고, 달리 피고 등이 부정경쟁행위인 상품주체 혼동행위 또는 영업주체 혼동행위를 하였다고 볼 증거가 없다."고 판시하여, 영업주체 혼동행위는 영리적인 사용에만 적용되는 것으로 판단하고 있다.

에 해당하지 아니하므로, 원심 판시에 일부 미흡한 점이 있기는 하지만, 위와 같이 인정, 판단한 것은 정당하다.”고 판시하고 있다.

따라서 위 판결의 이러한 판시 내용에 따르면, 설령 부정경쟁방지법 제2조 제1호 나목의 영업주체 혼동행위가 비영리적 행위도 포함하고 있다고 할지라도, 해당 판결상의 ‘영업에 관련된 일체의 사용행위’에 해당되지 않으면 영업주체 혼동행위가 적용될 수 없다고 판단할 수 있는 것이다.

그러므로 대상판결에서도 선거여론조사가 비영리적 행위에 해당됨과 아울러 ‘영업에 관련된 일체의 사용행위’라고 볼 수 없는 것에 해당될 수 있기 때문에(피고인은 자신이 직접 선거여론조사업이라는 영업을 영위하는 것이 아님), 대상판결에서의 피고인의 행위가 자신의 영업에 관련된 일체의 사용행위는 아니어서 영업주체 혼동행위라고 볼 수 없다는 비판의 여지가 충분히 있는 것이다.

2) 대상판결에서의 해당 쟁점에 대한 검토

부정경쟁방지법에서 보호하는 것은 건전한 거래질서의 유지라고 할 것인바, 그 경우의 거래는 협의로 해석할 것은 아니고, 이상에서의 대상판결에 관한 논거에 따라 넓게 해석하여야 한다는 것이 대상판결의 태도라고 할 수 있다.

대상판결에 따르면, 부정경쟁방지법 제2조 제1호 나목의 문언적 해석에 따르더라도 영리목적이 있는 자만이 위 행위를 할 수 있다거나 또는 경쟁업종에 종사하는 자만이 위 행위를 할 수 있다고 볼 것은 아니라는 것인데, 이와 같은 해석처럼 일본에서도 혼동을 발생시키기 위하여 양자 간에 경쟁관계가 있을 필요는 없다고 해석하고 있다.[373]

그러나 대상판결의 이와 같은 해석을 비판하는 견해에 따르면,

---

373) 出澤秀二 外 4人, 逐條・問答・判例・書式 不正競爭防止法の實務, 商事法務研究會, 1995, 12면.

침해자가 완료된 여론조사 결과를 "현대리서치"의 이름을 도용하여 공중에 발표하면 "현대리서치"의 명성에 편승한 것이 되므로 해당 법 위반이 될 수 있을 것이지만, 이 사건에서와 같이 여론조사 결과를 만드는 과정에서 일반의 공중에게 "현대리서치"임을 사칭하였다고 하여 어떠한 부정경쟁적인 행위가 발생하였다고 보기는 어렵다고 할 수 있다.

게다가 위에서 살펴본 대법원 2001다57709 판결의 판시 내용에 따르면, 피고인의 행위를 피고인 자신의 영업과 관련된 사용행위로 보아 영업주체 혼동행위라고 단정할 수 있을지에 대한 비판이 충분히 생길 수 있을 것이다.

(3) 기타 피고인의 행위가 영업표지의 사용에 해당하는지 여부에 대한 검토

한편, 영업주체를 혼동시키는 부정경쟁행위가 성립하기 위하여는 타인의 주지된 영업표지 또는 그 유사물을 사용하는 것이어야 한다. 이러한 사용은 영업에 직접 사용되는 것일 필요는 없고, 영업과의 구체적 관계에서 사용되는 것이면 족하며, 서면(書面) 등의 물건에 사용되는 것뿐만 아니라, 구두(口頭)에 의한 사용도 사용에 해당한다.374) 따라서 라디오, 텔레비전 방송 등에서 사용되는 것도 사용이라고 할 수 있다. 즉, 영업표지를 매체로 해서 영업의 출처에 대해 혼동을 일으키는 사용행위는 그 방법, 형태 등을 묻지 않고 모두 이에 포함된다고 본다.375)

부정경쟁방지법 제2조 제1호 나목에서 보호하고 있는 "타인의 성명·상호·표장 기타 타인의 영업임을 표시하는 표지" 중에서 시각

---

374) 小野昌廷 編著, 앞의 新·注解 不正競爭防止法(2000), 241면.
375) 사법연수원, 앞의 부정경쟁방지법(2010), 34면.

적인 표현을 반드시 요구하는 표장 등의 경우에는 그 침해를 인정하기 위하여 반드시 유형적 침해가 있어야 한다고 하는 경우가 있을 수 있지만, 성명이나 상호의 경우에는 유형적 형태가 문제가 되지 아니하고 칭호나 의미만이 문제로 될 수도 있는 것이므로 이러한 경우에는 구두에 의한 사용을 인정하는 데 문제가 없다고 하겠다.

따라서 이 사건에서 보면, 통상 여론조사는 전화를 하여 구두로써 '여기는 어디'라는 식으로 상호를 밝힌 후에 조사를 하게 되는 것이므로, 주식회사 현대리서치연구소와 같은 여론조사기관은 주로 언어로서 그 영업을 표시한다고 할 것이어서 무형의 언어에 의한 침해가 가능하다고 볼 수 있는 것이다.

결국 이 사건에서 피고인의 행위가 영업표지로서의 사용이 아니라는 피고인의 주장이 이유 없다고 판단한 대상판결의 판단은 기존의 학설에 따를 경우에 타당하다고 볼 수 있다.

4. 대상판결의 의의

대상판결은 선거여론조사와 관련하여 부정경쟁방지법 제2조 제1호 나목에 관한 영업주체 혼동행위를 인정한 최초의 판결이라는 점에서 그 의의가 있다고 하겠다. 그런데 나머지 쟁점에 관한 판단에 대해서는 일응 타당하다고 볼 수 있으나, 부정경쟁행위자인 피고인의 영업주체로서의 영업성(상업성)의 필요성에 관해서는 기존에 이를 다루는 구체적인 학설과 판례가 없었던 상황하에서 영업성(상업성)이 불필요하다고 판단한 대상판결은 부정경쟁을 방지하고자 하는 부정경쟁방지법의 취지와 기존의 영업주체 혼동행위에 대한 다른 판결의 해석 등에 의해 비판의 여지가 충분히 있다고 볼 수 있다.

따라서 특히 앞서 살펴본 기존의 다른 대법원 판결의 판단 법리와 다소 충돌되는 면이 보이는바, 향후 이에 대해서는 학설이나 판결을 통해 좀 더 심도 있는 연구가 필요할 것으로 보인다.

XV 설문조사결과와 상표의 유사 판단 [리엔케이 사건]³⁷⁶⁾

1. 사건의 정리

(1) 사실관계

1) 원고의 등록상표
가. 이 사건 등록상표 1
○ 상표: 리엔
○ 등록번호: 제647700호
○ 출원일 / 등록일 / 존속기간(예정) 만료일: 2005.4.20. / 2006. 1.18. / 2016.1.18.
○ 지정상품: 제03류(과자용 향미료, 가정용 정전기 방지제, 세탁용 유연제, 향수, 립스틱, 볼연지, 볼터치, 탈모제, 매니큐어, 스킨 밀크, 아이섀도, 영양크림, 헤어무스, 모발염색제, 모발탈색제, 손톱탈색제, 아이라이너, 일반화장수, 크린싱 크림, 헤어 에센스, 선스크린 로션, 페이스 에센스, 헤어스프레이, 파운데이션 크림, 바디폼, 나리싱 크림, 리퀴드 루즈, 마스카라, 마스크 팩, 맛사지용 오일, 미용 목욕물 첨가제, 선밀크, 선탠제, 약용크림, 콤팩트용 고형분, 라벤더유, 조합

---

376) 대법원 2014.6.26.선고 2012다12849 판결.

향료, 목향, 인조 속눈썹, 화장용 로션처리 티슈, 인조 손톱, 화장용
마스크, 샴푸, 치약, 물비누, 양치액, 가루비누, 목욕비누, 미용비누,
화장비누, 헤어린스, 비의료용 구강세정제, 구두약, 광택왁스, 금강
사, 연마포)

나. 이 사건 등록상표 2

○ 상표: 리엔

○ 등록번호: 제832659호

○ 출원일 / 등록일 / 존속기간(예정) 만료일: 2009. 2. 3. / 2010. 8.
11. / 2020. 8. 11.

○ 지정상품: 제03류(스킨 밀크, 향수, 크린싱 크림, 목욕비누, 립스틱,
페이스 에센스, 샴푸, 아이섀도, 치약, 일반화장수, 모발 염색제, 가루
비누, 인조 속눈썹 등)

2) 피고의 사용

① 피고는 2010년 9월경 30대 성인 여성을 주요 고객으로 하여 클
렌징 폼, 필링 겔, 엑스트라 모이스처 하이드라 퀸 등의 기능성 화장
품(이하 '피고 화장품'이라 한다)을 출시하면서, 포장용기 및 외부 포장
상자의 앞면에 영문 명칭인 'Re:NK', 뒷면에 우리말 명칭인 '리엔케
이'라고 각각 표시하여 피고 화장품을 제조·판매하였고, 잡지 등에
기재되는 선전광고물 및 광고간판에도 'Re:NK'와 함께 '리엔케이'를
기재하였다.

② 피고는 이 사건 1심 소송 진행 중 피고의 홈페이지, 브로서 및
포장용기 등의 뒷면에 피고 화장품에 대한 우리말 명칭 '리:엔케이'
를 사용하기 시작하였다(이하 피고가 사용하는 표장을 '피고 표장'이라
한다).

(2) 당사자들의 주장

1) 원고 주장의 요지

피고는 원고 상표와 유사한 피고 표장을 사용하고 있으므로, 원고 상표에 관한 원고의 상표권을 침해하고 있거나 침해할 우려가 있다. 또한, 피고의 피고 표장 사용행위는 널리 인식된 원고 상표와 유사한 표지를 사용하여 원고의 상품과 혼동하게 하거나 그 식별력을 손상시키는 것이므로, 부정경쟁방지법 제2조 제1호 가목과 그 다목에서 정한 부정경쟁행위에 해당한다. 따라서 피고는 원고에 대하여 청구취지 기재 금지의무[377]를 부담한다(원고는 상표권 침해금지와 부정경쟁행위 금지를 선택적으로 구하고 있다).

2) 피고 주장의 요지

피고 표장은 원고 상표와 유사하지 않고, 피고가 피고 표장을 상표적으로 사용하지도 않으므로 원고의 이 사건 청구는 부당하다. 또한, 피고가 피고 표장을 사용한 화장품은 원고 상표의 지정상품과 다를 뿐만 아니라 원고가 원고 상표를 화장품에 사용한 바가 없음에도 제기한 이 사건 청구는 그 상표권을 남용한 것이다.

(3) 소송의 경과

이에 대해서 1심[378]은 청구인용 판결[379]을 내렸고, 피고가 이에

---

377) 1. 피고는 상표를 화장품 또는 그 포장, 용기 및 선전광고물에 사용하거나 위 상표를 사용한 화장품을 양도 또는 인도하거나 그 목적으로 전시, 수출 또는 수입하여서는 아니 된다. 2. 피고는 피고의 본점, 지점, 사무소, 영업소, 공장, 창고 등에 보관 중인 별지 목록 기재 상표를 사용한 화장품 및 선전광고물, 포장, 용기를 폐기하라.

378) 서울중앙지방법원 2011.5.17.선고 2010가합121751 판결.

379) 가. 상품의 동일·유사 여부

이 사건 각 등록상표의 지정상품에 크린싱크림 등 화장품류 상품이 포함되어 있는 점, 피고 각 사용표장이 사용되는 피고 화장품 역시 클렌징 폼 등 화장품류 상품인 점은 앞서 본 바와 같으므로, 양 표장이 사용되는 상품은 동일·유사하다고 봄이 상당하다.

나. 피고의 "리엔케이" 표장의 사용 또는 사용 개연성 여부

1) 사용 여부

피고가 이 사건 소송 진행 중에 피고 화장품에 국문명칭 표장인 "리:엔케이"를 사용하기 시작한 사실은 앞서 본 바와 같으나, "리엔케이"가 표기된 피고 화장품이 여전히 유통, 판매되고 있고, "리엔케이"가 사용된 피고의 광고물 역시 그대로 존재하고 있는 사실을 인정할 수 있으므로, 피고의 "리엔케이" 표장은 여전히 사용되고 있다고 봄이 상당하다.

2) 사용 개연성 여부

상표법 제65조 제1항은 상표권을 "침해할 우려가 있는 자"에 대한 "예방 청구"도 가능하다고 규정하고 있고, 이때 "침해할 우려"라 함은 침해행위가 이루어질 개연성이 큰 것을 말한다. 이 사건에 관하여 보건대, 가사 피고 주장과 같이 현재는 "리엔케이" 표장이 사용되고 있지 않은 표장이라고 하더라도 피고는 그동안 "리엔케이" 표장을 사용하여 왔고, "리엔케이" 표장이 상표로서의 사용이 아니고, 그 사용이 적법하다고 계속 다투고 있으므로, 피고의 "리엔케이" 표장은 장래 사용될 개연성이 높다.

다. 피고 각 사용표장의 상표 사용 해당 여부

1) 상표법상 '상표의 사용'이라 함은 상표법 제2조 제1항 제6호 각 목 소정의 행위를 의미하는 것인바, 어떤 표지의 사용이 여기에 해당하기 위해서는 사회통념상 수요자에게 상품의 출처를 표시하고 자기의 업무에 관계된 상품과 타인의 업무에 관계된 상품을 구별하는 식별표지로 기능하고 있어야 한다(대법원 2007. 10. 12. 선고 2007다31174 판결 등 참조).

2) 피고는 피고 각 사용표장인 "리엔케이" 또는 "리:엔케이"를 피고 화장품 포장 용기 등의 각 뒷면 맨 윗줄에, 함께 기재된 문구 중 가장 크고 진한 글자체를 사용하여 부각시켜 표시하여 온 사실, 피고 화장품 브로셔에 "살아 숨쉬는 피부─리엔케이," "리엔케이는 피부가 필요로 하는 셀 에너지를 담은…," "리엔케이의 Cell IQ System은 유효성분들을 함유한…," "리엔케이는 전국 뷰티플래너를 통해서 만나실 수 있습니다," "리:엔케이가 셀 테크놀로지로 피부과학의 꿈을 실현합니다," "리:엔케이, 깊어지는 피부 나이에 셀 에너지를 채우다"라고 기재되어 있는 사

실, 피고 화장품 홈페이지에는 "셀 에너지로 새롭게 살아 숨쉬는 피부 리엔케이," "리엔케이가 피부 에너지를⋯," "리엔케이는 피부 구성 하나 하나에⋯"라고 기재되어 있는 사실을 인정할 수 있는바, 위와 같은 피고 화장품 등에 표시된 피고 각 사용표장의 위치, 크기 및 홈페이지, 브로셔 등 각종 선전광고물에 표기된 각 사용태양 등을 고려하여 볼 때, 피고 각 사용표장은 일반 수요자들에게 피고 화장품의 출처를 표시하고 다른 상품들과 구별하는 식별표지로서 기능하였다고 봄이 상당하다.

3) 따라서 피고 각 사용표장의 사용행위는 상표의 사용행위에 해당한다 할 것이고, 비록 피고 각 사용표장의 사용 태양 중 화장품의 포장용기의 앞면에 영문표장 "Re:NK"가 기재되어 있고, 선전광고물에 피고 각 사용표장과 위 영문표장이 함께 기재되어 있다고 하여 달리 볼 수는 없다. 또한 피고는 피고 각 사용표장을 화장품법에 따른 표시사항으로만 기재하고 있을 뿐이라고 주장하므로, 피고 각 사용표장의 사용태양 중 화장품의 포장용기에 사용되는 표장에 관하여 보건대, 피고 화장품 포장 용기 등의 각 뒷면에 맨 윗줄에 공통하여 피고 각 사용표장이 기재되어 있고, 이후 두 번째 줄부터는 각 화장품의 종류에 따라 각 용어별로 줄을 바꾸어 "타임 랩, 링클 에너지 아이 리바이탈라이저, '주름개선 기능성 화장품, 20㎖" 등의 여러 설명문구가 기재되어 있는 사실을 인정할 수 있으나, 위 인정사실만으로는 피고가 각 사용표장을 화장품법에 따른 표시사항으로만 기재하고 있는 것이라고 단정할 수 없고, 달리 이를 인정할 증거가 없을 뿐만 아니라, 피고 각 사용표장이 위에서 본 바와 같이 상품의 식별표지로서 사용되었다고 보는 이상 화장품법에 따른 표시사항이라는 이유만으로 상표로서의 사용이 아니라고 볼 수는 없다.

라. 표장의 유사 여부

1) 두 개 이상의 문자 등으로 이루어진 이른바 결합상표의 경우에도, 상표의 구성 전체에서 생기는 외관, 호칭, 관념에 의하여 상표의 유사 여부를 판단하는 것이 원칙이나, 각 구성부분이 결합하여 자타상품의 식별표지로 기능할 수 있는 정도의 외관, 호칭 또는 관념이 형성되었거나 각 구성부분이 불가분하게 결합되어 있다고 보는 것이 거래상 자연스럽게 여겨지는 경우 등이 아니라면, 언제나 그 구성부분 전체에 의하여 호칭, 관념되는 것이 아니고 '독립하여 자타상품의 식별기능을 할 수 있는 구성부분(요부)'만으로 간략하게 호칭, 관념될 수 있으므로, 요부만으로도 거래에 놓일 수 있다고 인정할 수 있는 경우에는 그 전체 구성 중 요부를 이루는 일부만을 분리 내지 추출하여 그 요부에서 생기는 외관, 호칭, 관념에 의하여 상표의 유사 여부를 판단할 수 있다(대법원 2006.

11.9.선고 2005후1134 판결, 대법원 2008.10.9.선고 2008후1470 판결 등 참조).

2) ① 피고 각 사용표장 중 후단부 2음절 "케이"는 알파벳 "K"의 국문음역과 동일한 반면, 전단부 2음절 "리엔" 또는 "리:엔"은 특정의 관념을 연상하기 어려운 조어로서 상대적으로 강한 식별력을 갖는다고 볼 수 있어, 피고 각 사용표장의 전단부 2음절과 후단부 2음절이 분리관찰되면 거래상 자연스럽지 못하다고 여겨질 정도로 불가분적으로 결합되어 있다고 단정하기 어려운 점, ② 실제 피고 제품을 구입하거나 피고 행사에 참석한 일부 수요자들이 자신의 블로그 등에서 피고 표장을 전단부 2음절과 후단부 2음절 사이를 띄어 "리엔 케이"라고 표기하거나 그 사이에 콜론(:)을 부가하여 "리엔:케이"라고 표기하였던 점, ③ 원고는 2005.4.20. 화장품 및 샴푸 등을 지정상품으로 하는 이 사건 각 등록상표 중 하나인 "리엔" 및 "REen" 상표를 출원하여 2006.1.18. 등록번호 제647700호 및 제647707호로 각각 등록한 것을 시작으로 같은 지정상품에 관한 "리엔 한방 헤어로스컨트롤 ReEn 한방 Hairlosscontrol"(등록번호 제709543호), "리엔"(등록번호 제832659호), "ReEn"(등록번호 제733176호), "ReEn 생기원"(등록번호 제782340호), "ReEn 바람드녀리"(등록번호 제797334호) 등 다수의 상표를 등록하여 보유하면서, 2005. 6.경 "리엔"을 통합브랜드로 사용한 기능성 한방 헤어케어 제품을 출시한 이래 "리엔 한방," "리엔 회윤액," "리엔 카멜리아," "리엔 발효 생기원," "리엔 보양진," "리엔 자하진" 및 "리엔 자하진크리닉" 등의 여러 시리즈의 헤어케어 제품을 출시하여 왔고, 2010.9. 현재 광고제작비 약 10억원, 모델비 약 8억원 및 TV, 라디오, 신문, 잡지, 케이블을 통한 광고비 약 140억원을 소요하였으며, 이 사건 각 등록상표를 사용한 샴푸 등 헤어용품으로 2005년 약 12억원, 2006년 약 40억원, 2007년 약 60억원, 2008년 약 76억원, 2009년 약 127억원, 2010년 1월부터 10월까지는 약 236억원의 매출을 기록한 점, ④ 원고는 닐슨컴퍼니 코리아 유한회사에 의뢰하여 서울, 경기 및 5대 광역시의 만 20~59세 성인 남녀를 대상으로 온라인조사 방식(기간 2011.2.16.~2011.2.22., 대상 1,000명)을 통한 피고 각 사용표장과 이 사건 각 등록상표의 유사성 및 혼동 정도를 조사하였는데, 그 소비자조사결과에 따르면 장소와 시간을 달리하여 "리엔"과 "리엔케이"가 찍힌 화장품 제품을 접할 경우 '두 제품을 혼동할 것 같다'라고 대답한 응답자가 전체 응답자 중 82.6%에 이르는 점, ⑤ 피고 역시 한국갤럽에 의뢰하여 서울 및 4대 광역시의 만 20~59세 성인 남녀를 대상으로 1:1 개별 면접조사 방식(기간 2011.3.21.~2011.3.29., 대상인원 500명, 표본오차 95.0%, 신뢰수준 ±4.4%P) 및 온라인조

사 방식(기간 2011.3.21.~2011.3.30., 대상인원 1,000명, 표본오차 95.0%, 신뢰수준 ±3.0%P)으로 피고 각 사용표장과 이 사건 각 등록상표의 유사성 및 혼동 정도를 조사하였는데, 그 소비자조사결과에 의하더라도 이 사건 각 등록상표가 표시된 샴푸제품과 피고 각 사용표장이 표시된 피고 화장품이 제시되었을 때 "같거나 비슷한 상표라는 느낌이 들며, 혼동될 것 같다"라고 대답한 응답자가 전체 응답자 중 28.8%(1:1 개별 면접조사 방식) 및 31.6%(온라인조사 방식)에 이르는 점, ⑥ 피고가 이 사건 소송 진행 중 피고 화장품에 표시되는 표장을 기존에 사용하였던 "리엔케이"에 한글 발음기호상 장음을 표시하는 콜론(:)을 사이에 추가하여 피고 각 사용표장의 다른 하나인 "리:엔케이"로 변경한 사실은 앞서 본 바와 같으나, 일반 수요자들이 상표를 인식함에 있어 반드시 문법적으로 따져 인식, 호칭한다고 볼 수 없으므로 "리"와 "엔케이" 사이에 새롭게 추가된 콜론(:)의 존재에 불구하고 수요자들이 반드시 "리"와 "엔케이" 사이에 간격을 띄어 기존의 "리엔케이"와 구별되게 호칭할 것으로 보이지는 않는 점을 인정 또는 추인할 수 있다. 이에 비추어 보면, 피고 각 사용표장 중 전단부 2음절인 "리엔" 또는 "리:엔"은 피고 각 사용표장을 구성하는 결합문자들 중 특징적인 부분으로 인식되어 특히 수요자의 주의를 끄는 부분(요부)으로 관찰된다 할 것이고, 아울러 "리엔"과 "리:엔"은 음절 사이 콜론(:)의 유무에 관계없이 일반 수요자들에게 동일한 발음인 "리엔"으로 인식, 호칭된다 할 것인바, 결국 피고 각 사용표장의 요부는 "리엔" 또는 "리:엔"이라고 봄이 상당하다.

3) 이 사건 등록상표 1은 상표 자체가 "리엔"이다. 이 사건 등록상표 2의 경우 울퉁불퉁하고 흐릿한 두 겹의 원형 도형 중심에 크고 굵은 글자체로 문자 "리엔"이 표기되어 있으며 그 "리엔"의 위아래를 감싸는 듯한 모습으로 흐릿하게 "ORIENTAL," "HAIR SCIENCE"의 문자가 부기되어 있는 구조의 도형·문자 결합상표로서, 표장의 각 구성요소의 배치형태 및 음영의 강약으로 인한 시각적 집중도를 고려하여 볼 때 식별력이 약한 원형 도형 및 위아래의 문자 부분을 제외한 나머지 부분인 "리엔"이 이 사건 등록상표 2의 요부라고 봄이 상당하다. 따라서 피고 각 사용표장의 요부인 "리엔" 또는 "리:엔"과 이 사건 각 등록상표 자체 또는 그 요부인 "리엔"은 동일, 유사한바, 피고 각 사용표장과 이 사건 각 등록상표는 동일·유사한 상품에 함께 사용될 경우 상품출처에 오인·혼동이 발생할 수 있는 유사한 표장이라고 봄이 상당하다.

마. 거래실정을 고려할 때 개별적·구체적으로 상품의 출처에 관하여 오인·혼동할 염려가 없는지 여부

2개의 상표가 상표 자체의 외관·칭호·관념에서 서로 유사하여 일반적·추상적·정형적으로는 양 상표가 서로 유사해 보인다 하더라도, 당해 상품을 둘러싼 일반적인 거래실정과 상표의 주지 정도 및 당해 상품과의 관계 등을 종합적·전체적으로 고려하여, 거래사회에서 수요자들이 구체적·개별적으로는 상품의 출처에 관하여 오인·혼동할 염려가 없을 경우, 양 상표가 공존하더라도 당해 상표권자나 수요자 및 거래자들의 보호에 아무런 지장이 없다(대법원 2006.10.26.선고 2005후2250 판결 참조). 그러나 이 사건 각 등록상표의 지정상품인 헤어케어 제품 및 화장품과 피고의 사용상품인 화장품이 동일·유사한 상품에 해당하는 점, 피고 각 사용표장이 화장품법상 표시사항으로만 사용되고 있다고 볼 수 없는 점은 앞서 본 바와 같다. 피고 각 사용표장의 주지성 획득 여부에 관하여 보더라도, 피고가 2010.9.경 "Re:NK" 및 피고 각 사용표장을 표시한 피고 화장품을 처음 출시한 이래 피고 각 사용표장을 표시한 피고 화장품의 매출액이 출시 후 2010년 12월까지의 4개월간 232억원에 달한 사실만으로는 피고 각 사용표장이 일반 수요자들을 대상으로 현저한 식별력을 취득한 주지한 표장인 점이 인정되기에 부족하고, 달리 피고 각 사용표장의 주지성을 인정할 증거도 없다. 또한 원고의 소비자조사결과에서 피고 각 사용표장 중 하나인 "리엔케이"와 이 사건 각 등록상표의 요부 또는 그 자체인 "리엔"이 함께 화장품에 사용될 경우 혼동된다고 대답한 응답자가 80%를 상회하고, 피고의 소비자조사결과에서조차 양 상품의 출처가 혼동된다고 대답한 응답자의 비율이 약 30%에 이르고 있음은 앞서 본 바와 같다.

사정이 이러하다면 거래사회에서 피고 각 사용표장과 이 사건 각 등록상표가 공존하더라도 거래실정상 구체적 오인·혼동의 염려가 없어 선등록상표인 이 사건 각 등록상표의 상표권자인 원고나 수요자 및 거래자들의 보호에 아무런 지장이 없게 되었다고는 단정할 수 없다.

바. 소 결

따라서 피고의 피고 각 사용표장 사용 행위는 원고의 이 사건 각 등록상표의 상표권을 침해 또는 침해할 우려가 있는 행위에 해당한다 할 것이므로, 상표권자인 원고는 피고에 대하여 그 침해의 금지 또는 예방을 청구할 수 있고, 침해행위를 조성한 물건의 폐기, 침해행위에 제공된 설비의 제거 기타 침해의 예방에 필요한 행위를 청구할 수 있다[상표권 침해를 원인으로 한 금지청구권의 발생 여부에 관한 판단과 관련하여 상표의 유사 판단이 이루어짐. 따라서 상표권 침해만 인정하여 부정경쟁행위 여부는 판단하지 않음. 그리고 1심은 피고의 상표권 남용 항변을 부정하는 판시도 하였음(여기서 상표권 남용 항변에 관한 판시사항은 생략)].

대해 항소를 하였는데, 원심[380])에서는 1심 판결을 취소하여 항소인
용(청구기각) 판결[381])을 내렸으며, 원고가 이에 대해 상고하여 대법

---

380) 서울고등법원 2012.1.11.선고 2011나40146 판결.
381) * 상표의 유사 여부
　가. 피고의 피고 표장 사용행위가 원고 상표에 관한 원고의 상표권을 침해
하거나 원고 주장의 부정경쟁행위에 해당하기 위해서는 피고 표장이 원
고 상표와 동일 또는 유사함이 그 전제가 되는바, 상표의 유사 여부는
그 외관·호칭 및 관념을 객관적·전체적·이격적으로 관찰하여 그 지
정상품의 거래에서 일반 소비자나 거래자가 상표에 대하여 느끼는 직관
적 인식을 기준으로 하여 그 상품의 출처에 관하여 오인·혼동을 일으
키게 할 우려가 있는지에 따라 판단하여야 하므로, 대비되는 상표 사이
에 유사한 부분이 있다고 하더라도 당해 상품을 둘러싼 일반적인 거래
실정, 즉, 시장의 성질, 소비자의 재력이나 지식, 주의의 정도, 전문가인
지 여부, 연령, 성별, 당해 상품의 속성과 거래방법, 거래장소, 사후관리
여부, 상표의 현존 및 사용상황, 상표의 주지 정도 및 당해 상품과의 관
계, 소비자의 일상 언어생활 등을 종합적, 전체적으로 고려하여 그 부분
만으로 분리인식될 가능성이 희박하거나 전체적으로 관찰할 때 명확히
출처의 혼동을 피할 수 있는 경우에는 유사상표라고 할 수 없어 그러한
상표 사용의 금지를 청구할 수 없고, 이러한 법리는 부정경쟁방지법 제2
조 제1호 가, 다목에서 정한 상품표지에 있어서도 마찬가지이다(대법원
2011.12.27.선고 2010다20778 판결 등 참조).
　나. 위 법리를 바탕으로 이 사건에서 본다.
　　(1) 먼저 앞서 본 사실관계에 의하면 원고 상표와 피고 표장의 외관·호
칭·관념에 관하여 다음과 같은 사정을 알 수 있다.
　　　원고 상표 중 이 사건 등록상표 1은 '리엔'이라는 두 음절의 문자만으
로 이루어져 있고, 이 사건 등록상표 2는 '리엔'이라는 문자와 그 주위
에 오돌토돌한 원 모양의 도형을 두 겹으로 두르고 있고, 그 원주 안
쪽으로 상부에는 'ORIENTAL', 하부에는 'HAIR SCIENCE'라는 흐릿한
영문 표기가 있으며, 그 영문이 원 가운데 굵은 글씨체로 위치한 '리
엔'을 위와 아래에서 각각 감싸고 있는 모습을 한 결합상표이다. 이에
비하여 각각 네 음절의 문자로 이루어진 피고 표장은, 그 하나가 '리엔
케이'이고, 나머지 하나는 '리'와 '엔' 사이에 콜론(:)을 삽입한 '리:엔케
이'라는 문자이다. 이 사건 등록상표 2 중 영문 부분은 흐릿하여 원고
상표는 모두 '리엔'으로 읽히고, 피고 표장은 콜론(:)의 영향을 받지 않
고 모두 '리엔케이'로 읽힌다. 즉, 우선 원고 상표(이 사건 등록상표 2

의 경우 '리엔' 부분)는 두 음절이고, 피고 표장은 네 음절에 불과하여 비교적 그 표지가 짧은 편인데, 피고 표장은 이 사건 등록상표 2와 같은 도형이나 영문을 가지지 아니하여 시각적으로 차이가 나고, 이 사건 등록상표 2 중 가운데 문자 부분인 '리엔'과 이 사건 등록상표 1을 피고 표장과 비교하여도 그 음절의 수에서 두 배 차이가 나며, 더구나 피고 표장 중 '리:엔케이'는 음절 중간에 콜론(:)이 존재하여 그 시각적 차이를 더하고 있다. 또한, 그 호칭을 보더라도, 원고 상표와 피고 표장은 발음할 때 그 구성된 음절의 수만큼 차이가 난다. 나아가 '리엔'이나 '리엔케이' 모두 그 전체나 그중 일부 구성에서 특별한 관념이 직감되는 바가 없다. 따라서 위와 같은 사정을 종합하면, 원고 상표와 피고 표장은 비록 유사한 부분이 있기는 하나, 전체적으로 볼 때 그 외관과 호칭이 서로 다르다.

(2) 이에 대하여 원고는, '리엔케이' 중 '케이'는 영어 알파벳 'K'의 우리말 발음에 불과하고, 콜론(:)은 독립한 음가를 가지지 아니하므로, 결국 피고 표장 중 소비자의 주의를 끄는 부분은 '리엔'이고, 거래실정상 소비자도 '리엔'을 독자적인 상표로 직감하므로, 그 주의를 끄는 부분, 즉 요부(要部)를 가지고 관찰할 때 그 요부가 동일하여 원고 상표와 피고 표장은 유사하다고 주장한다. 그러나 원고 상표나 피고 표장 모두 우리말이나 한자(漢字)가 아닌 영문자의 우리말 발음의 표기임을 직감할 수 있고, 소비자가 직감적으로 그 의미를 이해할 수 있는 어떤 관념을 가진 부분이 따로 없는 단순한 음절의 조합에 불과하며, 굳이 분리하더라도 '리엔케이'는 그 발음상 '리(Lee나 Re 또는 Ri)'와 '엔(& 또는 and)'과 '케이(K)' 또는 '리'와 '엔케이(NK)'와 같은 분리가 더 자연스럽고, '리:엔케이'도 그 발음상 '리'와 '엔케이(NK)'로 분리함이 더욱 자연스럽다.

반면 원고 주장과 같이 '리엔'이 독자적으로 호칭·관념된다거나 특별히 소비자의 주의를 끌기 쉬운 요소로서 중심적인 식별력을 가졌다는 점을 인정하기에는, 아래 (3)항에서 보는 거래실정에 비추어 일반 소비자 중 몇몇이 인터넷에 올린 '리엔'과 '케이' 사이를 띄어 써 '리엔 케이'로 표시하거나, 그 사이에 콜론(:)을 삽입한 '리엔:케이'로 표시하였다는 인터넷 자료인 갑 제25호증의 기재 및 아래 (3)항에서 배척하는 갑 제13호증의 기재만으로는 부족하고, 달리 그 증거가 없다.

(3) 다음으로 거래실정을 보건대, 갑 제3, 5 내지 9, 11, 13, 21 내지 24, 26호증, 을 제1, 2, 4, 5, 6, 13 내지 17, 19, 20, 27, 28, 30, 35호증의 각 기재나 영상에 변론 전체의 취지를 종합하면 다음과 같은 사실을 인

정할 수 있다. ① 원고는 2005.4.20. 화장용품 및 샴푸 등을 지정상품으로 하는 '리엔'(이 사건 등록상표 1) 및 'REen' 상표를 출원하여 2006.1.18. 각각 등록한 것을 시작으로, 같은 지정상품에 관하여 ' 리엔 '(이 사건 등록상표 2), ' ReEn '(등록번호 제733176호), ' ReEn 생기원 ' (등록번호 제782340호), ' ReEn 바람든머리 '(등록번호 제797334호) 등 다수의 상표를 등록·보유하면서, 2005년 6월경 '리엔'을 통합 상표로 사용한 기능성 한방 헤어케어 제품을 출시한 이래 '리엔 한방', '리엔 회윤액', '리엔 카멜리아', '리엔 발효 생기원', '리엔 보양진', '리엔 자하진' 및 '리엔 자하진크리닉' 등의 여러 시리즈의 헤어케어 제품을 출시하였다. ② 원고는 2010년 9월 현재 '리엔' 시리즈물에 대하여 광고제작비 약 10억원, 모델비 약 8억원 및 TV, 라디오, 신문, 잡지, 케이블을 통한 광고비 약 140억원을 지출하였고, 원고 상표를 사용한 샴푸 등 헤어용품으로 2005년 약 12억원, 2006년 약 40억원, 2007년 약 60억원, 2008년 약 76억원, 2009년 약 127억원, 2010년 1월부터 10월까지 약 236억원의 매출을 올렸다. ③ 피고는 2010년 9월경 기초사실 나.의 (1)항과 같이 피고 화장품을 처음 출시한 이래 피고 표장을 표시한 피고 화장품의 매출액이 출시 후 2010년 12월까지의 4개월간 232억원에 달한다. ④ 한편 원고 상표를 사용한 헤어용품은 그 가격대가 50㎖에 약 1만원 정도로 주로 대형할인점 등 소매점에서 탈모방지나 모발 건강에 관심이 많은 소비자를 상대로 판매되고 있는 반면, 피고 표장이 사용된 화장품은 그 가격대가 40~50㎖에 약 10만원 정도의 고가로 백화점이나 방문판매를 통해 30대 여성 소비자들에게 판매되고 있다. ⑤ 원고 상표나 피고 표장과 같은 영어발음을 그 상표로 하는 화장품의 경우 일반적으로 그 판매장소나 상품 또는 광고에 우리말로 표시하더라도 소비자의 기호에 맞추어 그 영어 원문을 그 발음인 우리말과 함께 표시하거나 오히려 우리말 표시보다 더 강조하여 사용하고 있는데, 원고는 'ReEn'을 우리말인 원고 상표와 함께 사용하고, 피고는 'Re:NK'를 피고 표장과 함께 사용하면서도 피고 화장품 전면에 표시하거나 판매장소에서 'Re:NK'만을 밝게 나타내는 등 더 강조하여 사용하고 있다.

(4) 위와 같이 전체적·객관적으로 관찰할 때 원고 상표와 피고 표장의 외관과 호칭이 서로 다른 점, 그 거래실정에서 알 수 있는 바와 같이 원고 상표가 표시된 헤어케어 제품과 피고 화장품에 대한 주된 소비자의 나이와 성별 및 그 소비 동기가 다르고, 그 판매방법과 장소 또한 다른 점, 나아가 그 가격에 상당한 격차가 있을 뿐만 아니라 피고

원에서 판단한 것이 바로 대상판결에서의 이 사건이다.

2. 대상판결(대법원 2012다12849 판결)의 판시 내용

(1) 문자와 문자 또는 문자와 도형 등이 결합된 상표는 상표를 구성하는 전체에 의하여 생기는 외관, 호칭, 관념을 기준으로 하여 상표의 유사 여부를 판단하는 것이 원칙이나, 그 결합관계 등에 따라서는 '독립하여 자타 상품을 식별할 수 있는 구성 부분'만으로도 거래될 수 있다고 인정되는 경우에는 그 부분을 분리·추출하여 그로부터 생기는 호칭 또는 관념을 기준으로 상표의 유사 여부를 판단

> 화장품의 경우 비교적 고가여서 소비자가 그 출처에 관하여 상당한 주의를 기울여 구매할 것으로 보이는 점, 피고 표장의 경우 피고 화장품에 영문과 함께 표시하거나 오히려 영문을 더 강조하여 표시하고 있는 점 등을 종합하여 고려할 때, 피고 표장인 '리엔케이' 또는 '리:엔케이'는 원고 상표인 '리엔'만으로 분리인식될 가능성은 희박하고, 피고 표장 전체로 호칭될 가능성이 높으며, 이와는 반대의 취지가 담긴 갑 제13호증(소비자 설문조사 보고서)은 원고가 일방적으로 실시한 것이어서 그 공정성과 객관성을 인정하기 어려울 뿐만 아니라, '리엔'과 '리엔케이'를 동시에 한 면에서 볼 수 있도록 제공하여 이격(離隔)적 관찰결과를 알 수 없으므로 그 기재만으로는 위 인정을 뒤집기에 부족하다.
>
> 다. 따라서 피고 표장은 원고 상표와 외관은 물론 호칭에 있어서도 서로 다르고, 관념은 대비할 수 없으므로, 일반 소비자나 거래자에게 상품의 출처에 관하여 오인·혼동을 일으킬 염려가 없다고 봄이 상당하다.
>
> * 결 론
> 그렇다면, 원고의 이 사건 청구는 이유 없어 이를 기각할 것인바, 제1심 판결은 이와 결론을 달리하여 부당하므로, 제1심 판결을 취소하고 원고의 청구를 기각하기로 하여 주문과 같이 판결한다(1심 판결을 취소하고, 원고의 청구를 기각함. — 원심에서는 상표권 침해뿐만이 아니라 부정경쟁행위와 관련해서도 함께 상표의 유사판단을 하였는데, 결국 원고 상표와 피고 표장이 비유사하다고 판단함으로써, 피고 표장의 사용이 상표권 침해와 부정경쟁행위에 해당함을 모두 부정하고 있음).

할 수 있다. 이때 상표의 일부 구성 부분이 독립하여 자타 상품을 식별할 수 있는 부분에 해당하는지 여부는 그 부분이 지니고 있는 관념, 지정상품과의 관계, 거래사회의 실정 등을 감안하여 객관적으로 판단하여야 한다(대법원 2008.5.15.선고 2005후2977 판결, 대법원 2012. 7.26.선고 2012후702 판결 등 참조).

(2) 위 법리에 기초하여, '향수, 크린싱 크림, 샴푸' 등을 지정상품으로 하고 원심 판시 이 사건 등록상표 1, 2와, 피고가 '클렌징 폼, 필링 겔, 엑스트라 모이스쳐 하이드라 퀸' 등의 기능성 화장품(이하 '피고 화장품'이라 한다)에 사용한 '리엔케이' 또는 '리:엔케이'와 같이 구성된 표장(이하 '피고 사용표장들'이라 한다)이 유사한지 여부를 살펴본다.

원심판결 이유와 기록에 의하면 다음과 같은 사정을 알 수 있다.

1) 원고는 2005.6.경 '리엔'을 통합 상표로 사용한 기능성 한방 머리카락관리 제품을 출시한 이래 '리엔 한방', '리엔 회윤액', '리엔 카멜리아', '리엔 발효 생기원', '리엔 보양진', '리엔 자하진', '리엔 자하진크리닉' 등 일련의 머리카락관리 제품을 출시하여 왔고, 2010.9. 현재까지 위 '리엔' 시리즈물에 대한 TV, 라디오, 신문, 잡지, 유선방송 등을 통한 광고비로 약 140억원을 지출하였으며, 이 사건 등록상표 1, 2가 사용된 샴푸 등 머리카락관리 용품의 매출액이 2005년 약 12억원, 2006년 약 40억원, 2007년 약 60억원, 2008년 약 76억원, 2009년 약 127억원, 2010년 1월부터 10월까지 약 236억원에 이르렀다.

2) 피고가 2011.3.경 한국갤럽에 의뢰하여 서울 및 4대 광역시의 만 20~59세 성인 남녀 500명을 대상으로 한 1:1 개별 면접조사 방식(표본오차 95.0%, 신뢰수준 ±4.4%P) 및 1,000명을 대상으로 한 온라인 조사 방식(표본오차 95.0%, 신뢰수준 ±3.0%P)으로 실시한 소비자조사 결과에서도, 이 사건 등록상표 1, 2가 표시된 샴푸 제품과 피고 사용표장들이 표시된 피고 화장품이 때와 장소를 달리하여 제시되었을

때 "같거나 비슷한 상표라는 느낌이 들며, 혼동될 것 같다"라고 대답한 응답자가 전체 응답자 중 28.8%(1:1 개별 면접조사 방식) 및 31.6%(온라인조사 방식)에 이르렀고, 원고가 2011. 2.경 닐슨컴퍼니코리아 유한회사에 의뢰하여 서울, 경기 및 5대 광역시의 만 20~59세 성인 남녀 1,000명을 대상으로 온라인조사 방식으로 실시한 소비자조사결과에서는, 장소와 시간을 달리하여 '리엔'과 '리엔케이'가 찍힌 화장품 제품을 접할 경우 "두 제품을 혼동할 것 같다"라고 대답한 응답자가 전체 응답자 중 82.6%에 이르렀다.

위와 같은 사정들에 의하면, 이 사건 등록상표 1, 2를 구성하고 있는 '리엔'은 그 지정상품과 관련하여 원래부터 충분한 식별력을 가진다고 할 수 있을 뿐 아니라 피고 사용표장들이 처음으로 사용되기 시작한 2010.9.경에는 피고 화장품과 유사한 샴푸 등 머리카락 관리 용품에 관하여 일반 수요자나 거래자들에게 널리 인식되어 그 식별력이 더욱 강해졌다고 할 수 있다. 나아가 피고 사용표장들 중 '리엔' 또는 '리:엔'을 제외한 나머지 후단부 2음절은 '케이'로서 간단하고 흔한 표장인 영문자 'K'의 국문음역과 같아 그 부기적인 표현에 불과한 것으로 인식될 수도 있는 점 등을 더하여 보면, 피고 사용표장들의 경우 앞서 본 바와 같이 원고가 사용한 '리엔' 표장과 관련하여 형성된 강한 식별력에 의해 특히 그 전단부의 2음절인 '리엔' 또는 '리:엔' 부분이 일반 수요자나 거래자들의 주의를 끌어 '독립하여 자타 상품을 식별할 수 있는 구성 부분'이 됨으로써 그 부분만으로도 거래될 수 있다고 인정되고, 그 경우 '리엔'으로 호칭되는 이 사건 등록상표 1, 2와 호칭이 동일하여 상품출처에 관하여 오인·혼동을 일으키게 할 염려가 있으므로, 서로 유사하다고 할 것이다. 피고가 'Re:NK'라는 표장을 원심 판시와 같이 피고 사용표장들과 함께 사용하고 있다거나, 앞서 본 바와 같이 원고의 사용에 의해 '리엔' 표장과 관련하여 강한 식별력이 형성된 2010.9.경 이후에 처음 출시된 피고 화장품의 매출액이 원심 판시와 같이 2010.12.까지 4

개월만에 232억원에 달하였다고 하여 이와 달리 볼 것은 아니다. 그럼에도 원심은 피고 사용표장들 중 '리엔' 또는 '리:엔' 부분을 '독립하여 자타 상품을 식별할 수 있는 구성 부분'으로 볼 수 없다는 이유 등을 들어 이 사건 등록상표 1, 2와 유사하지 않다고 보았는바, 이는 상표의 유사 여부 판단에 관한 법리를 오해하여 판단을 그르친 것이다. 이 점을 지적하는 원고의 주장은 정당하다.

(3) 그러므로 원심판결을 파기하고, 사건을 다시 심리·판단하게 하기 위하여 원심법원에 환송하기로 하여, 관여 대법관의 일치된 의견으로 주문과 같이 판결한다(파기환송).

3. 대상판결에 대한 검토

(1) 이 사건의 쟁점

이 사건은 아래와 같은 피고의 사용표장들에 대해서 원고의 등록상표들의 상표권을 침해하거나 부정경쟁방지법상 부정경쟁행위에 해당하는지 여부에 관한 것인데, 그 쟁점은 상표권 침해 및 부정경쟁행위와 관련하여 상표의 유사 여부라고 할 수 있다. 따라서 이 사건은 부정경쟁방지법상 상품주체 혼동행위 등과 관련하여 상표의 유사 여부 판단을 다루고 있는 사안이라고 볼 수 있다.

원고의 등록상표들		피고의 사용표장들	
리엔	리엔	리엔케이	리:엔케이
향수, 크린싱 크림, 샴푸 등		클렌징 폼, 필링 겔 등 기능성 화장품	

(2) 상표의 유사 판단 기준

1) 판단 기준에 관한 일반론
가. 부정경쟁방지법과 상표법에서의 유사 여부 판단 기준

부정경쟁방지법은 타인의 주지상품표지와 동일 또는 유사한 표지를 사용하여 타인의 상품과 혼동하게 하는 행위를 규제한다.[382] 상표법에서는 상표의 유사 여부가 침해 여부를 판단하는 기술적 기준인 데 대해서, 부정경쟁방지법에서는 상표 등 표지의 유사가 혼동 초래 여부를 판단하는 유력한 징표가 되며, 상표법보다 더 탄력적이라는 것이 종래의 통설적인 견해였다.[383]

그러나 현재 상표법에서도 등록상표와 사용상표 상호 간의 침해 여부를 판단함에 있어서는 유사 여부 판단 시에 실질적인 '혼동'을 기준으로 하고 있기 때문에,[384] 현재의 통설적인 견해에 따르면, 상

---

382) 사법연수원, 앞의 부정경쟁방지법(2010), 32면.

383) 이러한 종전의 통설적인 견해는 부정경쟁방지법상 형식적으로 단순히 유사하다고 하여 혼동을 초래하는 것은 아니므로, 여기서 '유사'가 타인의 상품표지와 혼동을 일으키게 하는 요소 또는 수단에 불과하다는 이론에 근거하고 있다. 즉, 상표법상 논의되는 '유사'의 개념은 혼동초래행위를 판단하기 위한 중요한 기준은 되지만 부정경쟁방지법상으로는 충분조건이 될 수 없다는 원칙적인 내용에 근거한다(이상경, 앞의 책, 587면; 한국특허기술연구원 편저, 부정경쟁방지 및 영업비밀보호에 관한 업무편람, 진한엠앤비, 2010, 43면; 윤선희·김지영, 앞의 책, 108면; 전상우, 지식재산권법의 제문제, 지식재산권법연구회, 2005, 446-447면). 그러나 실제적으로는 상표법상 유사판단에서도 단순하게 형식적인 유사 판단만을 하는 것이 아니라, 유사 판단 시에 혼동(협의의 혼동)의 개념을 적용하고 있는 것이 현재 판례상의 태도라고 볼 수 있겠다.

384) 상표의 유사란 상품의 출처혼동 방지를 통하여 상품수요자의 이익과 상표사용자의 이익을 도모하려는 상표법의 목적에 합치되도록 개별적·상대적으로 확정지어져야 할 개념이고, 그것은 출처혼동의 유무라는 실질에 의하여 구체화되는 도구개념이어서 일의적 정의는 불가능하다고 할 수밖에 없다고 법원실무상 언급하고 있기도 하다(최성준, "결합상표의 유사 여부

표법이나 부정경쟁방지법이나 모두 유사 판단 시에 실질적으로 '혼동'에 초점을 맞추어 판단하고 있는 것에 해당되어 유사 여부 판단 자체는 양자가 실질적으로 동일한 방법에 의해 이루어진다고 볼 수 있다.[385)

이것은 부정경쟁방지법과 마찬가지로 상품출처의 혼동을 방지하고자 하는 상표법의 목적에 비추어 볼 때, 상표법상 상표의 유사 여부는 '상품출처의 혼동 여부'를 기준으로 판단하여야 한다는 데 현재 학설 및 판례가 이설없이 일치하고 있다는 것을 통해서도 확인할 수 있다.[386)

이와 관련해서는 상표법이 규정하고 있는 '상표의 유사' 여부를 통설, 판례처럼 '상품 출처의 혼동 여부'라는 기준에 의해 판단하는 이상, 상표법과 부정경쟁방지법은 '상표의 유사성'과 '혼동'이라는 형식적인 요건의 차이에도 불구하고 '혼동 여부'에 의하여 그 보호 여부가 결정된다는 점에서 그 유사 여부 판단 기준이 실질적으로는 동일하다는 것이며, 이와 같은 해석이 실질적으로 상표법에 규정된 '상표의 유사'에 대한 해석기준을 사용주의 입법국가에서의 '혼동의 우려' 해석 기준과 일치시키고 있는 것이라고 해석하는 견해가 유력하게 대두되기도 하였다.[387)

이에 따라 부정경쟁방지법상의 표지의 유사 여부 판단 방법에서 전체적, 객관적, 이격적 그리고 외관, 칭호, 관념에 의한 관찰이 행해지고, 구체적인 거래실정상 일반 수요자나 거래자가 그 상품의

판단," Law & Technology(제2권 제1호), 서울대학교 기술과법센터, 2006, 134면).

385) 송영식 외 6인, 앞의 지적소유권법(하)(2013), 403면의 주452) 참조; 박종태, 앞의 理智상표법, 184-185면 참조.

386) 특허법원 지적재산소송실무연구회, 앞의 책, 620면.

387) 유영선, "상표의 유사 여부 판단 실무에 대한 비판적 고찰," 특허소송연구 (제5집), 특허법원, 2011, 314면.

출처에 대한 오인·혼동의 우려가 있는지 여부에 의하여 판별되어
야 한다는 판례388)의 태도는 상표법상 유사 여부 판단 방법에 관한
판례의 태도와 실질적으로 다를 바가 없다고 볼 수 있다.

이는 일본의 판례에서도 "상표법상의 상표의 동일 또는 유사와
부정경쟁방지법에 있어서의 그것이 완전히 같은 것이 아님은 원고
의 주장과 같다고 하더라도, 특단의 사정이 없는 한 양자를 같은 뜻
으로 해석해도 차이가 없다."고 판시한 것이 있는데,389) 이를 통해
서도 특별한 사정(예를 들면, '광의의 혼동 여부' 등을 따져 보아야 하는
등)이 없는 한, 일반적으로 상표법과 부정경쟁방지법상 유사 여부는
동일한 방법에 의하여 이루어져도 무리가 없다는 것을 말해 준다.

그런데 양자 간의 차이점을 구체적으로 살펴본다면, 우선 부정경
쟁방지법상의 상품주체 혼동행위 등과 관련해서는 '혼동'이 '유사'를
포함하는 개념으로서 '유사'가 '혼동' 여부를 판단하는 데 하나의 중
요한 기준으로서 작용하고 있다(법규정상으로도 '유사'에 이어져서 '혼
동'이 나와 그렇게 될 수밖에 없다).390)

---

388) 대법원 2001.4.10.선고 98도2250 판결 등 참조.
389) 東京地判 昭和41·10·27, 不競判945頁[ワイキキパール 事件](윤선희·
    김지영, 앞의 책, 110면에서 재인용). 이와 같은 일본의 하급심 판례의 해
    석은 이른바, '출처혼동균등론'으로 불리는 것으로 법조문상 표현인 '유사'
    와 그 조문의 목적과 관련된 '혼동' 개념이 동일하고 용어의 차이에 불과하
    다는 입장이다[박준석, "판례상 상표의 동일·유사성 판단기준," 사법논집
    (제39집), 2004.12, 법원도서관, 508면].
390) 이러한 표지의 유사성은 혼동을 인정하기 위한 수단으로, 대부분의 사안
    에서는 혼동위험의 인정과 표지의 유사성의 인정은 기본적으로 동일한 연
    장선 위에 놓여 있는 것으로 이해할 수 있고, 이와 같은 부정경쟁방지법상
    영업표지의 유사성은 구체적인 사안에서 혼동가능성의 판단을 위한 보조
    적, 자료적 사실로서의 의미를 가지며, 표지의 유사는 출처의 혼동과 완전
    히 동일한 것은 아니나 표지가 유사하면 혼동의 개연성이 커진다고 할 수
    있다[정태호, "계열 기업들의 상호사용에 따른 영업주체 혼동행위의 문제
    ―서울고등법원 2014.2.20.선고 2013나44845 판결을 중심으로―," 선진상
    사법률연구(제70호), 법무부, 2015.4, 65면].

그러나 상표법상 상표권 침해와 관련해서는 상표의 '유사' 판단 시에 '혼동' 여부를 고려하게 함으로써, 상표의 유사 여부 판단의 과정에서 혼동이 중요한 기준으로(법원의 판단실무상으로는 필수적인 기준임[391]) 작용하고 있어 마치 '유사'가 '혼동'을 포함하는 것처럼 되고 있다. 즉, 상표법상 선등록상표와의 유사판단에 관한 규정(현행 상표법 제7조 제1항 제7호[392])이나 상표권 침해에 관한 규정(현행 상표법 제66조 제1항 제1호[393])에서는 '유사'만 언급되어 있지 '혼동'에 대해서는 전혀 언급되어 있지 않으면서, 해당 규정에서의 '유사' 판단 시에 '혼동'을 고려하기 때문에 마치 '유사' 판단시에 '혼동'이 '유사' 판단의 하위 개념이자 중요한 요소로서 작용하는 것처럼 해석될 수 있는 것이다.[394]

이것은 부정경쟁방지법이 상품표시의 출처가 동일하다고 생각하는 '협의의 혼동'뿐만 아니라, 양자 사이에 어떠한 관계가 존재하는 것은 아닌가라고 생각하는 '광의의 혼동'을 모두 포함하고 있어 '유사' 여부 판단이 '혼동' 여부 판단의 일부분으로 볼 수 있는 반면

---

391) 유영선, 앞의 "상표의 유사 여부 판단 실무에 대한 비판적 고찰," 312면; 한규현, "결합서비스표의 유사 여부 판단," 대법원판례해설(제65호), 법원도서관, 2007, 418면; 최성준, 앞의 "결합상표의 유사 여부 판단," 134면.

392) 선출원에 의한 타인의 등록상표(지리적 표시 등록단체표장을 제외한다)와 동일 또는 유사한 상표로서 그 지정상품과 동일 또는 유사한 상품에 사용하는 상표.

393) 타인의 등록상표와 동일한 상표를 그 지정상품과 유사한 상품에 사용하거나 타인의 등록상표와 유사한 상표를 그 지정상품과 동일 또는 유사한 상품에 사용하는 행위.

394) 심지어는 이와 관련하여 상표의 유사 여부 판단을 하면서, 양 상표의 외형을 외관, 호칭, 관념 기준으로 대비한 후 '상품출처에 대한 혼동이 있는지 여부'에 대한 판단을 생략한 채 바로 그 결과 양 상표가 유사하거나 유사하지 않다고 결론을 내리는 것은 바람직하지 않다고 언급하여 상표의 유사 판단 시에 혼동 여부 판단이 필수적인 요소라고 언급하는 견해도 있다(특허법원 지적재산소송실무연구회, 앞의 책, 620면).

에,395) 상표법상에서의 등록요건에 관한 선등록상표와의 유사 여부 판단이나 선등록상표의 침해 여부 판단에서의 유사는 출처의 혼동만을 따지는 '협의의 혼동'만 포함하므로,396) 여기서 '혼동' 여부 판단이 '유사' 여부 판단의 일부분으로 될 수 있기 때문이다. 물론 상표법상 등록요건으로서의 저명상표와의 혼동에 관해서는 부정경쟁방지법상의 '광의의 혼동'의 개념을 적용하고 있는 것은 이와는 별론으로 다루어져야 할 것이다.397)

결국 '광의의 혼동'이 적용되어야 하는 특단의 사정이 없는 한, 일반적인 부정경쟁방지법상에서의 상품주체 혼동행위에서의 유사 판단 방법은 판례상 실제적으로 상표법상의 침해행위에서의 유사 판단 방법과 동일한 기준을 따르고 있다고 보아도 무리가 없다고 하겠고, 실제적으로도 부정경쟁방지법에 관한 모든 문헌에서 '유사성'과 관련하여 상표법상 유사 판단 방법을 동일하게 인용하고 있기도 하다.398) 그러므로 대상판결에서도 상표권 침해 여부 판단과 부정경

---

395) 송영식 외 6인, 앞의 지적소유권법(하)(2013), 401-402면.

396) 특허법원 지적재산소송실무연구회, 앞의 책, 620면.

397) 이와 관련된 상표법 제7조 제1항 제10호의 해석에 관하여 대법원은 "상표법 제7조 제1항 제10호에서 규정하는 부등록사유란, 타인의 선사용상표 또는 서비스표의 저명 정도, 당해 상표와 타인의 선사용상표 또는 서비스표의 각 구성, 상품 혹은 영업의 유사 내지 밀접성 정도, 선사용상표 또는 서비스표 권리자의 사업다각화 정도, 이들 수요자 층의 중복 정도 등을 비교·종합한 결과, 당해 상표의 수요자가 그 상표로부터 타인의 저명한 상표 또는 서비스표나 그 상품 또는 영업 등을 쉽게 연상하여 출처에 혼동을 일으키게 할 염려가 있는 경우를 의미한다고 할 것이다(대법원 2010.5.27. 선고 2008후2510 판결)"라고 판시하여 '광의의 혼동'의 개념을 적용하고 있다.

398) 이상경, 앞의 책, 588면; 윤선희·김지영, 앞의 책, 109-113면; 정상조, 부정경쟁방지법원론, 세창출판사, 2007, 40-41면; 황의창·황광연, 앞의 부정경쟁방지 및 영업비밀보호법(2009), 45-46면; 김상규, "유사상호·상표의 판단기준에 관한 연구," 산업재산권(제12호), 한국산업재산권법학회, 2002.11, 123면.

쟁행위 여부의 판단에 관하여 공통적으로 유사 판단을 한 것이라고
볼 수 있다.

나. 상표 유사의 의의

상품의 식별표지로서의 상표가 유사하다 함은 대비되는 두 개의
상표가 서로 동일한 것은 아니나 외관, 호칭, 관념의 면에서 근사하
여 이를 동일, 유사 상품에 사용할 경우 거래통념상 상품 출처의 혼
동을 일으킬 염려가 있는 것을 의미한다.399)

즉, 앞서 언급한 바와 같이, 상품출처의 혼동을 방지하고자 하는
상표법의 목적에 비추어 볼 때, 상표의 유사 여부는 '상품출처의 혼
동 여부'를 기준으로 판단해야 한다는 것이 오늘날의 지배적인 학설
이며,400) 대법원의 확립된 판례이다.401)

따라서 상표의 유사 여부 판단은 상표의 외형만을 기준으로 한
사실적 판단이 아니라402) 상품의 식별표지라고 하는 상표의 본질적
인 기능인 '출처의 혼동'을 고려한 법률적 평가라고 할 수 있으며,
이러한 판단 법리는 판례상 부정경쟁방지법 제2조 제1항 가목에서
정한 상품표지에 있어서도 마찬가지로 적용되고 있다.403)

다. 판례상의 판단 원칙

대법원은 "상표의 유사 여부는 두 개의 상표를 놓고 그 외관, 호
칭, 관념 등을 객관적 · 전체적 · 이격적으로 관찰하여 거래상 일반

---

399) 문삼섭, 앞의 책, 408-409면.

400) 전효숙, "상표와 상품의 동일 · 유사," 특허소송연구(제1집), 특허법원,
1999, 291면.

401) 대법원 2006.8.25.선고 2005후2908 판결, 대법원 2004.10.15.선고 2003
후1871 판결 등 참조.

402) 즉, 상표의 유사는 표장의 물리적 유사성을 의미하는 것이 아니다.

403) 대법원 2011.12.27.선고 2010다20778 판결 등

수요자나 거래자가 상표에 대하여 느끼는 직관적 인식을 기준으로
하여 그 상품의 출처에 대한 오인·혼동의 우려가 있는지 여부에 의
하여 판별되어야 한다"고 판시하고 있다.[404]

즉, 대법원은 상표의 유사 여부 판단에 있어서 앞서도 언급한 바
와 같이, ① 관찰대상은 외관, 호칭, 관념이고, ② 관찰방법은 객관
적·전체적·이격적인 관찰이며, ③ 판단기준은 거래상 일반 수요
자나 거래자가 상표에 대하여 느끼는 직관적인 인식임을 명백히 하
고 있다.[405]

특히 오늘날 방송 등 광고선전 매체나 전화 등의 광범위한 보급
에 따라 상표를 음성 매체 등으로 광고하거나 전화로 상품을 주문
하는 일이 빈번한 점 등을 고려할 때 문자상표의 유사 여부 판단에
있어서는 경우에 따라 그 호칭의 유사 여부가 중요한 요소로 작용
할 수 있다고 본다.[406]

라. 상표의 관찰방법: 전체관찰의 원칙 및 그 보충으로서 요부관찰 및 분리관찰

1개의 상표는 문자, 도형, 기호, 색채 등이 결합되어 이루어진 경
우에도 전체로서 하나의 식별표지로 일체화된 것이므로 상표의 구
성요소 전체에서 느껴지는 일반 수요자의 심리를 기준으로 하여 상
표의 유사 여부를 판단하는 것이 원칙이다(전체관찰의 원칙). 그런데
상표의 전체 구성 중에서 중심적인 식별력을 가진 부분을 추출하여
그 부분을 중심으로 유사 여부를 판단하는 방법을 요부관찰이라고
한다.[407]

---

404) 대법원 2006.8.25.선고 2005후2908 판결, 대법원 2004.10.15.선고 2003
후1871 판결 등 다수 판결 참조.
405) 유영선, 앞의 "상표의 유사 여부 판단 실무에 대한 비판적 고찰," 324면;
박종태, INSIGHT+상표법, 한빛지적소유권센터, 2015, 196면.
406) 대법원 2005.9.30.선고 2004후2628 판결 등 다수 판결 참조.

대법원도 "상표를 전체적으로 관찰하는 경우에도 그중에서 일정한 부분이 특히 수요자의 주의를 끌고 그런 부분이 존재함으로써 비로소 그 상표의 식별기능이 인정되는 경우에는 전체적 관찰과 병행하여 상표를 기능적으로 관찰하고 그 중심적 식별력을 가진 요부를 추출하여 두 개의 상표를 대비함으로써 유사 여부를 판단하는 것은 적절한 전체관찰의 결론을 유도하기 위한 수단으로서 필요할 따름이다."라고 판시해 오고 있다.[408]

또한 상표는 언제나 그 구성 부분 전체에 의하여 호칭·관념되는 것이 아니라 그 구성 부분 중 일부만에 의하여 간략하게 호칭·관념될 수도 있는데, 이때 각각의 구성 부분 중 하나의 호칭이나 관념이 타인의 상표와 동일 또는 유사하다고 인정될 때에는 전체적으로 관찰할 때 양 상표가 혼동의 염려가 있는 유사한 상표라고 해야 할 경우도 있을 수 있다. 이와 같이 특히 결합상표의 경우에 전체관찰에 대한 보충으로서 각 구성 부분을 분리하여 상표의 유사 여부를 판단하는 것을 요부관찰 내지는 분리관찰에 의한 판단이라고 한다.[409]

대법원도 "문자와 문자 또는 문자와 도형의 각 구성 부분이 결합된 결합상표는 반드시 그 구성 부분 전체에 의하여 호칭·관념되는 것이 아니라 각 구성 부분이 분리관찰되면 거래상 자연스럽지 못하다고 여겨질 정도로 불가분적으로 결합되어 있는 것이 아닌 한 그 구성 부분 중 일부만에 의하여 간략하게 호칭·관념될 수도 있는 것이고, 또 하나의 상표에서 두 개 이상의 호칭이나 관념을 생각할 수 있는 경우에 그중 하나의 호칭·관념이 타인의 상표와 동일 또는 는 유사하다고 인정될 때에는 두 상표는 유사하다."고 판시해 오고

407) 최성우·정태호, 앞의 책, 207면.
408) 대법원 1994.5.24.선고 94후265 판결 등 다수 판결 참조.
409) 정상조, 앞의 책, 41면.

있다.410)

이와 같은 관찰방법에 의한 상표 유사 판단과 관련하여, 대법원 2012.7.26.선고 2012후702 판결, 대법원 2008.5.15.선고 2005후 2977 판결 등 최근의 대법원 판결들은 다음과 같은 법리를 설시해 오고 있다. 즉, 문자와 문자 또는 문자와 도형 등이 결합된 상표는 상표를 구성하는 전체에 의해 생기는 외관, 호칭, 관념 등을 기준으로 하여 상표의 유사 여부를 판단하는 것이 원칙이나, 그 결합관계 등에 따라 '독립하여 자타 상품을 식별할 수 있는 구성 부분', 즉, 요부만으로도 거래될 수 있다고 인정할 수 있는 경우에는 그 요부를 분리·추출하여 그 부분에 의하여 생기는 호칭 또는 관념을 기준으로 하여 상표의 유사 여부를 판단할 수 있다. 여기에서 상표의 일부 구성 부분이 독립하여 자타 상품을 식별할 수 있는 구성 부분에 해당하는지 여부는 그 부분이 지니고 있는 관념, 지정상품과의 관계, 거래사회의 실정 등을 감안하여 객관적으로 결정하여야 한다.

2) 대상판결에서 적용한 분리관찰에 대한 구체적인 검토
가. 분리관찰의 기준411)

분리관찰이 될 수 있는지 여부는 원칙적으로 보통의 주의력을 가진 국내의 일반 수요자나 거래자들이 거래상황에서 상표를 보고 받는 직관적인 인식을 기준으로 판단하여야 한다.412)

일련적으로 구성된 조어, 결합의 결과 독자적인 의미를 갖는 단어, 결합의 결과 새로운 관념을 낳는 경우413) 등에는 분리관찰은 적

---

410) 대법원 2004.10.15.선고 2003후1871 판결, 대법원 2006.11.9.선고 2005 후1134 판결 등 다수 판결 참조.
411) 특허법원 지적재산소송실무연구회, 앞의 책, 630-631면.
412) 대법원 2000.4.11.선고 98후2627 판결, 2004.7.22.선고 2004후929 판결, 2003.1.10.선고 2001후2986 판결 등 다수.
413) 대법원 1999.11.23.선고 99후2044 판결("DEEP-SEA"는 "심해의, 원양의"

당하지 아니하여 원칙으로 돌아가 분리되지 않은 상표 전체를 기준
으로 유사 여부를 판단하여야 한다.

한편 문자와 문자의 결합상표의 경우에 결합의 결과 새로운 관념
이 형성되는 경우에는 분리관찰이 불가능하지만, 문자와 문자의 결
합의 결과 생성된 관념이 각각의 문자의 의미를 합한 것 이상의 의
미가 아니라면 분리관찰이 가능하다.

즉, 분리관찰에 따르면, 상표가 언제나 그 구성부분 전체에 의하
여 호칭·관념되는 것이 아니라, 그 구성부분 중 일부만에 의하여
간략하게 호칭·관념될 수도 있는 것이고, 또 하나의 상표에서 두
개 이상의 호칭이나 관념을 생각할 수 있는 경우도 있을 수 있으므
로, 이러한 경우에도 각각의 구성부분 중 하나의 호칭이나 관념이
타인의 상표와 동일 또는 유사하다고 인정될 때에는 전체적으로 관
찰할 때 양 상표가 혼동의 염려가 있는 유사한 상표라고 해야 할 경
우도 있을 수 있음을 고려해야 한다는 것이다.[414]

그런데 분리관찰 방법의 과도한 적용에 대해서는, i) 전체관찰의
원칙을 제대로 지키지 않고 보충적인 방법에 불과한 분리관찰 방법
을 오히려 원칙적인 방법으로 사용하는 것이고, ii) 여러 개의 문자
가 결합된 상표를 등록받게 되면 그 보호범위가 분리된 형태로의
각각의 문자 모두에 미치기 때문에 등록상표의 유사범위가 지나치
게 넓어지며, iii) 각각의 문자와 비슷한 상표는 모두 상표등록이 거
절됨으로써 새로이 상표등록을 할 수 있는 소재는 점차 고갈되는
결과를 초래하고, iv) 실제 거래현실을 제대로 반영하지 않은 채 일
반 수요자나 거래자의 인식과는 괴리된 결론에 도달하게 된다는 비
판이 있다.[415]

등의 뜻을 갖는 새로운 관념을 형성하는 단어로 되어 'DEEP'과 'SEA'로
분리관찰할 수 없다고 판시함).

414) 박정희, "상표 유사 여부의 판단," 대법원판례해설(제69호), 법원도서관,
2008, 536면.

따라서 이를 비판하면서 문자로 된 결합상표에 있어서 분리인식 여부는 단순한 '분리가능성'만을 고려할 것이 아니라 앞서 본 바와 같이 언어적인 특징을 고려하고, 나아가 거래의 실제에 있어서도 '분리인식될 개연성416)'이 높은 경우에만 이를 긍정함으로써 분리관 찰에 의한 유사 여부 판단의 범위를 가급적 좁혀 나가서 이를 기계 적으로만 분리관찰할 것이 아니라 언어사회학적인 측면에서 접근 하자는 견해도 있는데,417) 일응 타당한 견해라고 생각된다.

나. 이 사건과 비슷한 사례들의 구체적인 검토418)

(가) 분리관찰이 된다고 판단한 사례(유사하다고 판단한 사례)

배리엔절 : 엔젤 (대법원 2014.5.16.선고 2012후2869 판결)

이 사건 등록상표 *"배리엔젤 ValleyAngel"*은 일반 수요자나 거래자들은 '계곡' 등의 의미 를 가지는 영어 단어 'valley'와 '천사' 등의 의미를 가지는 영어 단어 'angel'이

---

415) 특허법원 지적재산소송실무연구회, 앞의 책, 641-642면.

416) 이러한 분리관찰 개연성에 대한 입증방법의 문제와 관련해서는 상표의 유사 여부 판단에서 그 전제인 결합상표의 분리인식 개연성을 판단함에 있 어서도 대상판결에서의 설문조사결과의 경우처럼 공신력 있는 여론조사 기관에 의한 일반 수요자들의 인지도 조사 등의 과학적 증거방법을 통하여 입증, 판단할 것을 제안하는 견해가 있는데, 이러한 견해에 따르면, 그렇게 함으로써 법관 개개인의 주관적 경험에만 의존할 경우 발생할 수 있는 문 제점을 해결할 수 있다고 본다[강동세, "상표의 유사 여부 판단에 있어서의 '분리 관찰'의 문제점," 법조(제55권 제10호), 법조협회, 2006.10, 128-129 면].

417) 강동세, 앞의 "상표의 유사 여부 판단에 있어서의 '분리 관찰'의 문제점," 2006.10, 126면.

418) 이하의 사례들은 대부분 상표법상 유사 여부 판단에 관한 사례들이나, 앞 서도 언급한 바와 같이, 상표의 유사 여부 판단 방법은 판례상 상표권 침해 와 부정경쟁행위의 판단에서 동일하게 이루어지고 있으므로, 이하의 해당 사례들이 부정경쟁방지법상 상표의 유사 여부 판단 시 분리관찰 여부 판단 에도 적용될 수 있는 것이다.

결합되어 구성된 것임을 쉽게 직감할 수 있을 것으로 보이고, 이들 단어의 결합으로 인하여 각 단어가 가지는 의미를 단순히 결합한 것 이상의 새로운 의미가 형성되는 것도 아니며, 나아가 '엔젤' 또는 'angel'이라는 표장은 이 사건 등록상표의 출원일 또는 등록결정일 무렵부터 현재까지 이 사건 등록상표의 지정상품과 동일 또는 유사한 '피리, 멜로디언' 등의 상품에 관하여 일반 수요자나 거래자들에게 널리 인식되어 있으므로, 일반 수요자나 거래자들은 이 사건 등록상표 중 위와 같이 널리 인식되어 식별력이 강한 '엔젤' 또는 'angel' 부분을 분리하여 인식할 가능성이 클 것으로 보이고, 이 경우 '엔젤'로 호칭·관념되는 선등록상표들과 호칭·관념이 동일하여 이 사건 등록상표와 선등록상표들을 서로 유사하다면서, 이를 비유사로 판단한 원심을 파기하였다.

RoseFANFAN : PANPAN (대법원 2008.3.27.선고 2006후3335 판결)

" **RoseFANFAN** "의 경우 전반부의 'ROSE'는 '장미, 장밋빛' 등을 뜻하는 단어이고, 후반부의 'FANFAN'은 '선풍기, 영화·스포츠 등의 애호가' 등을 뜻하는 단어인 'FAN'을 반복하여 구성한 것으로 어떤 관념을 갖지 않는 조어로서 비교적 쉬운 단어들로 이루어져 있는 바, '열쇠고리, 서류가방, 와이셔츠' 등과 관련하여 두 부분은 모두 요부가 될 수 있고, 그 1 요부인 'ROSE' 부분으로 호칭·관념될 경우에는 선등록상표 " **장미ROSE** " 등과, 또 다른 요부인 'FANFAN'으로 호칭될 경우에는 선등록상표 " **PANPAN** "과 호칭이 유사하여, 각 상품 출처에 대한 오인·혼동을 일으키게 할 염려가 있으므로 서로 유사하다면서, 이를 비유사로 판단한 원심을 파기하였다.

DRAGON QUEST : QUEST (대법원 2008.2.28.선고 2006후4086 판결)

"DRAGON QUEST" 상표는 'DRAGON'과 'QUEST' 부분이 서로 간격을 두고 떨어져 있고 호칭도 짧지 않아 이를 분리하여 관찰함에 특별한 어려움이 없다고 판단하였다.

LemonBall : **Lemon** (대법원 2007.7.13.선고 2007후951 판결)

"**LemonBall**"은 비록 3음절의 짧은 단어이고 글자간 간격이 없이 나란히 구성되어 있지만, 외관상 'Lemon'의 'L'과 'Ball'의 'B'가 각 대문자로 시작되어 양 단어를 구분하고 있는 점, 우리나라의 영어 교육 수준과 일상생활에서 각 단어가 사용되는 빈도를 생각해 보았을 때 'Lemon'이나 'Ball' 모두 쉬운 단어들로서 수요자들은 직감적으로 위 상표가 'Lemon'과 'Ball'의 결합으로 이루어진 것으로 인식할 수 있다고 보아야 하고, 양 단어의 결합으로 각각의 단어의 의미를 합한 것 이상의 의미가 생기는 경우도 아니며, 거래실정상 "**LemonBall**"이 항상 전체 문자로서만 인식되고 통용되었다고 인정할 아무런 자료가 없는 점 등에 비추어 보면, 위 상표는 그 문자 전체에 의해서만 아니라 'Lemon' 부분만으로도 호칭, 관념될 수 있다고 판단하였다.

TRIPLE CROWN : **CROWN 크 라 운** (대법원 2001.11.13.선고 2001후2443 판결)

"TRIPLE CROWN"을 구성하는 영문자 'TRIPLE'이나 'CROWN'은 흔히 사용되는 기초적인 영어단어로서, 일반 수요자나 거래자는 이를 보고 '3개의 왕관'으로 인식할 수 있고, 배수 또는 개수 개념의 'TRIPLE'이 'CROWN'을 단순히 수식하고 있는 정도에 불과하므로, 그 요부인 'CROWN'으로 호칭, 관념될 수 있다고 판단하였다.

ThinkMap : MIND MAP (대법원 2001.7.13.선고 2000후2071 판결)

"ThinkMap"의 경우 비록 떼어쓰기가 되어 있지 않고 그 음절수도 3음절로 짧으나, 'Think'의 'T'와 'Map'의 'M'이 다른 문자들과 달리 대문자로 표기되어 있고 또 극히 쉬운 단어들이어서 일반 수요자들이 이 사건 등록상표를 보고 직감적으로 'Think'와 'Map'의 2개의 문자부분으로 구성된 것임을 쉽게 알 수 있을 것이며, 나아가 'Think'와 'Map'이 결합하더라도 '생각(의) 지도' 내지 '생각하는 지도' 또는 '생각하라, 지도를' 등으로 관념될 것이고 본래의 의미를 떠나 새로운 관념을 낳는다거나 전혀 새로운 조어가 된다고 볼 수도 없으므로, 'Think'와 'Map'의 두 부분으로 분리관찰하는 것이 부자연스러울 정도로 불가 분적으로 결합되어 있다고 보기 어렵고, "MIND MAP"의 경우 두 개의 문자부 분이 분리되어 표기되어 있고 그 결합으로 인하여 새로운 관념이 형성되는 것도 아니어서 이 역시 'MIND'와 'MAP'의 두 부분으로 분리관찰하는 것이 거 래상 부자연스럽다고 보여지지는 아니한다고 언급한 다음, 이들 상표는 모두 '맵'으로 약칭될 수 있어 유사하다고 판단하였다.

LOSTLEGEND : LEGEND 레전드 (대법원 2000. 4. 11. 선고 98후652 판결)

"LOSTLEGEND"는 그 구성이 비록 외관상 구분되어 있지 아니하고 결합되어 있지만, 우리나라 영어보급 수준을 고려해 볼 때 'LOST'와 'LEGEND'가 결합 되어 구성된 상표임을 쉽게 직감할 수 있고, 또 그 결합으로 인하여 새로운 관 념을 가지는 것이 아닐 뿐만 아니라 분리하여 관찰하는 것이 부자연스러울 정도로 불가분적으로 결합된 것이라고 볼 수 없으므로, 간이신속을 요하는 상거래업계의 관행에 비추어 볼 때 'LOST' 또는 'LEGEND'만으로 간략하게 약 칭될 수 있다고 판단하였다.

맥시핌 : 맥시팬-에이, MAXYPAIN-A (대법원 1995.11.10.선고 95후613 판결)

양 상표는 외관이 서로 다르고, 모두 아무런 의미가 없는 조어이므로 관념에 있어서도 유사하지 아니하나, '맥시팬-에이, MAXYPAIN-A'는 두 개의 문자 부 분으로 구성된 결합상표로서 각 문자 부분은 외관상 분리되어 있고, 이들은 서로 특별한 의미로 연결되어 있지도 아니하며 이들의 결합에 의하여 새로운 관념을 낳는다고 할 수도 없어 각 구성 부분을 분리관찰하는 것이 부자연스 러울 정도로 일체불가분으로 결합되어 있다고 볼 수 없으므로 분리관찰될 수 있으며, 간이 신속하게 상표를 호칭하는 경향이 있는 거래실정으로 보아 인 용상표는 '맥시팬'으로 호칭될 수 있다고 판단하였다.

씨-타임 : 타임 TIME (대법원 1991.6.11.선고 90후2027 판결)

출원상표는 '씨'와 '타임'을 하이픈으로 연결한 상표로서 '타임'이 영문자 time
의 발음을 우리말로 그대로 표기한 것으로 보이므로 '씨'도 영문자의 발음을
우리말로 표현한 것으로 보아야 한다. 그러나 우리의 영어사용 현실에 비추
어 '씨 타임'이라는 단어는 흔히 쓰이지 아니하는 것이고 또한 출원상표 중에
는 영문자 표기도 포함되어 있지 아니하므로 일반 수요자나 거래자는 '씨'를
알파벳의 'C'로 파악하여 '씨 타임'을 영문자 'C time'을 연상하는 것이 보통이
고, 우리나라 영어 사용의 현실에 비추어 출원상표 중 '씨'가 의미하는 영문자
'C'는 '타임'과 관련하여 볼 때 특별한 의미가 있다고 할 수 없으므로 '씨'는 부
기적인 표현에 불과하다고 보는 것이 타당하다는 이유로 출원상표의 요부는
'타임'이라고 판단하였다.

Versace : VALFREDO VERSACE (대법원 2007.4.12. 선고 2006다10439 판결)

피고의 상품표지는 "VERSACE"만으로 호칭·관념될 수 있고 이러한 경우
"VERSACE"로 호칭·관념되고 국내에 널리 인식된 원고의 상품표지 " Versace "
와 그 호칭 및 관념이 동일하여 양 상품표지는 전체적으로 보아 일반수요자
나 거래자로 하여금 그 출처에 관하여 오인·혼동을 가져올 우려가 있는 유
사한 상품표지라고 판단하였다.

   (나) 분리관찰이 되지 않는다고 판단한 사례(유사하지 않다고 판단한
      사례)

BANNSCLUB BENS 불나계 ブルナケ (대법원 2008.4.24.선고 2007후4816 판결)

이 사건 등록상표인 "BANNSCLUB"이라는 용어는 결혼예고의 뜻을 가진
'BANNS'와 단체의 뜻을 가진 'CLUB'을 띄어쓰기 없이 결합시킨 조어이고 4음
절의 비교적 짧은 음절로 이루어져 있어서 이 사건 등록상표는 'BANNS'와

'CLUB'으로 가분되어 호칭되거나 관념된다고 할 수 없고 전체적으로 호칭된다고 할 것이며, 선등록상표는 'BENS', '불나게', 'ブルナゲ'의 각 구성 부분 중 일부인 'BENS'만에 의하여 간략하게 호칭·관념될 수 있다고 할 것이므로, 양 상표는 유사하지 않다고 판단하였다.

NUTRACEUTICALS : NUTRA (대법원 2001.11.13. 선고 2001후1198 판결)

등록상표 "NUTRACEUTICALS"는 조어로서 불가분적으로 결합되어 있고, 그 중 'NUTRA'는 '중립의', '공평한' 등의 의미를 가지는 'NEUTRAL'과 알파벳 5자가 공통하고 발음도 유사하게 청감되는 면이 없지 아니하나 알파벳 'E' 및 'L'의 있고 없음의 차이가 있고 그 의미에 있어서도 별다른 뜻이 없는 'NUTRA'와 'NEUTRAL'은 전혀 상이하여, 우리 나라의 영어보급수준에 비추어 볼 때, 생소한 조어인 'NUTRA'가 알기 쉬운 'NEUTRAL'이라는 단어에서 단지 알파벳 일부가 생략된 것으로 보아 등록상표의 나머지 구성부분인 'CEUTICALS'보다 친숙하게 인식될 수 있을 것으로 보기는 어렵다고 하겠으므로, 등록상표가 'NUTRA' 부분과 'CEUTICALS' 부분으로 분리되어 인식될 가능성은 거의 없고 전체적으로 인식되고 호칭된다고 판단하였다.

Dr. you project : PROJECT (대법원 2010.12.9.선고 2009후3596 판결)

우리나라의 언어관습과 영어교육수준을 고려할 때 'project'라는 단어는 일반 수요자나 거래자에게 통상 그 앞에 나오는 단어나 어구와 결합하여 '○○계획', '○○과제'라는 일체화되고 한정적인 의미가 있는 하나의 단어로 인식될 것이고, 지정상품인 과자류 등과의 관계에서 'project' 부분이 'Dr. you' 부분에 비하여 특별히 식별력이 강한 것도 아니므로, "Dr. you project"는 'project'만에 의하여 호칭·관념된다기보다는 전체적으로 호칭·관념된다고 봄이 자연스러우므로, "PROJECT"와 유사하지 않다고 판단하였다.

 (대법원 2008. 10. 9. 선고 2006후3090 판결)

는 문자 부분인 'good skin'과 'GOOD START'에 의하여 호칭·관념될 것인데, good과 s가 반복되고 영어 음절수가 2음절로 같은 두 문구가 대구를 이루는 구조로 되어 있어서, 일체로써 '굿 스킨, 굿 스타트'로 호칭되고 '좋은 피부, 좋은 시작' 등으로 관념될 수 있을 뿐, START 부분만으로는 분리인식될 가능성이 희박하다고 판단하였다.

POPSAVENUE 팝스애비뉴 : (대법원 2008.9.11.선고 2008후1739 판결)

" POPSAVENUE 팝스애비뉴 "는 일반 수요자나 거래자에게 쉽게 이해되는 'POPS', '팝스'와 'AVENUE', '애비뉴'의 단어가 각각 간격 없이 연속되어 있고 우리나라 영어교육수준과 언어적인 특성을 고려할 때 'AVENUE'라는 단어는 일반 수요자나 거래자에게 통상 그 앞에 나오는 단어와 결합하여 'O가', 'O거리'라는 일체화되고 한정적인 의미가 있는 하나의 단어로 인식될 것이므로, 일반 수요자나 거래자에게 'POPSAVENUE', '팝스애비뉴'와 같이 전체적으로 인식된다고 봄이 자연스럽다고 판단하였다.

SEVENSUMMITS : Summit 瑞美 (대법원 1997.3.28.선고 96후1125 판결)

"SEVENSUMMITS"는 영문자 'SEVEN'과 'SUMMITS'가 일련적으로 구성되어 있는데다가 위 두 단어가 자연스럽게 어울려 '일곱 개의 정상들'이라는 의미를 가지는 것이므로 그 일부분인 'SUMMITS'만에 의하여 호칭된다기보다는 전체의 호칭인 '세븐서미츠' 등으로 호칭된다고 봐야 할 것이라고 판단하였다.

블루클럽 : 블루컷 (대법원 2005.11.25.선고 2005도6834 판결)

"블루컷"이나 "블루클럽" 모두 "블루"라는 단어로 인하여 "파란색"이라는 색채감이 느껴질 수도 있지만, 위 영업표지들의 구성부분 중 '컷'과 '클럽'은 그 의미가 서로 연관되어 있지 아니한 단어이고, '블루'는 '컷'과 '클럽'을 수식하는 형용사인 점에 비추어 볼 때 "블루컷"과 "블루클럽"에서 느껴지는 색채감만으로 위 영업표지들의 전체적인 관념이 유사하다고 보기는 어렵고, 외관도 서로 다를 뿐만 아니라, 두 영업표지는 3음절과 4음절로 되어 있어서 그 음절수가 다르고, 앞의 두 음절을 제외한 나머지 부분인 '컷'과 '클럽'의 청감 또한 많은 차이가 있어 그 호칭이 서로 유사하다고 할 수 없으므로 위 영업표지들은 전체적으로 볼 때 동일, 유사한 영업표지에 해당한다고 할 수 없다고 판단하였다.

(3) 대상판결에서의 이 사건에 대한 검토

1) 피고의 사용표장들과 원고의 이 사건 등록상표들의 유사 여부

이 사건 등록상표 1, 2를 구성하고 있는 '리엔'은 원고가 만들어 낸 조어(造語)로서 그 지정상품과 관련하여 원래부터 충분한 식별력을 가진다고 할 수 있다. 대상판결에서도 피고의 사용표장들이 처음으로 사용되기 시작한 2010.9.경에는 원고가 사용한 '리엔' 표장은 피고 화장품과 유사한 샴푸 등 헤어용품에 관하여 일반 수요자나 거래자들에게 널리 인식되어 그 식별력이 더욱 강해졌다고 보고 있다.

그 근거로서 대상판결에서는 원고가 '리엔'을 포함한 상표들에 상표권을 다수 보유하고 있는 점, 2005.6.경 '리엔'을 통합 상표로 사용한 다수의 제품을 출시하여 왔던 점, 2010.9.까지 위 '리엔' 시리즈물에 대한 광고비로 약 140억원을 지출하였던 점, 이 사건 등록상표 1, 2가 사용된 상품의 매출액이 2005년 약 12억원, 2006년 약 40억원, 2007년 약 60억원, 2008년 약 76억원, 2009년 약 127억원, 2010년 1

월부터 10월까지 약 236억원에 이르렀던 점을 들고 있다.

그리고 특히 중요한 점은 이 사건에서 원고와 피고 모두 각각 소비자를 대상으로 실시한 설문조사 결과를 증거로서 제출하였는데, 피고가 여론조사기관에 의뢰하여 실시한 소비자설문조사 결과에서는 이 사건 등록상표 1, 2가 표시된 샴푸 제품과 피고 사용표장들이 표시된 피고 화장품이 때와 장소를 달리하여 제시되었을 때 "같거나 비슷한 상표라는 느낌이 들며, 혼동될 것 같다"라고 대답한 응답자가 전체 응답자 중 28.8%(1:1 개별 면접조사 방식) 및 31.6%(온라인 조사 방식)에 이르렀고, 원고가 역시 다른 여론조사기관에 의뢰하여 실시한 소비자설문조사 결과에서는, 장소와 시간을 달리하여 '리엔'과 '리엔케이'가 찍힌 화장품 제품을 접할 경우 "두 제품을 혼동할 것 같다"라고 대답한 응답자가 전체 응답자 중 82.6%에 이르렀다.

대상판결에서는 이상과 같은 매출액, 광고비 등의 액수와 설문조사결과를 가지고, 원고의 이 사건 등록상표들의 인지도로 인해서 피고의 사용표장들(리엔케이, 리:엔케이)은 그 요부인 '리엔' 또는 '리:엔' 부분만으로도 인식되어 거래될 수 있다고 인정하여, 원고 제품 및 피고 제품과의 사이에서 수요자나 거래자들의 혼동이 일어나고 있는 것으로 보고 있다.

그런데 이상의 내용에서도 나타나 있듯이, 원고가 제출한 설문조사결과에서는 82.6%라는 상당히 높은 비율의 결과를 보여주고 있지만, 피고가 제출한 설문조사결과에서는 28.8%와 31.6%라는 그다지 높지 않은 비율의 결과를 보여주고 있는바, 이러한 경우에 과연 각각의 설문조사결과를 어떻게 합리적으로 해석하여 원고의 이 사건 등록상표와 피고의 사용표장들 사이의 출처혼동에 근거한 유사 여부를 판단할 것인지가 문제가 될 수 있다.

즉, 원고와 피고의 설문조사결과의 비율상의 차이가 매우 큰 상황하에서 피고의 설문조사결과를 가지고서도 원고와 피고의 표장들 사이에서 혼동이 발생될 수 있다고 볼 수 있는지가 매우 어려운 문제라고 할 수 있다.

이와 관련해서 참고적으로 특허청이 2013. 12. 경 발간한 보고서인 「수요자의 상표인지도 조사방법론 수립방안에 관한 연구」에 따르면, 미국의 경우, 소비자들의 설문조사에서 관련된 상표에 대한 혼동률이 약 25%를 초과한다면 소비자들의 혼동가능성을 인정하기에 충분한 증거라고 평가하고 있다고 언급하고 있는데,[419] 대상판결은 이와 같은 보고서의 분석결과에 충실한 모습을 보이고 있다.[420]

앞서 본 바와 상표의 일부 구성 부분이 요부에 해당하는지 여부는 그 부분이 지니고 있는 관념뿐만 아니라 거래사회의 실정 등을 감안하여 결정하여야 하는데, 대상판결에서는 우선 피고의 사용표장들과 이 사건 등록상표들 사이에 공통되는 구성 부분인 '리엔'은 원고가 만들어 낸 조어(造語)로서 충분한 식별력을 가지는 데다가, 원고의 사용에 의하여 이미 널리 알려진 표장이 되었다는 점과 관련하여 앞서 검토한 대법원 2012후2869 판결인 〈엔젤 사건〉의 판

---

419) 특허청, 수요자의 상표인지도 조사방법론 수립방안에 관한 연구, 2013. 12, 84면.

420) 특허청의 해당 보고서에서는 미국의 Thane Int'l, Inc. v. Trek Bicycle Corp., 305 F.3d 894, 902-03 (9th Cir. 2002) 사건에서는 "Trek"과 "OrbiTREK" 간의 실질적인 혼동에 관한 증거자료로서 제출된 설문조사결과에서 설문자의 27.7%가 혼동을 하였다고 분석한 내용을 토대로 소비자들이 양 상표의 혼동을 일으킨다고 판단하였던 것, E. & J. Gallo Winery v. Gallo Cattle Co. 967 F.2d 1280, 1292-93 (9th Cir. 1992) 사건에서 전국적으로 혼동률이 약 40%이고 상표가 이용되는 지역과 관련된 설문조사에서는 약 47%의 혼동률을 보이고 있는 것을 토대로 하여 시장에서 양 상표의 혼동가능성을 인정하고 있는 것, 반면에 기타 사건들에서 6.9%나 22%의 혼동률을 가지고는 혼동가능성을 부정하였던 것 등을 근거로 하여 설문조사결과 약 25%의 혼동률을 상회하였을 때에 혼동가능성이 있는 것으로 본다고 언급하고 있다. 그리고 이와 아울러 10% 미만이면 혼동가능성의 부존재를 안전하게 인정할 수 있는 기준이라고 언급하고 있기도 하다(특허청, 앞의 수요자의 상표인지도 조사방법론 수립방안에 관한 연구, 84-87면 참조).

단 논리를 이 사건에 적용한 것으로 보인다.

더욱이 원고와 피고 측의 소비자를 대상으로 한 설문조사결과를 대상판결의 주요한 판단 근거로 삼아서 미국의 판단 법리에서 실제적인 혼동을 상표의 유사 여부 판단에서 중요한 요소로서 고려하고 있는 것도 적용하여[421] 피고의 사용표장들과 원고의 이 사건 등록 상표들 사이의 혼동가능성이 상당한 정도에 이르렀다고 판단하고 있는 것으로 보인다.

한편, 이외에도 대상판결에서 피고 사용표장들 중 '리엔'을 제외한 나머지 후단부 2음절은 '케이'로서 간단하고 흔한 표장인 영문자 'K'의 국문음역과 같아 그 부기적인 표현에 불과한 것으로 인식될 가능성이 있다고 판시하였다는 점에서는 앞서 검토한 대법원 95후613 판결〈맥시팬-에이 사건〉및 대법원 90후2027 사건〈씨-타임 사

---

421) 미국의 12개 연방항소법원들은 여러 가지 요소들을 고려한 각자의 판단 기준에 따라 '혼동의 우려'를 판단함으로써, 거래실정에 맞는 구체적 타당성의 확보를 위해 노력하고 있다. 이들 판단기준 중 흔히 'Polaroid 테스트'라고 불리는 제2 연방항소법원의 기준이 가장 유명하고 자주 인용되는데, 1) 선사용자 상표의 식별력의 강도(the strength of the mark), 2) 상표의 유사 정도(the degree of similarity between the two marks), 3) 상품의 유사 정도(the proximity of the products), 4) 선사용자가 후사용자 시장에 진입할 가능성(선사용자가 시장의 차이를 극복할 수 있는 가능성)(the likelihood that the prior owner will bridge the gap), 5) 실제적인 혼동(actual confusion), 6) 후사용자의 상표선택에 대한 선의 여부(the reciprocal of defendant's good faith in adopting its own mark), 7) 피고 상품의 품질(the quality of the defendant's product), 8) 소비자의 인식 정도(소양)(the sophistication of the buyers) 등의 8가지 요소를 고려하여 혼동의 우려가 있는지 여부를 판단하되, 또 다른 사정들도 고려될 수 있다고 판시하였다[Polaroid Corp. v. Polarad Electronics Corp., 287 F.2d 492 (2nd Cir. 1961)]. 다만 위 사항들만으로 혼동가능성을 판단할 수 있는 것은 아닐뿐더러 위 사항 중 몇 가지 사항만으로 혼동가능성을 판단할 수 있는 것은 아니며, 위와 같은 사항은 혼동가능성이 있는지를 판단함에 있어 법원이 고려하여야 할 사항을 예시적으로 나열한 것이다(나종갑, 미국상표법연구, 한남대학교출판부, 2005, 457-458면).

건)과 논리구조가 유사하다고 볼 수 있다.

결국 대상판결은 피고의 사용표장들과 원고의 등록상표들의 유사 여부에 대하여 이상과 같은 논리를 토대로 하여 피고의 사용표장들이 그 요부인 '리엔' 부분만으로 거래될 경우, '리엔'으로 호칭되는 이 사건 등록상표 1, 2와 호칭이 동일하여 상품 출처에 관하여 오인·혼동을 일으키게 할 염려가 있으므로, 서로 유사하다고 판단한 것으로 보인다.

2) 원심 판단의 이유와 대상판결의 논리의 비교 검토

대상판결의 원심은 첫째, 피고의 사용표장들은 분리 인식하기 어렵고, 굳이 분리하더라도 '리'+'엔'+'케이' 또는 '리'+'엔케이'로 분리함이 자연스럽다는 점, 둘째, 피고는 2010.9.경 피고 화장품을 처음 출시한 이래 그 매출액이 출시 후 2010.12.까지 4개월 간 무려 232억원에 달하였다는 점, 셋째, 이 사건 등록상표들이 표시된 헤어케어 제품과 피고 화장품에 대한 주된 소비자, 판매방법과 장소, 가격 등에 상당한 격차가 있다는 점, 넷째, 원고는 'ReEn'을 이 사건 등록상표들과 함께 사용하는 반면에, 피고는 'Re:NK'를 피고 사용표장들과 함께 사용하고 있다는 점 등과 같은 사정들을 고려하여 대상판결의 판단과는 달리 피고의 사용표장들(리엔케이, 리:엔케이) 중 '리엔' 또는 '리:엔' 부분을 '독립하여 자타 상품을 식별할 수 있는 구성부분', 즉, 요부로 볼 수 없다고 판단한 것이다.

그런데 이러한 원심의 판단 이유에 대하여 대상판결에서는 첫째, 앞서 본 바와 같이, 피고 사용표장들(리엔케이, 리:엔케이) 중 '리엔' 또는 '리:엔'은 원고가 만들어 낸 조어(助語)로서 이미 원고의 사용에 의해 관련 제품 분야에서 널리 알려져 있었을 뿐만 아니라, '케이' 부분은 피고의 주장에 의하더라도 영문 'K'의 우리말 발음에 불과하다는 점, 둘째, 피고가 피고 화장품을 출시할 당시인 2010.9.경까지 이미 '리엔' 표장을 사용한 원고 제품의 누적 매출액은 551억원에 달하였을 뿐만 아니라, 오히려 피고의 위 매출액은 '리엔' 표장을 사용함으로써 이미 널리 알려진 원고의 '리엔' 표장의 명성에 편승한 결과일 가능성도 배제할 수 없다는 점, 셋째, 이 사건 등록상표들이 사용된 제품은 '샴푸, 린스' 등 헤어케어 제품이고, 피고 사용표장들이 사용된 '클렌징 폼, 필링 겔, 엑스트라 모이스처 하이드라 퀸' 등 스킨케어 제품으로서, ① 주된 소비자가 '미용에 관심이 있는 여성 또는 남성'으로서 동일하고, ② 판매방법 및 판매장소에 관하여도, 최근 인터넷을 통한 판매가 보편화됨에 따라 원고와 피고의 제품이 유명 온라인 마켓플레이스를 통해 동일한 방법으로 판매가 이루어지고 있을 뿐만 아니라, 오프라인의 경우에도 헤어케어 제품과 스킨케어 제품이 동일한 매장에서 진열 및 판매되고 있으며, ③ 원고와 피고 제품의 가격 차이는 제품의 유형에 따른 차이로서 중요한 것이 아니라는 점, ④ 피고 사용표장들과 함께 사용하는 'Re:NK'의 경우, 우리나라의 영어 교육 수준과 '리엔' 표장의 주지성 등에 비추어 볼 때 도리어 '리엔케이'로 호칭될 가능성이 높으므로, 원심이 'Re:NK'의 사용으로 인하여 피고 사용표장들이 '리엔'으로 분리인식될 가능성이 희박하다고 보는 것은 상표의 외관만을 중시한 판단으로서, 문자상표에서의 호칭의 중요성을 간과한 것이라는 점들을 근거로 하여 원심의 판단을 부정하고 있다고 할 수 있겠다.

3) 소 결

이 사건은 피고의 사용표장들(리엔케이, 리:엔케이)이 띄어쓰기 없이 일련불가분적으로 결합되어 있는 조어인 점 등을 감안하면, 피고 사용표장들은 원심의 판단처럼 전체적으로 인식될 가능성이 크다고 볼 수도 있다.

그러나 특히 ① 표장 자체의 대비 측면에서는 전체관찰의 방법에 의하면 비유사로 볼 여지도 있지만, 피고 사용표장들이 출시되기 이전에 이미 '리엔' 표장은 관련 제품분야에서 꽤 알려져 있었던 점,

② 상표 유사 판단에 관한 재판에서 혼동에 관한 소비자조사결과는 중요한 증거자료로 취급할 필요가 있는데, 원고와 피고 측에서 각각 소비자를 대상으로 한 설문조사결과를 제출하였고, 원고 측이 제출한 소비자조사결과에 의하면 혼동가능성이 80%가 넘을 정도로 상당히 높은 것으로서 나타난 점, ③ '리엔'은 대기업인 원고가 만들어 낸 조어(助語)로서 관련 제품분야에서 꽤 알려져 있던 표장인데, 역시 대기업인 피고가 새로운 브랜드인 피고의 사용표장들을 출시하면서 원고의 '리엔' 표장의 존재를 알았을 가능성이 매우 높아 상표 선택에 있어서의 피고의 악의적인 측면이 보일 수 있다는 점(설령 원고의 '리엔' 표장의 존재를 몰랐더라도 이에 대한 과실은 피고가 부담한다는 점) 등이 대상판결의 결론에 주요하게 고려된 것으로 보인다.

그런데 한편으로 ① 피고의 사용표장들도 232억원에 달할 정도로 상당한 매출액을 올리면서 원고의 이 사건 등록상표들과 실거래계에서 공존되어 사용되었다는 기존의 거래상황을 고려하여 볼 때에 실거래계에서 피고의 사용표장들도 화장품과 관련하여 상당한 인지도를 가지고 있다는 점, ② 피고의 사용표장들의 제품인 화장품과 원고의 주사용제품인 샴푸를 구매하는 층이 미용에 상당히 신경을 쓰는 젊은 여성들이므로, 이러한 젊은 여성들은 화장품과 샴푸 등에 관련된 상표를 세심하게 구별하고 그 상품들 간의 구매 장소나 구매 동기 등이 다르다고 볼 수 있는 등 해당 상품들에 대한 수요자의 특유한 특성을 고려하여야 한다는 점(대상판결에서는 소비자층을 화장품이나 샴푸에 주의와 관심의 정도가 떨어지는 일반 남성들뿐만 아니라 나이든 연령층까지 모두 고려한 것으로 보임) 등을 감안하여 볼 경우, 대상판결은 실제적인 거래계에서의 혼동 여부를 간과한 것이라고 비판받을 여지도 아울러 있다고 하겠다.

4. 대상판결의 의의

대상판결은 부정경쟁방지법상 부정경쟁행위와 상표법상 상표권 침해가 모두 쟁점이 된 사건에서의 상표의 유사 판단을 다룬 것으로서, 전체관찰이 아닌 분리관찰 방법에 의하여 상표 사이의 유사성을 인정한 사례라고 할 수 있다.

특히 원고와 피고가 각각 실시하여 증거로서 제출한 구체적인 설문조사결과들을 고려하여 상표의 유사 여부 판단을 하고 있으며, 설문조사결과에서 한쪽이 제출한 설문조사결과상의 혼동률이 낮았으나 다른 한쪽이 제출한 설문조사결과의 높은 혼동률도 함께 전체적으로 고려하여 유사성을 인정하였다는 점에서 대상판결이 중요한 의의를 갖는다고 하겠다.

그러나 한편으로 양 상표가 거래계에서 기존에 각각 독립적으로 상당한 신용을 쌓고 있고, 상품과 관련된 주된 수요자들의 특성을 고려한다면 실거래계에서의 혼동의 가능성이 없을 수 있음에도 이러한 면을 간과하였다는 비판의 여지는 대상판결에 여전히 남아 있다고 하겠다.[422]

---

422) 이와 관련하여 유사 여부 판단에 있어서 중심적인 자료로서 고려되어야 할 것은 수요자 일반의 주의력, 경험칙화한 거래실정, 사용상표에 있어서 상표의 주지·저명성을 고려할 필요가 있다(송영식·황종환·김원오, 앞의 책, 580-583면). 그런데 대상판결의 이 사건에서 이와 같은 요소들을 적용하여 볼 때에, 화장품 등과 관련된 젊은 여성 수요자층에게 상당한 주의력이 있다는 점, 양 상표와 관련된 상품들인 화장품이나 샴푸 등의 거래과정에서는 직접 물건을 보고 구입하며 구체적인 브랜드의 출처에 상당할 정도의 주의를 기울인다는 점, 양 상표의 각각의 매출액에 따라 양자 모두가 수요자에게 상당한 인지도를 가지고 있어 해당 상표들에 대한 각각의 기억이 선명하다는 점 등이 고려되어야 하는 것이므로, 그러할 경우 과연 원고와 피고의 상표들이 서로 출처의 혼동을 일으키는 것이므로 유사하다고 단정할 수 있는지에 대해서는 문제 제기의 여지가 있어 보인다.

XVI 지역명칭과 출처지 오인야기행위
[초당두부 사건][423]

1. 사건의 정리

(1) 사실관계

피고인은 "초당두부," "정남초당두부," "우리콩초당두부," "초당순두부"와 같은 표장을 자신이 제조·판매하는 두부 제품과 두부 제품의 포장 및 용기에 사용하였는바,[424] 이 사건의 쟁점은 해당 표장에 포함된 '초당'이 특정한 품질의 두부 생산지로 알려져 있는지의 여부이다.

---

423) 대법원 2006. 1. 26. 선고 2004도5124 판결.
424) 실제 사용태양은 이하와 같다.

(2) 피고인에 대한 공소사실

피고인은 화성시 '정남'면에 소재한 두부 제조 및 판매업체인 '정남식품'을 경영하는 자로서, 강릉시 초당동 소재 초당마을에서 생산된 두부가 아니어서 위 초당마을에서 생산·가공된 듯이 오인을 일으키게 하는 표지를 하거나 이러한 표지를 한 두부 상품을 판매·반포하는 행위를 하여서는 아니됨에도, 1999. 5. 경부터 2001. 12. 11. 경까지 위 정남식품의 공장에서 제조된 두부를 "정남초당두부"라는 상표가 표시된 두부운반용기 및 "초당두부," "초당순두부," "우리콩초당두부"라는 상표가 표시된 비닐포장에 각 담아 경기도 일원에서 1일 평균 약 140-150판, 시가 975,000원 상당을 판매함으로써 위 정남식품에서 제조된 두부가 위 초당마을에서 생산 또는 가공된 듯이 오인을 일으키게 하는 등 부정경쟁행위를 하였다.

(3) 소송의 경과

이에 대해서 1심[425]은 피고인의 유죄로 판단하였고,[426] 피고인이 이에 대해 항소를 하였으나, 원심[427]에서 항소를 기각하여 역시 유죄로 판단하였으며,[428] 피고인이 이에 대해 상고하여 대법원에서

---

425) 수원지방법원 2003. 12. 30. 선고 2002고단2957 판결.
426) 피고인의 유죄 인정(벌금 500만원).
427) 수원지방법원 2004. 7. 12. 선고 2004노194 판결.
428) 1. 피고인의 항소이유의 요지
　　피고인의 항소이유의 요지는, 첫째, 피고인이 사용한 "초당두부"라는 표지는 생산지와 무관하게 소금으로 간을 하여 맛이 짭짤한 두부의 한 종류를 지칭하는 보통명칭 내지 관용표장에 불과하므로 생산지를 오인시킬 우려가 없을뿐더러 부정경쟁방지법의 규율대상에 해당하지 않고, 둘째, 부정경쟁방지법 제15조의 규정취지와 상표법의 입법취지 등에 비추어 볼 때 상표법에 의하여 보호받지 못하는 상표는 부정경쟁방지법의 보호대상에도

해당하지 않는다고 할 것인바, 이 사건 고소인의 등록상표인 "초당," "초당두부" 등이 이미 특허심판원의 심결과 특허법원의 판결에 의하여 무효로 되었으므로, 피고인이 "초당두부"라는 표지를 사용하였다고 하여 이를 상표법위반으로 처벌할 수 없는 것과 마찬가지로 부정경쟁방지법위반으로도 처벌할 수 없으며, 셋째, 피고인은 이 사건 두부제품의 상표에 그 생산지인 "정남"이라는 표지를 함께 사용하였을 뿐 아니라 제품의 용기·포장에 식품의약품안전청 고시 「식품 등의 표시기준」에 따라 "제조원 : 정남식품, 경기도 화성시 정남면 ○○리 ○○○-○" 등을 표시하여, 실제 소비자들이 피고인이 생산한 위 제품의 생산지를 강릉시 초당마을로 오인할 우려는 없으므로, 이 사건 공소사실을 유죄로 인정한 원심판결에는 사실을 오인하거나 법리를 오해한 잘못이 있다는 것이다.

2. 판 단

피고인이 화성시 정남면 ○○리 ○○○-○ 소재 정남식품 공장에서 두부제품을 생산하면서 그 상표에 "초당두부," "초당순두부" 등의 표지를 사용한 것은 움직일 수 없는 사실이므로, 이 사건의 쟁점은 위 표지가 위 두부제품이 강릉시 초당마을에서 생산 또는 가공된 듯이 오인을 일으키게 하는 표지에 해당하는지 여부라고 할 것이다.

먼저, "초당두부"라는 표지가 보통명칭 내지 관용표장에 불과하여 아예 부정경쟁방지법의 규율대상에 해당하지 않는지에 관하여 살피건대, 원심이 적법하게 채택하여 조사한 증거들을 종합하여 보면, 강릉시 인근의 초당마을에서는 약 100년 전부터 여러 가구에서 다른 지방의 두부제조방법과는 달리 지하수나 수돗물을 사용하지 않고 소금물을 간수로 사용하지도 않으며 동해의 청정해수를 간수로 사용하여 두부를 생산하여 왔고, 그 특이한 제조방법으로 인하여 다른 지방의 두부와는 다른 독특한 맛을 지닌 것으로 알려지게 되었는데, 그 특이한 제조방법과 그 특별한 맛을 좋아하는 강원도 일대 또는 다른 지역의 사람들도 초당마을에서 생산되는 두부를 먹기 위해 모여들었고, 나중에는 위 두부에 관한 기사가 여러 신문이나 책자 등에 소개되면서 전국적으로 알려지게 된 사실 등을 인정할 수 있는바, 이에 비추어 보면 "초당두부"라는 표지는 강릉시 인근 초당마을에서 생산된 두부로서 동해의 청정해수를 직접 간수로 사용하는 방법으로 생산되어 다른 지방의 두부와 달리 독특한 맛을 지닌 두부를 가리키는 명칭으로 일반 수요자들 사이에 널리 알려지게 되었다고 봄이 상당하고, 비록 현재 피고인을 비롯한 전국의 두부제조업자들이 황산칼슘이나 염화칼슘을 간수로 사용하고 단지 소금으로 간을 한 두부를 생산하면서 그 상표에 "초당두부"라는 표지를 사용하고 있음은 물론 이 사건 고소인을 비롯한 초당마을 인근의 두부제조업자들도 기술적 어려움 등을 이유로 해수를 간수로 사용하고 있지 않는다고 하더라도, 일반 수요자들로서는 여전히 "초당두부"라는 표지를 접하면 직관적으로 강릉시 초당마을에서 생산된 두부를 연상한다고 판단되므로, "초당두부"라는 표지가 강릉시 초당마을과는 무관하게 단지 두부의 한 종류를 가리키는 보통명칭 내지 관용표장임을 전제로 한 피고인의 위 주장은 더 이상 살펴볼 필요 없이 이유 없다.

다음으로, 이 사건 고소인의 "초당두부"라는 등록상표가 무효로 된 이상 피고인이 "초당두부"라는 표지를 상표에 사용한다고 하더라도 이를 부정경쟁방지법으로 규율할 수 없는지 여부에 관하여 살피건대, 기록에 의하면 이 사건 고소인의 등록상표인 "초당두부" 등은 그 요부인 "초당"부분이 위 등록상표의 지정상품의 산지를 보통으로 사용하는 방법으로 표시한 식별력 없는 부분이라는 이유로 무효가 된 사실을 인정할 수 있으나, 부정경쟁방지법 제15조의 규정은 상표법 등에 부정경쟁방지법의 규정과 다른 규정이 있는 경우에는 그 법에 의하도록 한 것에 지나지 않는 점, 상표법과 부정경쟁방지법은 그 입법취지에 있어 차이가 있고, 부정경쟁방지법 제2조 제1호 마목의 행위는 상품이 생산·제조 또는 가공된 지역 이외의 곳에서 생산 또는 가공된 듯이 오인을 일으키게 하는 표지를 사용하는 행위로서 그 표지가 상표법상 등록될 수 있는 상표인지 여부와는 전혀 무관한 것인 점 등에 비추어 보면, 이 사건 고소인의 "초당두부"라는 등록상표가 무효가 되고 그 결과 피고인이 "초당두부"라는 상표를 사용하는 행위에 대하여 상표법위반으로 처벌할 수 없다고 하더라도 그 이유만으로 부정경쟁방지법의 규율까지 받지 않는다고 할 것은 아니므로, 피고인의 위 주장은 이유 없다.

마지막으로, 피고인의 이 사건 두부제품이 강릉시 초당마을에서 제조된 것으로 오인될 우려가 있는지에 관하여 살피건대, 부정경쟁방지법 제2조 제1호 마목에서 상품의 생산·제조 또는 가공 지역의 오인을 일으킨다 함은 거래 상대방이 실제로 오인에 이를 것을 요하는 것이 아니라 일반적인 거래자, 즉, 평균인의 주의력을 기준으로 거래관념상 사실과 다르게 이해될 위험성이 있음을 뜻하는바, 기록에 의하면 피고인이 생산하여 판매한 두부제품 중 낱개로 용기·포장하여 판매하지 않는 두부는 그 자체에 "초당"이라는 글자가 음각으로 새겨져 있으면서 그 운반기구를 덮는 비닐에 "정남초당맛두부, 경기도 화성시 정남면 ○○리 ○○○-○ 정남식품"이 표시되어 있고, 낱개로 용기·포장하여 판매하는 두부는 그 용기에 부착된 주 표시면에 상표인 "정남초당두부," "정남초당연두부," "정남초당순두부"가 큰 글자로 표시되어 있고, 그 옆이나 아래 부분에 작은 글씨로 식품의약품안전청 고시 「식품 등의 표시기준」에 따른 업소명 및 소재지 표시로서 "제

판단한 것이 바로 대상판결에서의 이 사건이다.

2. 대상판결(대법원 2004도5124 판결)의 판시 내용

(1) 기록에 의하면, 피고인이 두부제품에 '초당'이라는 명칭을 포함하는 표지를 사용하기 이전에 이미 '초당'이라는 명칭이 다른 지방에서 생산되는 두부와는 달리 바닷물을 직접 간수로 사용하여 특별한 맛을 지닌 두부를 생산하는 강릉시 초당마을을 나타내는 지리적 명칭으로서 널리 알려졌을 뿐, 두부에 관하여 보통명칭이나 관용표장으로 된 것은 아니므로, '초당'이 부정경쟁방지법 제2조 제1호 마목이 정한 상품을 생산, 제조 또는 가공하는 지역의 명칭에 해당한다고 판단한 원심은 정당하고 거기에 상고이유에서 주장하는 바와 같이 보통명칭, 관용표장에 관한 법리를 오해한 위법이 없다.

(2) 부정경쟁방지법 제2조 제1호 마목에서 상품의 생산, 제조, 가공 지역의 오인을 일으킨다 함은 거래 상대방이 실제로 오인에 이

조원 : 정남식품, 경기도 화성시 정남면 ○○리 ○○○-○"이 표시되어 있는 사실을 인정할 수 있는바, 위 고시는 식품위생법 제10조의 규정에 의하여 식품 등의 위생적인 취급을 도모하고 소비자에게 정확한 정보를 제공함을 목적으로 하는 것으로서 부정경쟁방지법의 입법취지와는 차이가 있어 위 고시의 기준에 따라 업소명과 소재지를 표시하였다고 하여 곧바로 일반 수요자들이 생산 또는 가공된 지역에 관하여 오인을 일으킬 가능성이 없다고 단정할 수 없는 점, 일반적인 주의력을 지닌 소비자들이라면 두부제품을 구입할 때 그 제조원의 소재지까지 확인한다고 단정하기 어려운 점, 일반 수요자들로서는 "정남"이라는 표지를 접했을 때 이를 화성시에 있는 지명을 가리키는 것으로 인식하기 어려운 점 등을 고려하여 볼 때, 비록 피고인이 위 상표에 지명을 뜻하는 "정남"이라는 표지를 사용하였다거나 위 '정남식품'의 소재지 표시를 하였다고 하더라도, 평균적인 주의력을 지닌 일반 수요자들이 위와 같이 상표에 "초당두부"라는 표지를 사용한 두부제품을 접할 경우 강릉시 초당마을에서 생산된 것으로 오인할 위험성이 없다고 볼 수 없으므로, 피고인의 위 주장은 이유 없다(항소기각, 피고인의 유죄 인정).

를 것을 요하는 것이 아니라 일반적인 거래자, 즉, 평균인의 주의력을 기준으로 거래관념상 사실과 다르게 이해될 위험성이 있음을 뜻하며, 이러한 오인을 일으키는 표지에는 직접적으로 상품에 관하여 허위 표시를 하는 것은 물론, 간접적으로 상품에 관하여 위와 같은 오인을 일으킬 만한 암시적인 표시를 하는 것도 포함된다(대법원 1999.1.26.선고 97도2903 판결 참조).

위 법리와 기록에 의하면, 원심이 원심과 1심에서 채용한 증거를 종합하여 피고인이 '초당'이라는 명칭을 포함한 표지를 두부의 운반용기 및 비닐포장에 사용한 결과 일반 수요자들이 위와 같은 운반용기에 담겨서 또는 비닐포장에 싸여서 판매된 두부가 '초당'이라는 지역에서 생산 또는 가공된 것으로 오인할 위험성이 있게 되었다는 취지로 판단한 것은 정당하고 거기에 상고이유로 주장하는 바와 같이 위 법률 제2조 제1호 마목에 관한 법리오해나 채증법칙 위반 등의 위법이 없다(상고기각).

3. 대상판결에 대한 검토

(1) 부정경쟁방지법 제2조 제1호 마목에 관한 일반론

1) 출처지 오인야기행위의 의의

부정경쟁방지법 제2조 제1호 마목의 출처지 오인야기행위는 상품이나 그 광고에 의하여 또는 공중이 알 수 있는 방법으로 거래상의 서류 또는 통신에 그 상품이 생산·제조 또는 가공된 지역 외의 곳에서 생산 또는 가공된 듯이 오인하게 하는 표지를 하거나 이러한 표지를 한 상품을 판매·반포 또는 수입·수출하는 행위를 말한다.

해당 규정은 동조 동호 라목의 '원산지 오인야기행위'[429] 규정을

---

429) 상품이나 그 광고에 의하여 또는 공중이 알 수 있는 방법으로 거래상의

확장한 것으로서 라목의 행위가 거짓의 원산지를 표시함으로써 원산지의 오인을 하게 하는 행위인 반면, 해당 규정의 행위는 거짓의 여부를 따지지 않고 출처지 등의 표지가 사실과 다르게 혼동을 일으키게 하는 행위 및 이러한 표지를 한 상품을 판매 기타의 방법으로 유통 상태에 두는 행위 등을 포함한다.430)

여기서의 '출처지'는 생산지, 제조지, 가공지를 의미하며, 원산지와 같은 개념으로 볼 수도 있는데,431) 실제적으로 해당 규정에서의 상품의 생산지, 제조지 또는 가공지는 출처지(Indication of source)의 의미로서 원산지432)보다도 넓은 개념이며,433) 원산지 표지는 출처지 표지의 한 형태로 볼 수 있다.434)

이러한 점에서 해당 규정의 생산지, 제조지 또는 가공지는 원산지와 함께 규율될 수 있으므로, 라목의 '원산지 오인야기행위'와 해당 규정을 통합하자는 견해 역시 일응 합리적인 주장이라고 할 수 있을 것이다.435)

한편으로 대법원 1999.1.26.선고 97도2903 판결은 해당 규정에서

서류 또는 통신에 거짓의 원산지의 표지를 하거나 이러한 표지를 한 상품을 판매 · 반포 또는 수입 · 수출하여 원산지를 오인하게 하는 행위

430) 예컨대, 중국산 전자제품에 대하여 일본어로 중국산임을 밝히면서 일본을 연상케 할 수 있는 상징물들을 표시함으로써 마치 일본에서 제조된 것처럼 암시적인 표시를 하는 행위가 이에 해당한다(윤선희 · 김지영, 앞의 책, 152-153면).

431) 사법연수원, 앞의 부정경쟁방지법(2010), 47면.

432) 이는 상품의 품질이나 특성이 자연적 및 인적 요소를 포함하는 지리적 환경에 따라 좌우되는 리스본 협정 제2조 제1항의 '원산지 명칭(appellations d'origine)'이라고 볼 수 있다(윤선희 · 김지영, 앞의 책, 153-154면).

433) 한국특허기술연구원 편저, 앞의 책, 56면.

434) 물론 유명한 생산지는 원산지 명칭에 해당하는 것이 전형적이며, 유명한 제조 · 가공지의 예로는 Solinger(독일 철강제품), 런던(바바리 코트), 파리 (향수) 등을 들 수 있다(특허청 산업재산보호과, 부정경쟁방지 업무 해설서, 2004.10, 44면).

435) 윤선희 · 김지영, 앞의 책, 154면.

오인을 일으킨다 함은 거래 상대방이 실제로 오인에 이를 것을 요하는 것이 아니라, 일반적인 거래자, 즉, 평균인의 주의력을 기준으로 거래관념상 사실과 다르게 이해될 위험성이 있음을 뜻하며, 이러한 오인을 일으키는 표지에는 직접적으로 상품에 관하여 거짓의 표시를 하는 것은 물론, 간접적으로 상품에 관하여 위와 같은 오인을 일으킬 만한 암시적 표시를 하는 것도 포함된다고 판시함으로써, 해당 규정도 거짓의 원산지 표시를 하는 것을 포함하는 것처럼 판시하여 출처지의 의미가 원산지를 포함하는 넓은 개념임을 밝히고 있다.

해당 규정에서의 표시의 방법은 거짓의 원산지 표시 대상물과 마찬가지로 "상품"이나 "그 광고에 의하여 또는 공중이 알 수 있는 방법으로 거래상의 서류 또는 통신"이라고 할 수 있으며, "표지(標識)"란 거짓의 원산지 표지에서의 '표지'와 같은 의미이며,436) "오인을 일으키게 하는 표지"란 실제 지역 이외의 곳에서 생산ㆍ제조 또는 가공된 상품을 실제 지역에서 생산ㆍ제조 또는 가공된 듯이 오인을 일으키게 하는 표지를 말한다.437)

여기서의 "오인"이란, 허위 여부를 불문하고 당업자 및 거래자 또는 수요자에게 오인을 일으키게 하는 표지이면 충분하고 오인을 일으키게 하는 표지는 직관적(직접적) 표시이든 암시적(간접적) 표시이든 상관이 없으며, 오인이 반드시 일어날 것을 요하지 않는 것으로서 오인이 일어날 우려만으로도 충분하다.438)

그리고 해당 규정에서의 '지역'은 일반적으로 제한된 범위(지방)

---

436) '표지(標識)'란 혼동초래행위의 '표지' 의미와는 달리 '표시(表示)'의 의미이다. 즉, 상품이나 거래상의 서류 또는 통신에 표기(標記) 또는 표시(表示)했다는 의미로 해석된다. 따라서 "그 상품의 광고 또는 공중이 알 수 있는 방법"은 표시의 한 수단이며, "상품이나 거래상의 서류 또는 통신"은 표시의 대상물로 이해할 수 있다(특허청 산업재산보호과, 앞의 책, 43면).

437) 특허청 산업재산보호과, 앞의 책, 44면.

438) 황의창ㆍ황광연, 앞의 부정경쟁방지 및 영업비밀보호법(2009), 57면.

를 뜻하는 것이나 여기서는 그 밖에 국가까지를 포함하므로, 국산제품을 외국품으로 오인할 수 있는 표지를 사용하는 경우도 해당 규정의 행위가 되며, 오인을 일으키게 하는 표지인가의 여부는 전체적으로 판단하여야 한다.[439)

그리고 지명이나 국명을 문자로 정확하게 표시하지 않아도 이를 상징하는 도형이나 색을 배합하거나 이러한 것과 문자의 결합으로 지명 또는 국명을 표시하는 것도 오인을 일으키게 하는 것은 해당 규정의 표지가 되고, 부분적으로 불명확하거나 불완전한 표지 또는 가공의 표지도 전체적으로 출처지를 오인할 수 있는 것은 해당 규정에 해당될 수 있다.[440)

이러한 출처지 오인야기행위로는 국산품을 '외제'라고 표시하는 경우 또는 'Made in U.S.A.'라고 표시하는 경우 등이 해당되며, 또한 프랑스적 풍물과 프랑스 문자로 가공(架空)의 상표를 표시하고, 설명 등을 프랑스어로 하는 등 마치 프랑스에서 제조된 것과 같은 암시적 표시를 하여 오인을 일으키는 경우도 이에 해당될 수 있다.[441)

2) 출처지 개념과 결정기준

상품의 출처지는 상품이 생산, 제조 또는 가공된 곳으로서 천연의 산출물에 대응하는 지명에만 존재하는 것은 아니고, 가공 또는 제조된 상품에 대응하는 지명에도 존재한다.

원료가 산출되는 지역과 가공, 제조되는 지역이 다른 경우(예컨대 미국제 원사로 영국에서 방적을 행하거나, 영국제 옷감으로 일본에서 옷을 만드는 경우)가 있는바, 이 경우의 출처지 결정기준에 대하여는 상품의 교역에서 주된 요소(즉, 상품의 주된 거래요소)가 산출된 곳을

439) 윤선희 · 김지영, 앞의 책, 154면.
440) 윤선희 · 김지영, 앞의 책, 154-155면.
441) 특허청 산업재산보호과, 앞의 책, 45면.

출처지로 보아야 한다는 학설, 수요자 등 거래 관계자가 중요하게 생각하는 사용가치가 상품에 부가되는 지역에 의한다는 학설, 실질적인 변경이 이루어지고 새로운 특성이 부여되는 제조 또는 가공을 행한 지역을 출처지로 보아야 한다는 학설, 제조 및 가공된 특정의 지역을 말한다는 학설 등이 있다.[442]

한편, 이와 관련하여 대외무역법 제34조 제2항[443]에 따른 대외무역법시행령 제61조 제1항(수출입 물품의 원산지 판정 기준)은 "수입 물품의 전부가 하나의 국가에서 채취되거나 생산된 물품인 경우에는 그 국가를 그 물품의 원산지로 할 것", "수입 물품의 생산·제조·가공 과정에 둘 이상의 국가가 관련된 경우에는 최종적으로 실질적 변형을 가하여 그 물품에 본질적 특성을 부여하는 활동(실질적 변형)을 한 국가를 그 물품의 원산지로 할 것" 및 "수입 물품의 생산·제조·가공 과정에 둘 이상의 국가가 관련된 경우 단순한 가공 활동을 하는 국가를 원산지로 하지 아니할 것"이라고 규정하여 위에서 살펴본 학설 중 '실질적 변경기준설'을 채택하고 있고, 관세법 제229조 제1항[444]이 규정하는 원산지 인정 기준도 위 대외무역법의 규정과 극히 유사하다고 할 수 있다.

따라서 부정경쟁방지법상의 원산지를 포함한 출처지도, 상품의 생산이 2 이상의 곳에 걸치는 경우에는 실질적 변경을 초래하거나

---

442) 小野昌延 編著, 앞의 新·注解 不正競爭防止法(2000), 398면.

443) 원산지 판정의 기준은 대통령령으로 정하는 바에 따라 산업통상자원부장관이 정하여 공고한다.

444) 이 법, 조약, 협정 등에 따른 관세의 부과·징수, 수출입물품의 통관, 제233조 제3항의 확인요청에 따른 조사 등을 위하여 원산지를 확인할 때에는 다음 각 호의 어느 하나에 해당하는 나라를 원산지로 한다.
    1. 해당 물품의 전부를 생산·가공·제조한 나라.
    2. 해당 물품이 2개국 이상에 걸쳐 생산·가공 또는 제조된 경우에는 그 물품의 본질적 특성을 부여하기에 충분한 정도의 실질적인 생산·가공·제조 과정이 최종적으로 수행된 나라.

새로운 특성을 부여하는 제조 또는 가공을 행한 곳을 출처지로 볼수 있되, 그 출처지를 구체적으로 판단함에 있어서는 그 상품의 교역에 있어서 주된 요소가 어디에서 산출되었는가를 고려하여 결정하여야 할 것이다. 그리고 어떠한 상품의 출처지 판단은 각 개별 상품별로 거래상의 통념이 문제의 출처지 표시에 결부시키는 의미를 탐구하여 구체적, 개별적으로 확정하는 것이 필요할 것이다.445)

(2) 대상판결에서의 이 사건에 대한 검토

1) '초당'의 보통명칭 내지 관용표장446) 해당 여부의 타당성

앞서 언급한 원심의 판시 내용에서 인정한 사실에 의하면, '초당'은 특정한 품질과 제조방법에 의한 '두부의 생산지'로 널리 알려졌다고 봄이 상당하고,447) 동종업계에서 일부 사람들이 '초당두부'를

---

445) 정호열, 앞의 책, 215면 참조.

446) 관용표장은 특정종류에 속하는 상품에 관하여 동업자들 사이에 관용적으로 쓰이는 표장을 말하는 점에서 보통명칭과 차이가 있을 뿐이다. 대법원 2003.12.26.선고 2003후243 판결은 "상표법 제6조 제1항 제2호 소정의 '상품에 대하여 관용하는 상표'라고 함은 특정 종류의 상품을 취급하는 거래계에서 그 상품의 명칭 등으로 일반적으로 사용한 결과 누구의 업무에 관련된 상품을 표시하는 것이 아니라 그 상품 자체를 가리키는 것으로 인식되는 표장을 말한다."고 한다.

447) 상표법에 의하면 이러한 지리적 명칭은 산지표시에 해당하여 상표로서 등록이 허용되지 않았는데, 이에 따라 '초당두부'의 상표등록이 무효로 된 것이다(등록상표 "초당," "초당," "초당두부"가 그 요부로 하고 있는 "초당"은 그 지정상품 '두부'와 연관지어 볼 때 등록상표가 출원되기 훨씬 이전부터 다른 지방에서 생산되는 두부와는 달리 바닷물을 직접 간수로 사용하여 특별한 맛을 가진 두부를 생산하는 강릉시 초당마을을 나타내는 지리적 명칭으로서 널리 알려졌다고 할 것이어서 일반 수요자들이나 거래자들로서는 등록상표를 보았을 때 사전을 찾아보거나 심사숙고하지 않더라도 바로 강릉시 초당마을에서 생산되는 두부를 뜻하는 것임을 직감할 수 있다 할 것이므로, 등록상표의 요부인 '초당' 부분은 그 지정상품의 산지를 보통으

특정한 제조법으로 생산한 두부처럼 부르고 있다는 사정만으로, '초당'이 두부에 관하여 보통명칭 또는 관용표장에 해당하게 되었다고 할 수는 없을 것이다.

어떤 표장이 관용표장이나 보통명칭으로 되었다는 것은 특정한 품질의 제품을 달리 부를 방법이 없을 정도여야 하는바, 특정한 지역에서 생산되는 제품에 그 지역 명칭을 붙여서 부르는 경우 그 지역 명칭은 산지로 인식될 가능성이 크다. 그리고 산지가 다시 보통명칭이나 관용표장으로 되기 위해서는 그 지리적 명칭에 이해관계가 있는 자가 그 명칭의 관리를 소홀히 하여 일반 수요자나 거래자가 이를 지역 명칭을 넘어 상품의 보통명칭이나 관용표장으로 인식하고 있음을 증명할 수 있는 자료가 충분히 제출되어야 할 것이다.

그런데 이 사건에서는 강릉시 등에서 적극적으로 '초당두부'를 지역 특산물로 개발 및 홍보하고 있는 점 등에 비추어 보면, '초당'이 두부의 지역 특산물의 산지로서 인식되고 있는 것으로 볼 수 있을 뿐, '두부'라는 상품 자체의 명칭을 나타내는 보통명칭 또는 관용표장이라고 볼 수는 없는 것이다. 따라서 이에 관한 대상판결의 판단은 타당한 것으로 보인다.

2) 출처지 오인에 관한 법리 적용의 타당성

대법원 판례에 따르면, 부정경쟁방지법 제2조 제1호 마목에서 상품의 생산, 제조, 가공 지역이나 상품의 품질, 내용, 제조방법, 용도, 수량의 오인을 일으킨다 함은 거래 상대방이 실제로 오인에 이를 것을 요하는 것이 아니라, 일반적인 거래자, 즉, 평균인의 주의력을 기준으로 거래관념상 사실과 다르게 이해될 위험성이 있음을 뜻하

로 사용하는 방법으로 표시한 것으로서 식별력 없는 부분에 해당하여 무효라고 할 것이다(특허법원 1999. 8. 12. 선고 99허3603 판결: 확정〈등록무효(상)〉).

며, 이러한 오인을 일으키는 표지에는 직접적으로 상품에 관하여 거짓의 표시를 하는 것은 물론, 간접적으로 상품에 관하여 위와 같은 오인을 일으킬 만한 암시적 표시를 하는 것도 포함된다.448)

한편 일본의 학설과 판례는 여기서의 오인의 판단방법에 관하여, 문제가 된 특정 표시만을 보고 판단할 것이 아니라 해당 표시가 부착된 제품을 전체적으로 보고 판단하여야 한다고 언급하고 있다.449)

이상의 내용들을 원심의 판시 내용과 연결시켜 살펴보면, 피고인은 '초당' 이외의 기재 부분에 의하여 오인의 염려가 없다고 주장하고 있는 것으로 보이나, '정남식품'이라는 기재가 지리적인 표시로 인식되지 않을뿐더러(단순히 제조업체의 명칭으로 생각할 것임), 일반인이 포장지나 용기에 새겨진 제조업체의 주소를 확인하는 경우가 드물며, 두부가 '정남'이 표시된 운반용 박스에 담긴 채로만 판매되는 것이 아니라, 그와는 별도로 개별적인 포장이 되어 진열, 판매되고 있음에 비추어 볼 때, 이와 같은 형태로 사용된 표장을 보는 일반 수요자로서는 '초당'만을 출처지로 생각하는 것이 일반적일 것이다.

그러므로 원심이 그 판시와 같은 이유로 피고의 사용표장이 산지, 즉, 출처지의 오인을 일으킬 염려가 있다고 판단한 것은 타당하다고 할 수 있으며, 역시 이를 긍정한 대상판결도 타당하다고 할 수 있다.

결국 비록 원심이 수요자의 인식 정도에 관한 설문조사결과 등과 같은 직접적인 증거 없이 출처지 오인의 염려를 판단하기는 하였지만, 피고인의 사용표장 그 자체만으로도 경험칙상 오인의 염려를 충분히 인정할 수 있고, 피고인의 실제 사용표장에 있어서 '초당'이 뚜렷하게 인식될 수 있도록 표기되어 있으므로, 이러한 피고인의 '초

---

448) 대법원 1999.1.26.선고 97도2903 판결.
449) 小野昌延 編著, 앞의 新·注解 不正競爭防止法(2000), 408면.

당'의 사용형태는 해당 두부가 일반 수요자에게 강릉의 초당에서 생산된 것으로 오인시킬 우려가 있다고 볼 수 있을 것이다.

4. 대상판결의 의의

대상판결은 부정경쟁방지법 제2조 제1호 마목 소정의 '출처지 오인야기행위'의 해당 여부를 판단한 대표적인 판결로서 해당 규정에서의 '오인'에 관한 판단 법리를 명확하게 설시하여 주고 있는 것으로서 그 의의가 있다고 하겠다. 해당 규정에 대한 기존의 판결이 드문 상황하에서 대상판결은 해당 규정의 실제적인 적용에 관하여 여러 가지 중요한 해석을 시사하여 주고 있다고 볼 수 있다.

XVII 주지성의 지역적 범위와 상품주체 혼동행위 [불로막걸리 사건][450]

1. 사건의 정리[451]

(1) 사실관계

피해자 류○○외 66명은 1974.8.26. 대구 동구 불로동에서 '대구탁주합동조합제1공장'이라는 상호로 사업자등록을 마치고, 그때부터 지금까지 탁주제조업을 영위하였다.

피해자 류○○ 외 66명은 1990년경부터 그가 생산한 탁주를 '不老酒'라는 상품명을 사용하여 대구 및 그 인근 지역에 판매하여 왔는바, 피해자 류○○ 외 66명 중 공소외 이○○가 1993.5.27. "不老"라는 표장에 관하여 상표등록을 출원하였으나 1994.5.31. 등록이 거절되었고, 2002년경 이미 아래 용기 1[452](현재 사용 중인 용기 2와 비교하여 라벨 앞뒤면 중앙부에 "不老" 및 "불로"라는 문자부분이 배치되고 그 배경으로 "도안이 배치되어 있는 점은 같으나 그 상단에 "

---

450) 대법원 2012.5.9.선고 2010도6187 판결.

451) 김동규, 앞의 "등록상표의 사용이 지역적 주지표지에 대한 부정경쟁행위가 될 수 있는 여부 및 지역적 주지표지로 인정되기 위한 요건," 351-361면 참조.

도형이 없음)을 사용하고 피해자 상품을 "불로막걸리"로 호칭하여 광고 및 판매하였으며, 이 사건 범행 일시인 2008년 7월 당시에는 아래 용기 2[453])(라벨 앞뒷면 중앙에 " 不老 " 및 " 불로 "라는 문자부분, 그 상단에 " 🌿 " 도형이 각각 배치되고 그 배경으로 " 　 " 도안이 배치됨, 이하 '피해자 상품용기')를 사용하였다.[454]

피해자 류○○ 외 66명 중 공소외 김○○, 최○○, 이XX은 2006.1.12. " 不老 " 표장(이하 "피해자 등록상표")에 관하여 탁주 등 주류 44종을 지정상품으로 하는 상표등록을 출원하여 2006.11.2. 등록번호 0683979호로 등록을 마쳤다.

한편 피해자 류○○ 외 66명 중 공소외 이○○는 1998.7.2. "　 " 도안에 관하여 디자인등록을 출원하여 1999.3.12. 등록번호 제

452)

453)

454) 피해자 등 중 이○○가 1993년경 위와 같은 표장에 관한 상표등록을 출원하였던 점에 비추어 피해자 등은 1990년경부터 "불로"라는 표지를 사용한 것으로 보인다.

0238797호로 등록을 마치기도 하였다.

그런데 피고인은 2007.6.28. 이하의 각주에서 표시된 각각의 표장에 관하여 탁주 등 주류 12종을 지정상품으로 하는 상표등록을 각각 출원하여 2008.4. 23. 그 등록을 마쳤고,[455] 2008년 7월경부터 상품라벨(우측 그림)이 부착된 막

걸리를 생산하여 대구와 그 인근 지역에서 판매하였다.

(2) 피고인에 대한 공소사실

피고인은 대구 달성구 소재 '대구양조'를 운영하고 있으며, 피해자 류OO은 1990년경부터 '대구탁주 합동제1공장'을 운영하며 대구·경북 지역에서 이미 널리 인식된 '불로막걸리'를 제조·판매하였다.

피고인은 2008.7.14.경부터 위 대구양조에서, 피해자 류OO의 '불로막걸리'와 용기의 색상, 디자인, 외형이 아주 유사하고, 표시된 상품명도 '불로막걸리'로 동일하여, 일반인들의 입장에서 피해자의 위 '대구탁주 합동제1공장'에서 생산하는 막걸리와 같은 막걸리라고 오인할 만한 용기에 막걸리를 담아, 1박스에 20병이 들어가는 박스로 1일 평균 300박스 정도를 생산하여 대구·경북 일원에 판매하는 등 타인의 상품과 혼동을 일으키는 부정경쟁행위를 하였다.

---

455)

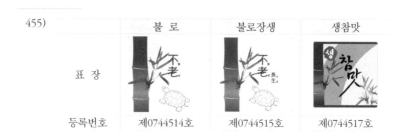

표 장	불 로	불로장생	생참맛
등록번호	제0744514호	제0744515호	제0744517호

(3) 소송의 경과

이에 대해서 1심456)은 피고인의 유죄로 판단하였고,457) 피고인이

---

456) 청주지방법원 2009.8.11.선고 2009고정139 판결.
457) * 제1심 판결의 요지(=유죄, 벌금 300만원, 피해자 상품표지의 주지성 인정)

(1) '불로'라는 상표가 소위 성질표시상표의 성격을 띠고 있다고 하더라도, 피해자 상품표지의 형태와 사용기간, 피해자 제품의 매출액, 시장점유율 및 그동안 이루어진 광고 등을 종합적으로 살펴보면, 위 상품표지는 '불로'라는 상표와 위 표지에 나타난 여러 문자, 기호 등이 결합하여 식별력을 갖추고, 국내 특히 대구, 경북 지역에서 널리 인식되어 그 주지성을 취득하였다.

(2) 피고인과 피해자의 막걸리 표지들을 직접 육안으로 살펴보았을 때, 양 표지를 자세하게 살피고 일일이 대조하여 보면 양 표지의 차이점을 적지 않게 발견할 수 있는 것은 사실이나, 사용된 상표와 상표 이외의 문구, 상표 및 문구에 사용된 문자의 도안, 그러한 상표와 문구, 도형, 그림 등의 배치 및 크기와 색상, 상·하단의 띠 구조와 그 색상 등을 종합적으로 살펴보았을 때 이러한 모든 특징이 어우러져 나타나는 피고인의 상품표지는 피해자의 상품표지와 매우 유사하여, 상표와 표지를 보고 짧은 시간에 상품을 선택하는 일반적인 소비자의 입장에서는 피고인의 상품을 피해자의 상품과 혼동할 위험이 충분히 존재한다.

(3) 피고인과 피해자의 각 상표 등록 시기와 경위, 피고인이 대구·경북 지역에서 '불로'라는 상표의 막걸리를 판매하게 된 경위 및 이 사건 공판절차에서 나타난 제반 정황을 종합하여 볼 때, 피고인은 자신의 상품을 타인의 상품과 식별시킬 목적으로 상표를 등록한 것이 아니라 이미 국내에서 널리 인식되어 사용되고 있는 피해자의 상표 또는 표지와 유사한 상표를 사용하여 수요자로 하여금 피해자의 상품과 혼동을 하게 하여 피해자 상표의 이미지와 고객흡인력에 무상으로 편승하여 이익을 얻을 목적으로 위 상표를 등록한 것으로 보인다.

(4) 따라서 이러한 경우에는 부정경쟁방지 및 영업비밀보호에 관한 법률(이하 '부정경쟁방지법') 제15조의 적용이 배제되어 같은 법 제18조를 적용할 수 있다(대법원 2007.6.14.선고 2006도8958 판결 참조).

(5) 가사 이와 달리 피고인이 '불로'라는 상표를 상표법에 따라 적법하게 사용할 수 있고 이에 따라 부정경쟁방지법 제15조가 적용되어 제18조 규정이 배제된다고 하더라도, 이는 피고인이 '불로'라는 상표 자체를 사용할 수 있는지 여부에 관한 문제일 뿐이고, 이 사건 범죄사실의 쟁점은

이에 대해 항소를 하였는데, 원심458)에서 1심 판결을 파기하여 무죄로 판단하였으며,459) 검사가 이에 대해 상고하여 대법원에서 판단

피고인이 '불로'라는 상표를 사용할 수 없다는 데 있는 것이 아니라, 피고인이 그러한 상표를 적법하게 사용할 수 있다고 하더라도, 상표 자체와는 별개로 그 상표를 사용하여 피고인의 상품을 나타내기 위하여 제작된 표지가 피해자의 표지와 유사하여 혼동가능성이 있는지 여부에 있는 것이므로, 피고인의 상품표지가 피해자의 표지와 유사하여 혼동가능성이 있는 것으로 보이는 이상 이에 관한 피고인의 주장은 받아들일 수 없다.

458) 청주지방법원 2010.4.29.선고 2009노941 판결.
459) * 원심판결의 요지(=무죄, 피해자 상품표지의 주지성 부정)
　(1) 항소이유의 요지
피해자의 상품표지는 대구 지역에서조차 주지성을 획득하지 못하였고, 피고인의 상품표지와 혼동가능성 및 유사성이 없다. 나아가 부정경쟁의 목적이 없어 상표법이 적용되어야 하는 사건이다. 그럼에도 이 사건 공소사실에 대하여 피고인에게 유죄를 인정한 원심판결에는 사실오인의 위법이 있다.
　(2) 원심의 판단
이 사건 공소사실에서 피고인이 부정경쟁행위를 하였다는 피해자의 상품표지가 상표를 의미하는지 또는 디자인을 의미하는지는 다소 불분명하나, 일응 피해자의 등록상표인 '불로'를 포함하여 이 사건 막걸리 용기에 표시되어 있는 문자, 바탕색상, 도안 등 상품의 포장용기 및 전체적 디자인을 의미하는 것으로 보이고, 제1심도 이를 전제로 하여 위와 같이 판단한 것으로 보인다. 그런데 피해자의 등록상표인 '불로'를 포함하여 이 사건 막걸리 용기에 표시되어 있는 문자, 바탕색상, 도안 등 상품의 포장용기 및 전체적 디자인(이하 '이 사건 상품표지'라 한다)이 피해자의 상품표지로서 대구·경북 지역에 널리 인식되어 주지성을 갖추고 있는지 여부에 대하여 먼저 살펴보면, 원심이 이를 인정하기 위하여 내세운 증거들, 즉, 피고인의 일부 법정진술, 피해자 류OO에 대한 경찰 진술조서, 각 매출액 확인 회신, 각 과세자료제출명령, 피고인과 피해자의 각 상표등록원부, 막걸리 병, 각 수사보고 등에 의해서는 대구탁주 합동제1공장(이하 '대구탁주'라 한다)이 2002년도부터 2008년도까지 광고비로서 매년 약 1억원 내지 1.2억원을 지출해 온 사실, 대구탁주의 2007년도 매출액이 11,968,114,832원에 달하는 사실, 피해자가 '불로'라는 상표를 2006.11.2.경 상표등록을 한 사실이 인정될 뿐, 이 사건 상품표지에 대

한 것이 바로 대상판결에서의 이 사건이다.

2. 대상판결(대법원 2010도6187 판결)의 판시 내용

일반적으로 상품의 용기나 포장이 상품 출처를 표시하는 것은 아니나, 어떤 용기나 포장의 형상과 구조 또는 문양과 색상 등이 상품에 독특한 개성을 부여하는 수단으로 사용되고, 그것이 장기간 계속적·독점적·배타적으로 사용되거나 지속적인 선전광고 등에 의하여 그 형상과 구조 또는 색상 등이 갖는 차별적 특징이 거래자 또는 수요자에게 특정한 품질을 가지는 특정 출처의 상품임을 연상시킬 정도로 현저하게 개별화되기에 이른 경우에는 부정경쟁방지법 제2조 제1호 가목 소정의 "타인의 상품임을 표시한 표지"에 해당한다 (대법원 2004.11.11.선고 2002다18152 판결 등 참조).

또한 상표법 제6조 제1항 제3호 소정의 기술적 표장과 같이 일반

하여 그 사용기간이나 방법, 사용량, 선전광고의 실태, 시장점유율, 영업의 규모 기타 거래범위 등을 구체적으로 알 수 없고, 검사가 당심에서 추가로 제출한 신문기사, 웹 검색자료 등도 대구탁주가 생산하는 주류제품 전체의 2008년도 출고량, 대구 지역의 인구비율 등에 관한 것일 뿐이어서 이 사건 상품표지가 이 사건 부정경쟁행위 당시 대구·경북 지역에서 널리 인식되었다는 점에 대한 증거로 삼기에 부족한 것들이며, 달리 이 사건 상품표지가 장기간 계속적, 독점적, 배타적으로 사용되거나 지속적인 선전·광고 등에 의하여 국내에서 일반 수요자들에게 특정한 품질을 가지는 특정 출처의 상품임을 연상시킬 정도로 개별화되고 우월적 지위를 획득할 정도에 이르렀다고 인정할 만한 뚜렷한 자료가 없다. 그럼에도 불구하고 원심이 피해자의 위 상품표지가 주지성을 취득하였는지 여부를 판단함에 있어 증거들을 제대로 살피지 아니한 채 주지성이 있다고 인정한 다음 피해자의 위 상품표지와 피고인 사용의 상품표지가 매우 유사하여 혼동을 초래할 위험성이 매우 높으므로 피고인의 행위가 부정경쟁방지법에 위반된다고 판단한 것은, 부정경쟁방지법 제2조 제1호 가목 소정의 상품표지의 주지성에 관한 사실을 오인하여 판결 결과에 영향을 미친 위법이 있다.

적으로 식별력이 없는 표지라 하더라도 그것이 오랫동안 사용됨으로써 거래자나 일반 수요자들이 어떤 특정인의 상품임을 표시하는 것으로 널리 알려져 인식하게 된 경우에는 부정경쟁방지법 제2조 제1호 가목 소정의 "타인의 상품임을 표시한 표지(標識)"에 해당한다(대법원 2006.5.25.선고 2006도577 판결 등 참조).

한편 부정경쟁방지법 제2조 제1호 가목에서 타인의 상품임을 표시한 표지가 '국내에 널리 인식되었다'는 의미는 국내 전역에 걸쳐 모든 사람에게 주지되어 있음을 요하는 것이 아니고, 국내의 일정한 지역범위 안에서 거래자 또는 수요자들 사이에 알려진 정도로써 족하며(대법원 2001.4.10.선고 2000다4487 판결 등 참조), 널리 알려진 상표 등인지 여부는 그 사용기간, 방법, 태양, 사용량, 거래범위 등과 상품거래의 실정 및 사회통념상 객관적으로 널리 알려졌는지가 일응의 기준이 된다(대법원 2008.9.11.선고 2007도10562 판결 등 참조).

원심이 적법하게 채택한 증거들에 의하면, 피해자 측인 대구탁주합동제1공장이 1990.3.12.경부터 "不老酒"라는 막걸리 제품을 생산·판매하기 시작하였으며, 광고비로 2002년부터 2008년까지 매년 계속 1억 1,000여만원 정도를 지출하여 온 사실, 피해자 측의 2007년 매출액이 119억 6,800여만원에 이르고 그 대부분이 "불로" 막걸리의 매출액인 사실, 피해자 측 막걸리의 출고량이 2008년도에 국내 막걸리 소비량의 약 9.6%를 차지하였고, 피해자 측 "불로" 막걸리 제품이 대구 지역 막걸리 시장의 대부분을 점유하고 있는 사실, 피해자 측이 적어도 2005년경부터는 용기의 전면에 '不老' 표지를, 후면에는 '불로' 표지를 포함하여 문자, 도형, 색채, 바탕 무늬 등이 함께 표시되어 있는 막걸리 제품 용기를 사용하여 온 사실 및 경향신문 사이트에 피해자 측 "불로" 막걸리 제품이 대구 지역에서 유명하며 1994년경부터 일본에 수출한다는 내용의 2005.10.5.자 인터넷 기사가, 한겨레신문 사이트에 피해자 측 막걸리 제품이 대구 지역 탁주 생산량의 90% 정도를 차지한다는 2006.10.16.자 인터넷 기사가 각각 게재된 사실 등을 알 수 있다.

이러한 사실관계를 앞서 본 법리에 비추어 보면, 비록 '不老' 표지 및 "불로" 표지가 막걸리 등 주류에 사용되는 경우 "늙지 않도록 해주는 술" 정도의 의미로 직감되어 사용상품의 품질, 효능을 보통으로 사용하는 방법으로 표시한 표장에 해당한다고 하더라도, 피고인이 그의 등록상표(등록번호 제0744514호)를 출원한 2007.6.28.경은 물론 그의 등록상표 또는 그의 상품표지를 사용하여 대구 지역에서 막걸리 제품을 생산·판매하기 시작한 2008년 7월경에는 이미 '不老' 표지와 '불로' 표지는 물론 이를 포함하여 피해자 측의 막걸리 제품 용기에 있는 문자, 도형, 색채 등 여러 요소가 결합한 전체적 외양(이하 '이 사건 상품표지'라 한다)도 대구와 그 인근 지역 일반 수요자들에게 특정 출처의 상품임을 연상시킬 정도로 개별화되어 자타 상품의 식별기능을 가지는 상품표지로서 널리 알려져 있었다고 봄이 상당하다.

또한 이 사건 상품표지가 사용된 상품인 '막걸리'는 통상 그 유통범위가 일정한 지역 내로 제한되는 점과 우리나라 국토면적 및 인구에서 대구와 그 인근 지역이 차지하는 비중 등에 비추어 볼 때 이 사건 상품표지가 대구와 그 인근 지역에서만 널리 인식되어 있었다고 하더라도 이는 부정경쟁방지법 제2조 제1호 가목 소정의 '국내에 널리 인식된 타인의 상품임을 표시하는 표지'에 해당한다고 할 것이다.

한편 피고인의 등록상표 출원 당시 이미 피해자 측의 이 사건 상품표지가 대구와 그 인근 지역에서 피해자 측의 상품표지로 인식될 정도로 널리 알려져 있었던 이상, 피고인의 상표등록출원은 피해자 측 상품표지의 주지성에 무단 편승하여 이를 부당히 이용할 의도로 이루어진 것으로 보이므로, 원심 판시 피고인 사용의 상품표지가 피고인의 등록상표와 실질적으로 동일한 것이어서 피고인이 그의 등록상표를 사용한 것에 해당하더라도, 피고인이 이 사건 상품표지가 주지성을 획득한 대구와 그 인근 지역에서 그의 상품표지를 사용하는 행위가 부정경쟁방지법 제2조 제1호 가목 소정의 부정경쟁행위에 해당한다고 보는 데 장애가 되지 아니한다.

그럼에도 원심은 이 사건 상품표지가 장기간 계속적·독점적·배타적으로 사용되거나 지속적인 선전·광고 등에 의하여 국내에서 일반 수요자들에게 특정한 품질을 가지는 특정 출처의 상품임을 연상시킬 정도로 개별화되고 우월적 지위를 획득할 정도에 이르렀다고 인정할 만한 뚜렷한 자료가 없다는 전제에서 이 사건 상품표지가 부정경쟁방지법 제2조 제1호 가목 소정의 '국내에서 널리 인식된 타인의 상품임을 표시하는 표지'에 해당하지 아니한다고 판단하여 이 사건 공소사실에 대하여 무죄를 선고하였다.

이러한 원심의 판단에는 부정경쟁방지법 제2조 제1호 가목 소정의 '국내에서 널리 인식된 타인의 상품임을 표시하는 표지'에 관한 법리를 오해하여 필요한 심리를 다하지 아니함으로써 판결에 영향을 미친 위법이 있다. 이를 지적하는 상고이유 주장은 이유 있다(파기환송).

3. 대상판결에 대한 검토

(1) 이 사건의 주된 쟁점

이 사건에서 1심은 피해자의 상품표지가 국내 특히 대구·경북지역에서 주지성을 획득하였다고 판단한 반면, 원심은 피해자의 상품표지가 주지성을 취득하였다고 인정할 자료가 부족하다고 판단한 점에서 원심과 1심의 결론이 달라진 근본적인 원인을 찾을 수 있다.

그리고 대상판결에서도 이에 대해서 원심이 '국내에서 널리 인식된 타인의 상품임을 표시하는 표지'에 관한 법리를 오해하였다는 이유를 원심의 파기 사유로 언급하고 있는바, 이 사건의 주된 쟁점은 바로 피해자의 상품표지의 주지성의 유무(有無)라고 할 수 있다.

특히 주지성 판단에 있어서도 대구·경북지역에서의 주지성의 유무를 다루고 있으므로, 이 사건의 주된 쟁점을 해결하기 위해서는 주지성의 지역적 범위에 대한 판단 법리를 해석할 필요가 있는 것이다.

따라서 이 사건에서는 피해자의 상품표지가 대구광역시와 그 인근에서 주지성을 취득하였는지 여부와 그 정도 범위의 지역적 주지성을 획득한 상품표지가 부정경쟁방지법 제2조 제1호 가목 소정의 주지된 상품표지에 해당하는지 여부가 사건 해결의 쟁점이 될 수 있는 것이다.[460]

그런데 상표의 출원·등록 및 등록상표의 사용이 지역적 주지표지 사용자에 대한 부정경쟁방지법 제2조 제1호 가목 소정의 부정경쟁행위가 될 수 있는지 여부와 관련해서 기존의 대법원 판례상의 "상표권의 등록이 자기의 상품을 타인의 상품과 식별시킬 목적으로 한 것이 아니고 국내에서 널리 인식되어 사용되고 있는 타인의 상표와 동일 또는 유사한 상표를 사용하여 일반 수요자로 하여금 타인의 상품과 혼동을 일으키게 하여 이익을 얻을 목적으로 형식상 상표권을 취득하는 것이라면 그 상표의 등록출원 자체가 부정경쟁행위를 목적으로 하는 것으로서, 가사 권리행사의 외형을 갖추었다 하더라도 이는 상표법을 악용하거나 남용한 것이 되어 상표법에 의한 적법한 권리의 행사라고 인정할 수 없으므로 이러한 경우에는 부정경쟁방지법 제15조의 적용이 배제된다."는 확립된 판단 법리[461]는 모두 전국적 주지성을 획득한 주지표지에 관한 사례에서 판시된 것들이라고 할 수 있으며, 지역적 주지성을 획득한 주지표지에 관하여도 위와 같은 법리가 그대로 적용되는지를 구체적으로 밝

---

460) 김동규, 앞의 "등록상표의 사용이 지역적 주지표지에 대한 부정경쟁행위가 될 수 있는 여부 및 지역적 주지표지로 인정되기 위한 요건," 365면.

461) 대법원 1993. 1. 19. 선고 92도2054 판결, 대법원 2000. 5. 12. 선고 98다49142 판결, 대법원 2007. 4. 12. 선고 2006다10439 판결 등 참조.

힌 선례는 기존에 없었다.[462]

결국 부정경쟁방지법 제2조 제1호 가목 소정의 주지된 상품표지에 해당하기 위한 주지성의 지역적 범위, 즉, 어느 정도의 지역적 범위 안에서 거래자 또는 수요자들 사이에 널리 알려져 있어야 부정경쟁방지법 제2조 제1호 가목 소정의 주지된 상품표지에 해당하는지에 대한 해석이 전제되어야 이 사건에 대한 전체적인 해결도 자연스럽게 이루어질 수 있는 것이다.

(2) 부정경쟁방지법상의 주지성의 지역적 범위의 의미

부정경쟁방지법상 주지성은 부정경쟁행위를 구성하는 데 있어서 가장 중요한 요건이다. 이것은 부정경쟁방지법 제2조 제1호 가목 및 나목에서 부정경쟁행위의 유형을 구성하는 조건으로 "국내에 널리 인식된"이라고 규정되어 있는데, 여기서 "국내에 널리 인식된"이란, 타인의 상품 또는 영업임을 표시한 표지가 외국이 아닌 우리나라에서 영업자를 포함한 거래관계자나 일반 수요자 사이에 널리 알려져 있는 것을 의미하며,[463] 그 보호대상을 "주지상품표지(周知商品標識)"로 보고 있으므로,[464] 그 인식의 정도를 "주지(周知)"라고 할 수 있는 것이다.

여기서 주지성(周知性)의 지역적(地域的) 범위에 대하여는 법규정 그대로 국내에서 널리 인식될 것을 요하며, 외국에서만 널리 인식되어 있는 것은 부정경쟁방지법의 보호대상이 되지 않으나, 외국제품의 상품표지라도 그 표지 자체가 우리나라 국내에서 널리 인식되

462) 김동규, 앞의 "등록상표의 사용이 지역적 주지표지에 대한 부정경쟁행위가 될 수 있는 여부 및 지역적 주지표지로 인정되기 위한 요건," 366면.

463) 황의창 · 황광연, 부정경쟁방지 및 영업비밀보호법(제4판), 세창출판사, 2006, 25면.

464) 송영식 · 이상정 · 황종환, 지적소유권법(제9판), 육법사, 2005, 418면.

어 있다면, 부정경쟁방지법상의 보호대상이 될 수 있다.[465)

그리고 국내에서의 주지성의 지역적 범위는 국내 전역에 걸쳐 모든 사람들에게 주지되어 있음을 요하는 것이 아니고, 국내의 일정한 지역적 범위안에서 거래자 또는 수요자들 사이에 알려진 정도로서 족하다고 대부분의 판례에서 판시하고 있으므로,[466) 비록 법규정상으로는 주지성의 지역적 범위를 국내라고 규정하고는 있으나 전국적일 필요는 없고, 주지의 표지가 사용되고 있는 일정한 지역이라도 상관이 없는 것이다.[467)

그런데 주지성의 지역적 범위는 일률적으로 정할 수는 없고 상품 종류나 거래대상 및 상품을 소비하는 소비자들의 특성 등을 고려하여 결정하여야 한다고 국내의 모든 관계 논문이나 서적에서 언급하고 있을 뿐,[468) 주지성의 지역적 범위를 단순히 사실관계의 판단정도로만 보아 구체적인 사안들에 따른 부정경쟁방지법상의 주지성의 지역적 범위에 대한 심도 있는 검토가 기존에 거의 이루어지지 않았으며, 우리나라에서는 대상판결이 나오기 전까지 주지성의 지역적 범위에 대하여 구체적으로 검토한 대법원 판례나 논문 등의 문헌도 거의 없었다고 해도 과언이 아닐 정도였다.

따라서 이하에서는 우리나라와 비슷한 법제를 가지고 있고 우리나라의 부정경쟁방지법의 법제 정비와 법리 형성에 영향을 주었던 일본의 부정경쟁방지법상의 주지성의 지역적 범위와 관련된 다양한 판례들을 통하여 그 구체적인 문제들을 검토하여 보기로

---

465) 전상우, 앞의 책, 442면.

466) 대법원 1976.2.10.선고 74다1989 판결, 대법원 1980.12.9.선고 80다829 판결, 1995.7.14.선고 94도399 판결.

467) 황의창·황광연, 앞의 부정경쟁방지 및 영업비밀보호법(2006), 31면.

468) 박재영, "부정경쟁행위와 그 구제책에 관한 연구," 고려대학교 대학원 법학과 박사학위논문, 2006.6, 46면; 송영식·이상정·황종환, 앞의 지적소유권법(2005), 418면; 사법연수원, 부정경쟁방지법(해설 및 판례), 2007, 15면.

하겠다.

(3) 상표법상의 주지성의 지역적 범위와의 비교

상표법상 주지성과 관련되어 있는 규정은 상표법 제7조 제1항 제
9호[469]인데, 여기서 상표법상의 주지성에 관한 지역적 범위는 "국
내에서 주지된 것"일 것을 요하는 점에서는 부정경쟁방지법상의 주
지성의 지역적 범위와 원칙적으로 동일하다.[470]

그리고 판례는 "그 상표의 사용, 공급, 영업활동의 기간, 방법, 태
양 및 거래의 범위 등을 고려하여 거래실정 또는 사회통념상 객관
적으로 널리 알려졌느냐의 여부가 일응의 기준이 된다고 할 것이
다."라고 판시하고 있고,[471] 이와 관련하여 특허청의 상표심사기준
[472]에서는 "현저하게 인식되기 위한 지역적 범위는 전국이든 일정
한 지역이든 불문하며, 상품의 특성상 일정한 지역에서만 거래되는
경우에는 그 특성을 충분히 고려하여 주지성을 판단하여야 한다."
고 규정하고 있다.

따라서 이와 같은 특허청의 상표심사실무상의 내용이나 일부 견
해[473]에 따르면, 상표법상의 주지성 판단의 지역적 범위는 부정경

---

469) "타인의 상품을 표시하는 것이라고 수요자 간에 현저하게 인식되어 있는
상표(지리적 표시를 제외한다)와 동일 또는 유사한 상표로서 그 타인의 상
품과 동일 또는 유사한 상품에 사용하는 상표"는 상표등록을 받을 수 없
다.

470) 문삼섭, 앞의 책, 352면; 백건수, 테마 상표법, 도서출판문성, 2002, 201
면; 사법연수원, 상표법, 2006, 94면.

471) 대법원 1991.2.26.선고 90후1413 판결, 대법원 1994.1.25.선고 93후268
판결.

472) 특허청, 상표심사기준(2015.1.1.시행 기준), 제5부 제9장 1.2.4; 특허청, 조문
별 상표법해설, 2007, 83면.

473) 주지의 정도와 관련하여 상표는 ① 어느 영업자가 상표를 최초로 선정,
사용하기 시작한 무명의 존재인 단계, ② 당해 상표품이 어느 정도 유통되

쟁방지법상의 주지성 판단의 지역적 범위와 동일한 것처럼 언급하

고 상표주가 상당한 정도 광고선전비를 투자하여 이른바 가치 있는 점유상태를 형성한 단계, ③ 당해 상표품의 관계거래권 안에 있는 구성원의 상당 부분에게 당해 상표가 특정 출처의 상품 표지인 것으로 인식되게 된 단계, ④ 당해 상품품에 관한 수요자 및 거래자 중의 압도적 다수 부분에게 당해 상표의 존재가 인식되는 정도에 이른 단계, ⑤ 당해 상표에 관하여 일정의 양질감이 표창되고 당해 상표품에 대한 관계거래자 이외에 일반 공중의 대부분에게까지 널리 알려지게 됨으로써 저명성을 획득한 단계 등과 같은 단계를 거쳐 주지도를 획득하는데, 특정인의 상표라고 인식될 정도는 ③단계, 주지는 ④단계, 저명은 ⑤단계의 주지도를 의미한다고 설명되고 있는 것에 근거해서, 명시적이지는 아니하나 대법원은 "상품포장용기가 장기간 계속적·독점적·배타적으로 사용되거나 지속적인 선전광고 등에 의하여 국내에서 일반수요자들에게 특정한 품질을 가지는 특정 출처의 상품임을 연상시킬 정도로 개별화되고 우월적 지위를 획득할 정도에 이르렀다고 볼 수 없어 상품표지로서의 주지성을 인정하기 어렵다는 이유로, 부정경쟁행위에 해당한다고 볼 수 없다."고 판시하여 주지의 정도로 우월적 지위에 이르는 정도를 요구하고 있는 점에 비추어 상표법상 주지상표의 주지도와 같은 정도의 주지도를 요구하는 것으로 보인다고 하는 견해가 있기도 하다(김동규, 앞의 "등록상표의 사용이 지역적 주지표지에 대한 부정경쟁행위가 될 수 있는 여부 및 지역적 주지표지로 인정되기 위한 요건," 375면). 그리고 이러한 견해에 따라 부정경쟁방지법상 주지표지에 관하여는 "국내 전역에 걸쳐 모든 사람들에게 주지되어 있음을 요하는 것이 아니고, 국내의 '일정한 지역적 범위' 안에서 거래자 또는 수요자들 사이에 알려진 정도로서 족하다."고 보는 것이 통설 및 판례의 태도이므로, 역시 특허청의 상표심사기준에서도 이와 동일한 입장을 취하고 있는 측면에서 상표법상 주지성 판단의 지역적 범위와 부정경쟁방지법상 주지성 판단의 지역적 판단의 범위를 동일하게 보는 것이 타당하다는 견해가 있다(김동규, 앞의 "등록상표의 사용이 지역적 주지표지에 대한 부정경쟁행위가 될 수 있는 여부 및 지역적 주지표지로 인정되기 위한 요건," 375-376면). 그러나 이와 같은 견해에서도 특허청 내부에서 주지상표의 지역적 범위를 "전국적으로 알려져 있어야 한다."는 것으로 개정하여야 한다는 의견이 제기되고 있다고 덧붙이고 있어, 이와 같은 상표법상의 주지성 판단의 지역적 범위에 관한 해석상의 문제점에 대해서 지적하고 있다(김동규, 앞의 "등록상표의 사용이 지역적 주지표지에 대한 부정경쟁행위가 될 수 있는 여부 및 지역적 주지표지로 인정되기 위한 요건," 376면).

310

고 있으나,474) 상표법에 의한 등록상표는 전국적인 범위에서 그 효력을 가진다는 점에서 상표법상의 주지성 판단에 관한 지역적 범위는 실질적으로 전국적인 범위에 알려진 것을 요한다고 할 것이다.475)

한편 미국이나 일본의 경우와 같이, 특정 지역만을 주된 영업구역으로 하는 기업이 발달한 국가에서는 상표법 및 부정경쟁방지법상의 주지성을 획득하기 위한 지역적 범위가 전국에 걸쳐 있을 필요는 없고, 미 남부지역, 북해도 지방 등 특정 지역에서의 상당히 광범위한 수요자와 거래자 사이에서 알려져 있으면 족하다고 할 수 있다.

그러나 우리나라와 같이 대부분의 기업이 전국을 영업구역으로

---

474) 송영식 · 이상정 · 황종환, 앞의 지적소유권법(2005), 419면에서는 부정경쟁방지법 소정의 "국내에서 널리 알려진"이나 상표법 소정의 "수요자 간에 현저하게 인식된"것은 그 주지의 정도가 동일하다고 보는 것이 통설이라고 언급하고 있으나, 주지성의 지역적 범위에 대해서 특허청의 상표심사기준의 내용을 대다수의 책들이 그냥 인용하여 기재하고 있을 뿐이므로, 이것을 통설로 보기는 어렵다고 할 수 있다. 즉, 해당 책의 418면에서 상표법상의 상표나 서비스표는 전국적 효력을 갖지만, 부정경쟁방지법상의 상표나 서비스표, 상호 등 영업표시는 어느 특정지역 내에서만 "주지"이므로 그 지역 내에서만 보호되고 다른 지역에는 보호가 미치지 아니하는 경우가 있을 수 있다고 언급하고 있는 바와 같이, 실제적으로는 상표법상의 주지성의 지역적 범위를 전국적으로 보고, 부정경쟁방지법상의 지역적 범위는 전국적이 아니더라도 관계없으므로 그보다 작은 범위로 보는 것이 오히려 통설 또는 다수설에 가깝다고 볼 수 있다. 그리고 앞에서도 언급하고 있는 것처럼 실제 최근의 판례상으로도 상표법상의 주지성의 범위는 전국적인 범위로 알려진 정도로 해석하고 있는 것에 비추어 볼 때에, 실무상으로도 상표법상의 주지성 판단의 지역적 범위는 부정경쟁방지법상의 주지성 판단의 지역적 범위와는 차이가 있다고 보는 것이 타당할 것이다[송영식 · 이상정 · 황종환, 앞의 지적소유권법(2005), 419면 참조].
475) 전상우, 앞의 책, 232면; 서울대학교 법학연구소 기술과법센터, "기술과 시장의 변화에 따른 상표법 및 부정경쟁방지법의 새로운 역할 정립에 관한 연구," 특허청, 2004.8, 232면.

하는 현실에 있어서는 상표법상의 주지성을 획득하기 위하여 원칙
적으로 특정 상표가 전국적으로 널리 알려진 것이어야 한다는 주장
도 있다.[476]

　물론 부정경쟁방지법상의 주지성의 지역적 범위의 판단에 있어
서도 우리나라에서 대부분의 기업들이 전국을 영업구역으로 하는
현실을 고려하여 볼 때에, 전국적으로 널리 알려질 것이어야 한다
고 볼 수도 있으나, 상표법은 앞에서도 언급했듯이, 등록상표의 상
표권 효력에 관한 지역적 범위가 전국적으로 미치는 것이며, 주지성
에 관한 규정이 타인의 사용에 대한 금지적 규정이 아니라, 전국적
으로 상표권의 효력이 미치는 등록된 상표의 등록을 무효로 하거나,
출원상표의 출원을 거절하는 데 적용하는 규정이므로, 부정경쟁방
지법상의 주지성의 지역적 범위와는 달리 상표법상의 주지성의 지
역적 범위는 전국적이어야 할 것이다.[477]

---

476) 사법연수원, 앞의 상표법, 94면.
477) 현재의 판례나 특허심판원의 심판, 특허청의 이의신청 등 실무상에서 판
　　단되고 있는 주지성을 입증하는 증거들의 수준은 실질적으로 일반 수요자
　　나 거래업계에서의 저명성의 정도를 요구하는 수준에 이르게 되었고, 기존
　　의 상표법 제7조 제1항 제11호의 '수요자 기만의 염려'를 적용함에 있어서
　　의 "주지, 저명하지는 않지만, 특정인의 상품출처로 알려져 있는"이라는 정
　　도를 판단하는 수준은 현재 실질적으로 일반 수요자나 거래업계에서의 주
　　지성에 이르는 수준의 증거들을 요구하게끔 되었는데(실제로 특정인의 상
　　품출처로 알려져 있음을 입증하기 위한 증거들의 양은 그 객관적인 입증을
　　위해 굉장히 많이 제출된다고 볼 수 있음), 실제로 상표법 제7조 제1항 제
　　11호의 주지성 판단에 관한 유명한 대법원 판례인 1997.3.14.선고 96후412
　　판결(일명, '마르조 사건')에서도 비교대상상표의 선사용자가 등록상표의
　　등록이전부터 경제규모가 지금보다 작았던 1990년대를 기준으로 국내의
　　가장 권위있는 유명신문들에 52회에 걸쳐 단독으로 상당한 크기의 선전광
　　고를 하였고, 유명잡지 등에 24회 정도의 선전광고 등을 하였으며, TV나
　　라디오 광고에 1200여 회에 걸쳐 선전광고 등을 함과 아울러 1980년 후반
　　에서 90년대 초반의 화폐가치기준으로 52억원 이상의 광고선전비가 소요
　　된 정도가 되어서야, 비로소 비교대상상표가 수요자 간에 주지, 저명할 정

그러나 부정경쟁방지법상의 주지성의 지역적 범위는 상표의 등
록에 의하여 전국적으로 상표권의 효력이 미치는 것과는 상관이 없
는 것으로서, 부정경쟁방지법의 제정의 취지가 부정경업자, 즉, 단
순히 타인의 상품표지 등을 모방함으로써 수요자 등에게 혼동을 일
으켜 부정한 이익을 얻으려는 부정경쟁행위자를 막으려는 것이라
면, 주지성의 지역적 범위를 확대하는 것은 스스로 노력하여 자신만
의 신용과 영업실적을 확립한 정당한 권리자에 대한 구제가 부족하
게 되는 일은 있어도 이러한 자들에 대한 법적인 구제에 도움을 주
는 일은 없게 되며, 오히려 거꾸로 부정경쟁행위자들을 도와주는
결과를 초래할 수 있는 법적인 근거가 강하게 되는 것이므로, 여기
에서의 주지성의 지역적 범위는 한정된 소범위로도 충분하다는 것
이다.478)

그러므로 부정경쟁방지법상의 주지성의 지역적 범위는 국내의
일정한 지역적 범위 안에서의 거래자 또는 수요자 사이에서 알려진
정도로 족하다고 보아야 할 것이다.

한편 앞서 언급했듯이, 일본은 특정지역만을 주된 영업구역으로
하는 기업이 발달한 나라이므로, 상표법상 주지성의 지역적 범위와
부정경쟁방지법상의 지역적 범위는 실질적으로 동일하게 판단하여

도로 현저하게 인식되어 있다고는 보기 어려우나, 국내의 일반거래에 있어
서 수요자나 거래자에게 비교대상상표의 선사용자의 상표라고 인식될 수
있을 정도로 알려져 있다고 봄이 타당하다고 판시하고 있다. 따라서 이와
같은 상황에서 비교대상상표가 주지하지는 않지만, 특정인의 상품출처 정
도로 인식되어 있다고 판단한 사례에 비추어 볼 때에도, 이미 실무상 상표
법상의 주지성 판단의 지역적 기준은 전국적일 것을 요하며, 거의 저명도
수준에 맞먹는 주지도를 요한다고 보아야 할 것이다.
478) 板井一瀧, "商標法第4条第1項第10号に規定する[他人の業務に係る商品
を表示するものとして 需要者の間に広く認識されている商標]の意義(地
域的範囲)," '判例 商標法'－村林隆一 先生 還暦記念論文集, 社團法人 發明
協會, 1991, 197면.

도 무방하다고 볼 수 있고, 일본의 상표법이 적용되는 사건에 대한
판례상으로도 실제로 전국적인 범위의 주지성뿐만 아니라 일정 지
역의 주지성을 가지고 주지성을 인정한 판례도 있으며,[479] 이와 관
련해서는 우리나라와는 달리 이론이 없다(즉, 이와 달리 우리나라의
상표법 제7조 제1항 제9호의 적용과 관련된 대법원 판결들에서는 실제로
주지성 판단의 지역적 범위를 모두 전국적인 범위로만 정하고 있음).[480]

　　따라서 주지성의 지역적 범위에 관하여 이러한 일본의 거래계의
특성을 고려한 일본의 통설 및 판례를 거래계의 사정이 다소 다른
우리나라에 그대로 적용하기에는 다소 무리가 있다고 보이며, 국내
의 상표법상 주지성의 판단에 대한 실무상의 실제적인 판단 동향을
간과한 채, 이러한 일본에서의 해석을 그대로 인용하여 국내의 통설
처럼 언급하고 있는 국내의 일부 문헌들의 견해는 바람직하지 않다
고 생각된다.

---

[479] 일본 상표법 제4조 제1항 제10호(한국상표법 제7조 제1항 제9호에 대응
　　　되는 규정)의 주지성에 관한 지역적 범위에 대한 판례에서도 나타나 있듯
　　　이, 거의 전국적인 범위에서의 주지성을 요구하는 한국법원의 상표법 제7
　　　조 제1항 제9호에 대한 해석과는 달리 일본 상표법 제4조 제1항 제10호의
　　　적용에 관해서는 부정경쟁방지법상에서 요구하는 일정한 지역 내에서의
　　　주지성이 있어도 적용될 수 있는 것으로 일본법원에서는 판단하고 있다.
[480] 小野昌延 編著, 注解 商標法(上卷), 靑林書院, 2005, 245면. 그러나 이와
　　　같은 일본의 통설 및 판례에 대하여 상표권의 효력이 전국에 미치고 등록
　　　상표의 무단 사용자가 등록상표의 존재를 몰랐다는 변명 등을 받아들이지
　　　않으며 이러한 강력한 상표권을 향유할 수 있는 상표등록을 받을 권리를
　　　배재한다는 것은, 당연히 한정된 지역에서의 상표의 주지성으로는 충분하
　　　지 못하며, 본래 전국적인 규모에서의 주지성이 요구되어야 한다는 견해도
　　　있다(板井一瓏, 앞의 논문, 198면).

(4) 부정경쟁방지법상의 지역적 범위의 해석에 관한 문제 검토

1) '수출'행위와 관련된 주지성의 지역적 범위

현행 일본 부정경쟁방지법 제2조 제1호에서는 "타인의 상품 등 표시(사람의 업무에 관한 성명, 상호, 상표, 표장, 상품의 용기 혹은 포장 기타 상품 또는 영업을 표시하는 것을 말한다. 이하 같음)로서 수요자 사이에 널리 인식되어 있는 것과 동일 혹은 유사한 상품 등 표시를 사용하거나, 또는 그 상품 등 표시를 사용한 상품을 양도하거나, 인도하거나, 양도 혹은 인도를 위한 전시, 수출, 수입 혹은 전기통신회선을 통해서 제공하여 타인의 상품 또는 영업과 혼동을 일으키는 행위"를 부정경쟁행위의 한 유형으로 규정하고 있는데, 이것이 바로 부정경쟁방지법상 주지성의 적용과 관련된 규정이라고 할 수 있다.

일본 부정경쟁방지법 제2조 제1호는 우리의 부정경쟁방지법의 제2조 제1호 가목 및 나목과 동일하게 "널리 인식된"이라는 주지성의 요건을 규정하고는 있으나, 국내라는 지역적 범위의 조건이 법규정상으로는 생략되어 있다.[481]

이에 따르면, 그 지역적 범위의 해석에 있어서 일본 국내에서가 아니라 외국에서만 주지되는 것은 포함될 것인지가 문제로 될 수도 있을 것인데, 주지성의 지역적 범위는 우리나라의 부정경쟁방지법상의 규정 내용과 마찬가지로 일본 국내에서의 문제가 되는 것으로 본다.[482]

하지만 '수출' 행위를 규제의 대상으로 하는 경우에는, 일본 부정경쟁방지법상으로는 "국내에 널리 인식된"이라는 규정이 생략되어

---

481) 平成 5년(1993년) 이전의 구법상에서는 '본법 시행의 지역 내'란 문구가 있어서 그 지역적 범위가 일본 국내를 의미함을 분명히 하였으나, 현행 법상에는 이와 같은 문구가 삭제되어 있다.

482) 小野昌延 編著, 앞의 新·注解 不正競爭止法(2000), 167면.

있으므로, 국내에서의 거래를 통한 주지성의 획득이 아니라 외국에서의 거래를 통하여 외국에서만 주지성을 획득한 상품 등의 표시도 보호된다고 해석하고 있는데, 이와 같은 '수출' 행위를 부정경쟁행위로서 규제하는 것은 국제적인 조화를 도모하려고 하는 일본 부정경쟁방지법상의 입법취지에 따른 것이라고 설명하고 있다.[483]

그러나 단지 외국에서만 주지된 표시와 관련해서는, '수출'에 대해서만 부정경쟁방지법이 규제하는 혼동행위를 우리나라에서 행하고 있는 것으로 보게 되므로, 현실적으로 '수출'행위에 대해서만이 외국에서만 주지된 상품 등의 표시가 문제로 되는 것이고, 수출제품이 아닌 외국에서만의 주지된 표시는 해당 규정의 적용대상에 들어가지 않는다고 해석한다.[484]

따라서 이상과 같은 일본 부정경쟁방지법상의 법규정과 구체적인 해석내용에 비추어 볼 때에, 한국의 부정경쟁방지법 제2조 제1호 가목에도 "수출"행위가 규제의 대상으로 되어 있지만,[485] "국내에 널리 인식된"이라는 문구가 규정되어 있어 그 지역적 범위를 국내로 명확하게 한정하고 있는 해당 규정의 해석상, 일본의 경우와는 다르게 '국내에서 주지성을 획득한 상품을 수출한 경우'로 한정하여 볼 수밖에 없다고 할 수 있다.[486]

---

483) アソニ・バンバルク事件(안소니・반바르크사건)(大阪地判昭和59年6月28日判タ(判例タイムズ)536号266頁)은, 국내 판매는 되어 있지 않지만, 중동의 여러 국가에 있어서는 상당히 유명한 원고의 수출물이므로, 이것이 일본국의 화학섬유 거래자 사이에서는 원고의 수출용 상품을 나타내는 표시로써 주지성이 있다고 하여, 중동의 여러 국가에 있어서의 거래자 및 수요자에 있어서 피고 상품과 오인・혼동된다고 인정했다.

484) 小野昌延 編著, 앞의 新・注解 不正競爭防止法(2000), 163면.

485) 이 때문에 부정경쟁방지법은 그 사용행위면에서 타인의 주지상품표지를 사용한 상품을 국내, 국외를 불문하고 유통과정에 두는 일체의 행위를 규제한다고 볼 수 있다(사법연수원, 앞의 부정경쟁방지법(2010), 35면.

486) 사법연수원, 앞의 부정경쟁방지법(해설 및 판례)(2007), 16면.

즉, 주로 국외에서 수출상품에 대하여 사용되는 상표라도, 그것
이 국내에서 주지되어 있어야만 부정경쟁방지법상 주지표지로서
보호될 수 있다[487])는 점에서 일본의 해석과 다소 차이가 있다고 볼
수 있다.

2) 국내 지역에 있어서 지역적 범위의 문제

주지성의 지역적 범위는 반드시 전국적인 주지에 한하지 않으며,
일정한 지역에서의 주지라도 상관없다는 것이 판례의 해석인데, 여
기서 그 일정한 지역에서의 주지의 범위는 어떻게 판단하여야 하는
가가 문제가 될 수 있다.

특히 지역마다 도시인가 시골인가, 또는 인구가 많은 지역인가
적은 지역인가, 거래계의 특성상 지역적 대상이 어느 정도 되는가
등에 따라서 그 판단범위가 달라질 수 있을 것이다.

비록 상표법상의 주지성과 관련된 판례이긴 하지만, 부정경쟁방
지법상의 주지성의 지역적 범위와 동일하게 판단하고 있는 일본의
대표적인 판결로서 "적어도 한 개의 현 단위에 그치지 않고 그 인접
하는 여러 현의 상당한 범위의 지역에 걸쳐서 알려질 것[488])"이라고
판시한 판결이 있다.[489])

해당 판결에서는 주지성의 인정에 있어서, 일개 현 단위 이상의

---

487) 사법연수원, 앞의 부정경쟁방지법(2010), 16면.
488) 참고로 일본의 행정구역은 1都(도쿄都), 1道(홋카이道), 2俯(오사카俯,
교토俯), 43개의 懸(현)으로 이루어져 있다. 이를 일컬어 흔히 도도부현이
라 부른다. 하지만 일본인들은 행정구역 중심의 분류를 사용하기보다는 혼
슈(本州)를 토호쿠(東北), 간토(關東), 츄부(中部), 간사이(關西), 쥬고꾸
(中國) 지방의 5개 지방으로 나누고 여기에 홋카이도(北海道)와 큐슈(九
州), 시고꾸(四國), 오키나와(沖繩)를 추가해서 총 9개의 지방으로 나누어
부르는 것을 더 좋아한다고 한다.
489) 東京高裁昭和58・6・16 ダイワコーヒー(다이와 커피)事件[昭和57 (1982)
(行ケ)第110号審決取消請求事件]無体集15卷2号501頁.

지역적 범위를 요하기는 하지만 전국적인 범위가 아닌 일정한 특정 지역 내에서의 주지성을 인정하고 있는 것으로서, 이와 같이 주지 성의 지역적 범위의 판단 시 요구하는 기준을 현단위의 지역적 범위까지 구체화해서 판단하고 있다.

우리나라 대법원 판결에서도 이러한 판단 방법과 비슷한 모습을 보이고 있는 부정경쟁방지법상 판결이 있기도 한데, 대법원 2008. 2.29.선고 2006다22043 판결에서는 부정경쟁방지법상 '원숭이학교' 라는 영업표지의 주지성 판단에 관하여 "원고는 2002.6.29.경 전라 북도 부안군에서 원숭이 공연시설 등을 개장하고 2002.8.12.경 상 호를 주식회사 원숭이학교로 변경하면서 독자적인 영업표지로서 '원숭이학교'를 비로소 사용하기 시작한 것이라고 할 것인바, 피고 들의 이 사건 공연 시까지 원고가 '원숭이학교'를 자신의 영업표지 로 사용한 기간이 비교적 짧고, 그 영업 역시 전라북도 부안군에서 만 시행한 것으로 보이며, 기록에 의하면 피고들의 이 사건 공연 종 료시점까지 원고의 '원숭이학교'에 대한 광고·선전은 주로 전라남 북도를 중심으로 한 것으로 그 이외의 지역에서의 광고·선전은 노 출시간 및 빈도수가 많지 않고, 그 관람객 숫자 역시 피고들보다 크 게 우월하다고 단정할 수 없음을 알 수 있으므로, 피고들의 이 사건 공연 무렵 원고의 '원숭이학교' 영업표지가 전라남북도를 중심으로 한 일부 지역에서 주지성을 획득하였음은 별론으로 하고 그 이외의 지역에 이르는 주지성을 획득하였다고는 보기 어렵다."고 판시하 여, 해당 판시 내용만 보면, 해당 사건의 영업표지가 전라남북도라 는 특정 지역 이외의 지역에 이르기까지 주지성을 획득하여야 국내 에서의 주지성을 인정받을 수 있는 것처럼 되어 있다.

즉, 이에 따르면, 주지성 판단의 지역적 범위를 전라남북도라는 일정지역 내에서 알려진 것으로는 부족하고 국내에서 일정지역 이 외의 상당한 범위의 지역에 걸쳐서 알려질 것을 요하는 것처럼 해 석될 수 있는 것이다.

318

그러나 앞서 살펴본 대상판결에서는 기타 사정들('막걸리'는 통상 그 유통범위가 일정한 지역 내로 제한되는 점과 우리나라 국토면적 및 인구에서 대구와 그 인근 지역이 차지하는 비중 등)을 고려하여 대구와 그 인근 지역인 경북 지역에서만 알려져 있는 것에 대해서 국내에서의 해당 상품표지의 주지성을 인정하고 있어, 판시 내용만 보았을 때에는 '원숭이학교' 사건의 판결과 대상판결의 주지성의 지역적 범위에 대한 해석면에서 상충되는 면이 있는 것처럼 보일 수도 있다.

그런데 이것은 주지성의 지역적 범위의 판단이 국내에서의 지역마다의 구체적인 사정(인구수, 지역시장의 규모 등)이나 상품 또는 영업의 특성 등에 따라 달라질 수 있음을 보여주는 것이라고 말할 수 있을 것이다.

이와 관련하여 부정경쟁방지법의 적용과 관련된 일본의 판례에서는 "현 단위뿐만 아니라 시, 정, 촌 단위의 지역에서 주지성이 있다면 충분하다."고까지 그 지역적 범위를 세분화한 것이 다수의 판례상으로 구체화되어 있기도 한데,[490] 이는 주지성 판단의 지역적 기준을 일정한 지역에 관하여 사정에 따라 구체화해서 적용하고 있음을 보여주고 있는 것이라고 할 수 있다.[491]

3) 주지성이 인정되는 지역적 범위의 확대 문제

부정경쟁방지법상 주지성이 인정되기 위해서는 적어도 경쟁관계에 있는 어느 영업자와 다른 경쟁자의 영업활동이 미치는 주요한 지역 내에서는 주지성을 갖추어야 한다.

영업활동이 미치는 주요한 지역 또는 지방이 어떤 곳인지는 구체

490) 板井一瓏, 앞의 논문, 197면.
491) 大阪地判昭和51・4・30ピロビタン事件無体集8卷1号161夏, 福島地判昭和
30・2・21菊屋民事事件下民6卷2号291夏, 東京地判昭和37・11・28京橋中央
病院事件下民13卷11号2395頁.

적으로 상품과 영업의 종류와 성질, 거래에 관여하는 자와 수요자의 계층 등 여러 사정을 고려하여 개별적으로 판단되어야 한다. 주지성이 있는지의 여부는 여러 가지 정황과 사정을 고려하여 개별적, 상대적으로 판단되는 것이므로, 양 당사자의 영업활동이 전국적인 범위에서 이루어진다면 일단 전국적으로 주지성이 있는지의 여부를 검토할 필요가 있으며, 표지의 주체인 영업자와 상대방인 경쟁영업자의 상품이 유통되고 있거나 그 영업활동이 미치는 주요한 지역에 걸쳐 주지성이 인정되면 부정경쟁방지법의 적용대상이 된다.[492]

그리고 부정경쟁방지법상 상품주체 혼동행위 등이 적용되기 위하여 주지성의 지역적 범위에 관한 최저한의 조건으로 생각되는 경계선은, 주지를 주장하는 표지에 관계되는 상품, 영업 또는 서비스업에 대하여, 그 주요한 판매, 활동지역이 그 문제가 되는 상대방의 표지의 판매, 활동지역과 실제로 겹쳐지거나, 거기에 미치지 못하더라도 그 상대방의 지역에 대해 실제로 주지되어 있다고 인식되는 것이 필요하다.[493]

한편 주지성의 지역적 범위의 확대는 실제적인 상품의 거래를 통한 상품표지 등의 사용뿐만 아니라 광고 등에 의해서도 형성된다. 실제 상표와 같은 상품표지의 주지의 지역적 범위는 해당 표지 사용자의 영업 지역과 같지 않고, 보통 영업 지역보다 넓을 수 있다.[494]

대상인 지역 범위는 실제적인 상품의 거래에 관한 사용지역뿐만이 아니라 구두(口頭)로 그 외의 지역으로 확산되어 전해지거나 매스미디어, 기타 각종 광고 등에 의해서 인지도의 형성이 확대되는

---

492) 사법연수원, 앞의 부정경쟁방지법(해설 및 판례)(2007), 15면.
493) 山本庸行, 要說 不正競爭防止法, 社團法人 發明協会, 2002, 75면.
494) 小野昌延 編著, 앞의 新·注解 不正競爭防止法(2000), 169면.

것이므로, 실제 상품에 관한 영업 지역보다 상품주체 혼동행위로 인한 금지청구가 인정되는 범위는 넓다고 할 수 있다.[495]

실제로 일본의 勝れつ庵(카츠레츠이오리) 사건(甲)에서는 요코하마 시내에서 유한회사 카츠레츠이오리의 상호를 사용하여 요리음식점 경영을 하는 원고와 요코수가 시내에서 카츠레츠이오리 표지를 사용하여 원고와 동종 영업을 하는 피고의 분쟁이어서 영업 지역이 서로 다른 상황이다.

그런데 이에 대하여 일본의 법원에서는 원고의 '카츠레츠이오리'라고 하는 표시는 적어도 요코하마시를 중심으로 하는 그 근방 지역에서 넓게 인식되어 있다고 인정한 후, 원피고의 영업활동이 경합하는 것은 없다는 피고의 주장에 대하여, "요코하마시와 요코수가시와의 지리적 근접, 오늘날에 있어 교통기관, 매스디어의 발달을 생각한다면 결국 피고의 주장은 이유가 없다."고 판시하여, 실제 그 지역적 범위에 있어서 영업 지역보다 금지청구를 넓게 인정하였다.[496]

물론 이상과 같은 상황하에서 주지성을 부정하고 있는 사례들도 많다. 우선 紙なべ(카미나베) 사건에서는 피고들의 점포가 도쿄(東京)에 소재하기 때문에 오사카 시내에서 2개의 점포만을 가지고 있는 원고의 '카미나베'라는 표지가 적어도 도쿄를 중심으로 하는 지역에서 원고의 것으로서 주지성을 취득하여야 피고들의 부정경쟁행위가 성립될 수 있는 것이지만, 원고의 표지는 이 지역에서의 주지성을 취득하고 있지 않다고 판단한 사례가 있다.[497]

그리고 天一(천일) 사건에서는 도쿄 내에 점포를 가지고 있는 튀김요리점인 원고의 영업표시인 '천일'이 피고의 점포 소재지인 군마

---

495) 小野昌延, 不正競爭防止法槪說, 有斐閣, 1994, 115면.
496) 東京地判昭和51・3・31 勝れつ庵(카츠레츠이오리)事件(甲)判タ344号 291頁.
497) 大阪地判昭和58・2・25 紙なべ(카미나베)事件判タ499号184頁.

현 오타시에서 주지성을 취득하고 있지 않다고 판단했는데,[498) 이것에 대한 항소심에서는 도쿄 내외의 저명인에게 이용되고 있다고 해서 당연히 군마현 오타시 및 그 근처 지역 주거자에게까지 널리 알려져 있는 것으로 볼 수 없다고 판시하였다.[499)

한편으로 中納言 사건에서는 주지성의 지역적 범위에 대해서 원고의 새우요리전문점인 '中納言'이라는 영업표지는 칸사이 지방을 중심으로 해서 신문, TV, 라디오, 잡지 등에 의한 선전으로 일부 잡지, 서적이 전국적으로 배포되고, 일부 TV프로그램이 칸사이 지방 이외에서도 방영되고 있다는 사실은 인정할 수 있으나, 그 정도로는 후쿠오카시에서의 주지성은 인정되지 않는다고 하여, 후쿠오카시에서 '中納言'의 명칭으로 레스토랑을 경영하고 있던 피고에 대한 영업표지의 사용금지를 법원에서 인정하지 않았다.[500)

이와 같이 부정경쟁행위에 대한 금지청구가 인정되기 위해서는 특정 표지 등의 사용금지를 주장하는 자의 상품표지 또는 영업표지가 자신의 영업 지역에서 주지성을 가지는 것뿐만 아니라, 상대방의 영업 지역에서도 주지될 것이 필요하다.

즉, 적어도 경쟁관계에 있는 당사자의 영업활동이 미치는 지역 내에서는 주지성을 갖추어야 하는 것이며,[501) 최소한 비교대상이 된 표지를 사용하고 있는 자의 상품이 유통되거나 영업이 영위되고 있는 주요 지역에서 주지될 필요가 있는 것이다.[502)

그것은 특정 표지가 주지로 되지 아니한 지역에서는 부정경쟁방지법에 의한 보호를 줄 필요성이 없다는 실질적인 이유에 기초하고 있다.[503)

---

498) 東京地判昭和62・4・27 天一(천일)事件判時1229号138頁.
499) 東京高判昭和63・3・29特企223号91頁.
500) 大阪地判昭和61・12・25 中納言事件判タ630号202頁.
501) 송영식・이상정・황종환, 앞의 지적소유권법(2005), 419면.
502) 이상경, 앞의 책, 580면.

322

이와 관련된 판단 법리를 명시적으로 설시하고 있는 구체적인 판결들을 살펴보면, "이른바 널리 인식이 미치는 '지역'이라는 것은, 이것을 일률적으로 결정하기는 어렵지만, 적어도 경쟁관계에 있는 양자의 영업활동이 미치는 주요 지역을 가리키는 것으로 이해되어야 하고, 양쪽이 소매상인 사정에 비추어 볼 때, 적어도(주지성의 지역적 범위가) 양쪽의 점포의 소재지를 포함하는 것이기 위해서는, 이것을 최소한으로 보아도, 양쪽의 주된 점포의 소재지인 교토시 및 오사카시 양 지역에 걸쳐서 고찰해야 하는 것은 이치상 당연하다."라고 판시한 판결이 있다.[504]

그리고 이러한 판단 법리에 따라 "주지성이 미치는 지역적 범위에는, 주지된 영업표지의 주체가 영위하는 영업 지역과 이들의 표지와 유사한 표지를 사용하는 상대방이 영위하는 영업 지역이 모두 포함되어 있는 것을 요하고, 쌍방이 소매상인 경우에는, 쌍방의 점포가 상기의 주지성의 지역적 범위 내에 존재할 필요가 있다."고 판시한 판결도 있다.[505]

한편, "원고와 피고 회사의 영업이 둘 다 일반 소비자를 대상으로 하는 초밥 음식점이라는 것을 고려하면, 적어도 원고가 영업을 하고 있는 오사카의 주변뿐만 아니라 피고 회사의 영업 지역인 호꾸리쿠 지방의 일반 소비자 또는 동업자 사이에까지 주지되어 있었다는 것이 필요하다."고 판시한 판결도 있다.[506]

따라서 주지성의 분포는 한 개의 일정한 지역으로 족하지만, 특정 표지의 사용금지를 구하는 자의 부정경쟁방지법상 주지성의 효력을 미칠 수 있는 지역적 범위 내에 상대방의 영업지역이 포함되어 있어야만 한다. 그러한 관계가 없으면 상품이나 영업의 혼동의

503) 田村善之, 不正競爭防止法槪說, 有斐閣, 1994, 34면.
504) 大阪高判昭和38·2·28 松前屋事件 判タ536号425頁.
505) 大阪地判昭和59·2·28 千鳥屋事件 特企185号91頁.
506) 大阪地判平元·10·9 元禄寿司事件 特企253号100頁.

우려도 생각할 수 없기 때문이다.

결국 주지성의 지역적 범위는 적어도 주지된 표지의 영업주체와 그 상대방의 영업활동이 미치는 주요 지역을 아우르는 것이어야 하며,507) 양자의 영업활동상의 지역이 중복되지 않는 경우에도 혼동 방지라고 하는 점에서는, 주지된 표지가 상대방의 영업 지역에 있어서 주지성을 취득하면 부정경쟁방지법상 보호를 받을 수 있다.

따라서 주지성이 부정될 경우에도 자신의 영업지역에서 원래 주지되지 않은 경우와 자신의 영업지역에서는 주지되었어도 상대방의 영업 지역까지는 주지성이 미치지 않은 경우의 두 가지 경우로 나누어 볼 수 있는 것이다.508)509)

4) 주지성의 지역적 범위를 한정한 사용금지의 문제

일본의 판례 중 판결주문에서 지역을 한정하여 영업표지의 사용 금지를 인용한 사례가 있었는데, スマイル(스마일) 사건510)에서는 피고가 동오사카시에서 문구, 완구, 식기, 팬시상품 등에 관한 판매의 영업에 있어서 "SMILE," "스마일" 등의 영업표지를 사용해서는 안 된다고 판시하고 있다.

그리고 アメ横(아메요꼬) 사건511)을 살펴보면, 'アメ横(아메요코)'라는 명칭이 특정한 지역의 명칭 또는 그 지역에 점포를 차리고 있

---

507) 豊崎光衛・松尾和子・渋谷達紀, 不正競爭防止法, 第一法規, 1982, 165면.

508) 小野昌延 編著, 앞의 新・注解 不正競爭防止法(2000), 171면.

509) 즉, 실제 소송에서는 현실적으로 피고(부정경쟁행위자)가 영업을 하고 있는 지역 범위에서 원고(표지사용금지청구자)의 표지의 주지성이 인정되면 충분하기 때문에, 소송상 그 정도의 것을 주장, 입증하면 충분하다고 할 수 있을 것이다[田村善之, 앞의 不正競爭防止法槪說(1994), 35면].

510) 大阪地判平成9・6・26 スマイル(스마일)事件 知財協判例集 平成10年(1998)1435頁.

511) 名古屋地判平成2・3・16 アメ横(아메요꼬)事件 判時1361号123頁.

는 가게들(상점군)의 통칭으로서 전국적으로 알려져 있지만, 나고야 지역에서는 금지청구권을 가질 정도의 영업표지로서의 주지성이 있다고는 말할 수 없다고 판시하고 있다.

여기서는 바로 사용금지를 청구하는 'ア〆横(아메요코)'라는 명칭이 특정한 지역의 명칭 또는 그 지역에 점포를 차리고 있는 가게들(상점군)의 통칭이라는 점에서 해당 사례의 특성이 있다고 할 수 있다. 한편으로 다른 지역에서의 주지된 지리적 명칭을 다른 지역에서 그 명성을 이용하고자 비유적으로 사용하고 있는 예는 많다.512)

이와 같은 것은 다른 지역으로부터의 명성 내지 신용을 이용하려고 하는 것이라고 볼 수 있다. 그런데 설령 해당 사건에서 법원이 금지청구를 기각하고자 하더라도 상대방 지역인 나고야에서 'ア〆横(아메요코)'의 주지성은 일단 존재한다고 보고 혼동문제 등의 다른 이유에 의해서 해당 판결의 결론을 도출하는 것이 타당하였다는 견해도 있다.513)

5) 주지성의 지역적 범위에 대한 판단 시 구체적인 고려사항의 문제

대법원 판례에서는 국내 전역 또는 일정한 지역적 범위 안에서 거래자 또는 수요자들 사이에 널리 알려진 표지에 해당하는지의 판단 시 그 거래 범위 등과 상품거래의 실정을 고려하여야 된다고 설시하고 있다.514)

---

512) 우리나라에서 비슷한 예를 들면, 갈비로 유명한 마포갈비라는 명칭이나, 칼국수로 유명한 명동칼국수, 사과로 유명한 얼음골사과, 주점으로 유명한 종로의 피막골은 마포나 명동, 경상도 밀양의 얼음골, 또는 종로의 피막골이 아닌 다른 지역에서도 자신의 상품이나 서비스의 우수성을 나타내기 위해 비유적으로 사용되고 있는 경우를 흔히 볼 수 있다.

513) 小野昌延, 앞의 不正競爭防止法槪說, 113면.

514) 대법원 1997.2.5.자 96마364 결정, 대법원 1996.10.15.선고 96다24637 판결.

따라서 주지성을 요구하는 지역적 범위를 충족하기 위해서는 상품이 유통되거나 영업이 영위되고 있는 주요 지역에서 주지될 필요가 있다고 말할 수 있으며, 현대의 교통, 통신, 매스미디어의 발달과 이에 의한 활발한 지역교류는 한 개의 지역에서의 주지된 표지라도 그 이미지를 이용하여 다른 지역에서 유리하게 사업활동을 행하는 것을 가능하게 해주고 있다.

그런데 주지의 지역적 범위는 일률적으로 특정 상품표지나 영업표지가 일정한 범위의 지역에서 널리 인식되어 있는지에 관한 사실만을 고려하여야 하는 것이 아니고, 그 주지된 표지와 비교되는 표지의 사용실태, 상품의 종류,[515] 상품의 성격,[516] 거래 대상자,[517] 지역의 특이성[518] 등을 고려하여 표지주체의 혼동을 생기게 하는지를 기준으로 구체적으로 판단하여야 한다.[519] 따라서 시대와 영업활동의 변화에 따라서 주지의 지역적 범위는 변화하는 것이 당연하다.[520]

한편 이와 같이 구체적인 상품 또는 서비스업의 거래 실정 등에 따라 주지성의 지역적 범위를 구체적으로 판단한 일본 법원의 판결을 살펴보면, 장의사 서비스업과 같이 일단 사람의 사망이 있으면 즉시 집행이 요구되는 성질의 일을 맡는 업종에 대해서는 그 주문자는 자연히 해당업자의 영업소 근처의 지역 주민에 한하는 경우가 많기 때문에, 그 주지범위는 그 영업소를 중심으로 한 일정의 지역

---

515) 자동차와 같은 경우는 전국적 규모로, 빵이나 떡 같은 경우는 지역적 규모로 거래된다.

516) 광범위하게 판매되는 것인가, 극히 좁은 범위에서 판매되는 것인가에 관한 상품의 성격을 말한다.

517) 일용품은 주부를 비롯한 일반 소비자, 학용품은 학생, 패션의류는 젊은이 등에게 주로 거래된다.

518) 관광지인지 대도시인지의 여부나 교통의 편리성 등도 고려하여야 한다.

519) 이상경, 앞의 책, 580면; 사법연수원, 앞의 부정경쟁방지법(해설 및 판례)(2007), 15면.

520) 이상경, 앞의 책, 580면.

에 한하여야 한다고 판시한 판결이 있기도 하다.[521]

그리고 전국적으로 지명도가 있는 회사와 하나의 현(懸) 내에서만 주지된 회사 간의 거래 대상자를 기준으로 판단한 일본 법원의 판결을 살펴보면, 시즈오카현(懸) 내에 '제트슬림클리닉'이라는 표지를 미용헬스(다이어트)관리업에 사용해서 영업 및 광고선전 활동을 적극적으로 행하여 해당 표지에 대한 주지성을 획득한 원고 회사가 있었는데, 한편으로 이러한 원고 회사의 사용 표지와 동일 또는 유사한 표지를 미용헬스(다이어트)관리업에 관하여 사용해서 전국에 걸쳐 직영점 및 가맹점을 확대하고, 적극적인 영업 및 광고선전 활동을 행함으로써 전국적으로는 원고 회사보다도 지명도가 더욱 높은 피고 회사가 있었다.

그런데 원고 회사가 피고 회사에 대하여 해당 표지의 사용금지를 청구하였는바, 이에 대하여 법원은 시즈오카현 내에서의 '제트슬림클리닉'이라는 표지의 사용이 문제가 되고 해당 표지의 주지성은 시즈오카현 내의 미용헬스(다이어트)에 관심이 있는 여성을 기준으로 하여 판단해야 하는 것이므로, 결국 이러한 관점을 고려한다면, 피고 회사의 전국적인 지명도에 관계없이 시즈오카현 내에서는 원고 회사의 영업표지의 주지성을 인정하여야 한다고 판단하였다.[522]

(5) 주지성의 경합문제

1) 주지성의 경합의 의미와 법적인 문제
'주지성'이라는 사실 상태가 있는지의 여부는 사실에 관한 문제라고 볼 수 있다. 그리고 상황에 따라서 서로 유사한 주지표지는 복수

---

521) 大阪地判昭和53・6・20 公益社(공익사)事件 無体集10卷1号237頁.

522) 東京高判平成3・7・4ジェットスリムクリニック(제트슬림클리닉)事件 知財集23卷2号555頁.

로 발생할 수도 있다. 예를 들면, 동일 또는 유사한 표지가 甲지방에 있어서는 A사의 표지로서, 乙지방에 있어서는 B사의 표지로서, 지역에 따라 각각 별도로 주지의 상품 또는 영업표지가 존재하는 경우가 있을 수 있다.

이와 같은 양 표지가 각각 사용되는 각 지역에 있어서 충돌하지 않으며 서로 간에 혼동되지 않고 존재하는 상태는 "주지표지의 병존"이라 할 수 있으며, 양 표지의 사용지역이 중복하는 것에 따라 이해관계의 충돌이 생겨 법적인 문제가 발생하는 상태는 "주지표지의 경합"이라고 말할 수 있다.[523]

그런데 주지표지가 각각 서로 다른 지역에서 사용되어 서로가 혼동의 야기를 일으킬 우려가 없는 경우('주지표지의 병존'의 경우)에는 현실적으로 법적인 문제는 생기지 않는다고 할 수 있다.

하지만 특정한 표지가 널리 알려지게 되는 지역이 서서히 확대됨에 따라서 부정경쟁방지법상 그 표지의 보호되는 지역적 범위도 확대하는 것이 되며, 그 확대되는 지역적 범위가 다른 표지가 기존에 주지되어 있는 지역적 범위에 미치는 데까지 이를 수 있다.

이와 같이 어느 한쪽의 주지된 표지의 지역적 범위의 확대가 다른 주지된 표지의 지역적 범위에까지 영향을 미칠 경우에 양 표지가 서로 유사한 것으로 볼 수 있다면, 주지표지의 경합에 관한 문제가 발생할 수 있다.

2) '주지표지의 경합' 관련 사례의 검토

가. 다른 지역적 범위로의 진출자에 대한 부정경쟁행위를 인정하지 않은 경우

'주지표지의 경합' 문제에 관하여 아직 우리나라에서는 이와 관련

---

523) 小野昌延 編著, 앞의 新·注解 不正競爭防止法(2000), 185면.

된 구체적인 사례가 없고, 이와 관련하여 일본의 대표적인 판결을 보면, 大阪大一ホテル(오사카다이이치호텔) 사건524)이 있다.

해당 사건에서는 전국적으로 주지저명한 "第一ホテル(다이이치호텔)"인 원고가 오사카(大阪)역 앞에 진출할 때, 오사카시를 중심으로 한 칸사이(關西)지방에 널리 인식되어 있던 "大一ホテル(다이이치호텔)"인 피고를 상대로 하여, 원고가 경영하는 호텔 영업에 "大阪第一ホテル(오사카다이이치호텔)" 표지를 사용하는 것에 관하여 피고의 사용금지청구권의 '부존재' 확인을 청구하였다. 그리고 해당 사건에서 피고는 이러한 원고에 대하여 "大阪第一ホテル(오사카다이이치호텔)" 사용금지청구의 반소를 청구하였다.

피고의 "大一ホテル(다이이치호텔)"의 규모 및 주지도는 1936년 3월쯤 오사카역 근처에 개업해서 창업 시 객실은 30실을 보유하였으나, 1958년 8월에는 영업을 확장하여 객실을 50실 정도 보유하는 칸사이(關西)지방에서의 일류호텔로 해당 지방의 일반인들에게 인식되었다.

그리고 적어도 피고가 원고에 대해 "大阪第一ホテル(오사카다이이치호텔)"의 영업표지 사용금지에 대한 반소를 청구한 1971년 3월 당시에 있어서는 피고의 "大一ホテル(다이이치호텔)" 및 "大阪大一ホテル(오사카다이이치호텔)"이 오사카시를 중심으로 한 칸사이(關西) 지방에서 널리 인식되어 있었다고 볼 수 있다.

한편 원고의 "第一ホテル(다이이치호텔)"의 규모 및 주지도에 대해 살펴보면, 원고는 第一ホテル(다이이치호텔)"이라는 상호로 1938년 4월경 동경에서 객실 650개의 호텔을 개업하였는데, 당시부터 근대적 설비를 가진 큰 비즈니스호텔로서 유명하게 되고, 이미 전국적으로 주지·저명하게 되었다. 이 호텔의 투숙인원수는 호텔업계 제

---

524) 大阪地判昭和48·9·21 大阪大一ホテル(오사카다이이치호텔)事件 無体集5卷2号321頁.

1등급으로서 주식시장에까지 상장도 되어 있고, 저명도에 있어서 피고의 표지와는 비교되지 않을 정도로 컸다.

이러한 사실관계하에서 일본의 법원은 "第一ホテル(다이이치호텔)"과 "大一ホテル(다이이치호텔)"의 일본어상 칭호면에서의 유사성을 인정하면서도, 양자 간에 '영업 규모', '숙박시설 양식'의 차이가 있을 뿐만 아니라, '第一(제일, 일본어 칭호로 '다이이치'임)'은 순서를 나타내는 서수(序數)로 널리 이용되는 용어임에 비하여 '大一(대일, 일본어 칭호로 '다이이치'임)'은 조어(造語)이고, 경험칙상 2개의 동일하게 발음되는 영업표지가 모두 각각 주지된 경우는 그 소재지와 영업표지의 문자 등에 대하여 특별한 주의를 기울이기 때문에, 일반인은 양자를 용이하게 확실히 구별한다고 보아 양자 간에 영업표지와 관련된 영업주체의 혼동을 일으키는 것은 없다고 판단하였다.

즉, 해당 법원은 이상과 같은 정황으로 볼 때에, 원고의 호텔은 자본금이 12억 5757만엔에 이르고 호텔업계에서 제1등급에 위치한다는 점을 고려하여 보면, 원고가 오사카역 앞에 진출하여 호텔을 신설 개업함으로써 피고의 호텔의 오사카시에서의 기존의 명성 및 신용에 무임승차해서 그 신용(good-will)을 도용하기 위해 피고의 호텔과 동일한 칭호의 영업표지를 골라서 사용하는 것이라고는 볼 수 없으며, 해당 사안에서 원고의 부정경쟁행위를 긍정할 만한 사정 및 증거는 전혀 없다고 판시하고 있다.

해당 사건은 영업표지의 유사성을 인정하면서도 사용금지의 대상이 된 특정한 표지가 사용금지의 근거가 되는 다른 표지보다도 오히려 더욱 주지된 것이라는 사실을 근거로 하여 이것을 구체적인 거래 상황하에서의 양자간의 '혼동의 우려'가 없는 요소로서 거론하고 있다.

한편으로 해당 법원은 주로 혼동의 우려가 없다고 하는 식으로 판시했으나, 원고에 피고의 호텔 양식의 모방이나 무임승차의 부정경쟁 목적이 없으며 원고가 선의로 사업의 지역적 범위를 확장한 것이라는 점 때문에, 피고의 영업표지가 주지된 지역적 범위로 원고가 사업을 확장하는 것에 대하여 사용금지를 부정한 판단이 내려지게 된 것이라는 견해도 있다.525)

나. 다른 지역적 범위로의 진출자에 대한 부정경쟁행위를 인정한 경우

한편 상기의 판결과는 반대로 다른 지역적 범위로의 진출자에 대한 부정경쟁행위를 인정한 판결에 대해서는, 우리나라에 관련 사례가 없고 역시 일본에 이와 관련된 구체적인 사례가 존재한다.

일본의 관련 사례인 ジェットスリムクリニック(제트슬림클리닉) 사건526)을 살펴보면, 병존 여부에 관한 대상주지표지는 'ジェットスリムクリニック(제트슬림클리닉)'이라는 영업표지이다.

해당 사건의 사실관계를 살펴보면, 원고는 '제트슬림 시즈오까(静岡) 클리닉'이라는 명칭으로 1983년 7월에 시즈오까(静岡) 시내에서 다이어트 미용업을 개시하여 이후 순차적으로 시즈오까(静岡)현 내의 각 시에 '제트슬림 하마마츠 클리닉' 등 6개 점포의 영업소를 개설하였다.

그리고 피고는 1983년 5월에 오사카(大阪) 시내에 '제트슬림 우메다 클리닉'이라는 명칭의 점포를 개설하여 그 후 직영점 개설, 가맹점 계약 등을 함으로써, 1990년 3월 당시 직영점을 40점포 그리고 가맹점을 55점포를 보유하게 되었다.

피고는 1987년 9월에 하마마츠시에서 '제트슬림 하마마츠 남쪽역 클리닉'을 개설하였고 1988년 6월에는 시즈오까(静岡)시에 '제트슬림 시즈오까(静岡)역앞 클리닉'을 개설하였는데, 이러한 피고의 행

---

525) 小野昌延 編著, 앞의 新 · 注解 不正競爭防止法(2000), 186면.

526) 静岡地判平成2 · 8 · 30 ジェットスリムクリニック(제트슬림클리닉)事件知的集23卷2号567頁.

위에 대하여 원고가 부정경쟁방지법상의 영업주체 혼동행위에 해당한다는 이유로 피고의 표지에 대한 사용금지를 청구하는 소송을 제기하였다.

이에 대하여 1심법원인 시즈오까(靜岡)지방재판소는 "원고의 '제트슬림클리닉'의 명칭은 1987년 9월 이전에 다이어트 미용업을 하는 원고의 영업표지로서 시즈오까(靜岡)현 내의 다이어트 미용에 관심을 갖는 여성들 사이에서 상당한 정도로 주지되어 있다"고 인정하면서, "전국적으로는 피고의 '제트슬림클리닉' 쪽이 원고의 표지보다도 저명하다고 추인되지만, 본건에서는 시즈오까(靜岡)현 내에 있어서의 '제트슬림클리닉'이라는 명칭의 사용이 문제로 되고 있고, 시즈오까(靜岡)현 내에 있어서는 '제트슬림클리닉'이란 명칭은 다이어트 미용을 하는 원고의 영업을 지칭하는 것이라고 일반적으로 받아들여지고 있다고 추인된다. 이에 따라 피고의 '제트슬림클리닉'의 전국적인 지명도에 관계없이 시즈오까(靜岡)현 내에 있어서는 원고의 영업표지로서의 주지성은 인정되고 보호되어야 하는 것이다."라고 판시하여, 원고의 피고에 대한 사용금지청구를 인용하였다.

그리고 항소심 법원인 동경고등재판소도 원심의 판단을 지지하였고,[527] 최종심 법원인 최고재판소에 있어서도 그 결론은 동일하게 유지되었다.[528]

이와 같은 ジェットスリムクリニック(제트슬림클리닉) 사건의 경우처럼, 동일 또는 유사한 표지의 사용자에게는 영업 지역을 확대할 때, 전국적으로 동일한 영업표지를 사용하고 싶다는 의도와 그에 따른 이익이 존재하는 것은 부정할 수 없다.

그런데 그러한 이익은 영업을 확대하려고 진출하는 지역에 이미

---

527) 東京高判平成3·7·4 ジェットスリムクリニック(제트슬림클리닉)事件 知的集23巻2号555頁.

528) 最判平成4·6·4 ジェットスリムクリニック(제트슬림클리닉)事件速報 206号1頁.

존재하고 있는 타인을 나타내는 표지로서 주지된 표지와 동일 또는
유사할 경우에, 해당 지역에서 수요자에게 혼동의 우려가 생긴다고
하는 공적인 피해가 발생한다는 사정하에서는 상대적으로 사적인
이익이 추구되는 것이 금지되어야 한다고 판단할 수밖에 없으므로,
이 경우 혼동의 우려를 방지해야 한다는 공적인 이익을 우선으로
하여 기존에 주지된 표지와 동일 또는 유사한 표지의 사용자에 대
한 사용금지를 인용해야 할 것이라는 견해가 있다.529)

그러나 이에 반하여 사용 지역을 확대하려는 다른 지역에서 주지
된 표지의 사용자 측의 사정과 기존의 지역에서 주지된 표지의 사
용자 측 사정을 계산하여 이익형량을 따져서 판단하여야 할 것이라
는 견해도 있다. 즉, 이것은 자신의 영업 지역을 확대하고자 하는 다
른 지역에서 주지된 표지의 사용자 측에서는 종래의 영업적인 노력
에 의해서 신용(good-will)이 축적(蓄積)된 표지를 그대로 영업의 확
대 대상 지역에서도 사용하고 싶은 것이 당연한 것이므로, 기존의
지역에서 주지된 표지의 존재 때문에 전혀 새로운 표지로 변경하여
야만 해당 지역에 진출할 수 있다는 것은 너무나도 일도양단적(一刀
兩斷的)인 논리이며 조금 더 탄력적인 대응이 있어도 될 것이라는
견해이다.530)

이상의 견해들 중 후자의 견해에 따르면, 다음과 같은 해결책으
로 귀결될 수 있을 것이다. 즉, 다른 지역에서의 주지된 표지를 소유
하고 있지만 특정 지역에 새롭게 진출하려고 하는 자가 기존의 지
역에서 주지된 표지를 소유하고 있는 자의 점포에 근접한 입지에
점포를 개설하거나, 점포 외관이나 시스템에 대하여 헷갈리기 쉬운
행동을 하거나, 무임승차(Free-ride)나 사칭행위(passing off)로 보이
는 것 등과 같은 사정이 있는 경우에는, 기존의 지역에서 주지된 표

---

529) 田村善之, 앞의 不正競爭防止法槪說(1994), 52면.
530) 小野昌延 編著, 앞의 新 · 注解 不正競爭防止法(2000), 188면.

지자로부터의 사용금지청구가 특별한 문제 없이 인정될 수 있을 가능성이 높다고 할 것이다.

그러나 그러한 사정이 없이 전국적이거나 다른 지역에서의 오랜 기간의 사용 후에 사용표지에 대한 주지성을 취득한 후, 새로운 지역으로의 성실한 사업 확대에 따른 표지의 사용까지도 바로 부정경쟁행위라고 단정짓는 것은 타당하지 않은 것이며, 사용표지에 부가적인 혼동방지표시를 하는 등 수요자 사이에서 혼동이 발생하지 않게 해주는 조치를 함으로써 실질적으로 기존의 지역에서의 수요자들이 양 표지의 사이에서 혼동을 일으키지 않는다면 부정경쟁행위가 성립되지 않을 것이라고 보는 것이다.531)

3) 주지표지의 경합에 관한 해결

우선 주지표지의 경합은 지역 밀착형 업종의 서비스업의 영업표지로 문제가 되는 것이 많은데, 앞서도 살펴보았듯이 주지표지의 경합에 관한 문제들은 서비스업의 표지가 주로 문제가 되었으며, 서비스업의 업종은 호텔업, 다이어트 미용업 등의 지역 밀착형 업종이었다.

이와 같이 서비스업이 지역 밀착적인 성격이 강하기 때문에 서비스업의 표지가 각각 다른 지역마다 각별히 호평을 얻어 주지성을 획득하게 되는 경우가 많은바, 이 때문에 각각의 서비스업의 주지된 표지들이 병존하거나 경합하는 기회가 많아지는 모습들을 볼 수 있게 된다.532)

---

531) *Ibid.*

532) 상품은 유통되는 것이므로, 그 이동성이 강하여 주지성의 범위를 넓게 보아야 하지만, 서비스업은 사람에 의하여 직접 제공되는 것도 많고, 지역적인 범위 내에서 명성을 얻는 것도 많으므로, 그 범위를 상품보다는 좁게 보아야 할 것이다[정태호, "상표의 주지성을 결정하는 구체적인 기준의 필요성," 특허와 상표(656호), 대한변리사회, 2006. 12. 20., 6면].

즉, 상품은 거래 시에 거래가 이루어지는 시간과 공간의 범위가 넓은 반면에, 서비스업은 그 특성상 대부분 거래에 관한 시간과 공간의 범위에 제한이 있으며, 이와 같은 서비스업이 가지는 시간 및 공간의 특정성이라는 특징 중 장소적인 제약이 있는 서비스업에 이러한 문제가 더욱 현저하게 나타난다고 할 수 있다.

그런데 부정경쟁방지법은 공정한 경업질서의 유지를 목적으로 하는 것이며 공정한 영업활동의 전개를 제한하려는 것이 아니므로, 영업의 구체적인 확대가 예견되는 지역에서 기존에 다른 지역이나 또는 전국적으로 신용이 축적된 표지를 사용하는 것이 부정경쟁행위로 판단되어 허락되지 않는다고 한다면, 종래의 영업상의 노력에 의해 선의로 획득한 신용을 특정 지역에서는 전혀 이용할 수 없게 되어 버리는 셈이 될 것이다.

이것은 오히려 부정경쟁방지법의 목적에 맞지 않는 것이며, 그 영업활동이 공정한 것인 한 자유경쟁으로서의 해당 영업활동의 전개는 제한되면 안 될 것이라고 보는 것이 더욱 타당할 것이다.

하지만 진출하려고 하는 대상지역에서의 기존의 주지표지도 보호되어야 하므로, 이와 같이 '주지표지의 경합'이 일어날 경우에는 이하와 같은 이해관계의 조정요소들이 검토되어야 할 것이다.[533]

첫째로, 각 표지에 있어서 주지성 획득시점의 선후가 검토될 수 있을 것이다.

둘째로, 진출하려고 하는 대상 지역이 영업의 구체적인 확대로 예견된 지역인지의 여부가 검토될 수 있을 것이다. 즉, 이것은 진출하려고 하는 자의 사정에 비추어 볼 때에, 그 영업확대로 인한 사업전개가 자연스러운지의 여부이다. 예를 들어 체인점인 미용실이나 다이어트 미용실 등은 철도역이나 지하철역 앞(즉, 교통이 편리하고 유동인구가 많은 역세권)을 입지의 발판으로 하여 새로운 체인

---

533) 小野昌延 編著, 앞의 新・注解 不正競爭防止法(2000), 194면.

점포의 개설장소로 주로 계획되고, 호텔도 교통이 편리한 도로 옆의 중심 도로에 면하여 입지되는 경향이 있는 것이 일반적이라고 할 수 있다. 그런데 역 주변이나 도로 옆은 원래 많은 점포가 집중하는 경향이 있으며 고객확보에 있어서 경쟁하는 입지조건이 된다. 따라서 이러한 입지조건에 따라 영업 지역을 확대하는 것처럼, 영업 지역의 확대가 종전의 사업전개상의 확대되는 경향의 하나로서 자연스럽게 볼 수 있는지가 검토되어야 할 것이다.

셋째로, 선의인지 또는 악의의 무임승차의 의도 및 부정경쟁의 의사가 있는지의 여부가 검토될 수 있을 것이다. 이것은 영업 지역을 확대하여 특정 지역으로 진출하려고 하는 자의 사정에 비추어 볼 때에, 이 자가 성실한 선의의 진출자에 해당하는지가 검토되어야 한다는 것이다. 종전부터 자신의 영업 지역 내에서 사용하고 있는 기존의 표지 형태와 동일한 형태의 표지에 의한 사용인지의 여부, 즉, 종전에 사용하고 있던 영업의 표지에 축적된 신용을 이용하여 진출하려고 하는 대상 지역뿐만 아니라, 그 외의 다른 지역들의 점포에서도 그 표지로서 그대로 사용하는 것은 무임승차 또는 부정경쟁의 의사가 없는 것을 나타내는 것이라고 할 수 있다. 따라서 예를 들어 영업 스타일이나 영업 시설의 외관을 따라하는 행위가 있는지의 여부는 특히 이와 같은 주지표지끼리의 경합에서 매우 중요한 것이라고 할 것이다.

넷째로, 종전의 주지표지를 사용하는 이익 형량이 검토되어야 할 것이다. 기존의 영업상의 노력에 의해 축적된 신용을 유효하게 이용하는 것이 허락되지 않고, 새로운 표지로 변경하지 않으면 지역적 범위를 확대하는 사업전개가 될 수 없게 되는 불이익을 어느 정도까지 강제하는 것이 가능할 것인지가 여기서 문제로 된다고 할 수 있다. 즉, 특정 지역으로 진출하려고 하는 전국적으로 주지된 표지나 다른 지역에서의 주지표지에 대하여 각각의 지역에서의 기존의 주지표지 권리자로부터의 타인에 대한 사용금지가 인정되는 사태가 되면, 전국적으로 주지된 표지로서 전국으로 그 영업범위를 확대하는 경향이 있는 표지는 특정 지역에서만 자신의 주지표지의 사용이 여의치 않게 된다.

따라서 역시 특정 지역에서의 기존의 주지표지 권리자의 입장을 존중하면서도, 어떤 형태로든 해당 특정 지역에 새롭게 진출하려고 하는 주지표지 권리자의 계속적인 사용에 대한 이익 형량을 따져보는 것이 아울러 고려되어야 할 것이다.

그것은 기존의 지역의 주지표지 권리자가 해당 지역에 새롭게 진출하려고 하는 진출자에 대하여 제기한 사용금지청구가 인용 또는 기각된 후에 예상되는 각 당사자의 불편 및 불이익이 어느 정도인지 내지 심각한 영향을 주는 것인지가 아울러 고려되어야 한다는 것이다.

예를 들면, 기존의 지역의 주지표지 권리자가 새롭게 해당 지역에 진출하려고 하는 진출자의 주지표지에 대하여 제기한 사용금지청구가 기각될 경우에는 거래계에서 실제로 기존의 주지표지와 진출하려고 하는 자의 주지표지와의 병존에 의한 혼란이 일어날 수도 있게 되지만, 반대로 해당 지역에 새롭게 진출하려고 하는 자가 제기한 기존의 지역의 주지표지의 권리자에 대한 사용금지청구가 인용될 경우에는 오히려 기존의 지역의 주지표지 권리자의 표지 사용에 의한 존립 그 자체가 부정된다는 심각한 결과를 초래하게 된다.

반면에 기존의 지역의 주지표지 권리자의 해당 지역에 새롭게 진출하려고 하는 자에 대한 사용금지청구가 인용될 경우에는 진출자의 표지가 해당 지역으로 진출할 수 있는 것이 부정되어 진출하려고 하는 해당 지역에서의 광고 선전마저도 불가능하게 된다. 여기서 다른 지역에서는 신용을 얻은 진출자의 표지를 해당 지역에서는 사용할 수 없게 되는 영향도 역시 진출자의 입장에서는 심각하다고 할 수 있을 것이다.

이러한 경우에는 이상과 같은 결과에서 상대방으로부터 사용금지를 받은 자에 관련된 문제로서 그 자가 선의였는지 또는 악의였는지와 같은 주관적 요소가 중요한 판단 요소가 될 수 있다고 본다.[534]

즉, 진출하려고 하는 측의 표지가 예를 들면, 창업 이후 사용해 온 영업표지이며 그 표지에 축적된 좋은 신용을 다른 지역으로의 점포 개설에서 영업 전개에 그대로 사용하는 경우로서, 이와 같은 사용지역 확대도 구체적으로 확대를 예견할 수 있는 지역으로의 무임승차 의도가 없는 정도의 자연스러운 사업전개라고 볼 수 있다.

그리고 기존의 주지표지 권리자가 존재하는 특정 지역에 있는 영업 시설의 외관이나 영업 스타일을 따라하는 행위 등을 하지 않을 때에, 당해 영업표지의 사용은 부정경쟁의 목적을 가진 행위가 아니라고 보아야 할 것이며, 어떤 지역에서 특정 지역으로의 표지 사용을 자연스러운 형태로 확장하는 것은 당연한 사유로서 인정할 수밖에 없다고 볼 수 있는 것이다.

반면에 진출할 대상 지역에 있는 기존의 주지표지 권리자의 기존 이익상태의 보호도 아울러 고려해야 하는 것이므로, 이러한 경우에는 단순한 혼동의 우려뿐만 아니라 표지의 유사에 근거하는 현실에서의 실제적인 혼동의 사실이 없는 한, 주지표지끼리의 병존적인 사용 상태는 인정할 수밖에 없는 것이며, 여기서 나머지는 양자의 공정한 자유경쟁에 의해서 수요자의 선택을 결정하는 수밖에 없다고 생각된다.

한편, 상표법상에서는 타인의 상표등록출원 전부터 자신의 상표를 부정경쟁의 목적이 없이 계속적으로 사용하여 타인의 상표등록출원 시에 국내 수요자 간에 사용상표가 특정인의 상품을 표시하는 것이라고 인식될 경우에 선사용에 따른 상표를 계속 사용할 권리(일명 '선사용권'이라 함)를 인정하고 있는데,[535] 이와 같은 상표법상의

---

534) 小野昌延 編著, 앞의 新·注解 不正競爭防止法(2000), 195면.

선사용권의 인정의 경우도 유사표지끼리 다소 혼동이 있는 경우에 있어서 혼동방지표시의 부가청구를 할 뿐이지 선사용자에 대한 사용금지청구권은 없다.

이것에 대해서는 선의 또는 악의와 같은 '부정경쟁의 목적'의 유무가 양자의 조정역할을 하는 것으로서 작용하며, 나머지는 양자의 공정한 자유 경쟁에 의하여 해결한다는 법적인 입장을 취하고 있다.

상표법상 등록상표 또는 등록서비스표의 효력은 전국적이며, 위와 같이 기존의 상표 또는 서비스표끼리의 충돌은 '부정경쟁의 목적'의 유무로서 조정하고 있는바, 이와 같은 부정경쟁방지법의 특별법적인 성격을 가지고 있는 상표법상의 규정에 비추어, 주지표지의 병존이나 경합에 관한 처리도 선의 또는 악의와 같은 "부정경쟁의 목적"의 유무를 하나의 분기점으로서 판단하는 것이 가장 합리적인 해결방법이 될 것이다.[536]

---

535) 상표법 제57조의3(선사용에 따른 상표를 계속 사용할 권리) ①타인의 등록상표와 동일하거나 유사한 상표를 그 지정상품과 동일하거나 유사한 상품에 사용하는 자로서 다음 각 호의 요건을 모두 갖춘 자(그 지위를 승계한 자를 포함한다)는 해당 상표를 그 사용하는 상품에 대하여 계속하여 사용할 권리를 가진다. 1. 부정경쟁의 목적이 없이 타인의 상표등록출원 전부터 국내에서 계속하여 사용하고 있을 것 2. 제1호의 규정에 따라 상표를 사용한 결과 타인의 상표등록출원시에 국내 수요자 간에 그 상표가 특정인의 상품을 표시하는 것이라고 인식되어 있을 것 ② 자기의 성명·상호 등 인격의 동일성을 표시하는 수단을 상거래 관행에 따라 상표로 사용하는 자로서 제1항 제1호의 요건을 갖춘 자는 해당 상표를 그 사용하는 상품에 대하여 계속 사용할 권리를 가진다. ③ 상표권자나 전용사용권자는 제1항에 따라 상표를 사용할 권리를 가지는 자에게 그 자의 상품과 자기의 상품 간의 출처의 오인이나 혼동을 방지할 수 있는 적당한 표시를 할 것을 청구할 수 있다.

536) 물론 주지표지와 주지되지 않은 표지 사이의 부정경쟁행위의 성립요건에는 대법원 판례(대법원 95도1464 판결 등 다수 판결 참조)상으로도 정립되어 있는 법리처럼, 부정경쟁의 목적이 포함되어 있지 않으나, 이것은 주지

여기서 상당한 신용이 축적된 주지표지를 사용하여 서로 정당하게 경쟁하면서 영업하는 경우에는 반드시 어느 한쪽만을 선택하여 해당 쪽의 표지 사용을 금지함으로써, 한쪽만을 희생시키는 것이 부정경쟁행위의 근절이라는 부정경쟁방지법의 목적과 어울리지 않는 것이기도 한 반면에, 실제 거래계에서 수요자 사이에 양 표지 간의 출처의 혼동이 일어나게 되는 것도 부정경쟁방지법이 의도하는 바가 아니다.

따라서 부정경쟁방지법에서도 상기와 같은 다른 지역적 범위의 주지표지의 경합문제를 법적으로 공평하게 해결하기 위하여 상표법상의 선사용권제도와 같은 제도를 도입하여 특정 지역에서의 기존의 주지표지 권리자와 해당 지역에 새롭게 진출하려고 하는 다른 지역에서의 주지표지 권리자 사이의 이익 형량을 상표법상의 선사용권 제도와 같이 특정한 법적 기준에 따라 규율한다면, 영업 지역의 지역적 범위의 차이에 의한 주지표지의 병존이나 경합에 관한 문제를 보다 실질적으로 해결할 수 있을 것이다.537)

표지와 주지되지 않은 표지 사이의 관계에 적용될 수 있는 것이고, 주지된 표지들끼리의 경합이나 병존 여부에 있어서는 양자 모두 주지되어 있는 상황이므로, 앞서 언급한 바와 같이 부정경쟁의 목적의 유무를 고려해도 무리가 없다고 보인다(상표법상의 선사용권에서도 이미 권리화된 등록상표와 등록상표의 출원 전부터 사용하여 특정인의 상품출처로 인식되어 있는 상표 사이의 병존이나 경합에 관한 문제이므로 이와 관련된 사안의 해결요건으로서 '부정경쟁의 목적'을 고려하고 있는 것이라고 해석할 수 있다).

537) 예를 들면, 각 상품주체 또는 영업주체는 각각의 이익상태를 갖고 있기 때문에 타방이 향유하고 있는 이익상태의 범위 속에 새로이 자기의 상품을 유통시키는 경우에는 타방의 상품과 혼동되지 않도록 부기를 가하는 등의 방법을 취한 다음 유통시켜야 할 것이다(이상경, 앞의 책, 585면). 이와 같이 특정 지역에서의 기존의 주지표지 권리자와 전국적으로 진출하려고 하는 다른 지역에서의 주지표지 권리자의 사이에서 어느 일방에게 선사용에 의한 자신의 표지를 사용할 권리를 인정하여 주고, 혼동방지표지를 부가하게 되면, 양자 사이에 혼동이 발생할 염려도 없고, 양 주지표지

이미 일본에서는 부정경쟁방지법상에 선사용에 따른 표지 등을
계속하여 사용할 수 있는 제도를 도입하고 있는바,[538] 우리의 부정
경쟁방지법도 상표법상의 선사용권제도를 토대로 하여 이와 같은
일본의 부정경쟁방지법상의 제도를 도입한다면, 주지표지의 경합
이나 병존에 관한 문제를 명확한 법적 기준에 의하여 합리적으로
조정할 수 있을 것이다.

(6) 부정경쟁방지법상의 주지성의 지역적 범위의 해석에 대한 바람직한 방향

부정경쟁방지법상의 주지성의 지역적 범위에 관하여 오늘날과
같은 대중매체 시대이자 국경을 뛰어넘어 세계가 하나로 되는 국제

에 대한 신용도 각각 보호하여 주며, 영업주체 상호 간의 영업상의 혼동에
의한 충돌도 방지할 수 있을 것이다.

538) 다음의 각호에 게재하는 부정경쟁의 구분에 따라서 당해 각호에서 정하
는 행위에 대해서는 적용을 받지 않는다. (이하, 중략)

  3. 타인의 상품 등 표지가 수요자들 사이에 널리 인식되기 전부터 그 상
품 등 표지와 동일 혹은 유사한 상품 등 표지를 사용하는 자 또는 그 상
품 등 표지에 관계한 업무를 승계한 자가 그 상품 등 표지를 부정한 목
적없이 사용한 상품을 양도, 인도, 양도 혹은 인도를 위한 전시, 수출,
혹은 수입하는 행위(일본 부정경쟁방지법 제12조 제1항 제3호).

  ② 전항 제3호에서 제시되는 행위에 의하여 영업상의 이익을 침해당하거
나 또는 침해당할 염려가 있는 자는 다음 각호에 게재하는 행위의 구분에
따라 당해 각호에서 정하는 자에 대해 자기의 상품 또는 영업과의 혼동을
방지함에 있어서 적당한 표지를 부착할 것을 청구할 수 있다. (이하, 중
략)

  2. 전항 제3호에 게재한 행위: 타인의 상품 등 표지와 동일 또는 유사한
상품 등 표지를 사용하는 자 및 그 상품 등 표지에 관련한 업무를 승계
한 자(그 상품 등 표지를 사용한 상품을 스스로 양도, 인도, 양도 혹은
인도를 위한 전시, 수출 또는 수입하는 자를 포함한다)(일본 부정경쟁
방지법 제12조 제2항 제2호).

화·개방화 시대에서 주지성의 지역적 범위에 대한 구분은 실익이 없다고 하는 견해도 있으나,539) 이상의 일본에서의 사례에서도 살펴보았듯이, 아직까지 주지성의 지역적 범위에 따른 부정경쟁방지법상의 적용문제가 발생하고 있는 것이 현실이며, 일본처럼 갈수록 경제 규모가 확대되고 경제 주체가 다양화되어 가고 있는 우리나라도 이러한 문제가 발생하지 않을 것이라는 보장은 없는 것이다.

그리고 특히 그 주지성의 지역적 범위의 판단에 있어서 전국적인 범위의 주지성일 것을 요하는 것이 아니라, 일정 지역에서만의 주지성이 인정되더라도 부정경쟁방지법상의 표지의 주지성을 판례와 통설이 모두 인정하고 있는 상황에서는 부정경쟁방지법상의 주지성의 일정 지역을 근거로 한 지역적 범위의 구분이 의미가 없다고 말하는 것은 타당하지 않다.

더구나 실제로 추상적인 기준만이 있을 뿐, 주지성의 판단에 관한 명확한 판단 선례나 기준이 거의 없는 우리나라에서도 일본과 같이 주지성의 지역적 범위에 대하여 구체적으로 판단한 판례나 일관되고 어느 정도 예측 가능한 판단을 위한 명확한 판단 기준이 있어야 된다고 생각된다.

특히 상표권의 효력범위가 전국적인 범위에 영향을 미치는 상표법에 의한 등록상표의 효력범위와는 달리, 부정경쟁방지법에서는 타인의 표지의 사용금지권리를 주는 주지성의 획득이 전국적일 필요가 없다는 점에서 지역 간의 주지표지끼리의 충돌이 충분히 발생할 수 있는 것이다.

특히 지역적 기반을 근거로 하며, 서비스를 직접 제공하여야 하는 특성상 공간적, 시간적 제한을 받는 대부분의 서비스업들은 그 주지성의 획득에 있어서 다분히 특정 지역이라는 영역 내로 한정될 수 있는 것이므로, 이러한 서비스업들의 영업표지에 관하여 부정경

---

539) 황의창·황광연, 앞의 부정경쟁방지 및 영업비밀보호법(2006), 31면.

쟁방지법에 있어서 주지성의 지역적 범위의 판단은 더욱 중요한 것이라고 생각된다.

이와 같은 부정경쟁방지법상의 주지성의 지역적 범위에 대한 해석상, 지역적 범위가 다른 사업자 사이의 사업의 확대로 인한 주지표지의 경합과 이로 인한 문제가 다수 발생할 수 있다.

그러나 이러한 것들은 앞에서 말한 부정경쟁방지법상의 선사용제도 등의 도입을 통해 양자 사이에 합리적인 조정을 도모하고, 그 이후의 것들은 양자 사이의 자유 경쟁에 의해서 해결하면 될 것이므로, 우리나라 부정경쟁방지법에서도 일본의 부정경쟁방지법과 같은 선사용제도의 도입을 적극적으로 검토하는 것이 타당할 것이다.

(7) 대상판결에서의 이 사건에 대한 검토

이상에서 살펴본 바와 같이 일정 지역에서 주지된 지역적 주지표지도 부정경쟁방지법상 주지표지에 해당한다는 것이 확립된 판례이다. 그리고 대상판결에서의 이 사건의 사안과 같이, 일정 지역에서 주지된 지역적 주지표지가 타인의 등록상표와의 관계에서 부정경쟁방지법상 주지표지에 해당하려면, 해당 등록상표의 출원 당시 1개의 광역시·도 이상의 지역에서 이미 주지성을 획득하고 있어야 한다고 대상판결의 담당 재판연구관은 대상판결의 해설에서 언급하고 있다.540)

이러한 견해에 따르면 등록상표가 그 출원 당시 이미 1개의 광역시·도 이상의 지역에서 주지성을 획득한 지역적 주지표지와 동일·유사하여, 그 지역적 주지표지가 주지성을 획득한 지역에서 위 등록상표를 사용하는 것이 출처에 관한 혼동의 위험을 야기하는 경

---

540) 김동규, 앞의 "등록상표의 사용이 지역적 주지표지에 대한 부정경쟁행위가 될 수 있는 여부 및 지역적 주지표지로 인정되기 위한 요건," 398면.

우, 지역적 주지표지가 주지성을 획득한 지역에서의 등록상표 사용
은 지역적 주지표지 권리자에 대한 부정경쟁방지법 제2조 제1항 가
목 소정의 부정경쟁행위에 해당한다고 볼 수 있다는 것이다.541)

이러한 해석은 대상판결에서 그대로 적용되고 있으며, 부정경
쟁방지법상 주지성 판단의 지역적 범위에 관한 기존의 판단 법리
및 부정경쟁행위와 상표법상 상표권과의 관계에 관한 기존의 판
단 법리542)를 합리적으로 해석한 것으로서 일응 타당하다고 볼 수
있다.

이 사건에서의 대상판결의 타당성을 이상과 같은 핵심적인 쟁점
을 중심으로 하여 구체적으로 검토해 보면, 원심 판결이 "피해자의
등록상표인 '불로'를 포함하여 이 사건 막걸리 용기에 표시되어 있
는 문자, 바탕색상, 도안 등 상품의 포장용기 및 전체적 디자인이 피

---

541) *Ibid.*

542) 부정경쟁방지법 제15조에 관하여 대법원은 "부정경쟁방지법 제15조의
규정은 상표법 등에 부정경쟁방지법의 규정과 다른 규정이 있는 경우에는
그 법에 의하도록 한 것에 지나지 아니하므로, 상표법 등 다른 법률에 의하
여 보호되는 권리일지라도 그 법에 저촉되지 아니하는 범위 안에서는 부정
경쟁방지법을 적용할 수 있다(대법원 1993.1.19.선고 92도2054 판결 등 다
수 판결 참조)."고 판시하였고, "부정경쟁방지법 제15조는 상표법 등 다른
법률에 부정경쟁방지법과 다른 규정이 있는 경우에는 부정경쟁방지법의
규정을 적용하지 아니하고 다른 법률의 규정을 적용하도록 규정하고 있으
나, 상표권의 등록이나 상표권의 양수가 자기의 상품을 타인의 상품과 식
별시킬 목적으로 한 것이 아니고 국내에서 널리 인식되어 사용되고 있는
타인의 상표와 동일 또는 유사한 상표를 사용하여 일반수요자로 하여금 타
인의 상품과 혼동을 일으키게 하여 이익을 얻을 목적으로 형식상 상표권을
취득하는 것이라면 그 상표의 등록출원 자체가 부정경쟁행위를 목적으로
하는 것으로서, 가사 권리행사의 외형을 갖추었다 하더라도 이는 상표법을
악용하거나 남용한 것이 되어 상표법에 의한 적법한 권리의 행사라고 인정
할 수 없으므로 이러한 경우에는 부정경쟁방지법 제15조의 적용이 배제된
다."고 판시하여 상표법상 등록된 상표 또는 서비스표일지라도 부정경쟁
방지법이 적용될 수 있음을 분명히 하고 있다(대법원 2004.11.11.선고
2002다18152 판결 등 다수 판결 참조).

해자의 상품표지로서 대구·경북 지역에 널리 인식되어 주지성을 갖추고 있는지 여부에 대하여 먼저 살펴본다."라고 판시한 점에 비추어 볼 때에, 원심은 문자상표를 포함하여 피해자 상품 용기의 전체적 외양이 피해자의 상품표지라는 것을 전제로 한 것이라고 볼 수 있으며, 대상판결 역시 공소사실에 근거하여 '不춘' 표지와 '불로' 표지는 물론 이를 포함하여 피해자의 막걸리 제품 용기에 있는 '문자, 도형, 색채 등 여러 요소가 결합한 전체적 외양'을 '이 사건 상품표지'라고 설시하고 있다.

그렇다면 이러한 전체적 외양이 상품표지로 작용할 수 있는지가 먼저 검토되어야 하는바, 대상판결에서는 기존의 유사한 사안에서의 대법원 판결상의 판시 사항543)을 그대로 적용하여 피해자의 상

---

543) 대법원 2004.11.11. 선고 2002다18152 판결(일명, 'cass' 판결)에서는 "이 사건 카스용기가 국내에 널리 인식된 상품표지에 해당하는지 여부는 상품의 출처를 표시하는 데 기여하고 있는 요소 전부를 실제로 사용되는 상태로 하여 참작하여야 할 것인바, 이 사건 카스용기의 전면(前面)에는 "cass" 상표를 포함하여 문자, 도형, 색채, 바탕 무늬 등이 함께 표시되어 있고, 원심이 적법하게 인정한 사실관계에 나타난 이 사건 카스용기 등을 이용하여 판매하는 맥주제품에 관한 선전광고 및 수상 내역 등을 종합하면, 피고가 이 사건 음료를 이 사건 캡스용기에 담아 판매할 당시인 1999.6.경 이 사건 카스용기의 전면에서 중심적 식별력을 갖는 "cass" 상표를 포함한 문자, 도형, 색채 등 여러 요소가 결합한 전체적 외양은 일체성을 이루며 국내의 일반 수요자들에게 특정 출처의 상품임을 연상시킬 정도로 개별화되기에 이르러 자타 상품의 식별기능을 가지게 되었다고 보이므로 이 사건 카스용기의 전면에 있는 문자, 도형, 색채 등이 결합한 구성은 일체로서 구 부정경쟁방지법 제2조 제1항 가목에 정한 '타인의 상품임을 표시한 표지'에 해당한다고 봄이 상당하다."고 판시하고 있다. 해당 판결은 대상판결의 사안과 유사한 사안으로서, 피고인 표지 〈그림 1〉이 피해자 표지 〈그림 2〉에 대한 부정경쟁방지법 제2조 제1호 가목 소정의 상품주체 혼동행위가 되는지와 피고인 표지에서의 문자상표의 상표권자인 피고인의 상표권에 의한 정당한 권리의 행사 여부가 쟁점이 된 사안인데, 해당 판결의 원심은 피해자 표지가 기존에 거래계에서 시판되고 있는 다른 캔맥주 용기들의 전체적인 외양 내지 디자인과 유사하다고 보아 상품표지성을 갖추지 못하였다고

품 용기가 국내에 널리 인식된 상품표지에 해당하는지 여부를 판단하고 있는데, 대상판결은 상품의 출처를 표시하는 데 기여하고 있는 요소 전부를 실제로 사용되는 상태로 하여 피해자의 상품 용기의 상품표지성을 판단함에 있어서 참작하고 있다.[544]

그리고 대상판결은 1개의 광역시·도 이상의 지역에서 주지성을 획득한 지역적 주지표지도 부정경쟁방지법상 주지표지에 해당할 수 있다는 판단 법리를 제시하면서 대상판결의 이 사건에서의 피해자의 상품표지가 원래는 식별력이 없다고 볼 수 있지만 사용에 의하여 대구라는 1개의 광역시 이상의 지역에서 식별력을 획득하였다고 할 수 있으므로, 대구와 그 인근 지역 내에서 출처표시기능을 하는 것으로서 부정경쟁방지법상 주지성을 갖춘 상품표지가 된다고 판단하고 있다.

그런데 실질적으로는 피해자의 상품표지에서 '不老' 및 '불로'라는 문자부분만이 식별력과 주지성을 획득한 것으로 볼 수도 있으나, 대상판결에서는 그렇게 보더라도 식별력과 주지성을 획득한 문자부분으로 인해 그러한 문자부분과 식별력이 없는 다른 부분이 결합된

판단하였으나, 대법원이 이상과 같은 2002다18152 판결에서의 판시 이유로써 피해자 표지의 상품표지성을 인정하여 원심을 파기환송하였다. 따라서 대상판결은 이상과 같은 해당 판결에서의 판시 사항을 토대로 하여 판단한 것으로 보인다.

〈그림 1〉　　　　〈그림 2〉

544) 김동규, 앞의 "등록상표의 사용이 지역적 주지표지에 대한 부정경쟁행위가 될 수 있는 여부 및 지역적 주지표지로 인정되기 위한 요건," 399면.

피해자 용기의 전체적 외양이 식별력과 주지성을 획득한 것으로 볼 수 있으므로, 결국 피해자의 상품표지는 피해자 용기의 전체적인 외양에 해당되는 것인데, 해당 용기의 상품표지로서의 식별력과 주지성을 모두 획득하였음이 인정된다고 판단하였다.545)

그리고 대상판결은 문자부분의 주지성의 획득을 해당 문자부분을 포함하고 있는 상품용기의 전체적인 외양에서의 주지성의 인정까지 연결시켜서 피해자의 용기의 전체적인 외양이 주지된 상품표지가 되었다는 점을 전제한 후, 피고인의 표지와의 유사 판단 시에도 실제로 양 표지의 문자부분의 동일·유사성을 중심으로 판단하였다는 점에 비추어 볼 때에, 상품표지성 판단뿐만 아니라 표지의 유사 여부 판단에서도 문자부분에 의한 요부관찰을 통하여 양 표지의 전체적인 유사성을 인정하고 있는 특징을 보여주고 있다. 즉, 대상판결은 '不老' 및 '불로'라는 문자부분이 피해자의 상품표지에서 차지하고 있는 비중과 영향력을 가장 중요하게 고려하여 판시내용과 같이 판단한 것으로 보인다.

결국 첫째, 피해자 상품표지 중 요부는 사용에 의하여 식별력 및 주지성을 획득한 "不老" 및 "불로", "不老"라는 문자부분이고, 피해자 용기의 전체적인 외양도 상품표지로서 작용하고 있다는 점, 둘째, 이에 따라 상품표지의 요부에 해당되는 문자부분이 서로 동일·유사한 피해자의 상품표지와 피고인의 등록상표 또는 사용표지가 유사하다고 볼 수 있다는 점, 셋째, 피해자의 상품표지가 지역적 주지표지라도 1개 이상의 광역시·도 이상의 지역인 대구와 그 인근인 경북 지역 일원에서 주지성을 획득하였다고 볼 수 있는 이상, 등록상표와의 관계에서 부정경쟁방지법상 주지표지에 해당한다는 점, 넷째, 다른 지역도 아니고 바로 그러한 지역적 주지표지가 주지

---

545) 김동규, 앞의 "등록상표의 사용이 지역적 주지표지에 대한 부정경쟁행위가 될 수 있는 여부 및 지역적 주지표지로 인정되기 위한 요건," 400면.

성을 획득한 지역인 대구와 그 인근인 경북 지역 일원에서 그와 유사한 등록상표를 사용하여 출처의 혼동 위험성을 야기하는 행위를 하였다는 점 등을 종합하여 볼 때에, 설령 피고인의 사용상품표지가 피고인의 등록상표와 실질적으로 동일하여 피고인이 자신의 등록상표를 사용한 것에 해당한다고 보더라도,[546) 피고인이 피해자의 상품표지가 주지성을 획득한 대구와 그 인근 지역에서 피고인의 상품표지를 사용하여 피해자의 상품과 동일한 막걸리를 생산·판매함으로써 출처에 관한 혼동의 위험성을 야기한 것이므로, 이러한 피고인의 행위는 상표법을 악용하거나 남용한 것이어서 상표법에 의한 적법한 권리 행사라고 볼 수 없다고 보아 피해자에 대하여 부정경쟁방지법 제2조 제1호 가목 소정의 부정경쟁행위에 해당한다고 판시한 대상판결은 타당한 것이라고 볼 수 있다.

4. 대상판결의 의의

대상판결은 부정경쟁방지법 제2조 제1호 가목 소정의 주지표지가 국내 전역에 걸쳐 모든 사람에게 주지되어 있음을 요하는 것이 아니고, 국내의 일정한 지역 범위 안에서 거래자 또는 수요자들 사이에 알려진 정도로써 족하다고 설시하면서 지역적 주지표지의 성립을 긍정한 사안이라는 점에서 그 의미가 있다고 하겠다.

그리고 대상판결은 상표권의 등록이 국내에서 널리 인식되어 사용되고 있는 타인의 상표와 동일 또는 유사한 상표를 사용하여 일반 수요자로 하여금 타인의 상품과 혼동을 일으키게 하여 이익을 얻을 목적으로 형식상 상표권을 취득하는 것이라면, 그 상표의 등록출원 자체가 부정경쟁행위를 목적으로 하는 것으로서, 가사 권리

---

546) 대상판결은 이에 관하여 피고인의 등록상표와 사용상품표지의 동일성 여부에 대해서 구체적으로 판단하지 않고 있다.

행사의 외형을 갖추었다 하더라도 이는 상표법을 악용하거나 남용한 것이 되어 상표법에 의한 적법한 권리의 행사라고 인정할 수 없으므로, 이러한 경우에는 부정경쟁방지법 제15조의 적용이 배제된다는 기존의 대법원 판례에 따라 등록상표의 사용행위가 지역적 주지표지에 관하여 부정경쟁행위가 될 수 있음을 명시적으로 밝혔다는 점에서도 그 의미가 있다고 하겠다.547)

부정경쟁방지법 제2조 제1호 가목 또는 나목에서 타인의 상품 또는 영업임을 표시한 표지가 '국내에 널리 인식되었다'는 의미는 국내 전역에 걸쳐 모든 사람에게 주지되어 있음을 요하는 것이 아니고, 국내의 일정한 지역범위 안에서 거래자 또는 수요자들 사이에 알려진 정도로써 족하다는 것이 기존의 대법원의 확립된 판례548)이기는 하나, 그 동안 전국적이 아닌 지역적 주지표지에서의 '지역적 주지성'의 판단 범위에 관한 구체적인 설시를 한 판결은 없었다고 볼 수 있다.

그런데 대상판결은 지역적 주지성을 획득한 주지표지에 관하여도 위와 같은 판례상의 판단 법리를 적용함과 아울러 '지역적 주지성의 구체적인 판단 범위'를 최초로 설시한 것으로서 그 의의가 있다고 하겠다.

---

547) 김동규, 앞의 "등록상표의 사용이 지역적 주지표지에 대한 부정경쟁행위가 될 수 있는 여부 및 지역적 주지표지로 인정되기 위한 요건," 411면.
548) 대법원 1995.7.14.선고 94도399 판결, 대법원 2003.9.26.선고 2001다76861 판결 등 참조.

XVIII 대기업의 계열사 분리와 영업주체 혼동행위 [대성 사건][549]

1. 사건의 정리

(1) 사실관계

1) 사안의 요지

종래 구(舊) 대성그룹이 2001.6.30.에 원고 측 기업그룹 및 피고 측 기업그룹으로 계열분리된 후, 피고가 '대성홀딩스', 'DAESUNG HOLDINGS' 등을 상호 및 영업에 사용하자, 원고 측이 피고 측을 상대로 하여 부정경쟁방지법 위반으로 그 사용금지 및 손해배상 등을 구하는 사안이다.

2) 대상판결이 확정한 사실관계
가. 원고들의 지위

원고들 중 대성산업 주식회사는 주식회사 대성합동지주(이하, '대성합동지주'라 함)가 2010.6.30.에 회사를 일부 분할하면서 새로이 설립된 회사로서 석유, 가스 등의 에너지 사업 및 건설사업 등의 사업

---

549) 서울고등법원 2014.2.20.선고 2013나44845 판결(현재 대법원 2014다24440 사건으로 상고심에 계류 중임).

부문 일체를 포괄이전받은 회사이다.

원고들 중 대성산업가스 주식회사는 1979.2.19.에 '대성산소 주식회사'라는 상호로 설립되었다가 2004.3.9.에 현재의 상호로 변경된 회사 · 산업용 가스제조 및 공급업 등의 사업을 영위하고 있는 회사이다.

원고들 중 대성쎌틱에너시스 주식회사는 1985.9.19.에 '대성쎌틱 주식회사'라는 상호로 설립되었다가 2010.3.22.에 현재의 상호로 변경된 회사로서 가스보일러 제조 및 판매 등의 사업을 영위하고 있다. 마지막으로 원고들 중 대성계전 주식회사는 1987.12.30.에 설립된 회사로서 적산 열량계 및 전력계 제조 · 판매, 조정기 제조 · 판매 등의 사업을 영위하고 있다.

나. 피고의 표지 사용행위

피고는 대구도시가스 주식회사가 2009.10.1.에 회사를 일부 분할하면서 존속하게 된 회사로서, 같은 날 사업목적에 '지주사업'을 추가하고, 그 상호를 '대성홀딩스 주식회사'로 변경하는 등기를 마쳤다.

그리고 피고는 2010.10.4.에 위 상호를 '대성홀딩스 주식회사(DAESUNG HOLDINGS CO., LTD.)'로 경정하는 등기를 마쳤고, 현재까지 상호와 영업에 '대성홀딩스' 및 'DAESUNG HOLDINGS'(이하, '이 사건 표지'라 함)를 사용하고 있다.

다. 이 사건에서의 계열분리의 경위

대성그룹으로 알려진 일단의 기업집단은, 원래 대성연탄 주식회사가 그 모기업으로서 사원 모집 광고를 대성그룹 전체의 명의로 동시에 수행하거나 각 소속 회사 상호간 인사이동을 하는 등으로 서로 밀접한 관련을 맺어 왔다.

그런데 대성그룹의 창업주인 망 김OO이 2001.2.경 사망함에 따라 2001.6.30.에 종래 대성그룹에 속한 회사들은 망 김OO의 3명의

아들이 각 경영권을 가지는 3개의 기업그룹으로 나뉘게 되어 이 사건에서의 계열분리가 이루어지게 되었다.

그리고 원고들 회사는 망 김OO의 장남 김□□가 경영권을 가지게 된 기업그룹(원고 측 기업그룹)에 속하는 대표적인 회사들로서 대성합동지주를 지주회사로 하는 자회사들이고, 피고 회사는 3남 김△△이 경영권을 가지게 된 기업그룹(피고 측 기업그룹)에 속한 회사로서 대성그룹에 속한 나머지 자회사들을 지배하는 지주회사이다.

원고 측 기업그룹 소속 회사들과 피고 측 기업그룹 소속 회사들은 이 사건 계열분리 이후에도 '대성'이라는 표지를 자신의 영업에 사용해 왔고, 두 기업그룹은 자본적인 유대관계가 있어 현재에도 독점규제 및 공정거래에 관한 법률상 동일 기업집단에 속한다고 대상판결에서는 보았다.

(2) 원고들의 소송상의 청구 내용

피고가 이 사건 표지인 '대성홀딩스', 'DAESUNG HOLDINGS' 등을 상호 및 영업에 사용하는 행위는 부정경쟁방지법 제2조 제1호 나목에서 규정한 영업주체 혼동행위에 해당한다.

(3) 소송의 경과

원고들이 피고의 상호사용은 부정경쟁방지법 제2조 제1호 나목의 영업주체 혼동행위에 해당한다는 이유로 제소하였으며, 1심인 서울중앙지방법원은 청구 기각하였는데,[550] 이에 대하여 원고들이 항소하였지만, 대상판결의 내용대로 서울고등법원에서 원고들의 항소를 기각하였고, 원고들이 대법원에 상고하여 상고심에 계류중이다.

---

550) 서울중앙지방법원 2013.6.21.선고 2012가합98305 판결.

(4) 관련 사건에서의 소송의 경과

1) 서울고등법원 2011.7.4.자 2011라158 결정

해당 결정의 사건의 내용은 이 사건과는 반대로 피고가 원고 측 기업그룹의 지주회사인 대성합동지주를 상대로 역시 상법 제23조 등에 기하여 '주식회사 대성지주(DAESUNG GROUP HOLDINGS CO., LTD.)'라는 상호의 사용금지를 구하는 가처분 사건으로서, 해당 상호사용금지가처분이 인용된 사건이다.[551]

2) 서울고등법원 2013.9.5.선고 2012나80806 판결

해당 판결의 사건의 내용은 역시 이 사건과는 반대로 피고가 원고 측 기업그룹의 지주회사인 대성합동지주를 상대로 상법 제23조[552]에 근거하여 '주식회사 대성지주', 'DAESUNG GROUP HOLDINGS CO., LTD.', '주식회사 대성지주(DAESUNG GROUP HOLDINGS CO., LTD.)'라는 상호의 사용금지를 구하는 사안이다.

해당 판결에 대한 사건의 경과를 살펴보면, 대성합동지주의 변경 전 상호는 주식회사 대성지주(DAESUNG GROUP HOLDINGS CO., LTD.)이었는데, 이와 같은 주식회사 대성지주를 상대로 한 피고의 상호사용금지가처분 및 간접강제 신청이 인용되자 주식회사 대성지주는 2011.1.14.에 상호를 현재의 상호(대성합동지주)로 변경하였고, 이 사건 원고들은 해당 사건의 제1심에서 독립당사자 참가신청

---

551) 해당 사건은 대법원에 상고되었다.
552) 상법 제23조 【주체를 오인시킬 상호의 사용금지】
　　① 누구든지 부정한 목적으로 타인의 영업으로 오인할 수 있는 상호를 사용하지 못한다.
　　② 제1항의 규정에 위반하여 상호를 사용하는 자가 있는 경우에 이로 인하여 손해를 받을 염려가 있는 자 또는 상호를 등기한 자는 그 폐지를 청구할 수 있다.

을 하였으나 모두 각하된 바 있으며, 제1심이 피고의 청구를 인용하
자 대성합동지주가 항소하였지만, 이와 같은 항소가 기각되었
다.[553]

2. 1심 판결 및 대상판결(서울고등법원 2013나44845 판결)의 판시 내용[554]

(1) 원고들의 상호의 주지성 취득 여부에 관한 판단

대상판결에서는 원고들의 상호의 사용 기간, 원고들의 매출의 변
동 추이, 원고들의 광고활동 내역, 언론에서 원고들의 동향에 관하
여 다룬 내용 및 빈도 등에 비추어 보면, 원고들의 상호는 모두 각
사업 분야의 거래자와 일반 수요자 사이에서 원고들의 영업표지로
서 주지성을 획득하였다고 봄이 상당하다고 보았다.

(2) 표지의 유사성 여부에 관한 판단

대상판결은 "원고들의 상호와 이 사건 표지 사이에 '대성'이라는
공통 부분이 있고, 원고들의 상호가 주지성을 취득하게 된 것 또한
위 '대성' 부분에 기인한 측면이 크다고 할 것이다. 그러나 원고들과
피고는 모두 '대성그룹'에서 유래한 회사들로서 현재에도 독점규제
및 공정거래에 관한 법률상 동일 기업집단에 속하고, 원고 측 기업
그룹 소속 회사들뿐만 아니라 피고 측 기업그룹 소속 회사들도 이

---

553) 1심은 서울중앙지법 2012.9.6.선고 2011가합10926, 82808(독립당사자
참가) 판결이며, 해당 사건은 대법원에 상고되었다.
554) 대상판결은 이상의 '다. 오인·혼동 가능성' 부분 외에는 1심 판결을 그대
로 인용하고 있으므로, 이하에서는 1심 판결과 대상판결의 판시 내용을 종
합해서 기술하고자 한다.

사건 계열분리 이후 계속해서 '대성'이라는 표지를 자신의 영업에 사용해 온 점, '대성'이 원고 측 기업그룹 소속 회사들만의 영업표지로서 널리 알려졌다고 볼 자료가 없고, 원고들 역시 피고가 '대성'이라는 표지를 사용한 것 자체를 부정경쟁행위라고 주장하는 것은 아니라고 명백히 밝히고 있는 점 등에 비추어 보면, 원고들의 상호와 이 사건 표지의 유사성을 비교할 때 '대성' 부분을 결정적인 판단 요소로 고려하여서는 아니 되고, 양 표지 전체를 대비하여 그 유사성 여부를 판단하여야 할 것이다. 그런데 원고들의 상호와 이 사건 표지는 '대성'이라는 일부 공통된 부분이 있음에도 불구하고 전체적으로 관찰할 때 그 외관, 호칭, 관념이 달라 혼동을 피할 수 있으므로 유사하다고 할 수 없다."고 판단하였다.

(3) 오인 · 혼동 가능성

대상판결은 원고들과 피고 측 계열 부분은 독점규제 및 공정거래에 관한 법률상 '대성'이라는 같은 기업집단에 속하고, '대성' 표지의 사용권한을 두고 분쟁을 계속하고 있는 사정에 비추어 보면, '대성'이라는 표지가 반드시 원고들의 영업표지만을 지칭하는 표지라거나, 원고들만의 영업표지로서 널리 인식되었다고 볼 수 없다고 보았으며, 따라서 피고가 '대성'이 포함된 상호를 사용하는 행위가 부정경쟁방지법 제2조 제1항 나목의 "국내에 널리 인식된 타인의 상호와 동일하거나 유사한 상호의 사용"에 해당한다고 볼 수 없다고 판단하였다.

또한 대상판결은 원고들과 피고 측 계열 부분이 독점규제 및 공정거래에 관한 법률상 여전히 같은 기업집단에 소속되어 있으므로 거래자 또는 수요자들이 원고들을 피고 측 계열 부분과 관계가 있다고 보더라도 이를 '혼동'에 해당한다고 보기도 어렵다고 판단하였다.

(4) 영업주체 혼동행위에 해당하는지에 대한 판단

결국 대상판결은 이상의 내용들을 종합하여, 피고의 이 사건 표지의 사용행위가 부정경쟁방지법 제2조 제1호 나목의 규정에 의한 부정경쟁행위(영업주체 혼동행위)에 해당함을 전제로 한 원고의 금지 및 손해배상청구에 관한 주장은 나머지 점에 관하여 나아가 살필 필요 없이 이유 없다고 판단하였다.

3. 대상판결에 대한 검토

(1) 이 사건의 적용 규정인 부정경쟁방지법 제2조 제1호 나목의 검토

1) 해당 규정에서의 이 사건의 해결에 관한 쟁점

부정경쟁방지법 제2조 제1호 나목은 "1. "부정경쟁행위"란 다음 각 목의 어느 하나에 해당하는 행위를 말한다. 나. 국내에 널리 인식된 타인의 성명, 상호, 표장(標章), 그 밖에 타인의 영업임을 표시하는 표지와 동일하거나 유사한 것을 사용하여 타인의 영업상의 시설 또는 활동과 혼동하게 하는 행위"라고 규정하고 있다.

그런데 위 규정에 의하여 해당 규정의 적용 요건을 크게 정리하여 보면, ① 타인의 영업임을 표시하는 표지일 것(타인성 및 영업표지성), ② 타인의 영업표지가 타인의 출처표시로서 국내에 널리 인식될 것(주지성), ③ 타인의 영업표지와 동일 또는 유사한 것을 사용할 것(표지의 유사한 사용), ④ 타인의 영업상의 시설 또는 활동과 혼동을 일으킬 것(혼동행위)이라고 할 수 있다. 그런데 이 사건에서는 바로 원고들이 피고와의 관계에 있어서 '타인'에 해당하는지의 여부가 대상판결과 관련된 사안의 해결에 관한 쟁점이 될 수 있다고 하겠다.

2) 영업주체 혼동행위의 의의

부정경쟁방지법 제2조 제1호 나목은 부정경쟁행위의 유형으로서
영업주체 혼동행위를 말하며, 여기에서 영업주체 혼동행위란 국내
에 널리 인식된 타인의 영업표지와 동일 또는 유사한 표지를 사용
하여 수요자로 하여금 타인의 영업에 관하여 혼동을 초래하게 하는
행위를 말한다.555)

이러한 영업주체 혼동행위는 영미법상의 이른바 passing-off 또는
palming off556)라고 불리어지는 전형적인 부정경쟁행위이다.557) 그
리고 여기에서 규정하는 성명, 상호, 표장은 영업표지의 예시에 불
과하고, 기업표나 영업표장 등 그것이 영업을 나타내는 표지인 이
상 모두 이에 포함되며, 상호뿐만 아니라 등록되지 아니한 서비스
표, 프랜차이즈, 연쇄점, 상품화권자 등도 주지성을 획득하여 영업
표시화된 경우에는 여기에 해당한다.558)

3) 해당 규정의 입법취지

해당 규정에서 국내에 널리 알려진 영업표지에 대한 혼동초래행
위를 금지하는 이유는 타인의 신용에 무임승차하여 이익을 취하는
부정경쟁행위를 금지시켜 특정 영업주체의 이익을 보호하는 한편,
소비자를 포함하는 일반 수요자도 보호함으로써 공정한 거래질서
를 유지하는 데 그 목적이 있다.559)

따라서 해당 규정은 일반 수요자를 보호하는 공익적인 규정임과

---

555) 한국특허기술연구원 편저, 앞의 책, 39면.
556) 자신의 상품을 다른 경쟁자의 상품인 것처럼 표시하여 소비자를 기망해
　　서 오인 · 혼동하게 하는 것을 말한다(나종갑, 미국상표법연구, 한남대학교
　　출판부, 2005, 395-397면).
557) 小野昌延 · 松村信夫, 新 · 不正競爭防止法槪說, 株式會社 靑林書院, 2011,
　　93면; 송영식 외 6인, 앞의 지적소유권법(하)(2013), 397면.
558) 송영식 외 6인, 앞의 지적소유권법(하)(2013), 404면.
559) 한국특허기술연구원 편저, 앞의 책, 39면.

아울러 주지표지의 영업주체의 사적인 이익보호를 위한 것을 동시
에 고려하고 있다고 볼 수 있다.

4) 해당 규정의 구체적인 적용요건의 검토

가. 타인의 영업임을 표시하는 표지

(가) 영업표시의 주체로서의 '타인'에 해당하는지의 여부에 대한 판
   단기준560)

여기서 '타인'이라 함은 원칙적으로 상품의 제조, 가공, 판매 기타
상품의 공급을 업으로 하는 자를 널리 지칭하고, 법인이나 권리능
력 없는 사단이나 자연인이냐를 불문하고 단체, 기업 또는 기업 그
룹 등도 상정할 수 있으며, 그것이 단수뿐만 아니라 복수의 경우도
모두 포함된다는 것이 통설적인 견해이다.561)

그런데 주지성이 있는 영업표지 등을 모방하여 사용하는 자가 그
영업표지의 주체로 인식되는 자와 동일한 기업 그룹에 속한다고 하
는 오인이 생기는 사안에 있어서는 해당 영업표지를 모방당하는 '타
인'이 누구인지, 모방당한 주지된 영업표지를 누구의 것으로 보아야
하는지에 관한 문제가 쟁점이 될 수 있다.562)

즉, 영업표지의 귀속주체가 어디인지, 누구의 영업표지로서 주지

---

560) 이것이 바로 이 사건에 관한 판단 및 해결에 있어서의 실질적인 쟁점이
   라고 할 수 있으므로, 이하에서는 해당 부분에 관한 쟁점을 중심적으로 검
   토하고자 한다.
561) 사법연수원, 부정경쟁방지법, 2011, 27면; 山本庸幸, 要說 不正競爭防止
   法(第4版), 社團法人 發明協會, 2006, 55면; 經濟産業省知的財産政策室,
   逐條解說不正競爭防止法, 株式會社 有斐閣, 2012, 52면; 宍戸充 外 4人編
   著, 不正競爭防止の法實務(改訂版), 三協法規出版株式會社, 2013, 65면;
   大阪辯護士會友新會, 最新不正競爭關係判例と實務(第2版), 株式會社 民
   事法研究會, 2003, 3면; 靑山紘一 編著, 不正競爭防止法(事例·判例), 社
   團法人 經濟産業調査會, 2002, 43면.
562) 澁谷達紀, 知的財産法講義III(第2版), 有斐閣, 2008, 27면.

된 것인지(어떤 기업의 노력에 의해서 주지된 것인지) 등, 영업표지의 주체로 되는 '타인'이 누군가 하는 문제가 쟁점이 될 수 있는 것이다.[563)]

이와 같이 '타인'이란 어디까지나 영업표지의 주체를 가리키는 것이므로, 일반적으로 타인에 해당하는지의 여부는 해당 영업표지의 내용 및 태양, 해당 영업의 광고, 선전의 규모 및 내용, 품질보증표시의 방식 등에 비추어서 해당 영업표지가 누구의 것으로서 수요자에게 인식되고 있는지에 의해서 정해진다고 할 것이다.[564)]

그런데 우리나라 문헌 및 기존의 판례에서는 '타인'의 해석에 관한 구체적인 분석이 거의 없으므로,[565)] 대상판결에서의 이 사건의

---

563) 西村雅子, "不正競爭防止法ガイドライン-周知又は著名な商品等表示(第2條1項1号・2号關係)-," パテント(Vol.59 No.5), 日本辨理士会, 2006, 32면.

564) 東京高裁平成16・11・24判決, 平成14年(ネ)第6311号.

565) 부정경쟁방지법이 적용되는 사안은 아니지만, 상표등록의 부등록 사유로서 부정경쟁방지법상 영업주체 혼동행위의 판단과 마찬가지로 '광의의 혼동'의 개념을 적용하는 상표법 제7조 제1항 제10호의 적용과 관련하여 대법원은 최근에 "구 상표법(2014.6.11. 법률 제12751호로 개정되기 전의 것, 이하 같다) 제7조 제1항 제10호에서 수요자 간에 현저하게 인식되어 있는 타인의 상품이나 영업과 혼동을 일으키게 할 염려가 있는 상표의 상표등록을 받을 수 없게 하는 것은 일반 수요자에게 저명한 상품이나 영업과 출처에 오인·혼동이 일어나는 것을 방지하려는 데 그 목적이 있으므로(대법원 1995.10.12.선고 95후576 판결 참조), 위 규정에 따라 상표등록을 받을 수 없는 상표와 대비되는 저명한 상표 또는 서비스표(이하 '선사용표장'이라고 한다)의 권리자는 상표등록 출원인 이외의 타인이어야 한다. 여기서 선사용표장의 권리자는 개인이나 개별 기업뿐만 아니라 그들의 집합체인 사회적 실체도 될 수 있다. 그리고 경제적·조직적으로 밀접한 관계가 있는 계열사들로 이루어진 기업그룹이 분리된 경우에는, 그 기업그룹의 선사용표장을 채택하여 등록·사용하는 데 중심적인 역할을 담당함으로써 일반 수요자들 사이에 그 선사용표장에 화체된 신용의 주체로 인식됨과 아울러 그 선사용표장을 승계하였다고 인정되는 계열사들을 선사용표장의 권리자로 보아야 한다."라고 판시하였다[대법원 2015.1.29.선고 2012후3657 판

적용 규정의 내용인 '영업주체 혼동행위'를 규정하고 있는 일본 부정경쟁방지법상 "타인의 상품 또는 영업과 혼동을 일으키게 하는 행위566)"에서의 '타인'의 개념을 이 사건과 관련하여 살펴보면, 동경지방재판소의 판결567)에서는 "해당 규정에 의해 보호되는 '타인'이란, 스스로의 판단과 책임하에 주체적으로 해당 표시가 부착된 상품을 시장에 있어서의 유통에 두거나 또는 영업행위를 행하는 등의 활동을 통하여, 수요자 간에 해당 표시에 화체된 신용의 주체로서 인식되는 자가 이것에 해당한다고 해석하는 것이 상당하다."고 하여 '타인'의 일반적인 개념에 관하여 판시한 바 있다.

이와 관련하여 과거에는 '타인'이 "영업상의 이익을 침해당할 염려가 있는 자"에 해당하는 것으로 해석하는 견해도 있었는데, 이것은 영업주체 혼동행위의 금지청구권의 문제를 '타인'의 요건으로 고려하거나, 또는 "영업상의 이익을 침해당할 염려가 있는 자"의 요건으로 고려하거나 하여도 그 결론이 실제적으로 크게 차이가 나지는 않는다고 보는 견해이다.568)

결(등록무효(상))]. 해당 판결의 이와 같은 판시 내용은 대상판결의 이 사건과 같은 부정경쟁방지법이 적용되는 사안에서도 '타인(해당 판결에서의 '타인' 및 '선사용표장의 권리자')'의 의미와 관련하여 특히 참고할 필요가 있을 것이다.

566) 일본 부정경쟁방지법 제2조 제1항 제1호에서는 부정경쟁행위의 유형과 관련하여 "타인의 상품 등 표시(사람의 업무에 관한 성명, 상호, 상표, 표장, 상품의 용기 또는 포장 기타 상품 또는 영업을 표시하는 것이라고 말한다. 이하 동일)로서 수요자 간에 널리 인식되어 있는 것과 동일 또는 유사한 상품 등 표시를 사용하거나 또는 그 상품 등 표시를 사용한 상품을 양도, 인도, 양도 또는 인도를 위한 전시, 수출, 수입, 또는 전기통신회선을 통해서 제공하여 타인의 상품 또는 영업과 혼동을 일으키게 하는 행위"라고 규정하고 있는바, 일본에서는 우리나라의 상품주체혼동행위(부정경쟁방지법 제2조 제1호 가목)와 영업주체 혼동행위(부정경쟁방지법 제2조 제1호 나목)를 위와 같이 하나의 규정에 합쳐서 규정하고 있다.

567) 東京地裁平成16·3·11民事第46部判決, 平13(ワ)第21187号.

568) 小野昌延 編著, 앞의 新·注解 不正競爭防止法(新版)(上卷)(2007), 223면.

이러한 '타인'의 해석과 관련하여 부정경쟁방지법상 타인의 영업표지 등과의 혼동가능성 판단에 있어서 일본에서의 판례는 기업의 계열사의 표시에 대하여 기업 그룹을 영업표지 등의 주체로 인정하고 있으며,[569] 이러한 영업표지 등의 모방사용자가 해당 기업의 계열이 아닐까 하는 오인이 생길 수 있다는 것을 근거로 하여, 그룹에 속한 계열사가 해당 상품표시에 대한 사용금지청구권을 모방사용자에 대하여 행사할 수 있는 것으로 인정하여 왔다.[570]

특히 대상판결에서의 이 사건과 같이 복수의 주체 중에 특정인을 특정 영업표지의 영업주체인 '타인'으로서 인정할 수 있는지와 관련하여 이러한 '타인성'의 요건은 '특정성'이라는 요건이 포함되어 있으므로, 해당 요건을 우선적 및 독립적으로 고려하여 주어야 한다는 견해가 있다.

즉, 이러한 견해에 따르면, '타인'에 해당되기 위해서는 영업표지가 특정인의 영업을 식별하고 있는 것을 요건으로 하여야 한다는 것이 바로 '특정성'의 요건을 포함하고 있는 것이라고 해석하고 있으며, 영업표지가 복수의 주체에 의해서 사용되고 있기 때문에 수요자가 해당 영업표지를 보아도 특정인의 출처라고 식별할 수 없는 경우에는 이러한 '특정성'의 요건이 결여된 것으로 볼 수 있다는 것이다.[571]

그리고 영업표지가 어떤 특정인의 영업을 다른 것과 구별하고 있다면 족하며, 그 특정된 자가 1인일 것은 필요로 하지 않는데, 이것은 영업표지가 식별하고 있는 영업주체가 1인에 의해서 구성되고 있을 필요는 없다는 것이다.[572]

---

569) 大阪高裁昭和41年4月5日判決, 高民集19卷3号215頁(三菱建設事件), 神戸地裁平成5年6月30日判決, 判タ841号248頁(神綱不動産事件), 東京地裁平成10年1月30日判決, 判タ970号255頁(セゾン事件).

570) 渋谷達紀, 앞의 책, 27면.

571) 田村善之, 앞의 不正競爭防止法槪說(2003), 70면.

한편 친(親)회사와 자(子)회사의 사업관계가 소멸한 때에는 해당 자회사가 상호의 계속적인 사용을 하지 않겠다는 묵시적인 합의가 있는 것으로 보아, 친회사의 해당 자회사에 대한 상호사용의 금지 청구가 다수의 판례들을 통하여 인정되고 있다.[573]

그런데 친자(親子)회사만이 아니라 기업 그룹 등이 공통으로 사용하고 있었던 표장에 대하여 어떠한 이유로 기업 그룹 등이 분리된 경우에 있어서, 해당 표장에 관하여 어떤 자가 그 주체로 되는지, 즉, 해당 표장에 의해서 출처가 표시되는 것은 누구의 영업인지가 문제로 될 수 있는데, 이것에 관하여 상호 또는 영업표시의 계속적인 사용에 관한 특별한 계약 등이 존재하지 않거나 계약 내용이 불명확한 경우에는 분리된 그룹의 계열사 일방이 타방에 대하여 본 규정에 따라 상호 및 영업표시의 계속적인 사용을 금지할 수 있는지 여부가 문제가 되고, 이것은 부정경쟁방지법에 의해 사용금지를 청구받은 자에 대해서 해당 상호 및 영업표시가 '타인'의 주지영업표시에 해당하는지 여부가 문제로 될 수 있는 것이다.[574]

이와 같이, 이들 기업 그룹이나 특정한 단체로부터 일부의 자가 이탈하거나 그룹 등이 분리된 경우에 누가 그 표시의 주체라고 말할 수 있는지에 대해서 오사카지방재판소의 판결[575]에서는 "상표는

---

572) *Ibid*.

573) 大阪高裁昭和58年10月18日無休集15卷3号645頁(フロインドリーブ航空 事件), 神戸地裁昭和57年1月26日無休集15卷3号655頁(フロインドリーブ 事件).

574) 小野昌延・松村信夫, 앞의 책, 155면.

575) 비록 해당 사건은 상표권침해금지청구부존재확인청구 사건이나, 일본의 문헌들에서는 부정경쟁방지법 제2조 제1항 제1호의 상품 또는 영업주체 혼동행위에 있어서 '타인'의 판단과 관련하여 주로 해당 사건의 판단법리를 언급하고 있다(中田祐兒, "不正競爭防止法2條1項1号にいう「他人」の 判斷基準について," パテント(VOl.63 NO.6), 日本辨理士会, 2010, 46-47 면).

자신의 상품과 타인의 상품, 자신의 서비스업과 타인의 서비스업을 구별하기 위해 사업자가 상품 또는 서비스업에 부착하는 표장이다. 그런데 복수의 사업자로 구성된 그룹이 특정한 서비스업을 표시하는 주체로서 수요자 간에 인식되어 있는 경우, 그중의 특정인이 해당 표시의 독점적인 표시주체라고 말할 수 있기 위해서는, 수요자에 대한 관계 또는 그룹 내부에 있어서의 관계에서, 그 표시의 주지성, 저명성의 획득이 거의 그 특정인에 집중하여 귀속하고 있고, 그룹 내부의 다른 자는 그 특정인으로부터 사용허락을 받아야 비로소 해당 표시를 사용할 수 있다고 하는 관계에 있을 것을 요한다고 해석된다."고 판시하였다.576)

그리고 동경고등재판소의 판결577)에서도 1개의 그룹이 분리되는 경우에는 해당 그룹 내에서 조직적 및 대외적으로 중심적이고 핵심적인 지위를 가진 회사들의 상품표지로서 주지되었던 상표에 대해서는 해당 그룹의 중심적이고 핵심적인 기업이었던 회사들이 모두

---

576) 이 사건의 사실관계를 보면, 무술인 공수도의 극진회관의 설립자인 '대산배달(한국명: 최배달)'이 사망한 후에, 그 후계자의 자리를 둘러싸고 구성원이 분열하여 "極眞會館(극진회관)"을 상표등록한 자가 다른 구성원에 대하여 동 표시를 사용하여 공수도를 가르치는 것의 금지를 청구할 수 있는지에 대해서 다투어졌는데, 극진회관이 1964년에 창설되고 1994년경에 일본 국내에 총본부, 관서본부외에 55개 지부, 550개 도장, 회원수 50만명을 가지고 세계 130개국, 회원수 1200만명이 넘고, 극진회관의 표시가 극진공수도를 표시하는 표장으로서 널리 인식되어 있었다는 사실을 인정한 후에 상기의 판시 내용과 같은 관계가 인정되지 않는 경우에는 기업 그룹 내의 자가 상표권을 취득하였더라도 그룹내의 다른 자에 대하여 해당 표시의 독점적인 표시주체로서 상표권에 근거한 권리행사를 하는 것은 권리 남용에 해당한다고 판단하였다[大阪地裁平成15年9月30日平成14年(ワ) 1018号第21民事部判決, 判タ1145号255頁(極眞會館事件)]. 즉, 해당 사건에서는 '대산배달'을 정점으로 하는 다수의 관계자가 극진공수도를 가르칠 수 있다고 하는 공통의 목적으로 약속한 1개의 그룹을 형성하고, "극진회관"이라는 표시는 이와 같은 그룹을 표시하는 것이었다.

577) 東京高裁平成17・3・16知的財産第3部判決,平16(ネ)第2000号.

그룹의 분리 이후에도 그 상품 등 표시의 귀속주체로 될 수 있다고 이해되는 것578)이 상당하기 때문에, 이러한 회사들의 사이에 있어서는 해당 상표는 상호 간에 부정경쟁방지법상 상품주체 혼동행위를 일으키는 '타인'의 상품표지에 해당되지 않는다고 해석해야 하고, 그룹의 분리 이후에 그 상품표지의 사용에 대해서 서로 이것을 부정경쟁행위라고 할 수 없다고 해석해야 한다고 언급하면서, 상품표시의 주지성 획득에 중심적이고 핵심적인 지위를 공유하고 있는 회사들의 그룹의 상품표지 등의 사용에 대해서는 타인의 상품주체 혼동행위에 해당되지 않는다고 판시하고 있다.

한편 이와 관련하여 가장 최근의 판례로서 이상과 같은 기존의 판단 법리를 총정리한 판결이 나오기도 했는데, "アザレ(AZARE)"로 이루어진 영업표지로 화장품 등의 판매를 하고 있었던 기업 그룹의 분리에 수반한 일련의 소송에서, 오사카고등재판소는 이하와 같이 판단법리를 설시하고 있다.579)

즉, 해당 판결에서는 "부정경쟁방지법상 주지된 표지의 혼동행위의 규정은 타인의 주지된 표지와 동일 또는 유사한 표지를 사용하여 수요자에게 출처의 혼동을 생기게 하는 것에 의해서 해당 표지에 의해서 형성된 타인의 신용에 무단으로 편승하여 고객을 획득하는 행위를 부정경쟁행위로서 금지하여 공정한 경업질서를 실현하고자 하는 것이다. 이러한 점에 비추어 보면, 동일한 상품, 영업 등의 표지를 사용하고 있었던 복수의 당사자(기업)로 이루어진 그룹이

---

578) 즉, 이와 같은 중심적이고 핵심적인 지위를 가진 기업들은 영업주체 혼동행위의 금지청구권에 관한 영업상의 이익이 침해될 염려가 있는 자들에 해당되고, 기업의 계열 그룹의 공통의 주지표시의 사용에 대해서 고유하고 정당한 이익을 가지고 있는 것이기 때문이라고 해석되고 있다(小野昌延 編著, 앞의 新·注解 不正競爭防止法(新版)(上卷)(2007), 225면.

579) 大阪高裁平成17年6月21日平成15年(ネ)第1823号, 裁判所ホームページ [アザレ(AZARE)事件].

분리된 경우에, 그중의 특정의 당사자(기업)가 해당 상품, 영업 등 표지의 독점적인 표지 주체라고 말할 수 있기 위해서는, 첫째, 수요자에 대한 관계(대외적 관계) 및 그룹 내부에 있어서의 관계(대내적 관계)에 있어서, 해당 상품, 영업 등의 표지의 주지성의 획득이 거의 그 특정의 당사자(기업)의 행위에 기인(근거)하고 있고, 해당 상품, 영업 등의 표지에 대한 신용이 그 특정의 당사자에 집중하여 귀속하고 있는 점, 둘째, 그리하여 그룹의 구성원인 다른 사업자에 있어서 그 특정의 당사자로부터 사용허락을 받고 난 이후에 해당 상품, 영업 등의 표지를 사용하지 않는다면, 해당 상품, 영업 등의 표지에 의하여 형성된 특정의 당사자에 대한 신용에 편승하는 것으로 되는 관계에 있을 것을 요하는 것으로 해석된다. 이것에 대하여 대외적 및 대내적 관계에서 해당 상품, 영업 등의 표지의 주지성의 획득이 그룹 내의 복수인의 행위에 기인하고 있고, 해당 상품 등의 표지에 대한 신용이 그룹 내의 특정의 사업자에게 집중하여 귀속되고 있다고는 말할 수 없고, 그룹 내의 복수의 사업자들에 공동으로 귀속하고 있는 것과 같은 경우에는, 그러한 사업자들 간에는 서로 다른 사업자로부터 사용허락을 받지 않고 해당 상품, 영업 등의 표지를 사용하더라도, 해당 상품, 영업 등의 표지에 대한 신용에 편승하는 것으로 되지 않는 것이므로, 그룹 내의 특정의 사업자만이 해당 상품, 영업 등의 표지의 표시주체라고는 말할 수 없으며, 그룹 내의 복수의 사업자들이 모두 표지의 주체라고 해석된다."고 판시하고 있다.

해당 판결에서의 사실관계를 살펴보면, 화장품으로 일본 내에서 주지성을 획득한 "アザレ(AZARE)" 기업 그룹이 창업자의 사망 후에, 계열 회사이었던 "アザレ(아자레) 인터내셔널(AZARE INTERNATIONAL)"과 "アザレ(아자레) 프로덕츠(AZARE PRODUCTS)"로 기업 그룹이 분리된 상황에서, 원고인 "アザレ(아자레) 인터내셔널(AZARE INTER-NATIONAL)"이 "アザレ(아자레) 프로덕츠(AZARE PRODUCTS)"의 계열 회사들에게 원고 자신이 일본 부정경쟁방지법 제2조 제1항 제1

호상의 주지된 "アザレ(AZARE)"라는 표지의 상품 등의 주체이므로, 이러한 표지와 상품 등의 주체혼동행위를 하지 말 것을 구하는 사용금지청구소송을 제기한 것이다.

그런데 해당 판결에서 오사카고등재판소는 원고뿐만 아니라[원고도 역시 정당한 사업의 승계인이자, 대내적 및 대외적으로 "アザレ(AZARE)" 화장품 판매 사업에 있어서 중심적인 존재라고 인정], "アザレ(아자레) 프로덕츠(AZARE PRODUCTS)"도 역시 분리전의 기업 그룹의 제품 판매를 담당해 왔으며, 해당 사업의 승계인으로서 기업 그룹의 분리전부터 화장품 등과 관련하여 "アザレ(AZARE)"라는 표지의 주지성 및 신용의 획득 및 발전에 중심적이고 핵심적인 역할 등을 하고 있는 것이므로, 수요자가 굳이 원고인 "アザレ(아자레) 인터내셔널(AZARE INTERNATIONAL)"과 "アザレ(아자레) 프로덕츠(AZARE PRODUCTS)"를 별개의 출처에서 유래한 것으로 보는 것이 아니라, "アザレ(AZARE)" 기업 그룹이라는 하나의 기업 그룹의 출처에 유래된 것으로 인식하고, 각자 "アザレ(AZARE)"라는 표지의 주지성과 신용의 획득에 대등한 비중 및 지위를 가지고 있는 것으로 보았다. 결국 이에 따라 원고의 표지사용금지청구는 기각되었다.

이상의 사건들과 같이, 일본의 부정경쟁방지법상 '영업표지'를 둘러싼 분쟁에는 대상판결에서의 이 사건의 경우처럼 기업 그룹 등의 계열사들의 분리를 둘러싼 사건들이 많이 발생하고 있는데, 분리전에 이미 특정의 그룹의 영업표지로서 주지성을 확보하고 있는 표지에 관하여 그 그룹으로부터 분리된 계열사 등이 일방적으로 해당 영업표지를 계속 사용하더라도, 이상에서 살펴본 "アザレ(AZARE)" 사건에서의 판시 내용에서 설시하고 있는 판단 법리처럼, 그룹 내의 특정의 계열사가 영업표지의 독점적인 주체로서의 인정이 될 수 있는 대외적 및 대내적 관계가 없이 그룹 내의 복수의 계열사 사이의 분리가 일어난 경우에는 모든 분리된 계열사들 사이에 서로 영업주체 혼동행위에 기초한 사용금지청구 등이 인정될 수 없는 것으

로 판단되고 있다.580)

그리고 상기와 같은 판례들의 내용에 따르면, 기업 그룹의 영업 표지로서의 주지성 획득에 중심적이고 핵심적인 역할 및 지위를 가진 복수의 회사들은 해당 표지에 의해 형성된 신용을 승계한 주체로서 인식되는 자들로 보아 기업 그룹의 분리 이후에도 그들 각각에게 귀속하고 있었던 표지에 의한 신용이 상실되는 것으로 되는 것은 아니고, 서로 타인의 신용에 무임승차하는 것이라고는 말할 수 없기 때문에, 이러한 회사들 간에는 "타인의 영업표지"임을 적용할 수 없어 서로 타인의 영업과의 혼동가능성에 의한 부정경쟁행위를 주장할 수 없다는 것이다.581)

결국 이상과 같은 판단 법리들을 종합하여 본다면, 일단 기업 그룹의 계열사 분리 이후에도 그 기업 그룹이 수요자들 사이에 해당 그룹의 상호이자 영업표지의 영업주체인 타인으로서 인식될 수 있는 것이다.

그런데 이러한 기업 그룹의 상호가 해당 기업 그룹 내에서나 대외적으로 중심적이고 핵심적인 지위를 가진 특정 계열사의 영업표지로서 주지되었다면, 기업 그룹이 각 계열사들로 분리된 이후에도 이와 같은 중심적이고 핵심적인 지위를 가지고 기업 그룹의 명칭의 주지성 획득에 주로 크게 기여한 특정 계열사가 다른 계열사의 영업주체 혼동행위를 금지시킬 수 있는 해당 규정에서의 '타인'에 해당되는 것으로 볼 수 있는 것이다.

그러나 이와는 반대로 기업 그룹의 상호 자체에 대한 주지성은 인정되더라도 각 계열사들 중에 어느 누구도 기업 그룹의 분리 이전부터 기업 그룹의 상호의 주지성 획득에 대내외적으로 중심적이고 핵심적인 지위를 가지고 그러한 역할을 주로 하였으며 영업표지

---

580) 小野昌延・松村信夫, 앞의 책, 156면.
581) 中田祐兒, 앞의 논문, 44면.

에 화체된 신용의 주체라고 볼 수 없는 경우에는 기업 그룹의 분리 이후에 해당 기업 그룹의 특정 계열사가 다른 계열사에 대하여 자신의 영업표지로서의 상호 등과 영업주체 혼동행위를 일으킨다고 주장할 수 있는 영업표지의 영업주체로서의 '타인'에 해당한다고 보기는 어렵다고 판단되어야 할 것이다.

(나) 영업표지

부정경쟁방지법에서는 영업의 표지로 성명·상호·표장을 들고 있으나 이는 예시에 불과하고, 기호·도형·서비스표·영업표장 등 그것이 영업의 표지인 이상 모두 이에 포함되며, 표장·상호 등과 같은 영업표지는 상표법이나 상법에 의하여 등록되거나 등기될 필요는 없다. 다만, 이 법의 취지가 널리 알려진 타인의 신용에 무임승차하는 것을 방지하는 것이기 때문에 영업표지가 본 규정의 보호를 받기 위해서는 자타 영업을 구분하는 '식별력'이 있어야 한다.[582]

여기서 영업은 상업 이외의 공업, 광업, 임업, 수산업 등 전통적인 의미의 영리사업에 한정할 것은 아니고, 병원, 법률사무소, 회계사무소 등 독자적인 경제활동을 영위하는 것이라면 폭넓게 해당된다고 함이 부정경쟁방지법의 취지에 부합하는 것이다.[583]

한편 상법상 '상호'란 상인이 영업(기업)활동상 사용하는 영업(기업)의 명칭을 말하고 상법 제18조 이하 규정에 의한 보호대상이지만, 부정경쟁방지법에서의 영업표지로서의 '상호'란 상법규정에 의한 상호보호의 대상보다 넓고 탄력적인 개념으로 영업주체가 자기의 영업활동을 타인의 것과 구별시키기 위하여 사용하는 명칭이다.[584]

---

582) 사법연수원, 앞의 부정경쟁방지법(2011), 25면.
583) 송영식 외 6인, 앞의 지적소유권법(하)(2013), 405면.
584) 한국특허기술연구원 편저, 앞의 책, 41면.

나. 표지의 주지성

타인의 영업임을 표시한 표지가 '국내에 널리 인식되었다'는 의미
는 국내 전역에 걸쳐 모든 사람에게 주지되어 있음을 요하는 것이
아니고, 국내의 일정한 지역범위 안에서 거래자 또는 수요자들 사이
에 알려진 정도로써 족하다고 할 것이고, 널리 알려진 상표 등인지
여부는 그 사용기간, 방법, 태양, 사용량, 거래범위 등과 상품거래의
실정 및 사회통념상 객관적으로 널리 알려졌느냐의 여부가 기준이
된다.585)

그런데 부정경쟁방지법상 주지성이 있는지 여부는 거래에 관여
하는 자와 수요자 계층 등 여러 가지 정황과 사정을 고려하여 개별
적 및 상대적으로 판단되는 것이므로, 양 당사자의 영업활동이 전
국적이라면 일단 전국적으로 주지성이 있는지 여부를 검토할 필요
가 있는 것이다.586)

즉, 자동차와 같은 경우는 전국 규모로, 빵이나 떡 같은 경우는 지
역 규모로 거래되는 것이 많은 것이며, 특히 대상판결에서의 이 사
건과 관련하여 전국을 영업구역으로 하고 있는 기업 그룹의 지주회
사에 관한 상호의 주지성은 전국 규모로 그 주지성 여부를 판단하
여야 타당할 것이다.587)

그리고 부정경쟁방지법상 상품 표지가 널리 인식되었다고 하기
위해서는 거래자 또는 수요자에게 특정인의 상품 또는 영업임을 표
시하고 있는 것이 널리 알려져 있을 것을 요하지만 그 특정인이 누
구인지까지가 명확히 알려져 있을 것을 요하지는 않는다.588)

---

585) 대법원 2003.9.26.선고 2001다76861 판결.
586) 사법연수원, 앞의 부정경쟁방지법(2011), 18면.
587) 정태호, 앞의 "부정경쟁방지법상 주지성의 지역적 범위에 관한 소고,"
　　178-179면.
588) 대법원 1998.7.10.선고 97다41370 판결 등 참조; 田村善之, 앞의 不正競
　　爭防止法槪說(2003), 70면.

다. 표지의 유사한 사용

영업표지의 유사 여부는 동종의 상품에 사용되는 두 개의 영업표지를 외관, 호칭, 관념 등의 점에서 전체적·객관적·이격적으로 관찰하여 구체적인 거래실정상 일반 수요자나 거래자가 상품표지에 대하여 느끼는 인식을 기준으로 하여 그 상품의 출처에 대한 오인·혼동의 우려가 있는지의 여부에 의하여 판별되어야 한다.[589]

이러한 표지의 유사성은 혼동을 인정하기 위한 수단으로, 대부분의 사안에서는 혼동 위험의 인정과 표지의 유사성의 인정은 기본적으로 동일한 연장선 위에 놓여 있는 것으로 이해할 수 있고, 이와 같은 부정경쟁방지법상 영업표지의 유사성은 구체적인 사안에서 혼동가능성의 판단을 위한 보조적, 자료적 사실로서의 의미를 가지며, 표지의 유사는 출처의 혼동과 완전히 동일한 것은 아니나 표지가 유사하면 혼동의 개연성이 커진다고 할 수 있다.[590]

한편 여기서의 표지의 '사용'이란 타인의 영업임을 나타내는 표지를 자기의 영업임을 나타내는 표지로 직접 사용하거나 제3자에게 사용하게 하는 것을 모두 포함하고, 여기에서 '직접 사용'이라 함은 자기의 영업이나 영업에 관한 광고, 정가표, 거래서류, 간판 또는 표찰에 타인의 표지를 표시하여 전시 혹은 반포하는 행위를 말하며, '사용하게 하는 것'이란 권원 없이 타인의 영업표지 그 자체를 도안·설계·제작 또는 구입(수입을 포함함)하여 판매(수출을 포함함)·양도·대여(양도나 대여는 청약을 포함함)하는 것은 물론 영업표지를 영업과 같이 이전하거나 사용을 허용해 주는 것 등을 말한다.[591]

그리고 '사용'에는 상법상 상호권의 침해[592]와 같은 부정한 목적

---

589) 대법원 2006.1.26.선고 2003도3906 판결 등 참조.

590) 사법연수원, 앞의 부정경쟁방지법(2011), 42-43면.

591) 황의창·황광연, 앞의 부정경쟁방지 및 영업비밀보호법(2009), 47면.

592) 상법 제23조【주체를 오인시킬 상호의 사용금지】 ① 누구든지 부정한 목적으로 타인의 영업으로 오인할 수 있는 상호를 사용하지 못한다.

등이 있을 것을 요하지 않는다.593) 다만 부정한 목적 등과 같은 사용자의 주관적 요소는 영업표지의 유사와 영업혼동의 사실인정을 좌우하는 자료가 될 수 있다.594)

라. 혼동행위

영업주체의 혼동이라 함은 어떤 영업자의 시설 또는 활동을 타인의 영업상의 시설 또는 활동이라고 오인하는 것을 말하며 혼동의 위험을 포함한다.595)

출처의 혼동에는 표지의 주체와 모방사용자 사이의 현실적인 경쟁관계를 전제로 관련 거래권의 일반적 관찰자가 일반적 주의력으로 사용된 표지로부터 영업주체 등의 출처를 동일한 것으로 오인하는 것을 의미하는 협의의 혼동과 사용된 표지의 동일, 유사성으로부터 두 영업자 사이에 영업상, 조직상, 재정상 또는 계약상 특수한 관계, 또는 특수한 인적 관계 등이 있지 않은가 하고 오신시키는 광의의 혼동으로 나누어지는바, 부정경쟁방지법상의 출처의 혼동은 협의의 혼동뿐만 아니라 광의의 혼동까지도 포함한다.596)

독일법상에서도 "혼동의 염려597)"라는 개념에는 '협의의 혼동', 즉, 상품의 출처에 혼동이 일어날 염려 이외에, '광의의 혼동', 즉, '기업의 혼동이 일어날 염려'도 포함된다고 보는데, 여기서 '기업의 혼동'이라 함은, 양 상표를 사용하고 있는 기업이 각각 별개의 기업

---

593) 대법원 1996.1.26.선고 95도1464 판결; 山本庸幸, 앞의 책, 63면.

594) 小野昌延 編著, 앞의 新・注解 不正競爭防止法(新版)(上卷)(2007), 350면.

595) 사법연수원, 앞의 부정경쟁방지법(2011), 48면.

596) 사법연수원, 앞의 부정경쟁방지법(2011), 44-45면.

597) 여기서의 혼동의 요건은 현실적으로 혼동이 발생한 경우만이 아니라, 혼동의 염려가 있다면 족하다고 해석한다(牧野利秋 外 4人 編著, 知的財産法の理論と實務(第3卷)[商標法・不正競爭防止法], 新日本法規出版株式會社, 2007, 272면).

이라는 것은 인식하나, 그럼에도 상표가 유사하기 때문에 양자가 어떠한 관계라도 가진 듯이 거래자 및 수요자가 혼동하는 경우를 말한다고 보고 있고,[598] 일본의 경우도 이러한 독일의 해석과 마찬가지로 해석하고 있다.[599]

대법원 판례도 "부정경쟁방지법 제2조 제1호 나목이 규정하는 혼동의 의미에는 단지 영업의 주체가 동일한 것으로 오인될 경우뿐만 아니라 두 영업자의 시설이나 활동 사이에 영업상·조직상·재정상 또는 계약상 어떤 관계가 있는 것으로 오인될 경우도 포함된다"고 판시하여 광의의 혼동까지 포함하는 개념임을 명백히 하고 있다.[600]

한편 대법원은 혼동여부 판단과 관련하여 "타인의 영업표지와 혼동을 하게 하는 행위에 해당하는지 여부는 영업표지의 주지성, 식별력의 정도, 표지의 유사 정도, 영업 실태, 고객층의 중복 등으로 인한 경업·경합관계의 존부 그리고 모방자의 악의(사용의도) 유무 등을 종합하여 판단하여야 한다"고 판시하고 있다.[601]

(2) 대상판결에서의 이 사건의 구체적인 쟁점별 검토

대상판결에서의 판단과 관련하여 가장 중요한 쟁점은 '대성'이 원고들만의 영업표지로 널리 인식되었는지의 여부(원고들이 피고를 상대로 하여 '대성'이라는 영업표지의 영업주체로서의 '타인'에 해당하는지 여부)라고 할 수 있을 것이다.

---

598) 網野誠, 商標(第6版), 有斐閣, 2002, 378면.
599) 滿田重昭, 不正競業法の研究, 社團法人發明協會, 1985, 100면; 西村雅子, "最近の不正競爭防止法に關する判決紹介," パテント(VOL.60 NO.7), 日本辨理士會, 2007, 51면.
600) 대법원 1997.12.12. 선고 96도2650 판결.
601) 대법원 2009.4.23. 선고 2007다4899 판결.

따라서 해당 쟁점에 대한 판단이 이루어진 이후에 기타 쟁점들에 대한 타당성 여부가 검토되어야 하므로, 해당 쟁점에 대한 타당성을 먼저 검토하여 보도록 하겠다.

1) '대성'이 원고들만의 영업표지로 널리 인식되었는지 여부에 대한 검토(즉, 원고들이 피고를 상대로 하여 '대성'이라는 영업표지의 영업주체로서의 '타인'에 해당하는지 여부에 대한 검토)

대상판결에서 인정된 사실관계에서도 나타나 있듯이, 대성그룹으로 알려진 일단의 기업집단은, 원래 대성연탄 주식회사가 그 모기업으로서 사원 모집 광고를 대성그룹 전체의 명의로 동시에 수행하거나 각 소속 회사 상호 간 인사이동을 하는 등으로 서로 밀접한 관련을 맺어 왔는데, 대성그룹의 창업주인 망 김OO이 2001.2.경 사망함에 따라 2001.6.30.에 종래 대성그룹에 속한 회사들은 기업의 계열분리를 통해 망 김OO의 3명의 아들이 각 경영권을 가지는 3개의 기업그룹으로 나뉘게 되었다.

따라서 이 사건에서의 원고들 회사는 망 김OO의 장남 김ㅁㅁ가 경영권을 가지게 된 원고 측 기업그룹에 속하는 대표적인 회사들로서 대성합동지주를 지주회사로 하는 자회사들이고, 피고 회사는 3남 김△△이 경영권을 가지게 된 피고 측 기업그룹에 속한 회사로서 위 기업그룹에 속한 나머지 자회사들을 지배하는 지주회사임은 앞서 대상판결에서 인정된 사실관계와 같다.

그리고 원고 측 기업그룹 소속 회사들과 피고 측 기업그룹 소속 회사들은 계열분리 이후에도 '대성'이라는 표지에 대하여 사용할 권리를 그대로 승계하여 자신의 영업에 계속적으로 사용하여 왔고, 이에 대한 서로 간에 아무런 이의가 없다가 피고가 '대성홀딩스', 'DAESUNG HOLDINGS'를 상호이자 영업표지로서 사용하고 있는 것에 대하여 '대성지주', '대성합동지주'를 사용하고 있던 원고들이 이와 같은 피고의 상호사용행위가 부정경쟁방지법상 영업주체 혼동행위에 해당한다고 주장하고 있는 것이다.

그런데 해당 규정에서의 '타인'은 수요자 간에 주지된 영업표지의 주체, 즉, 수요자 간에 해당 표시에 화체된 신용의 주체로서 인식되고 있는 자인지 여부에 의해서 정하여지는 것이고, 단일의 주체뿐만 아니라 다수의 주체가 복수로 주지된 영업표지를 사용하더라도, 해당 영업표지에 화체된 신용의 주체로서 주지성의 획득 및 유지에 중심적이고 핵심적인 지위를 가지는 것으로 일반 수요자 간에 인식되고 있는 주체가 본 규정에서 말하는 '타인'으로 인정될 수 있을 것이다.

즉, 앞의 일본에서의 확립된 판례상의 판단법리를 이 사건에 적용하여 볼 때에, 동일한 상품, 영업 등의 표시를 사용하고 있었던 복수의 계열기업들로 이루어진 대성그룹이 설립자의 사망 후에 3명의 자식들에게 분리된 경우에, 그중에 장남 김□□가 경영권을 승계한 계열 기업인 원고들만이 영업표지의 독점적인 영업주체라고 말할 수 있기 위해서는, 첫째, 수요자에 대한 관계(대외적 관계) 및 그룹 내부에 있어서의 관계(대내적 관계)에 있어서, '대성'이라는 영업표지의 주지성의 획득이 거의 원고들만의 행위에 기인(근거)하고 있고, 해당 영업표지에 대한 신용이 원고들만에 집중하여 귀속하고 있으며, 둘째, 그리하여 대성그룹의 다른 계열 기업이었던 피고가 원고들로부터 사용허락을 받지 않고 '대성'이라는 영업표지를 사용한다면, 해당 영업표지에 의하여 형성된 원고들에 대한 신용에 피고가 편승하는 것으로 되는 관계에 있어야 할 것인바, 이것이 대상판결에서의 이 사건 해결의 핵심적인 판단 법리라고 할 수 있다.

그러나 실제적으로 '대성'이라는 상호이자 영업표지는 대성그룹의 계열분리 후에 원고들과 피고가 해당 영업표지의 사용에 관한 권한 및 신용을 그대로 승계하여 아무런 문제 없이 각자 자신의 상호 및 영업표지로서 사용하여 온 것이므로, 대성그룹의 상호이자 영업표지로서 '대성'이 주지되기는 하였으나, 대외적 및 대내적 관계에서 '대성'이라는 영업표지의 주지성 획득이 대성그룹 내의 복수의 계열 기업들의 행위에 기인하였고, 기업이 분리된 이후에도 각각의 분리된 계열 기업들이 이러한 대성그룹의 신용을 그대로 승계하여 해당 영업표지를 정당하게 사용하고 있었으므로, '대성'이라는 영업표지에 대한 신용이 대성그룹 내의 특정의 계열 기업들인 원고들만에 집중하여 귀속되었다거나, 기업 분리 이후에도 원고들만에게 집중되고 있다고는 단정할 수 없을 것이다.

따라서 '대성'이라는 영업표지에 화체된 신용은 현재 대성그룹에 속해 있었던 복수의 계열 기업들에게 공동으로 귀속하고 있는 것에 해당하고, 그러한 계열 기업들 사이에서는 피고가 원고들로부터 사용허락을 받지 않고 '대성'이라는 영업표지를 사용하더라도, 해당 영업표지에 대한 원고들의 신용에 편승하는 것으로는 되지 않는 것이므로, 같은 기업 그룹에 속해 있었던 계열 기업들 중 원고들만이 기업 그룹의 분리 이후에 해당 영업표지의 신용에 관한 독점적인 영업주체라고는 말할 수 없으며, 분리 전의 기업 그룹에 속해 있었고 '대성'이라는 영업표지에 관한 신용을 그대로 승계한 피고도 해당 영업표지의 영업주체가 될 수 있다고 해석하여야 할 것이다.

따라서 '대성'이라는 상호를 피고도 사용할 권리가 있는 것이며, 한편으로 피고가 2009.10.1.에 '대성홀딩스' 등의 영업표지를 사용하기 시작하였고, 원고들 중 대성산업주식회사가 이보다 더 늦은 2010.6.30.에 '주식회사 대성지주(DAESUNG GROUP HOLDINGS CO., LTD.)'를 사용하여 2011.1.14.에 '주식회사 대성합동지주'라는 영업표지로 상호를 변경하기도 하였는바,[602] 피고가 원고들보다 '대성홀딩스'라는 상호를 지주사업 등에 관하여 먼저 사용하고 있었던 상황 등을 고려하여 볼 때에, 대상판결에서의 이 사건에서 원고들만

---

[602] 대상판결의 관련 사건으로서 앞서 살펴본 서울고등법원 2012나80886 (상호사용금지 등) 판결문에서의 사실관계 부분 3-5면 참조.

의 영업표지로서 주지되었다는 원고들의 주장은 여러 가지 정황상 받아들이기 어렵다고 할 수 있다.

결국 대상판결에서 판단한 바와 같이, 원고들과 피고가 독점규제 및 공정거래에 관한 법률상 "대성그룹"이라는 동일 기업집단에 형식적으로 속하는 것(603)이나, 부정경쟁방지법상 영업주체 혼동행위를 판단함에 있어서는 각 영업주체의 실질을 기준으로 판단하여야 한다는 주장 등을 고려하여 보더라도, 이상의 내용처럼, 원고들은 부정경쟁방지법 제2조 제1호 나목의 영업주체 혼동행위가 적용되기 위한 주지된 영업표지의 영업주체로서의 '타인'에 해당한다고 볼 수 없는 것이므로, '대성'이 원고들만의 영업표지로 널리 인식되었다는 원고들의 주장은 받아들이기 어려운 것이라고 할 수 있다.

2) 부정경쟁방지법상 표지의 유사성 판단에 대한 법리오해가 있는지 여부에 대한 검토

이상과 같이 원고들이 대상판결에서의 이 사건의 적용규정인 부정경쟁방지법 제2조 제1호 나목의 영업표지의 영업주체로서의 '타인'에 해당한다고 볼 수 없으므로, 다른 쟁점들의 판단 여부에 관계없이 원고들의 주장을 기각한 대상판결은 타당하다고 보아도 아무런 문제가 없을 것이다.

그러나 대상판결에서 판단된 표지의 유사성 판단의 타당성에 대해

---

(603) 이와 관련된 규정으로서는 독점규제 및 공정거래에 관한 법률 제2조 제2호에서 "'기업집단'이라 함은 동일인이 다음 각목의 구분에 따라 대통령령(시행령 제3조, 제3조의2 및 제3조의3 참조)이 정하는 기준에 의하여 사실상 그 사업내용을 지배하는 회사의 집단을 말한다. 가. 동일인이 회사인 경우 그 동일인과 그 동일인이 지배하는 하나이상의 회사의 집단, 나. 동일인이 회사가 아닌 경우 그 동일인이 지배하는 2 이상의 회사의 집단"이라고 규정하고 있으며, 동법 동조 제3호에서 "'계열회사'라 함은 2 이상의 회사가 동일한 기업집단에 속하는 경우에 이들 회사는 서로 상대방의 계열회사라 한다."고 규정하고 있다.

서도 살펴보면, '대성'이라는 영업표지는 원고들과 피고 모두 사용할 수 있는 영업표지에 해당되므로, 원고들과 피고의 영업표지 간의 유사판단은 대상판결의 판단과 마찬가지로 원고들의 상호 중 '대성' 이외의 나머지 업종 표시 부분이 결합된 전체로서 이루어져야 하고, 이러한 업종 표시에 의해서 각 기업들은 구별될 수 있는 것이다.

따라서 원고들의 영업표지 중 '산업', '산업가스', '쎌틱에너시스', '계전' 부분이 피고의 이 사건 표지의 업종 표시 부분, 즉 '홀딩스'와 호칭 및 관념이 상이하여 전체적으로 유사하지 않다고 판단함이 타당할 것이다.

결국 원고들의 영업표지와 피고의 영업표지는 유사하지 않다고 보아야 하므로, 이와 관련된 대상판결의 판시내용은 역시 타당하다고 보아야 할 것이다.

3) 부정경쟁방지법상 '혼동'의 판단에 관한 타당성의 검토

대상판결에서 원고들의 주장을 살펴보면, 원고들은 부정경쟁방지법상 영업주체 혼동행위를 판단함에 있어서는, 각 영업주체의 실질을 기준으로 판단하여야 한다고 주장하면서 피고가 이 사건 표지를 사용함으로 인하여, 원고들이 피고의 지배하에 속한 자회사들인 것처럼 오인·혼동이 초래될 수 있다는 것을 자신들의 주장의 주요한 근거 중 하나로 들고 있는 것으로 보인다.

그러나 앞서 검토한 바와 같이 원고들이 이 사건의 적용규정인 부정경쟁방지법 제2조 제1호 나목의 영업표지의 영업주체로서의 '타인'에 해당한다고 볼 수 없고, '대성'이 원고들만의 영업표지로 주지되지 않은 이상 피고의 영업표지의 사용이 원고들의 영업표지인 것처럼 수요자에게 혼동을 일으키지 않는 것이므로, 역시 이와 관련된 원고들의 주장도 받아들이기 어려울 것이다.

4. 대상판결의 의의

이상에서 살펴본 바와 같이, 일단 대상판결의 결론은 타당한 것으로 보인다. 그러나 향후 이 사건과 같은 사례가 다수 발생할 수 있다는 시대적인 중요성을 고려하여 볼 때에, 그 결론에 관한 판단 법리의 제시면에서는 다소 아쉬운 면이 있다고 생각된다.

그런데 일본 부정경쟁방지법상 기업 그룹의 분리 이후 계열 기업들의 상호사용에 따른 영업주체 혼동행위의 문제에 관한 판단 법리는 그 제도적인 취지가 동일한 우리나라 부정경쟁방지법상 영업주체 혼동행위의 문제에 관한 판단 법리의 정립에 많은 시사점을 준다고 할 수 있다.

즉, 이러한 사안의 해결에 있어서 가장 중요한 쟁점이 되는 것이 영업주체 혼동행위에서의 적용요건인 '타인'에 해당하는지 여부에 관한 판단이라고 할 수 있겠으며, 동일한 상호를 사용하고 있었던 복수의 계열 기업들로 이루어진 기업 그룹이 설립자의 사망 후에 2인 이상의 자식들에게 분리된 경우에, 그중에 1인이 경영권을 승계한 특정 계열 기업만이 기업 그룹의 상호에 관한 독점적인 영업주체라고 말할 수 있기 위해서는, 첫째, 기업 그룹의 상호인 영업표지의 주지성의 획득이 거의 특정 계열 기업만의 행위에 근거하고 있고 해당 영업표지에 대한 신용이 특정 계열 기업만에 집중하여 귀속하고 있으며, 둘째, 그리하여 해당 기업 그룹의 다른 계열 기업들이 특정 계열 기업으로부터 사용허락을 받지 않고 기업 그룹의 상호인 영업표지를 계속 사용한다면, 해당 영업표지에 의하여 형성된 특정 계열 기업에 대한 신용에 다른 계열 기업들이 편승하는 것으로 되는 관계에 있어야 할 것을 주된 판단기준으로 하여 이와 같은 사안의 해결에 적용하는 것이 타당하다고 생각된다.

따라서 대상판결에서의 이 사건에서 '대성'이라는 상호이자 영업표지는 첫째, 대성그룹의 계열분리 후에 원고들과 피고가 해당 영업표지의 사용에 관한 권한 및 신용을 그대로 승계하여 아무런 문제 없이 각자 자신의 상호 및 영업표지로서 사용해 왔던 점, 둘째, 대성그룹의 상호이자 영업표지로서 '대성'이 주지되기는 하였으나 대외적 및 대내적 관계에서 '대성'이라는 영업표지의 주지성 획득이 대성그룹 내의 복수의 계열 기업들의 행위에 기인하였던 점 등에 비추어 볼 때에, '대성'이라는 영업표지에 대한 신용이 대성그룹 내의 특정한 계열 기업들인 원고들만에 집중하여 귀속되었다거나, 기업 분리 이후에도 원고들에게만 집중되고 있다고 단정하는 것은 다소 무리가 있다고 생각되며, 원고들은 부정경쟁방지법 제2조 제1호 나목의 영업주체 혼동행위가 적용되기 위한 주지된 영업표지의 영업주체로서의 '타인'에 해당한다고 볼 수 없다고 보는 것이 타당하다.

결국 대상판결에서의 이 사건에서 '대성'이라는 영업표지에 화체된 신용은 현재 대성그룹에 속해 있었던 복수의 계열 기업들에게 공동으로 귀속하고 있는 것에 해당하고, 그러한 계열 기업들 사이에서는 피고가 원고들로부터 사용허락을 받지 않고 '대성'이라는 영업표지를 사용하더라도, 해당 영업표지에 대한 원고들의 신용에 편승하는 것으로는 되지 않는 것이므로, 분리 전의 기업 그룹에 속해 있었고 '대성'이라는 영업표지에 관한 신용을 그대로 승계한 피고도 해당 영업표지의 영업주체로서 계속적인 영업활동 등이 가능한 것이라고 해석되어야 할 것이다.

결론적으로 이상에서 검토한 바와 같은 판단 법리에 따른다면, 대상판결의 상고심(대법원 2014다24440 사건)에서도 결론은 대상판결과 동일하게 판단되는 것이 타당한 것이라고 보이며, 이와 동시에 앞에서 제시한 이 사건의 해결에 적용할 수 있는 구체적인 판단 법리도 대법원에서 아울러 판시하여 줌으로써 향후 기업 그룹의 계열사 분리 이후의 상호 사용에 관한 분쟁에서 영업주체 혼동행위의 여부에 관한 명확한 판단기준을 설시하여 주어야 할 것이다.

- 찾아보기 -

부정경쟁행위 특수사례연구

| 저자 소개 |

정 태 호(丁 泰 豪)

現)원광대학교 법학전문대학원 부교수

고려대학교 대학원 법학박사/연세대학교 법무대학원 산업재산권법학과 법학석
   사/연세대학교 문과대학 독어독문학과 졸업

대법원 재판연구관(지적재산권조)

제38회 변리사 시험 합격

이지국제특허법률사무소 변리사

명신특허법률사무소 변리사

특허청 심사관, 특허청 법정책 담당 사무관

사법시험, 변호사 시험, 변리사 시험 등 출제 및 채점위원 역임

법제처 국민법제관(산업재산권 분야), 특허청 상표정책자문위원, 특허청 디자인
   정책자문위원 등 역임

한국지식재산학회 이사, 한국법정책학회 이사, 한국경영법률학회 이사, 대법원
   특별소송실무연구회 특별법연구 편집위원, 한국정보법학회 정보법학 편집위
   원 등

〈주요 저술〉

이지상표법 – 논점사례연구[한국지적재산연구원(ipnet), 2002, 2003]

이지상표법 – 논점단문연구[한국지적재산연구원(ipnet), 2002, 2003]

OVA상표법(공저, 한국특허아카데미, 2010, 2011, 2012)

VISUAL 지식재산권강의(진원사, 2012, 2013)

창업보육매니저 전문교육교재(공동집필, 중소기업청/창업진흥원, 2012)

기술창업보육론(공동집필, 중소기업청/창업진흥원, 2012)

상표법 – 이론과실제(국고출판사/특허청 국제지식재산연수원, 2012)

디자인보호법 주해(공동집필, 박영사, 2015)

"권리범위확인심판에서의 진보성결여에 근거한 특허무효 및 특허권남용판단에
   관한 비판적 고찰" 외 논문 다수

부정경쟁행위 특수사례연구

2015년 11월 20일 초판 인쇄
2015년 11월 30일 초판 발행

저 자   정 태 호
발행처   한국지식재산연구원
편집・판매처 세창출판사

한국지식재산연구원

주소: 서울시 강남구 테헤란로 131 한국지식재산센터 3, 9층
전화: (02)2189-2600   팩스: (02)2189-2694
website: www.kiip.re.kr

세창출판사

주소: 서울시 서대문구 경기대로 88 냉천빌딩 4층
전화: (02)723-8660   팩스: (02)720-4579
website: www.sechangpub.co.kr

ISBN 978-89-92957-75-5 93360

정가 33,000 원